멜로드라마 스토리텔링의 비밀

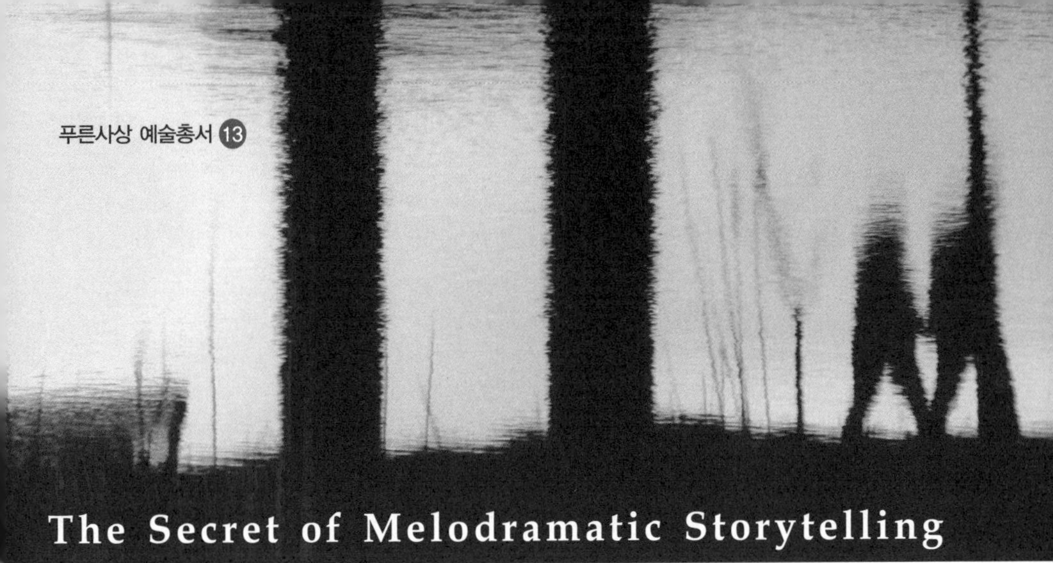

푸른사상 예술총서 13
The Secret of Melodramatic Storytelling

캐릭터와 신화 원형

멜로드라마 스토리텔링의 비밀

김공숙

책머리에

인간의 마음을 사로잡는 캐릭터의 신화 원형

신화는 우리가 아는 세상의 모든 이야기의 뿌리이다. 아무리 상상을 초월하는 이야기도 신화의 손바닥 안에 있다. 대중에게 가장 사랑받는 멜로드라마. 그 안에도 어김없이 신화의 원형적 캐릭터와 이야기가 살아 숨 쉬고 있다.

이 책은 성공한 멜로드라마 캐릭터에 숨어 있는 신화 원형(原型, Archetype)을 탐색하고 있다. 신화 원형에 기반한 이야기와 캐릭터는 할리우드 영화를 비롯해 광범위한 관객을 대상으로 한 텔레비전 드라마에서도 이미 많이 활용되고 있다. 시청자의 마음을 사로잡는 드라마는 어김없이 원형에 충실한 이야기이며, 원형적 이야기를 시대적 대중적 취향에 맞게 성공적으로 변용한 작품들이다. 그러나 영화에 비해 원형의 눈으로 드라마를 해석한 연구가 많지 않아 아쉬움이 있었다.

대중성(시청률, 화제성)과 작품성을 획득한 성공적인 멜로드라마 스토리텔링의 비밀을 찾아보기 위해 다양한 인간 군상을 보여주는 신화 속 인물의 성격을 드라마 캐릭터에 적용해 분석해보았다. 특히 가부장제를 배경으로 한 그리스 신화의 올림포스 12신의 성격 원형은 우리 시대에도 여전히 인간의 다양한 모습을 살펴보는 데 유용했다. 그리스 신화의 아르테미스, 아테나, 헤라, 아프로디테, 데메테르, 코레/페르세포네, 헤스티아 여신 그리고 제우스, 아폴론, 헤르메스, 헤파이스토스, 디오니소스 등 익숙한 신들의 특성을 드라마 캐릭터 유형으로 명명했다. 수메르 신화의 이난나, 이집트 신화의 세크메트, 인도 신화의 칼리, 불교의 관음, 기독교의 메시아, 우리 제주 신화의 자청비를 포함한 국내외 신화의 다양한 신들의 원형도 캐릭터 분석에 활용되었다.

이 책의 효용 가치는 드라마 작가 특히 작가 지망생들에게 있을 것이다. 이 책은 방영 당시 큰 사회적 관심과 반향을 일으킨 불륜 소재 멜로드라마 〈애인〉(1996), 〈내 남자의 여자〉(2007), 〈밀회〉(2014)의 남녀 캐릭터 10명이 분석의 대상이다. 불륜은 신화를 비롯해 동서고금의 수많은 고전 서사에서부터 지금까지 변함없는 인기를 누리는 멜로드라마의 주요 소재이다. 10명의 캐릭터 원형 탐색을 통해 불륜이 사회적 금기와 전통의 비합리성에 도전하면서 새로운 사랑을 추구하는 인간을 어떻게 보여주고 있는지 이해할 수 있을 것이다. 또한 불륜 멜로드라마가 어떻게 지배적인 가부장적 가치의 민낯을 드러내며 대중의 열광과 호응을 얻어내는지도 알게 될 것이다. 이 책에서 다양하게 인용한 대사와 상황의 원형적 해설을 통해 작가는 새로운 작품 창작 시 자신만의 영감을 얻을 수 있을 것이다.

에코(U. Eco)는 작가는 '대중이 원하는 것이 아닌 대중이 원해야 하는 것을 쓴다'고 했다. 대중이 원해야 한다고 하는 것이란 바로 인간의 심연을 파헤치는 원형적인 이야기를 말하는 것이다. 세 편의 불륜 멜로드라마의 주인공들은 어느 정도 안정되어 보이는 중년기에 교통사고와도 같은 불륜의 사랑에 빠진다. 그리고 이전과는 완전히 다른 삶을 살아가게 된다. 캐릭터가 걸어가는 여정은 윤리나 도덕, 관습을 넘어서 한 인간이 가장 자기답게 살아간다는 것이 무엇인지를 깨달아가는 자기실현의 과정, 개성화의 과정이다. 캐릭터의 원형적 해석에는 융(C.G. Jung)의 분석심리학이 말하는 인간 심리의 원형과 융 학파 여성학자 볼린(J.S. Bolen)의 이른바 심리여성학, 심리남성학의 이론을 적용했다.

집단 무의식을 구성하고 있는 원형은 작가의 무의식에서 작용해 작품에서 원형적 캐릭터로 형상화되고 있지만 의식적 차원에서도 신화의 원형 지식을 흡수하고 활용한다면 창작에 도움을 얻을 수 있을 것이다. 특히 캐릭터를 처음 만들 때 캐릭터의 성격 유형을 구분한 다음 그에 부합하는 신화 인물을 선정하고 그에 따른 신화적 사건을 전개시키며 정체성을 부여하게 되면, 캐릭터 간의 관계 설정과 이후 일어나는 행동과 에피소드를 구축해 나가는데 도움을 받을 수 있을 것이다.

원형적 캐릭터가 지니는 최고의 장점은 대중에게 가장 익숙한 인간 유형이라는 사실이다. 셰익스피어가 위대한 것은 독창성보다는 전통성에 있다고 했다. 전통성 혹은 보편성을 무시하는 독창성은 마니아만을 위한 것에 그치고 만다. 그러나 보편성만을 강조하다 보면 천편일률적인 뻔한 작품만을 양산할 우려가 있다. 정답은 '익숙하지만 낯설게!' 유능한 드라마 작가는 '반복'에 바탕을 두고 '차이'를 창조적으로 표현할 수 있는 작가이다. 성공한 드라마들은 시대에 따른 사회 변화와 대중의 취향을 드라마에 적절하게 반영하고 있다. 그러나 다시 강조하지만 그 바탕에는 인간의 가장 깊은 곳을 건드리는 집단 무의식의 원형적 이야기와 인물이 깔려 있다는 것을 잊어서는 안 된다.

우리나라에서만 1년에 100편 이상의 드라마가 제작된다. 대개는 월화, 수목, 주말, 일일 등 연속 드라마들이다. 그 많은 드라마 중에서 특별히 우리의 마음을 빼앗는 드라마들은 한정되어 있다. 우리가 어떤 소설이나 시를 접하고 깊은 감동이 일어나는 것과 마찬가지로, 각자에게 '내 인생의 드라마'는 인간으로서 어떻게 사는 것이 의미 있는 삶인가를 깨닫게 하는 작품이다. 사람들은 드라마를 통해 다른 인간의 삶을 들여다보고 그것을 통해 나의 삶을 되돌아보는 기회로 삼는다. 그 자신이 의식하든 의식하지 못하든.

드라마는 상업성과 결부되어 있기에 무조건 재미있어야 한다는 것은 맞는 말이다. 그 재미란 일회성의 말초적인 오락일 수도 있고 고단한 현실을 잠시 잊게 해주는 판타지일 수도 있다. 그러나 단지 그뿐이라면 드라마는 얼마든지 다른 것으로 대체되고 말 것이다. '내 인생의 드라마'는 원형적 사건과 상징 등을 통해 가장 사실적으로 느껴지면서도 시청자의 마음 깊은 곳의 무의식을 건드리는 드라마이다.

드라마를 통해 인생을 알게 된다는 말은 흘려들을 이야기만은 아니다. 개인적으로는 드라마를 깊이, 두껍게 읽어가며 인간이란 무엇인가에 대해 깊이 파헤쳐볼 수 있었다. 나 자신도 드라마 캐릭터들이 가진 콤플렉스와 심리적 문제들로부터 자유롭지 않다는 것을 깨달았다. 쉽게 접할 수 있는 드라마일지라도 마음의 울림이 큰 드라마라면, 그 어떤 고전보다도 다시 한 번 깊이 두껍게 읽어볼 가치가 있다고 생각한다. 그 안에 인생의 답이 있을 수 있다. 이것은 필자의 경험이자 독자들도 충분히 공감하게 될 부분이라고 확신한다. 여전히 막연하지만 이 책을 통해 〈밀회〉의 대사처럼 '남은 인생 어떻게 살 것인지' 어렴풋하게라도 그 답을 찾을 수 있는 기회가 된다면 더한 기쁨이 없겠다.

이 책은 필자가 20여 년 방송 작가로 일해오다가 뒤늦게 시작한 드라마 스토리텔링의 뿌리 찾기 여정의 첫 번째 결실이다. 책을 준비하는 동안 방송평론상 공모전에 도전해 드라마 평론가로 데뷔하는 행운도 얻었다. 영화에 비해 드라마의 가치가 빛을 발하지 못하는 이유는 제대로 된 드라마 비평이 없었기 때문이다. 앞으로 텔레비전 드라마의 서사 원형을 깊이 밝혀내어 작가에게는 창작에 도움을 주고, 시청자에게는 드라마 보는 재미를 더욱 쏠쏠하게 전할 수 있는 작업에 박차를 가하려고 한다.

주경야독의 여건을 마련해준 가족들과 흥미롭기 그지없는 신화와 원형의 세계로 이끌어주신 은사님께 감사드린다. 또한 집필하면서 만나게 된 많은 선행 연구자들, 드라마 작가 분들에게 감사드린다. 책을 쓰는 과정은 이들과의 의미 깊고 즐거운 대화의 시간이었다. 그리고 누구보다, 약한 나의 곁에서 좋은 친구가 되어주신 하나님께 감사한다.

"나의 나 된 것은 하나님의 은혜로 된 것이니"(고린도전서 15:10 중)

우리는 모두 가장 자기다운 삶을 살아야 가장 온전한 삶을 살아갈 수 있다. 바울은 그것이 하나님의 은혜라고 말하고, 융은 자기(Self)의 실현이라고 말한다. 드라마 캐릭터도, 필자도, 독자 여러분도, 고단하고 어려운 인생길에서 가장 나다운 삶을 살아낼 때 내 안의 신(神)을 발견하고 누구와 비교할 필요 없는 가장 충만한 자신만의 삶을 살아갈 수 있을 것이다.

봄을 기다리며

김공숙

차례

제1장

마음을 사로잡는 캐릭터와 신화 원형

1. 매력적인 캐릭터 창조의 비밀

원형 비평가 노스럽 프라이(Northrop Frye)의 말을 빌리지 않더라도 신화는 문학뿐 아니라 모든 문화예술에서 가장 근본이 되는 원형(原型, Archetype)으로 작용하고 있다. 인간 정신의 근저에 있는 집단 무의식을 구성하고 있는 핵심적 내용인 원형의 존재를 가장 잘 찾아볼 수 있는 것이 바로 신화이다. 신화가 다루는 주제와 이야기는 역사적 시간을 넘어 되풀이되고 있으며 신화 속 인물의 원형적 특성도 반복적으로 재현되고 있다.

현대인은 일상에서 신화를 접하며 살아간다. 그것은 가장 손쉽게 접할 수 있는 대중적 예술 수단인 텔레비전 드라마를 통해서이다. 만들어진 이야기이지만 드라마는 캐릭터의 성격과 행동을 통해서 사람들의 무의식적 욕구와 사회 문화적 의미를 담아낸다.

캐릭터(character)는 낙인, 각인, 인쇄의 뜻을 지닌 라틴어(charakter)에서 유래된 것으로 인물의 본성이나 특질 즉 인물의 정신적 특징을 말한다. 캐릭터는 드라마의 이야기를 추동시켜나가는 존재이며 작가가 인간 본성의 밑바닥을 탐구해서 '창조'한 것이다. 캐릭터는 완전히 새로운 것이 아니라 인간이 본래 가진 보편적 속성에 뿌리를 두고 만들어진다. 보편성을 가진 원형적 인물은 누구에게든 매우 진실하게 와 닿는 문제와 모순을 가지고 갈등을 풀어내므로 폭넓고 깊은 공감을 줄 수 있다.

오래전 인류에게는 신화가 인간 본성의 다채로운 면을 등장인물의 성격과 행동을 통해 보여주었다. 현대인에게는 드라마가 허구의 이야기를 통해 인간의 다양한 양상을 들여다보게 해준다. 동서고금을 막론하고 어디에서나 누구에게든 동일한 인간의 삶과 마음을 보여주는 원형적 캐릭터는 실제 인간의 모습보다도 더 깊숙이 인간의 뿌리를 파헤쳐 재현한다. 인간 본성은 수천 년 전 신화의 시대나 지금이나 변한 것이 없다. 따라서 원형적 인물은 언제나 '시대에 뒤떨어지는 법이 없는 유일한 이야깃거리'가 될 수 있다.

드라마의 캐릭터는 모두 나름의 개성이 있지만 그 바탕은 특별하고 허황되지 않으며 누구에게나 존재하는 일상적이고 원형적 경험(archetypal experience)을 가진 인물들이다. 텔레비전 드라마의 경우 고전극과는 달리 다른 장르들에 비해 캐릭터의 중요성이 더욱 강조된다. 실제 화제의 드라마에는 인상적인 플롯에 버금가는 강렬한 캐릭터가 존재한다. '앓이'라는 신조어가 그 예가 될 수 있다. 지금은 흔한 유행어가 된 캐릭터 '앓이'는 SBS 드라마 〈시크릿가든〉의 주인공인 오만방자한 재벌 3세 김주원(현빈 분)을 향한 '주원앓이'가 그 시작이라고 볼 수 있다. 드라마 속 캐릭터에 대한 시청자의 '앓이'가 시작된다면 드라마의 상업적 성공은 어느 정도 예측 가능하다.

드라마 작가들은 매력적인 캐릭터를 창조해 시청자를 유인하고 열광하게 하고 싶어 한다. 시청률과 신드롬으로 표상되는 '호응도'가 상업적 매체인 텔레비전 드라마의 성패를 좌우하기 때문이다.[1] 높은 호응도를 성취해낸 드라마 캐릭터는 시청자의 기호와 취향에 부합하는 개성을 가지고 있지만, 그 개성이 누구나 공감할 수 있는 보편성에 뿌리를 둔 것일 때 시청자의 마음이 움직인다. 그것은 의식적인 것이라기보다 무의식적인 것이다.

영화나 연극과 비교하면 텔레비전 드라마의 캐릭터는 평범한 편이다. 평범함 속에서 불가사의한 매력을 발하는 인물이 등장해야 하기 때문에 보편성을 획득한 인물을 더욱 섬세하고 '현실적'으로 묘사해야 할 필요가 있다. 이것은 텔레비전 드라마 장르가 영화나 연극에 비해 차별화된 장르로 창작 · 발전할 수 있는 특징이기도 하다.[2] 평범하고 전형적인 것처럼 보이지만 인간들이 살아가는 이야기 속에서 인간의 깊은 내면세계를 보여주는 캐릭터는 드라마의 성공을 이끈다. 성공한 드라마를 떠올렸을 때 대개 드라마의 캐릭터가 즉각 연상되는 이유는 캐릭터가 피상적 인물이 아닌 인간이라면 누구나 결부될 수 있는 요소를 가졌기 때문이다.

보편적이면서도 새롭고 특별한 유일무이한 캐릭터를 창조하는 것은 모든 드라마 작가의 소망일 것이다. 대부분의 작가는 수많은 문학예술 작품을 섭렵하는 가운데 인물의 원형적 요소를 의식적, 무의식중에 파악하게 된다. 그리고 자신의 바탕에 있는 집단 무의식의 원형적 요소에서 끌어올린 상상력을 더해 드라마의 새로운 캐릭터를 만들어낸다. 시나리오 작가 밀러(Miller)는 입센, 찰스 디킨스 등 유명 작가의 예를 들

1 윤석진, 「디지털시대, 한국 텔레비전 드라마의 구성과 소통방식 고찰」, 『批評文學』 No.53, 2014, 128쪽.

2 1950년대 미국의 극작가 패디 차예프스키(Paddy Chayefsky)는 텔레비전 드라마의 특수성이 리얼리즘과 일상성에 있다고 주장하였다. 김포천, 「거울과 창 그리고 꿈」, 『김수현 드라마에 대하여』, 솔, 1998.

며 캐릭터는 구성적 무의식의 창조물이라고 했다. '캐릭터는 스스로의 운명을 결정하며 캐릭터 자신이 스스로 말하는 것처럼 진짜인 것처럼 보이는데 이는 대본의 창의적 발전 과정에 작가의 무의식의 힘이 작용한다는 증거가 된다'[3]고 강조했다. 이때 무의식이란 작가 개인의 무의식이 아닌 인류가 지닌 집단 무의식이며 작가도 모르게 그 영향을 받게 된다는 의미일 것이다. 그러나 그렇다 해도 작가가 드라마를 써나가다 보면 어느 순간 막막한 상황에 직면하곤 한다. 이유는 대개 그 이야기를 끌고 가는 캐릭터로 인한 것이 대부분이다.[4] 캐릭터는 이야기 전개의 열쇠를 쥐고 있다. 만약 캐릭터가 추진력이 없거나 어떤 사건에 직면했을 때 어떤 반응을 보일지 모른다면 더 이상 순조로운 진행을 기대하기가 어려워진다.

이럴 때 작가는 신화의 원형적 인물을 캐릭터 창조의 길잡이로 삼을 수 있다. 드라마의 캐릭터를 유형별로 나누고 그것에 부합하는 신화 인물을 선정한 후 그에 따른 정체성(identity)을 부여해 캐릭터를 완성해 나갈 수 있는 것이다. 신화 원형에 기반해 캐릭터를 구축하면 이후 캐릭터가 만나게 될 수많은 사건 속에서 캐릭터가 어떤 반응과 대응을 해나갈 수 있을지 그 폭을 설정할 수 있게 된다. 캐릭터의 성장과 변화란 본래 가지고 있는 원형성에서 시작해 그 원형이 다양하게 변주되어 나타나는 수많은 양상들이기 때문이다. 신화에 바탕을 둔 캐릭터는 대중의 공감을 얻기가 쉽다는 장점이 있다. 인류가 공통적으로 가지고 있는 신화적 원형의 힘을 할리우드의 수많은 흥행 영화들이 증명하고 있다.[5]

---

3 Miller, William C., 『드라마 구성론』, 전규찬 역, 나남출판, 1995, 190~191쪽.

4 Schmidt, Victoria, 『캐릭터의 탄생』, 남길영 역, 바다출판사, 2011, 11쪽.

5 조지프 캠벨의 영웅의 모험 구조를 현대 영화 스토리의 창작과 분석에 맞도록 간소화시킨 크리스토퍼 보글러와 스튜어트 보이틸라는 할리우드의 다양한 장르의 흥행 영화들이 신화의 영웅서사 구조를 반복하고 있음을 밝혔다. Vogler,

신화 원형에 기반한 매력적인 캐릭터의 구축은 드라마를 포함해 스토리텔링이 있는 문화콘텐츠의 제작에서 필수 불가결한 요소이다. 이 책의 성과는 드라마 외 여타 문화콘텐츠의 제작에도 적용 가능할 것이다.

2. 성공적인 멜로드라마 캐릭터를 찾아서

다양한 드라마 장르 중에서도 멜로드라마는 사랑, 결혼, 가족, 성공 등 인간사의 희로애락과 다양한 인간 군상의 면면을 보여준다. 이들 주제는 지속적으로 반복되더라도 여전히 인기가 있다. 모든 사람들이 일생을 살아가면서 반드시 겪어야 할 통과의례 같은 것을 보여주기 때문이다. 멜로드라마의 특징적 요소는 여타 장르와도 쉽게 결합된다. 특히 텔레비전 드라마 치고 멜로드라마 요소가 가미되지 않은 작품을 찾기는 어렵다. 따라서 멜로드라마 캐릭터의 원형을 파악하면 인간이 가진 다양한 측면의 보편성이 시대 흐름과 시청자의 기대, 사회적 요청에 따라 어떻게 다채롭게 표현되고 있는지 알아볼 수 있을 것이다.

멜로드라마는 대표적인 여성 지배적 장르로 중산층 가정의 불륜을 가장 큰 소재로 삼는다. 불륜은 사람으로서 지켜야 할 도리에서 벗어나는 것을 뜻하며 주로 남녀 관계가 윤리에서 벗어남을 이르는 말이다. 진부하기 짝이 없는 소재이지만 그럼에도 신화를 비롯해 동서고금의 수많은 고전 서사에서 수없이 다루어져왔다. 사회적 금기와 전통의 비합리성에 도전하며 새로운 사랑을 추구한 인간을 보여줄 뿐만 아니라 지배적인 가부장적 가치의 모순을 속속들이 보여줄 수 있는 첨예한 소

Christopher, 『신화, 영웅 그리고 시나리오 쓰기』, 함춘성 역, 무우수, 2005, Voytilla, Stuart, 『영화와 신화』, 김경식 역, 을유문화사, 2005.

재이기 때문이다. 가부장제 사회에서 여성은 피지배자이다. 이 책은 멜로드라마의 주요 시청층이 여성이라는 것을 염두에 두고 시대별 대표적인 불륜 소재 멜로드라마의 주인공과 대립자를 중심으로 캐릭터의 신화 원형을 탐색해보려고 한다.

대상 드라마는 대중적 관심과 인기, 사회적 반향을 불러일으킨 작품들이다. 1990년대 이후부터 2010년대까지의 〈애인〉, 〈내 남자의 여자〉, 〈밀회〉의 캐릭터 원형을 드라마 영상과 대본을 토대로 세밀한 분석을 시도했다. 세 작품은 모두 높은 시청률을 올려 대중적 흥행은 물론 불륜을 미화했다며 국정감사의 대상이 되는가 하면 캐릭터들이 타 매체를 통해 패러디되는 등 사회문화적 관심을 불러일으켰다. 작품의 작가들 또한 한국을 대표한다고 할 수 있는 이들이다. 〈애인〉의 극본을 맡은 최연지는 한국 트렌디 드라마의 문을 연 〈질투〉의 작가로 30대 중년판 〈질투〉라 할 수 있는 〈애인〉을 내놓았다. 〈내 남자의 여자〉는 한국 드라마로서는 드문 요부 캐릭터를 주인공으로 내세운 작품으로 한국 텔레비전 드라마의 역사 자체라고 거론되는 김수현 작가가 썼다. 〈밀회〉의 정성주 작가는 우리 사회의 우스꽝스러운 신분, 계급, 학력, 갑과 을의 문제를 멜로드라마에 잘 녹여내어 이른바 사회멜로의 대가로 회자된다. 시대별로 인기 드라마 세 작품을 선정한 이유는 이들 드라마에 시대 흐름에 따른 시청자의 기대와 취향, 산업적 이해와 사회문화적 분위기가 가장 잘 반영되어 있다고 판단되었기 때문이다. 세 작품은 드라마 캐릭터가 가진 원형적 요소가 시대에 따라 어떻게 변주되고 있는지 그 진화를 읽어내기에 가장 압축적인 텍스트가 될 수 있다.

분석의 토대는 카를 구스타프 융(C.G. Jung)의 분석심리학이 말하는 인간 심리의 무의식적 원형과 상징, 콤플렉스 이론 등이다. 잘된 드라마는 각 캐릭터의 원형적 성격과 콤플렉스가 상호 간에 긴밀하고도 촘촘하게 연결되어 표현된다. 융의 분석심리학의 성과는 캐릭터의 대사와 심리, 행동을 원형적 관점에서 분석하는 데 유용하다.

여기에 융 학파 정신분석가인 진 시노다 볼린(J. S. Bolen)의 그리스 신화 속 신들의 원형 연구의 성과를 분석의 주요 관점으로 적용하고자 한다. 볼린은 자신의 환자 상담 경험을 그리스 신화 속의 신들의 성격으로 유형화했다. 인간 심리의 내면을 생애 주기에 따른 특징과 문제점, 성숙을 위한 방안으로 구분해 서술하고 있는 것이다. 드라마가 인간이 살아가는 이야기를 캐릭터의 심리 변화의 추적을 통해 풀어내는 것이라고 할 때 볼린의 연구는 드라마 캐릭터 구축에 큰 영감을 줄 수 있으며 캐릭터 분석 시에도 유용한 준거 틀이 될 수 있다. 볼린은 여성주의적 시각에서 그리스 신화의 여신과 남신을 현대의 여성과 남성으로 인격화했다. 그에 따르면 그리스 여신들의 유형은 여성 본성의 총체적인 모습을 보여준다. 여성은 자신 안에서 여신들의 유형을 발견해 가는 과정을 통해 장점과 약점, 특징을 알 수 있다. 마음속에서 움직이는 내부의 힘이 무엇인지 알아내어 이를 통해 자신의 가능성을 구체화시킬 수 있다.[6] 이것은 남성의 경우 남신으로 바꾸어 말해도 마찬가지이다.

한국의 멜로드라마 분석에 왜 그리스 신화의 원형을 적용하는지 의구심이 있을 수 있다. 이유는 그리스 신화의 특징에서 찾아야 한다. 그리스 신화는 인간 중심의 입장에서 서술된, 인간을 위한 인간에 의한 신화이다. 호사가들은 신화가 아닌 인화(人話)라고 부를 정도이다. 그리스 신화에는 신과 인간이 동일한 모습과 본성으로 등장한다. 인간과 마찬가지로 연애하고 헤어지고 시기와 질투는 물론 아름다운 여인을 쟁취하기 위해 사력을 다해 싸우기도 한다. 신으로서의 힘은 가졌을지 몰

6 Bolen, J. S., 『우리 속에 있는 여신들』, 조주현 · 조명덕 역, 또하나의문화, 1992 (이하 Bolen, 『우리 속에 있는 여신들』), 36쪽.

라도 세속의 남녀와 차이가 없다. '신의 인간화'는 그리스 신화의 가장 특징적 요소이다.[7)]

그리스 신들이 살아간 사회 문화적 조건은 오늘 날과 같은 가부장제(家父長制, patriarchy) 사회에서의 삶이었다. 이들도 현대의 여성과 남성이 겪는 인생의 희로애락을 겪으며 살았다. 그래서 볼린의 그리스 신들에 대한 연구 성과는 오늘날 멜로드라마 캐릭터의 원형을 분석하기에 적합하다. 멜로드라마는 사회 관습이나 가부장적 지배 이데올로기와의 갈등을 다루며, 사회적 상식, 도덕적 관습, 개인의 욕망 등에 의해 침해되고 방해받아 쉽사리 성취될 수 없는 사랑을 중심 테마로 삼고 있기 때문이다. 그리스 신화는 인간이 가진 보편적 원형적 속성을 다양하게 보여주고 있다는 점에서 탁월하다. 그런데 한국 멜로드라마의 캐릭터에는 분명 한국적 캐릭터만이 가지는 원형적 요소가 있을 것이다. 또한 그리스 신화 외의 여타 지역의 신화 원형도 들어가 있을 수 있다. 이 책은 그리스 신화의 인물 원형을 기본으로 삼아 캐릭터를 분석하되 한국 신화는 물론 여타 지역의 신화와 민담 캐릭터의 원형적 요소까지 부가 자료로 활용하고자 한다.

신화는 오랜 역사 속에서 입에서 입을 통해 전해 내려오다가 문자가 형성되면서 기록으로 남게 되었다. 본래가 구술의 형식을 가진 신화는 현대인에게 하루도 빠짐없이 이야기를 전해주는 드라마의 특성과도 일맥상통하는 부분이 있다.[8)] 작가는 보통 사람이 보지 못하는 것을 보는 '견자(見者)[9)]'로서 우리의 삶을 이루는 외면적 사건이나 상황의 배후에 숨

7 선정규, 「중국 고전신화와 그리스 신화의 비교—몇 가지 특성을 통해서 본 공통점과 차이점」, 『中國學論叢』 Vol.40, 2013, 227~228쪽 참조.

8 이윤진, 『한국의 이야기 문화와 텔레비전 드라마, 구술매체와 구술문화의 근대적 결합』, 한국학술정보, 2006 참고.

9 프랑스 시인 랭보는 작가는 보통 사람이 보지 못하는 것을 보는 존재라는 의미

겨진 의미를 포착하고 그려낸다. 인생의 본질이나 현실을 투시하는 특별한 감수성으로 그것을 뛰어난 원형적 상징으로 그려내고 있는 것이다. 지난 시대에 연극이나 소설이 대중이 가장 즐기는 장르였듯이 21세기 대중예술의 왕자는 텔레비전 드라마이다. 16세기의 셰익스피어는 당대의 대중과 원활히 소통하면서도 가장 원형적인 캐릭터를 창조해 불세출의 작가로 남았다. 오늘날 신화의 역할을 하고 있는 가장 대중적 영상물인 드라마의 작가 또한 셰익스피어에 견줄 만하다. 현대인의 신화라고 할 수 있는 드라마 작가들이 신화의 원형적 인물을 어떻게 드라마의 캐릭터를 통해 보여주고 있는지 본격적으로 살펴본다.

에서 이렇게 불렀다. 김성희, 『방송드라마 창작론』, 연극과인간, 2010, 237쪽.

제2장

멜로드라마 캐릭터와 신화 원형

1. 멜로드라마와 캐릭터

1) 멜로드라마

멜로드라마(Melodrama)는 그리스어로 음악을 뜻하는 melos와 움직임을 뜻하는 drama의 합성어로 19세기 중반 음악이 들어간 대중적인 연극에서 시작되었다. 이것은 영화 매체에 얹혀졌다. 멜로드라마 영화는 '결혼, 직업, 가족 문제들과 관련된 억압적이고 불평등한 사회 환경에 의해 희생되는 대중적인 연애 이야기'를 다루며, 비극적이고 통속적이며 지나치게 감정이 강조된 여성 주인공의 애정 이야기를 여성 관객을 주 대상으로 펼치는 장르를 말한다. 1920년대에 이르러 멜로드라마는 라디오 소프 오페라(soap opera)[1]로 정착하는데 라디오가 멜로 영화의

---

1 주부를 대상으로 방송된 이 연속극의 스폰서를 비누 회사가 맡았기 때문에 비누라는 말이 들어갔고 오페라의 과장된 연기의 특성에서 오페라라는 말이 붙

장점을 모두 흡수해 만들어낸 형식이 소프 오페라이다. 텔레비전 멜로드라마는 소프 오페라의 전통을 이은 것이다. 윤리적으로나 도덕적으로 선한 인물과 악한 인물 사이의 대립을 보여주는 도덕적 양극화, 강렬한 감정의 호소, 여성 등장인물의 지배력, 공적 공간보다는 사적 공간의 중요성을 미학적 특성으로 가진다. 더불어 다중적 관점, 이야기의 중심을 구성하는 대화, 주변 인물에 대한 진지한 접근, 해결 없이 꼬이는 이야기의 느린 전개, 일상성에 대한 강조, 주요 캐릭터들의 극적 대립과 갈등이 특징이다.[2)]

서구에서 멜로드라마는 흔히 황금시간대에 방영하는 멜로드라마(Prime-Time Soap Opera)와 낮에 방영하는 멜로드라마(Day-Time Soap Opera)로 구분된다. 황금시간대 멜로드라마는 우리나라의 저녁 10시대의 미니시리즈 형식의 멜로드라마와 유사하고, 낮에 방영하는 것은 아침 멜로드라마나 저녁 8시 30분대의 일일연속극과 유사하다고 보면 된다. 주요 등장인물은 중산층이다. 소재는 중산층 부부의 위기 즉 불륜이 주종을 이룬다. 멜로드라마는 사건보다는 인물이 강조되고 겉으로 보이는 사건이 아닌 인물 내면에 영향을 미치는 사건이 더 큰 의미를 가지는 특징이 있다. 사건은 다양하지 않아도 되지만 하나의 주된 사건이 밀도 있게 그려지면서 사건에 대처하는 인물의 감정 처리와 심리적 변화를 자세히 그려낸다. 멜로드라마는 인물의 내면을 그리는 것만으로도 충분히 드라마를 유지할 수 있다.[3)]

멜로드라마는 가정을 배경으로 하지만 홈드라마와 차이가 있다. 가장

게 되었다. 김우룡, 『방송학 강의』, 나남, 1987, 263쪽.

2 Brown, M, E, *Soap Opera and Women's Talk: The Pleasure of Resistance*, London : Sage, 1994 ; Kilborn, R, *Television Soaps*, London, Batsford, 1992, 주창윤, 「텔레비전 드라마의 미학적 성격」, 『한국극예술연구』 Vol.23, 2006, 377쪽 재인용.

3 정숙, 『방송 콘텐츠 스토리텔링』, 커뮤니케이션북스, 2013, 115쪽.

큰 차이는 홈드라마는 불륜을 다루지 않는다는 것이다. 등장인물의 선악 대비도 명확하지 않다. 가정을 배경으로 가족 구성원이 중요하게 취급되며 자녀의 결혼을 둘러싼 갈등이 주된 내용이고 화해와 가족 사랑의 중요성을 확인하며 끝난다. 멜로드라마는 로맨틱 드라마와도 차이가 있다. 로맨틱 드라마는 젊은 남녀의 사랑을 다루며 중심이 중산층 가정이 아닌 남녀 연인에 집중되는 장르 관습을 가진다.[4)]

손번(Thorburn)은 멜로드라마 장르는 대부분 비극적 결말을 채택하지만 텔레비전 멜로드라마의 경우는 해피엔딩이거나 최소한의 도덕적 정당성을 보장하며 끝낸다고 했다. 실제 우리나라의 경우 해피엔딩으로 끝나는 경우가 많다. 주인공은 도덕성을 통해 수많은 어려움을 극복하고 목표를 이룬다. 결말은 흔히 권선징악, 개과천선한 악인, 고진감래 후의 행복한 주인공, 전화위복 등의 의미 있는 메시지의 전달로 마무리된다. 해피엔딩은 시청자로 하여금 극의 완결성을 맛보게 함으로써 안정감을 주며 폭넓은 대중성 확보에 도움이 된다.[5)]

멜로드라마에서의 낭만적 사랑은 필수적으로 커다란 장애와 험난한 굴곡이 있어야 하며 제약이나 난관이 없다면 멜로드라마가 될 수 없다. 멜로드라마에서 사랑은 영원불변하며 절대 가치를 지닌다. 주인공은 사랑을 위해 모든 것을 포기한다. 멜로드라마가 자본주의 사회에서 의미를 갖는 것은 낭만적 사랑의 이상과 결혼의 현실이 충돌하는 균열의 틈새를 멜로드라마가 메워주기 때문이다.[6)] 멜로드라마는 낭만적 사랑

---

4 최영묵 · 주창윤, 『텔레비전 화면 깨기』, 한울아카데미, 2008, 139~147쪽.

5 텔레비전 드라마는 대중과 소통하지 않으면 의미가 없다. 작품으로서의 가치와 상품으로서의 가치를 함께 따질 수밖에 없는 것이 사실이다. 드라마 창작자 누구도 여기서 자유롭지 못하다. 백경선, 「김수현과 노희경 가족드라마의 대중성 비교 연구 : 2000년대 작품을 대상으로」, 한양대학교 박사학위 논문, 2012, 4쪽.

6 김명혜, 「텔레비전 드라마 속의 로맨스 : 변화와 관성 사이의 페미니스트 정

과 결혼의 모순을 봉합한다. 멜로드라마는 과장된 도덕성과 감정 표현으로, 좋게 말하면 사회적 미덕을 통해 사회적 인정을 추구하는 대표적 장르이다.[7] 사랑보다는 도덕성, 순결성, 희생 같은 사회적으로 통용되는 가치에 기반을 두고 있다. 이러한 측면에서 멜로드라마는 지배 이데올로기를 재현하는 수단이다. 멜로드라마는 가정 안의 애정관계와 가족 간의 불화로 인해 갈등이 발생하지만 대체로 화해를 함으로써 기존의 가부장적 가정의 가치와 질서를 회복하는 결말이 일반적이다. 이것은 가족의 의미와 가부장제의 강화에 기여한다.

한국 사회에서 결혼 상대자를 가족이 아닌 개인이 선택할 수 있는 자유가 주어진 것은 근대 이후이다. 이때부터 낭만적 사랑 이야기는 대중문화의 한 영역을 차지하며 꾸준히 재생산되어왔다. 서양에서 유래한 낭만적 사랑의 관념은 우리나라의 남녀 관계 속에서도 무리 없이 작용하고 가족 이데올로기로 정착되는데 그것은 우리 사회의 지배적인 유교 이념 때문이다. 남녀 차이를 음양(陰陽)의 차이로 보고 가족을 절대시하는 관념은 서구 자본주의의 가부장제나 가족 이데올로기 도입 이전부터 이미 여성 억압의 기제로 작동해왔다. 조선 중기 이후 의식화된 유교적 이념과 서구에서 들어온 자본주의적 가부장제는 놀라운 친화력으로 결합해 여성을 이중으로 지배하고 구속하게 되었다.[8] 이런 분위기 속에서 한국의 멜로드라마는 낭만적 사랑을 다루면서도 서양과는 달리 이웃과 사회가 개인의 사랑에 개입하는 특성을 보인다. 집단주의적인 체면과 가족 이데올로기 사회에서 주인공은 제도로서 가족을 지

치」, 『언론학연구』 제3집, 1999, 72~74쪽.

7 이수연, 『한류드라마와 아시아 여성의 욕망』, 커뮤니케이션북스, 2008, 37쪽.

8 낭만적 사랑과 결혼에 대한 서구와 우리나라의 차이점은 서구와는 달리 우리는 부모와 가족이 결혼의 성사에 결정적인 역할을 한다는 것이다. 김명혜, 앞의 논문, 75~76, 78쪽.

킬 것인가 아니면 낭만적 사랑을 따를 것인가 사이에서 갈등한다. 성취될 수 없거나 성취되기 어려운 사랑을 틀에 박힌 눈물의 정서로 표현하는 멜로드라마의 이면에는 보수적이고 현상 유지적인 가치가 깔려 있다. 우리의 멜로드라마에는 애정지상주의와 더불어 가족제도의 가치에 대한 지지가 강하게 나타나며 결말은 가부장제로의 통합이다.

멜로드라마 장르가 가지는 이러한 특성은 텔레비전 멜로드라마에서 더욱 강조된다. 텔레비전은 사회와 문화가 공유하는 지배적 가치체계를 내재하고 유포하는 대표적인 대중매체[9]이기 때문이다. 텔레비전 멜로드라마는 산업사회의 새로운 소비 주체인 여성의 욕망을 드라마의 중심에 두고 낭만적 사랑과 결혼, 그리고 가족으로 이어지는 궤적을 끊임없이 확인시키며 '가부장제'를 하나의 상식으로 받아들이게 한다.[10] 그러나 멜로드라마가 끊임없이 불륜 등과 관련된 가족 문제를 등장시키고 가부장의 권위에 도전하며 다양한 측면에서의 연애와 결혼을 핵심적으로 다루는 이유를 달리 보면, 이러한 재현이 제기하는 현실 조건에 대해 사람들이 불편해하고 있으며 그 자체로 변화에의 열망을 품고 있다고 말할 수 있다.[11] 멜로드라마는 기존의 지배적 가부장제이데올로기를 공고히 하지만 동시에 가부장제에 균열을 일으키는 씨앗을 품고 있기도 하다.

이것을 장르의 속성으로도 설명할 수 있다. 장르라는 것은 관습(con-

9 김훈순 · 김명혜, 「텔레비전 드라마의 가부장적 서사전략」, 『언론과 사회』 통권 제12호, 1996 여름호, 7쪽.

10 위의 논문, 46~48쪽. 이런 측면에서 텔레비전 멜로드라마가 만들어내는 이데올로기는 현대의 또 하나의 신화라고 말할 수 있다.

11 Barthes, Roland, *Mythologies*, Paris : Seuil, 1957, 홍석경, 「텔레비전 드라마가 재현하는 가족관계 속의 여성」, 『한국방송학회 학술대회 논문집』, 1998, 196쪽 재인용.

vention)과 창조(invention)의 역동이 만들어내는 산물이다. 한 장르 안에 속하는 개별적인 각각의 드라마들은 조금씩 변형을 일으키며 발전해나간다. 기존의 관습에 도전하고 관행에 균열을 가하기도 하며 규범을 파괴하기도 한다.[12] 조그만 균열들은 변화를 일으켜 점점 더 큰 변형을 일으키고 관습의 유지와, 창조의 노력과 시도라는 힘이 팽팽하게 대결하면서 점차 창조 쪽으로 기울게 되는 것이다. 드라마 제작자들은 기존의 공식에 익숙해 있는 수용자의 기대에 크게 벗어나지 않는 범위에서 창조력을 발휘하려고 한다. 장르는 공식과 관습에 바탕을 둔 전통에 충실하면서도 변화하는 수용자의 욕구에 조응하면서 조금씩 변화하고 어느 시기에 이르러 새로운 장르를 만들어내기도 한다.

2) 드라마 캐릭터

행동, 행위하다라는 의미를 가진 그리스 단어 dran에서 온 드라마(Drama)는 배우가 특정한 캐릭터가 되어, 생각하고 느끼는 바에 따라 행동하는 인간을 실연(實演)의 형식을 통해 모방하는 것이다.[13] 드라마는 우리가 알고 싶은 세계를 특별한 캐릭터를 통해 제시하며 캐릭터는 살아 있는 극을 창조하는 데 가장 중요한 관건일 수 있다. 비평가 윌리엄 아처(William Archer)는 "살아 있는 극과 죽은 극의 차이점은 죽은 극은 플롯이 성격을 조절하고, 살아 있는 극은 성격이 플롯을 조절"[14]한

---

12 Crane, D., *The Production of Culture: Media and Urban Culture*, London: Sage, 1992, pp.95~96, 원용진, 「'불륜' 드라마로 읽는 사회 변화」, 황인성 · 원용진 편, 『애인 : TV 드라마, 문화 그리고 사회』, 한나래, 1997, 83쪽 재인용.

13 김용수, 『드라마 분석 방법론 : 연극, 영화, 그리고 TV 드라마의 해석을 위하여』, 집문당, 2015, 4~5쪽.

14 최상식, 『TV 드라마 작법』, 제삼기획, 1994, 70쪽.

다고까지 말한다.

캐릭터는 원하는 것을 얻기 위해 행동하고 그 과정에서 장애와 맞닥뜨려 갈등하고 변화를 겪으면서 성장하거나 파멸한다. 관객은 자신이 감정을 이입할 수 있는 캐릭터, 주로 프로타고니스트(protagonist, 주인공)가 욕망을 실현해가는 여정을 함께한다. 그 과정에서 캐릭터의 상황에 연민과 두려움을 느끼게 되고 마침내 모든 갈등이 해소되는 시점에서 감정적 정화(catharsis)에 이르게 된다.

캐릭터란 극적 구조 속에서 마치 살아 있는 인물처럼 자신의 인생의 주체가 되어 살아가야 하고 그만의 인생과 세계가 가상적으로 존재해야 한다. 캐릭터는 일관성을 가지고 있지만 인간이라는 존재가 완벽하지 못한 불완전한 존재이듯이 때로 모순된 모습을 보이기도 한다. 좋은 캐릭터는 반드시 약점이 있고 결함을 지닌다. 캐릭터는 주어진 한계와 심리적 콤플렉스가 있지만 행동을 통해 이야기를 전개시켜간다. 캐릭터의 성격은 외적인 면이 아닌 내면적 인간됨을 말한다. 캐릭터가 어떤 압력에 직면했을 때 행하는 선택을 통해 어떤 인간인지가 밝혀지며, 압력이 클수록 성격은 더 깊숙이까지 드러난다.[15] 다면적 혹은 입체적 인물은 외부의 영향으로 변화하고 행동을 통해 새로운 성격을 드러내기 때문에 이야기의 시작과 끝에서 완전히 대조되는 성격과 태도를 취할 수도 있다. 서로 모순되거나 갈등이 많은 역동적인 인물은 복잡다단한 성격의 실제 인간의 모습에 가깝기 때문에 친밀감을 유발하기 쉽다.[16] 또한 상상의 여지를 많이 허용하는 열린 인물은 특성이 고정되어 있지

15 Mckee, Robert, 『시나리오 어떻게 쓸 것인가』, 고영범 · 이승민 역, 황금가지, 2002, 157쪽.

16 Chatman, Seymour Benjamin, 『이야기와 담론 : 영화와 소설의 서사구조』, 한용환 역, 푸른사상사, 2003, 159~160쪽.

않기 때문에 항상 새롭게 발견될 가능성이 많고 때에 따라 열린 종말을 지향한다.[17)]

캐릭터는 대사, 행동, 시청각 이미지로 자신을 드러낸다.[18)] 캐릭터의 행동은 직접적으로 묘사된 것이든 간접적으로 표현된 것이든 다른 캐릭터의 반응을 이끌어 내기 위한 의도나 성격을 포함한 시각적 행위라는 것이 중요하다. 잘 고안된 캐릭터는 말보다 인상적인 행동으로 관객의 마음을 움직이는 독창적인 인물로 묘사될 수 있다. 주인공의 경우 신분과 행동의 특성이 예외적, 다면적이며 실제 세계의 인간과 닮은 열린 인물일 때 수용자의 공감을 얻는 캐릭터가 될 수 있다. 주인공은 행동의 목적이 분명하고 그것을 얻기 위해 장애와 갈등에 과감하게 맞서며 인생의 단면을 집약적으로 보여줄 수 있을 만큼 뚜렷한 개성과 복합적 성격의 소유자여야 한다. 그의 인생에 커다란 전환의 계기가 되는 중요한 체험을 통해 극적으로 변화하는 모습을 보여야 하는 것이다.[19)]

캐릭터는 등장인물을 통해 드러나는 인간의 본성이다. 캐릭터는 내면에 수많은 '목소리들'을 지닌 존재로 그 목소리들은 각각 고유한 역사와 욕구, 취향, 한계, 쾌락, 리듬 등을 갖는다. 이처럼 캐릭터가 변화하는 역동적 과정을 '카니발성(the carnivalesque)'라고 한다. 프로타고니스트는 쉽게 해결할 수 없고 때때로 서로 모순되는 정신적 선택들에 직면하고 대응하면서 변화를 거듭하는 카니발적 캐릭터이어야 한다.[20)] '존

---

17 김용수, 앞의 책, 232~233쪽.

18 김성희, 앞의 책, 187쪽.

19 정경훈, 「디지털 영화미학의 응용적 연구 : 캐릭터, 성격, 얼굴, 그리고 얼굴영상생성모델」, 『문학과 영상』, 2009, 788쪽 참조.

20 Robert R. and Paul T. Costa, Jr., "Reinterpreting the Myers-Briggs Type Indicator From the Perspective of the Big-Five Model of Personality." *Journal of Personality*, 57.1, 1998, p.34 참조, 허은희, 「영화 캐릭터(Character)의 이해와 분석의

재의 정체적 상태'가 아니라 '생성의 역동적 과정'을 보여주는 캐릭터는 도식적인 드라마의 서사를 각각 다른 방식으로 이야기하게 만든다.

밀러는 캐릭터를 전형적인(stereotype) 것과 원형적인(archetype) 것으로 구분한다.[21)] 캐릭터가 세상에서 장려되고 이상적으로 인정되는 한 가지 특징의 인물상을 구현할 때 그는 진부하고 틀에 박힌 스테레오타입 캐릭터가 된다. 이것은 인간이 본래 가지고 태어난 수많은 원형적 요소 가운데 시대 가치와 지배 이념에 걸맞은 원형 요소만을 선택해서 취한 것이다. 모든 행동이 예측되는 전형적 캐릭터는 캐릭터 안의 '목소리들' 가운데 상투적인 한 가지 목소리만 낸다. 이런 캐릭터는 실제 인간의 성격과 가깝지 않기 때문에 공감을 얻기 어렵고 유형적이고 평면적이어서 주인공으로는 부적합하다. 반면 뿌리 깊은 원형적 캐릭터는 주어진 사회 환경 속에서 자신의 내적 행동에 따라 다양한 원형적 목소리를 낸다. 캐릭터는 사회 통념상 '억압된' 원형적 요소가 발현될 때 카니발적인 개성적 캐릭터가 된다.

멜로드라마의 장르 관습은 스테레오타입 캐릭터가 등장한다는 것이다. 대부분 우리 사회의 고정된 성 역할에서 벗어나지 않으며 여전히 낭만적 사랑과 결혼에 의해 유지되는 가족의 절대성을 말한다. 그러나 장르 관습에 균열을 가하는 다양한 캐릭터들도 등장한다. 대중과의 소통을 위해 변화된 사회 분위기와 대중의 취향, 윤리 도덕의 용인 수준 등을 캐릭터에 예민하게 반영하는 것이다. 현대로 올수록 독립적이며 자유분방한 비전통적인 여성 캐릭터는 증가하는 반면 남성은 유약하고 의존적인 캐릭터가 증가하고 양성성을 가진 캐릭터가 등장하고 있는

실제」, 『현대영화연구』 Vol. 19, 2014, 290~291쪽 재인용.

21 Miller, William C., 앞의 책, 161쪽.

것이 그 예일 것이다.[22)]

그러나 사회적 변화와 취향만이 캐릭터 구축의 절대적 고려 요인은 아니다. 캐릭터는 인간 내면의 본성을 반영하기 때문에 그 바탕은 변하지 않는 인간성의 다양한 측면에 뿌리에 두고 있어야 한다. 인간은 누구에게나 존재하는 선조로부터 물려받은 원형적 요소를 반드시 가지고 있으며 캐릭터도 원형상을 구현하고 있는 것이다.[23)] 캐릭터는 시공을 초월해 인간 내부에 존재하는 수많은 원형적 목소리들을 역동적으로 발현했을 때 관객에게 공감을 일으킬 수 있다.

캐릭터는 주어진 사회적, 정치적, 경제적 조건 속에서 행동하지만 겉으로 보이는 외적 행동은 내적 행동 즉 마음이 작동하는 의도, 목적, 동기, 희망, 욕구, 감정 등에 따라 일어난다.[24)] 내적 행동은 인물 파악의 중요한 단서가 되는데 내적 행동을 일으키는 것이 바로 인간의 마음, 인간성이다. 드라마는 인간성에 대한 탐구이다. 다양한 인간 경험의 묘사를 통해서 인간성의 뿌리를 파헤치고 인간에 대한 해석을 내린다. 드라마에서 원형적 캐릭터가 중요한 이유는 시대적 모습을 달리하더라도 변하지 않는 인간의 속성을 보여주기 때문이다.

22 이화정, 「멜로드라마에 나타난 남성상 유형의 변화(1992~2012)」, 『한국콘텐츠학회논문지』 Vol.13 No.7, 2013 ; 이화정, 「멜로장르 TV드라마에 나타나는 여성 주인공의 전형성(1992년부터 2012년까지)」, 『한국콘텐츠학회논문지』 Vol.13 No.12, 2013.

23 Allen, Robert C. 편, 『텔레비전과 현대비평』, 김훈순 역, 나남, 1992, 84쪽.

24 심리적 사실주의(psychological realism)라는 표현이 사용되기도 한다. 등장인물이 왜 그런 행동을 하는가에 대한 답을 심리적 상태에서 찾는 것이다. 김용수, 앞의 책, 177~179쪽.

2. 신화와 원형

1) 원형의 보물 창고, 신화

신화(Myth)는 인간과 우주의 기본과 원리를 쌓아놓은 보물 창고와 같으며 세계가 어떻게 존재하는가를 말해준다. 세계의 신화를 비교해 보면 서로 멀리 떨어져 있거나 교류가 불가능한 지역의 문명에서 유사한 신화와 상징, 은유, 모티프, 심상(image) 등이 공통적으로 나타난다. 융에 따르면 이것은 인류의 마음 구조 밑바탕에 공통적으로 집단 무의식(collective unconscious)[25]이 존재하고 있기 때문이다. 집단 무의식을 구성하고 있는 것은 바로 원형(原型, Archetype)들이다. 인간이라면 누구나 시간과 공간을 넘어서 보편적이고 반복적으로 항상 재생할 수 있는 가능성이 있다. 그 가능성을 지닌 틀이 원형이다.[26] 원형은 인간 본성의 본질적 법칙뿐 아니라 수많은 원형 이미지 또는 원형상(像)으로 스스로를 표현한다.[27] 원형상은 민족이나 인류 공통적인 상징체계와 연

---

25 융은 프로이트의 무의식과 구분해 전체 정신을 크게 의식, 개인 무의식, 집단 무의식이라고 하는 세 층위로 나누었다. 이유경, 『원형과 신화』, 이끌리오, 2004, 105쪽.

융은 무의식을 프로이트가 말한 성적 욕망의 원천일 뿐 아니라 정신적 창조의 원천이라고 보았다.

26 이부영, 『분석심리학 : C.G. 융의 인간심성론』, 일조각, 2000, 31~32쪽.

27 원형은 표상이 불가능하지만 원형 이미지는 표상이 가능하다. 예를 들어 융은 "그리스도의 원형(이라는 말)은 거짓입니다. 그리스도는 원형이 아니라 원형의 인격화입니다. 이는 안드로포스(Arnthropos, 진정한 인간)에 대한 아이디어로 표현된 것입니다."라고 했다. 융은 영적 메시아, 그리스도, 미트라, 오시리스, 디오니소스, 부처 또한 융 자신이 안드로포스라고 부른 표상 불가능한 원형의 시각화 또는 인격화(원형 이미지)라고 했다. Walker, Steven F., 『융의 분석 심리학과 신화』, 장미경 외 역, 시그마프레스, 2012, 17쪽.

결되어 신화 등 문화적 형태로 구체화된다. 예를 들어 그리스 신화의 제우스, 헤라, 아프로디테 등의 원형적 이미지는 원형의 신화적 인격화 · 시각화에 해당된다.

융은 집단 무의식의 원형 세계를 연구하면서 신화가 엄청난 가치가 있다는 것을 알았다. 그래서 '수많은 원형적 상황들이 있으며 그 전체는 신화의 세계를 만든다'고 했고 신화를 '원형의 교과서'라고 불렀다.[28) 그는 원형을 근원적 심상(urtümliche Bilder), 신화소(Mythologeme) 혹은 신화적 모티브(mythologische Motive)라고 칭했다. 원형은 집단 무의식의 내용이기에 서로 전파하지 않고서도 언제 어디서든 선천적으로 주어진 표상 능력에 의해 생산될 수 있다. 이런 이유로 시공을 초월한 각각의 신화들 속에 동일한 신화소가 발견되는 것이다. 원형은 결코 잠재기억의 산물이 아니라 자생적으로 소생하는 신화의 주제이다.[29)

원형의 종류는 인간이 처하는 다양한 상황의 수만큼 많다. 신화에 등장하는 영웅, 구출자, 괴물 등은 모두 원형상에 해당된다. 융은 그림자 원형, 아니마 아니무스 원형, 전체 마음의 중심인 자기(Self) 원형 등과 모성, 부성, 어린이, 노인 등 수 많은 원형에 대해 언급한 바 있다. 원형은 인간으로 하여금 다양한 역할에 본능적이고 자발적으로 반응하도록 준비시키고 이를 촉진한다. 예를 들어 경험 하나만으로는 어머니가 어떤 존재인지 알 수 없지만 양육하는 개인 어머니의 실제 경험이, 그 사람의 무의식에 각인되어 있던 원초적 모성 원형을 자극하여 개인 어머니로서의 행동 패턴을 만들어내게 되는 것이다.

신화는 원형 이미지가 '이야기'로 구체화된 것이다. 세계 각지의 신화를 비교 연구한 조지프 캠벨(Joseph Campbell)은 신화들이 가지는 보편

---

28 Walker, Steven F., 앞의 책, 20쪽.

29 이유경, 앞의 책, 114~115쪽.

적 이념 즉 신화적 주제를 찾아내어 원질신화(原質神話, Monomyth) 이론으로 제시했다. 원질신화는 신화 서사에 공통적으로 나타나는 영웅의 일생과 여정에 관한 기본 양식이다. 영웅은 분리(Seperation), 입문(Initiation), 귀환(Return)을 거쳐 두 세계의 주인이 되고 삶을 자유롭게 살 수 있게 된다.[30] 영웅은 신화의 아주 오래된 대표적 원형이며 융 심리학적 견지로는 자기(Self)의 원형이다. 영웅이란 스스로의 힘으로 자기 극복의 기술을 완성한 인간이다. 개인적 · 역사적 제약과 싸워서 그것을 보편타당하며 정상의 인간적인 형태로 환원시킬 수 있는 인간이며 자기 삶을 자기보다 큰 것에 바친 사람이다. 영웅은 도덕적 목표를 지니고 자신이 속한 민족이나 특정 개인을 구하기 위해 삶을 진리 인식의 질서에 바친 사람 즉 희생하는 사람이다.[31] 캠벨이 제시하는 영웅의 여정 단계는 융 심리학이 말하는 내면의 성장과 성숙의 과정과 동일하다.

원질신화의 영웅의 여정은 할리우드의 영화 제작 아이디어로 활용되었다. 각 영화 작품의 주인공 캐릭터는 영화 속 자신의 인생에서 영웅이다. 크리스토퍼 보글러(Christopher Vogler)는 현대의 스토리텔러가 원형의 힘의 대해 알면 요술 가방 안에 가장 강력한 수단 중 하나를 담는 것이라고 했다. 원형은 캐릭터의 존재 의의나 기능을 이해하는 데 필수 불가결한 도구이기에 원형의 개념을 파악하면 캐릭터가 제 역할과 임무를 수행하는지 확인할 수 있다. 본능적으로 원형이 내포한 에너지를 반영하는 역할을 가진 캐릭터와 다른 캐릭터들 간의 관계를 설정하고 모든 사람들이 납득 가능한 드라마틱한 사건을 창조해낼 수 있다는 것이다.[32]

보글러는 캐릭터를 '기능'에 주안점을 두어 영웅, 전령관, 정신적 스

---

30 Campbell, Joseph, 『천의 얼굴을 가진 영웅』, 이윤기 역, 민음사, 1999, 45쪽.

31 Campbell, Joseph, 『신화의 힘』, 이윤기 역, 이끌리오, 2007, 33쪽, 238~241쪽.

32 Vogler, Christopher, 앞의 책, 72~73쪽.

승, 관문 수호자, 변신 자재자, 장난꾸러기, 그림자 원형 등으로 유형화했다. 대중적으로 흥행한 영화들은 장르를 불문하고 영웅의 여행 모형과 캐릭터의 기능을 제시한 영웅의 여행 모형에 잘 들어맞는다.[33] 상업적으로 성공한 텔레비전 드라마의 구조 분석에 적용해도 동일한 결과가 나온다.[34] 영웅 서사구소는 스토리가 있는 대중문화 콘텐츠 전반에 적용될 수 있는데, 이유는 이것이 인류에게 가장 친숙한 이야기 구조이기 때문이다.

2) 현대인의 신화, 드라마

원형 비평가 프라이(N. Frye)는 문학은 신화의 구현체일 뿐 아니라 문학이 아닌 신화는 존재하지 않는다는 의미에서 곧 신화 자체라고 했다.[35] 문학의 가치는 상상력에 있는데 이것은 개인적인 영감이 아니라 융이 말한 집단 무의식을 연상시키는 관습적이고 전통적인 어떤 것이다. 따라서 모든 문학은 인류가 공유하는 신화의 끝없는 재창조요 반복이며, 셰익스피어가 위대한 이유는 독창성보다는 전통성 때문이다. 융 또한 파우스트를 창조한 것은 괴테가 아니라 오히려 파우스트가 괴테

---

33 영웅 이야기뿐 아니라 서부극, 로맨스, 드라마 등 다양한 영화 장르에서도 동일하게 적용된다. Voytilla, Stuart, 앞의 책.

34 김공숙, 「텔레비전 드라마의 영웅서사구조분석—〈시크릿가든〉을 중심으로」, 고려대학교 석사학위 논문, 2013 ; 이호은 · 권태효, 「영웅신화 구조의 드라마 수용 양상 : 〈주몽〉 〈선덕여왕〉 〈동이〉 〈시크릿가든〉을 중심으로」, 『커뮤니케이션학연구』 Vol.21 No.3, 2013.

35 Frye, Northrop, 『비평의 해부』, 임철규 역, 한길사, 2000, 25쪽. 프라이는 모든 허구적 문학작품을 '전위된 신화(displaced myth)' 즉 저자와 대부분의 독자들이 쉽게 알아보지 못할 함축적인 신화적 원형을 지니고 있는 것으로 본다. 이상우 · 이기한, 『문학비평의 이해』, 집문당, 1995, 225쪽.

를 창조한 것이라고 말한 바 있다. 예술가를 독창적인 천재로 보지 않고 원형을 담고 있는 신화 이미지의 전달자 · 매개자로 본다는 면에서 융과 프라이는 일치한다.[36]

원형적 이야기인 신화는 전설, 민담, 동화 등 수많은 문학 형식으로 변형되어 인간을 매료시켜왔다. 과학과 합리주의를 강조하는 오늘날 현대인은 일상적 삶의 차원에서 원시 인류에 버금갈 정도로 신화를 많이 접하고 있다. 바로 대중문학의 영상적 구현인 텔레비전 드라마를 통해서이다. 신화는 역사와 함께 전해져 내려오면서 생로병사와 희로애락 등 인간이라면 누구나 공감할 수 있는 이야기를 담고 있다. 드라마 또한 대중이 공감할 수 있는 인간의 이야기를 다룬다. 신화는 '공상에서 나온 것이 아니라 사람들에게 직관적으로 지각되는 실재에 대한 즉각적인 표현'이며 사람들에게 자신을 둘러싸고 있는 근본적인 의미를 보여주면서 존재의 깊은 체험을 드러낸다.[37] 여기에서 신화를 드라마로 바꾸어 대입해보면 드라마가 신화와 매우 흡사함을 깨닫게 된다. 드라마는 현실의 사회 문화적 조건에 토대를 두고 만들어지는 것으로 시청자로 하여금 직관적으로 지각되는 어떤 것을 자신의 존재에 대입시켜 보면서 각자 삶에서 의미를 되새길 기회를 제공한다. 또한 신화는 새로운 존재로 거듭나고 싶은 인간의 원초적 욕망을 반영한다. 드라마 또한 신화의 기능과 다르지 않다고 할 수 있다.[38]

문학을 신화 자체로 본 프라이의 논리를 적용하면 드라마 또한 원시 인류가 접했던 신화의 세계를 매일 우리에게 전달해주고 있다고 말할

36 권택영, 『소설을 어떻게 볼 것인가』, 문예출판사, 1995, 105, 130쪽.

37 Meslin, M., *Pour une Science des Religions*, Paris: Seuil, 1973, p.222, 김성민, 『분석심리학과 기독교』, 학지사, 2001, 52쪽 재인용.

38 이윤진, 앞의 책, 283쪽 참조.

수 있을 것이다. 신화는 오래전 조상들이 겪었던 태초의 사건을 지금 여기에서 일어나게 하는 기능을 가지고 있다. 터너(Turner)는 신화가 전달되는 순간은 시공을 초월해 영원히 반복되는 원형으로 빨려 들어가는 제의(祭儀)적 시간이라고 했다.[39] 오늘날 우리는 드라마를 통해 일상적으로 신화의 제의적 시간으로 유도되며, 그런 의미에서 드라마는 곧 현대인의 신화라고 말할 수 있다. 신화의 신과 인간은 드라마의 캐릭터로 되살아나 사람들을 텔레비전 앞으로 끌어 모은다. 신화의 시대가 지나면서 신화의 신성성은 사라졌지만 신화적 모티프와 캐릭터는 여전히 인간의 삶을 이야기로 꾸밀 수 있는 동기를 제공하고 있다.

신화와 드라마의 관계에서 중요한 한 가지는 영상 스토리텔링이 이루어지는 드라마는 원형의 표출인 '상징'을 빈번하게 사용한다는 것이다. 드라마는 추상적이고 관념적인 문학보다 소품 등 물질적인 것, 자연이나 건물 등 공간이나 장소가 차지하는 비중이 훨씬 높다. 따라서 일상적인 삶의 모습만을 그리는 것이 아니라 시청각적 상징, 공간의 상징, 제목이나 등장인물 이름의 상징, 상징적 대사 등 드라마 전체에 상징을 다채롭게 구성함으로써 사색과 상상력을 자극하는 감동과 여운을 줄 수 있다. 원형으로 인해 인간은 언제나 같은 신화나 상징을 만들어내게 된다. 상징은 하나의 이미지 속에서 겉으로 드러난 의미를 넘어서 또 다른 실재를 드러내는 인간의 표현 수단이다. 즉 아직 드러나지 않은 무의식적인 내용을 표현하고 각성시키는 데 가장 좋은 수단이 되는 것이다.[40] 상징은 언제나 일차적 의미를 초월해서 독립적으로 존재하며 이미지가 표상하는 것보다 더 깊은 실재와 그 이미지와 전혀 다른 어떤 것을 나타낸다. 이로써 여태까지 알지 못하던 우리 삶의 실존적 가치와 삶의 진실

---

39 김융희, 『(삶의 길목에서 만난,) 신화』, 서해문집, 2013, 56쪽.

40 김성민, 앞의 책, 44~51쪽.

을 알게 해주기 때문이다. 따라서 원형적 상징을 잘 사용한 드라마는 외면적 사건뿐 아니라 상황의 배후에 숨겨진 의미를 직관적으로 전달해 인생의 본질이나 현실을 특별하게 투시할 수 있게 해준다.

3) 인간의 마음과 원형

인류 집단의 공통된 원형 심상들의 집합체인 신화는 과거에 묻혀 있는 것이 아니라 늘 지금 여기에서 다시 살아난다. 드라마의 캐릭터들도 인류의 가장 오래된 이야기인 신화 속 인물의 원형에 빚지고 있다. 원형은 같은 종류의 다른 것들이 만들어지게 되는 근본 모델이기 때문에 인간의 성격과 행동을 형상화하는 데 매우 중요하며 인간의 모방인 캐릭터의 형상화에서도 역시 중요하다.

융 학파에서는 전체로서의 인격을 정신(psyche)이라고 부른다. 이것은 '마음'을 의미하는데 각 개인이 직접 알 수 있는 마음을 의식(consciousness)이라고 한다. 의식은 사고, 감정, 감각, 직관이라 부르는 네 가지 기능과 외향성, 내향성이라는 두 가지 태도가 서로 작용하면서 발달한다.[41] 의식의 중심은 자아(ego) 곧 '나'이다. 자아가 전체 마음에서 차지하는 부분은 아주 적지만 의식에 대한 수문장 역할을 하기 때문에 매우 중요하다. 즉 자아가 자각을 해야 의식화가 되기 때문이다. 자아가 인식하지 못한 경험들 즉 의식으로부터 억압되고 방치되거나 괴로운 생각, 해결되지 않은 문제, 개인적 갈등, 도덕적 문제들은 소멸되

41 모든 정신 기능을 가능한 한 골고루 발전시킨다는 것은 전체 정신을 실현하는 데 필수적인 작업이다. 열등 기능을 찾아서 그것을 살리고 발전시키면 그것은 이미 열등 기능임을 그친다. 열등기능의 의식화가 중요한 것이다. 이부영, 『그림자 : 우리 마음속의 어두운 반려자』, 한길사, 1999, 51쪽.

지 않고 개인 무의식(personal unconscious)에 저장된다. 일생 동안 축적된 개인 무의식의 내용물은 몇 가지가 모여 하나의 집단인 '콤플렉스(complex)'를 형성한다. 콤플렉스는 매우 강한 힘을 가진다. 전체 인격에서 떨어져 나온 것처럼 독립적이고 자체로 추진력을 지니며 생각과 행동을 조절한다.

융의 독창성은 집단 무의식과 자기(Self) 원형의 발견에 있다. 개인 무의식보다 더 깊은 쪽에 있는 집단 무의식에 빼곡히 모여 있는 원형 중에 가장 중요한 것이 의식과 무의식을 통합한 전체 정신의 중심인 자기이다. 융은 무의식은 그 자체를 신화와 민담으로 표현한다고 했다.[42)] 모든 신화는 개성화(individuation)를 중심 주제로 하고 있다. 심리 발달에서 중요한 역할을 하는 개성화는 개인의 의식이 타인과 구분되어 개별화되는 과정을 말한다. 인간은 개성화를 통해 충만하고 균형 있는 인격으로 발달하여 자기실현에 도달하게 된다. 개성화는 반드시 자신과 주변 세계에 대한 자각 즉 의식화가 있어야 가능하다.

모든 사람의 인격에는 중요한 역할을 하고 있는 네 가지 원형이 있다.

첫째, 페르소나 원형이다. 페르소나(persona)는 가면을 의미하는 그리스어로 개인이 집단에게 보여주는 겉모습을 말한다. 융은 페르소나라는 용어를 우리가 세상과 마주 대하는 자기 심상을 의미하는 데 썼다. 사회적 인정을 받을 수 있도록 좋은 인상을 주려는 페르소나는 외적 인격 혹은 정신의 외면이라고 부른다.[43)] 사회가 요구하는 것과 나의 무의식이 요구하는 것 사이에서 가능한 한 큰 행복을 가져오도록 스스로가 만들어낸 것으로 순응(順應, conformity) 원형이라고 부를 수 있다. 그러

---

42 Ackroyd, Eric, 『(심층심리학적) 꿈 상징 사전』, 김병준 역, 한국심리치료연구소, 1997, 71쪽.

43 Hall, Calvin S., 『융 심리학 입문』, 김형섭 역, 문예, 2004, 73쪽.

나 페르소나는 가면이기 때문에 자아와 동일시하면 문제를 일으킨다. 사회적 적응을 위해서 페르소나가 필요하지만 이것은 수단이지 삶의 최종 목표가 아니기 때문에 자아는 외부뿐 아니라 내면세계 즉 무의식과 관계를 맺어야 하는 것이다. 페르소나를 지나치게 자아와 동일시하면 내면세계에서는 점점 멀어지게 되고, 페르소나에 압도되면 자신의 본성에서 멀어져 긴장 속에서 살게 된다. 멜로드라마의 착하고 희생적인 여성 가운데에는 '팽창'된 페르소나의 희생자들이 많다.

둘째, 아니마와 아니무스 원형이다. 아니마(anima)와 아니무스(animus) 원형은 내적 인격, 정신의 내면 혹은 영혼 심상이라고 부른다. 모든 사람은 자신의 성별과는 다른 이성적(異性的) 원형을 가지고 태어나는데 남자의 경우 아니마, 여자는 아니무스라고 부른다. 아니마와 아니무스가 중요한 이유는 의식과 무의식을 일치시키는 징검다리 역할을 하는 가장 강력한 원형이기 때문이다. 내적 인격인 아니마와 아니무스는 자아 의식을 초월하여 존재하는 고도의 자율성을 지닌 독립된 인격체로서 자아 의식을 무의식의 가장 깊은 곳에 있는 자기(Self)에게 안내하는 영혼의 인도자(psychopompos) 역할을 한다.[44] 그리스 신화의 테세우스(Theseus)가 괴물 미노타우로스를 죽이려고 미로를 통과해야 했을 때 아리아드네(Ariadne)는 실을 주어 테세우스의 탈출을 도와주었다. 미로는 무의식의 상징, 괴물은 무의식에서 무시되어 미쳐 날뛰게 된 부분이다. 괴물을 죽인다는 것은 제멋대로인 힘을 길들이는 것이고 의식의 통제로 가져오는 것이다. 괴물 살해는 사랑에 의해서 가능했다. 아리아드네는 테세우스의 아니마이다.[45]

융에 따르면 우리가 특정한 이성에게 끌리는 이유는 남성에게는 아

44 이부영, 『그림자 : 우리 마음속의 어두운 반려자』, 44쪽.

45 Ackroyd, Eric, 앞의 책, 77쪽.

니마, 여성에게는 아니무스 원형이 촉발되기 때문이다. 인간의 성(性)적인 사랑은 매우 사회적인 것임이 밝혀졌음에도 성적 욕망은 세상 경험이나 특정한 문화와 사회가 규정지어주는 틀 안에서만 일어나지 않는다. 누군가에게 반할 때 우리는 경험, 관습, 의식적이고 개인적인 윤리적 결정 등과 상관없이 자발적으로 반응하고 호감을 느낀다. 이 원형은 매력적인 이성을 만났을 때 자극이 되어 수많은 연인이 말하듯이 '나도 모르게' 사랑에 빠지게 되도록 압박을 가한다. 자신의 아니마 또는 아니무스를 인정하고 친숙하게 되는 대신 그것을 상대방 이성에게 투사하면 비참해질 수 있다. 신화를 포함해 모든 이야기 속의 낭만적 사랑은 두 사람의 아니마 아니무스의 투사로 인한 것이며 상대 이성에 대해 아니마 아니무스를 투사하는 낭만적 사랑은 성숙한 사랑으로 나아가지 못하고 죽음이나 이별로 끝나고 만다. 인격의 건강한 성장을 위해서 남성은 아니마, 여성은 아니무스의 특징이 통합되고 조화를 이루어야 한다. 무의식에 있는 이성적 특성이 억압되지 않고 그의 본래적인 성적 특성과 조화를 이루면서 발달해야 하는 것이다.[46)]

셋째, 그림자 원형이다. 그림자는 정신의 어두운 측면, 의식의 빛 속으로 가지고 오지 않았던 자신의 일부분이다. 아니마 아니무스가 이성과 관련이 있는 원형이라면 그림자는 동성(同性)과의 관계에 영향을 미친다. 그림자 원형은 우리 마음속의 어두운 반려자로서 개인의 무의식 안에 있다. 남뿐 아니라 자신에게조차 숨겨놓은 생각, 행동, 태도, 감정을 간직하고 있다. 그림자의 이런 부분은 프로이트가 말한 이드(id), 죽

46 김성민, 「한국 그리스도인의 성격과 전일성의 회복」, 『신학과 실천』 Vol.24 No.2, 2010, 32쪽. 아니마 아니무스는 페르소나에 사로잡힌 자들과 정반대되는 특징을 가지고 있다. '지적(知的)'인 페르소나를 가진 남성이라면 그의 아니마는 정반대인 '감정과 정서'로 특징지어질 것이다.

음의 본능인 어두운 타나토스(thanatos)와 통한다.[47] 그림자는 자아로부터 내몰린 열등하고 부정적인 요소로 그것을 인격의 일부로 받아들이지 않을 경우 자아가 통제하지 못할 정도로 문제를 일으킬 수 있다. 지킬 박사의 그림자가 하이드이며 민담 〈개구리 왕자〉의 개구리가 왕자의 그림자이다. 그림자는 대개 동성에게 투사되고 내가 미워하고 싫어하는 부분이다. 예수는 원수를 사랑하라고 했는데 그 원수란 바로 나의 그림자이다. 그림자를 통합시키는 방법은 그림자를 수용해 의식의 통제하에 두고 그것을 적절히 '표현'하는 것이다. 그림자를 억압해 무의식에 눌러두면 조만간 그림자에 굴복 당하게 된다. 그림자는 나쁜 것이 아니라 나의 일부분, 나의 열등한 인격일 뿐이다. 그림자는 그것이 존재한다는 것을 깨닫고 인정하면 문제가 되지 않는다.

넷째, 자기 원형이다. 자기(自己, Self)는 태양계의 중심이 태양인 것처럼 의식과 무의식을 통합한 전체 정신의 중심이다. 자기는 질서, 조직, 통일의 원형이며 모든 원형과 콤플렉스 등을 끌어들여 조화시킨다. 자기는 "우리 안의 신(神)"[48]이며 인간에게 알려지지 않은 본체이자 우리의 파악 능력을 넘어서는 것이다. 자아(ego)가 '의식하는 나'라고 하면 자기(Self)는 쉽게 말해 '참 나', '참된 나'라고 바꾸어 부를 수 있을 것이다. 자기를 실현한다는 것은 아직 모르는 크기의 전(全)인격을 실현하는 것이다. 개인이 가지고 있지만 아직 실현하지 못한 삶을 가능한 한 많이 구

47 타나토스는 그리스 신화에서 죽음을 의인화한 신이다. 그러나 그림자는 부정적인 것만이 아니라 의식되려고 하는 긍정적인 요소, 잠재력을 포함하고 있다. 융은 모든 재앙의 근원이 인간에게 있지만 인간의 마음속에는 그 재앙의 근원뿐 아니라 구원의 근원도 있다는 것을 발견했다. 이부영, 『그림자 : 우리 마음속의 어두운 반려자』, 25쪽.

48 이부영, 『아니마와 아니무스 : 남성 속의 여성, 여성 속의 남성』, 한길사, 2001, 54쪽.

현하는 것이다. 인간이 궁극적으로 도달해야 할 성숙의 목표는 의식과 무의식 전체가 통합된 전체 정신의 중심인 자기실현(Self-actualization)에 있다. 무의식의 의식화를 통한 '개성화'를 통해 자기실현에 도달할 수 있다. 자기실현은 심각하고 어려운 것이 아니라 개인이 가장 자기답게 살아가면서 평범한 행복을 구현하는 과정이다. 그러나 이 과정에서 갈등과 방황이라는 고통스러운 시련이 동반된다.

신화는 우리에게 보다 충만한 자기실현으로 가는 길을 보여주는 길잡이이며 신화 속의 영웅은 자기원형의 표상이다. 영웅은 수많은 통과의례를 거쳐 자기실현에 이른 자들이다. 신화의 영웅뿐 아니라 평범한 인간도 자기실현의 과정에서 많은 고통과 시련을 겪게 되며 이를 극복할 수 있는 용기와 위로를 필요로 한다. 드라마의 캐릭터 또한 마찬가지이다. 주인공은 시련을 통해 개성화를 이루어가며 성장한다. 개성화란 본래의 자기가 되는 것이다.[49] 인간의 삶을 진정으로 의미 있게 만들어 주는 것이며 한 사람이 진정으로 자신이 누구인가를 발견하는 과정이다.

3. 신화의 캐릭터 원형

융 학파 여성심리학자인 볼린은『우리 속에 있는 여신들(Goddesses in Everywoman)』『우리 속에 있는 남신들(Gods in Everyman)』에서 여성 혹은 남성의 심리를 지배하는 강력한 원형의 다양성에 주목하고 이것을 그리스 신화의 여신과 남신들로 인격화했다. 볼린의 관점은 남성 지배적 가부장제 문화에서 여성의 관계적 특성이 평가절하되는 문제점을 지적하고 돌봄, 친밀함, 공감, 협력, 관계 능력 등을 여성 고유의 특성으로

---

49 이부영,『분석심리학 : C.G. 융의 인간심성론』, 일조각, 2000, 119쪽.

찬양함으로써 여성의 역량을 강화하려고 하는 것이다.[50] 이른바 여신심리학으로 일컬어지는 융 심리학적 여성주의자들은 오늘날의 여성과 남성을 지배하는 심리적 원형을 밝히기 위해 그리스 신화를 차용했다.

그리스 신화는 인간의 원형적 속성을 가장 다양하게 보여주는 신화이다. 볼린은 그리스 신화의 신들의 유형을 통해 인간 본성의 총체적 모습을 보여주고자 했다. 한 인간 안에는 다양한 인격 원형이 공존한다. 한 여성 안에 여러 여신의 원형이 공존할 뿐 아니라 여성 안에 남신 원형이, 남성에게 여신 원형도 존재할 수 있다.[51] 여성이든 남성이든 어떤 특정한 원형에 국한시켜 유형화할 필요가 없다. 여신들 혹은 남신들은 다 함께 어울려서 그 여성 혹은 남성의 총체적인 모습을 드러낸다. 만약 한 여성이 원래 모습에서 다른 모습으로 변화됐다면 그 여성의 내면에서 한 여신 원형이 쇠퇴하고 다른 여신 원형이 활성화한 것이다. 한편 여성에게 나타나는 남신의 원형적 요소는 그 여성의 아니무스의 유형으로 표출이 될 것이며 반대로 남성의 여신 원형적 요소는 그의 아니마 유형으로 나타날 것이다.

볼린에 대한 비판의 시각도 분명히 존재한다.[52] 그럼에도 다양한 그

---

50 김은아, 「여신(女神)원형과 젠더(gender) 개념을 결합한 여성주의 집단상담 프로그램 개발과 효과」, 서울불교대학원대학교 석사학위 논문, 2012, 14쪽. 이것 외에 볼린의 이론에 바탕을 둔 문헌 두 편이 있다. 최연실, 「여신 원형에 의한 여성들의 심리유형 분석에 관한 고찰—J. S. Bolen의 우리 속에 있는 여신들을 중심으로」, 『한국심리유형학회지』 Vol.3 No.1, 한국심리유형학회, 1996 ; 정장미, 「남신 여신 분석프로그램이 성 역할 이해와 자아존중감에 미치는 효과」, 『人間理解』 Vol.29, 2008.

51 최연실, 앞의 논문, 36쪽. 그래서 볼린은 자신의 책 제목을 여성 속의 여신들, 남성 속의 남신들이라고 하지 않고 '우리 속의 여신들', '우리 속의 남신들'이라고 칭했다.

52 이부영은 볼린의 이론에 대해 몇 가지 우려하고 있다. 악한 여신이나 악한 요정의 이야기가 별로 언급되지 않은 점, 융의 심리학적 유형 학설을 경직된 관점으

리스 신들을 원형적 관점에 따라 유형화하여 현실적 여성상 또는 남성상과 생애(生涯)로 구체화했기에 드라마의 캐릭터 창조와 분석의 도구로서 활용하기에는 적합하다. 볼린은 신들이 가진 원형적 속성을 뚜렷이 구분 짓고 있다. 신들의 성격과 인물 간의 관계, 신화적 사건, 생애 단계를 일목요연하게 정리하고 있다. 유년기, 부모, 사춘기, 청년기, 직업, 다른 여성(혹은 남성)과의 관계, 성생활, 결혼, 남성(혹은 여성)들과의 관계, 자식과의 관계, 중년, 노년 등에 대해 상세히 서술하고 있어 드라마 캐릭터가 갖추어야 할 요소들을 표현하기에는 안성맞춤으로 보인다. 무엇보다 신의 내면적 성격이 생애 주기 속에서 어떤 특성을 드러내며 심리적 문제점과 성숙을 위한 길은 무엇인지를 밝히고 있다. 이를 드라마에 적용한다면 캐릭터의 성격, 행동 유형, 과거사는 물론 변화와 성장 과정을 구축하는 데 유용한 자료가 될 수 있다. 원형과 행동 유형을 드라마의 주제에 맞게 구현하면 캐릭터에 걸맞은 현실적인 사건과 주변 인물을 배치하는 데에도 도움을 얻을 수 있을 것이다.

이 책은 볼린의 그리스 신들의 유형화 이론을 기반으로 악한 여신이나 괴물, 아니무스와 아니마에 대한 분석을 보완하고, 그리스 신화를 포함해 한국 및 세계 신화 속의 신들의 원형적 특성까지 다양하게 파악해 드라마 캐릭터를 분석한다.

로 파악하고 있는 점, 여성의 자기 인식에서 아니무스 즉 남신들의 요소를 도외시한 점, 신화와 여신상이 지닌 상징성을 현실적 여인상에 구체화하여 양자를 구분 짓지 못한 점, 비교신화학적 연구의 토대 없이 그리스 신화의 신만을 모든 여성에 적용한 것이 단점이라고 비판한다. 그의 지적은 볼린이 주장하듯이 유형화가 여성으로 하여금 “자기 안에 내재하는 미처 몰랐던 여러 가지 추진력”을 발견하도록 하는 데 매우 효과적일 것이지만 자칫 통속 심리학적 재미에 쏠려서 치열한 자기 인식을 오히려 안일하게 얼버무릴 가능성을 우려한 것이다. 이부영, 『아니마와 아니무스 : 남성 속의 여성, 여성 속의 남성』, 346쪽.

1) 그리스 신화의 여신과 남신 원형

수천 년 전의 그리스 신화가 오늘날에도 살아서 많은 이들의 입에 오르내리고 있는 이유는 신화의 등장인물들이 인간 본성의 진실을 말해주고 있기 때문이다. 그리스 신들은 어떤 '행위(doing)의 수행자만이 아닌 하나의 존재(being)'[53]로서 마치 실제 인간처럼 풍부하고 다양한 모습을 보여준다. 피와 살과 감정이 살아 있는 인간과 같이 생생한 신화의 '캐릭터'인 것이다. 볼린은 그리스 신화에서 가장 유명한 올림포스 신인 아르테미스, 아테나, 헤스티아, 헤라, 데메테르, 페르세포네, 아프로디테 등 일곱 여신과 제우스, 포세이돈, 하데스, 아폴론, 헤르메스, 헤파이스토스, 아레스, 디오니소스 등 여덟 남신을 중심으로 인간 심리의 유형을 분류하였다.

(1) 그리스 신화의 여신 원형[54]

모든 여신들의 원형은 여성의 마음속에 잠재적으로 존재해 있고 그 중 어떤 여신의 원형은 활성화되고 어떤 여신은 퇴화된다.[55] 원형은 씨앗에 포함돼 있는 청사진과도 흡사하다. 씨앗의 성장이 흙과 기후, 영

53 Horton, Andrew, 『캐릭터 중심의 시나리오 쓰기』, 주영상 역, 한나래, 2000, 27쪽.

54 Bolen, 『우리 속에 있는 여신들』; Bolen, J. S., 『우리 속에 있는 지혜의 여신들』, 이경미 역, 또하나의문화, 2003(이하 Bolen, 『우리 속에 있는 지혜의 여신들』)을 토대로 서술했다.

55 융의 비유처럼 수정(水晶)의 원석이 일반적 원형이라면 그것이 갈고 다듬어져 어떤 형상을 취하게 되는 것을 활성화된 원형이라고 할 수 있다. Bolen, 『우리 속에 있는 지혜의 여신들』, 23쪽.

양, 화분 깊이 등에 따라 달라지는 것처럼 한 여성이 품고 있는 다양한 여신 원형은 성향, 가족, 문화, 호르몬, 주변 사람들, 환경 변화, 선택한 활동들, 현재 삶의 국면 등에 따라 활성화되는 원형이 달라질 수 있다. 여성주의적 시각은 여성은 사회가 제시하는 정형화된 표준상(stereotypes)과 사회적 성(性)인 젠더(gender) 등 외부의 힘에 의해 가장 강력한 영향을 받는다고 본다. 그러나 볼린은 표준상 즉 고정관념의 영향이 크지만 그에 못지않게 중요한 것이 바로 집단 무의식의 원형이며 인간을 움직이게 하는 더 강력한 힘은 내면의 원형이라고 보았다. 모든 여성은 원형이라는 내면세계와 고정관념이라는 외부세계 사이에 끼어 살고 있다.

여성에 대한 사회적 고정관념은 여신들을 동등하게 취급하지 않고 어떤 여신은 선호하고 어떤 여신은 폄하하거나 거부한다. 예를 들어 가부장제에서 전통적으로 인정받아온 원형은 아내(헤라), 어머니(데메테르), 소녀(코레/페르세포네)이다. 아프로디테는 창녀나 끼 많은 여성으로 곧잘 경멸의 대상이 되곤 한다. 여성의 마음속에 있는 여신 원형은 여성이 맺는 남성과의 관계에도 영향을 미친다. 왜 특정 유형의 남성에게 매력을 느끼고 어떤 유형에는 거부 반응을 보이는지 내면의 여신 원형이 답을 말해주는 것이다. 볼린은 그리스 신화의 대표적인 여신을 처녀 여신, 상처 받기 쉬운 여신, 창조하는 여신으로 구분했다. 이 구분은 여신의 의식 상태, 원하는 역할, 자극을 받는 것의 종류에 따라 나눈 것인데 각 그룹은 타인에 대한 태도, 관계를 중요시하는 정도, 주변 사람과의 강한 유대감을 필요로 하는 정도의 측면에서 구분된다.[56)]

---

56 海原純子(우미하라 준코)는 에고 그램(Ego-gram)을 변형하여 만든 '여신 그램'을 정리했는데 여기에는 페르세포네의 어린 시절인 코레를 따로 분류하였다. 코레 여신은 어머니의 딸, 영원한 소녀 원형을 구현한다. 이 책에서도 캐릭터

① 처녀 여신 : 아르테미스, 아테나, 헤스티아

처녀 여신은 사냥과 달의 수호신 아르테미스, 지혜와 공예의 수호신이자 전쟁의 여신 아테나, 화로와 사원 · 가정의 수호신인 헤스티아이다. 처녀를 뜻하는 Virgin은 결혼을 하지 않았다는 뜻이다. 누구의 여자도 아니고 자율적이고 활동적이며 의식에 집중력이 있다. 처녀 여신의 원형은 여성의 내면에 있는 욕망을 상징한다. 아르테미스와 아테나는 외부로 집중해 업적을 남기게 하는 속성, 헤스티아는 내면으로 눈을 돌리게 하는 속성이다.[57]

사냥과 달의 여신 아르테미스(Artemis, 로마 신화의 Diana)[58]는 백발백중의 궁수였고 모든 어린 생명들을 보호하는 신이다. 아르테미스의 어머니 레토는 출산이 임박했지만 헤라의 방해로 아기를 낳을 곳을 찾지 못하다가 결국 델로스라는 척박한 섬에서 아르테미스를 낳았다. 아르테미스는 태어나자마자 쌍둥이 동생인 아폴론을 낳기 위해 진통하는 어머니의 산파로 9일 낮과 밤을 함께 고생했다. 그녀는 성공을 향해 경쟁하고 성취하고자 한다. 목표를 위해 힘을 다하며 자매애는 있지만 여성적 부드러움과 수용력, 결혼과 모성애를 거부한다. 자매, 경쟁자, 여권 운동가의 원형 역할을 보여주며 외향적, 직관적, 감정적 심리 유형을 가지고 있다. 감정적 거리감과 몰인정함, 어떤 경우 철저한 복수를 하는 냉혹한 모습을 보이지만 목표를 설정하고 도달할 수 있는 능력, 독립심, 자율성, 다른 여성과의 우정을 유지할 수 있는 장점이 있다.

지혜와 전쟁의 여신 아테나(Athena, Minerva)는 아테네 도시의 보호자이자 영웅들의 수호신이다. 무장한 모습으로 알려져 있고 전쟁에서

분석 시 코레 여신을 페르세포네 여신 원형과 구분하여 분석에 적용하였다.

57 Bolen, 『우리 속에 있는 지혜의 여신들』, 201쪽.

58 이하 신의 이름은 그리스 신화의 이름과 로마 신화에서의 이름을 병기한다.

최고의 전략가이다. 제우스의 머리에서 태어났는데 날 때부터 성숙한 여성이었고 금빛 갑옷과 날카로운 창을 들고 괴성을 질렀다고 한다. 아테나는 어머니 메티스 여신에 대해 알지 못했다. 대양과 지혜의 여신 메티스는 제우스의 첫 번째 배우자였는데 아테나를 임신한 그녀를 제우스가 삼켜버렸기 때문에 아테나가 아버지의 머리에서 탄생하게 된 것이다.[59] 아테나는 항상 남성 편이었고 가부장제 신화에서 탈여성화되어 중성적 · 남성적 모습으로 나타난다. 아버지의 딸, 전략가의 원형이고 외향적, 감각적, 명확한 사고를 가져서 이성적이다. 감정적 친밀함 · 성적 매력 · 정열의 부족 · 교활하며 동정심이 없다는 문제가 있지만 명확한 사고, 실제적 · 전략적 문제 해결 능력, 남성들과의 공고한 관계를 다질 수 있다는 장점이 있다. 아르테미스와 아테나는 둘 다 외향적이고 업적지향적이며 독립적이라는 공통점이 있다. 그러나 아르테미스는 가부장제에 반발하는 여성운동가의 원형인 반면 아테나는 남자들의 세계에 속해 있기를 원한다는 차이점이 있다.

가정과 화로의 수호신 헤스티아(Hestia, Vesta)는 별로 알려지지 않은 여신이다. 크로노스와 레아 사이의 맏딸로 제우스의 큰누나이자 아들딸 세대 신들에게는 고모 격이다. 헤스티아는 포세이돈과 아폴론의 구애를 거절하고 영원한 처녀로 남을 것을 맹세했다. 제우스는 결혼하지 않은 것에 대한 보상으로 높은 명예를 주었고 가정의 중심에 자리 잡도록 했다. 화로는 가부장제의 부계 혈통을 보존하는 중요한 도구를 상징한다.[60] 화로는 배꼽을 의미하는 옴팔로스(Omphalos)에 비유되며 그리

59 메티스는 두 아이를 낳을 예정이었는데 딸은 제우스처럼 용감하고 지혜로운 의논 상대가 되고 아들은 이 세상의 모든 신과 사람을 다스리는 지배자가 될 예정이었다. 제우스는 메티스가 아들을 낳으면 자신의 지배권을 빼앗을까 봐 메티스를 삼켜버린 것이다.

60 장영란, 『신화 속의 여성, 여성 속의 신화』, 문예출판사, 2001, 43쪽.

스어로 배꼽과 탯줄을 동시에 지시하는 생명의 원천을 의미한다. 그리스인들은 헤스티아를 가부장제 혈통을 보존하는 가장 중요한 여신으로 생각했다. 헤스티아는 현명한 여성의 원형이며 가장 독립적이지만 무게중심이 내부지향적이고 극히 내향적, 감정적, 직관적이다. 생에 의미를 주는 정신적 근원을 가지고 있지만 감정적인 친밀감이 부족하고 사회성이 결여되어 과소평가되기도 한다.[61] 하지만 고독을 즐길 수 있는 능력과 영적인 의미를 보는 안목이 크다는 장점이 있다.

가부장제에서 여성에게 강요되는 최우선적 덕목은 순결과 정절이다. 세 여신은 가부장제가 용인한 처녀 여신이지만 활발하게 자기의 목표를 추구하는 여성의 원형이다. 여성도 자율적이며 능력을 가질 수 있다는 것을 보여주며 독립적인 여성의 주체적인 모습을 통해 가부장제의 전복을 꾀할 수 있는 가능성을 가지고 있다.

② 상처받기 쉬운 여신 : 헤라, 데메테르, 코레/페르세포네

상처받기 쉬운 여신은 결혼의 수호신 헤라, 곡식의 수호신 데메테르, 데메테르의 딸 소녀 코레(혹은 지하 세계의 여왕 페르세포네)이다. 아내, 어머니, 딸의 인격화이며 각각 남편, 자녀, 어머니에게 심리적으로 의존되어 있는 관계지향적 여신들이다. 이들은 자신에게 중요한 것에 집중하지 못하고 의식이 분산되는 특징이 있다. 의미 있는 관계를 잘 유지할 때 자신감을 가지며 애정과 유대감이 필요한 여성을 대변한다. 세 여신은 남성 신에게 강간 · 납치되고 수모와 지배를 받았다.[62] 이들은 애정이 깨졌을 때 괴로워했고 정신질환 증세를 보였다. 그러나 괴로

61 헤스티아의 결여된 존재감은 올림포스 12신의 자리에서도 내려오게 했다. Bolen, 『우리 속에 있는 여신들』, 120쪽.

62 Bolen, 『우리 속에 있는 지혜의 여신들』, 202쪽.

움으로부터 벗어남으로써 애정 파탄에 대응하는 여성의 유형을 보여주며 고통을 통한 성장의 가능성을 인식하게 해준다.

결혼의 여신 헤라(Hera, Juno)는 레아와 크로노스의 딸로 태어났으나 크로노스에게 먹혀버렸다가 다시 세상에 나왔다. 그녀는 성장하여 아름다운 여신이 되어 남동생인 제우스의 눈에 들었다. 이미 제우스가 크로노스와 타이탄들을 제압한 후 최고의 신이 되었을 때이다. 제우스는 헤라에게 접근하기 위해 비에 젖은 애처로운 작은 새로 변신해 헤라를 강간하려다가 실패했다. 헤라가 결혼 약속을 하지 않으면 관계를 맺지 않겠다고 했기 때문이다. 결혼 후 제우스는 방탕한 총각 시절로 돌아갔고 끝없는 외도로 헤라의 복수심과 질투심을 자극했다. 그것은 제우스를 향한 것이 아닌 상대 여성과 제우스에게서 낳은 자식들을 향했다.[63] 헤라 원형은 결혼을 함으로써 사회적 인정과 존경을 받아 자신을 완성시키고자 한다. 이상적 남편상을 투사하여 기대가 충족되지 못하면 남편을 비난하고 남편에 의해 자신의 행복과 불행이 결정된다. 일생을 통해 한 관계에 충실하며 정절을 지킨다. 헤라에게 결혼은 행복의 필수조건인 일부일처제와 정절을 지킨다는 성스러운 언약이자 가장 중요한 일이다. 헤라는 인간적인 완성 수단으로 결혼을 찾는다. 아내, 서약자의 원형이고 외향적, 감정적, 감각적 성격을 가졌으며 질투, 원한, 복수, 파괴적 관계에서 벗어나지 못하는 단점이 있다. 제우스와의 사이에는 아레스, 헤파이스토스를 낳았으나 모두 제우스의 박대를 받았다.

곡물의 여신 데메테르(Demeter, Ceres)는 수확을 관장하는 가장 모성적인 여신이다. 데메테르는 Da와 Meter의 합성어인데 '어머니 대지'로

63 장영란, 앞의 책, 32쪽. 헤라는 제우스와 대등한 관계로 나타나며 제우스의 유일한 견제 세력이다. 그러나 이 힘은 항상 부정적으로만 나타나는데 그리스인들은 여신이 남신과 같은 종류의 권력을 갖는 것을 인정할 수 없었기 때문이다.

풀이된다. 레아와 크로노스 사이에서 태어났고 남동생 제우스의 네 번째 배우자로 외동딸 코레를 두었다. 데메테르는 어머니 역할을 잃어버리면 인생의 의미를 잃는다. 코레가 지하 세계의 신 하데스에게 유괴되어 납치된 후 딸을 미친 듯이 찾아다녔고 딸 생각에 잠겨 아무 일도 하지 않아 대지의 곡식을 황폐하게 만들었다. 제우스의 회유에도 불구하고 딸을 돌려주지 않으면 어떤 것도 자라게 하지 않겠다고 했다. 결국 제우스는 헤르메스를 보내 딸을 데려오게 했고 모녀의 재회 후 땅은 살아났다. 어머니, 양육자의 원형이고 외향적 감정적이다. 자녀에게 의존심을 부추기며 자녀가 떠났을 때 우울증에 걸릴 소지가 있다. 남을 보살필 수 있는 능력이 풍부하다는 것이 장점이다.

코레(Kore) 혹은 페르세포네(Persephone, Proserpina)도 상처받은 여신에 속한다. 데메테르의 딸로 처녀 때 이름이 코레이다. 코레는 날씬하고 아름다운 젊은 여신이자 자신의 욕망이나 힘이 어디 있는지 모르는 소녀로 순종적이고 수동적이다. 그녀는 하데스에게 납치되어 지하 세계에서 지내다가 떠나오기 전 석류 몇 알을 먹게 된다. 데메테르는 딸과 재회하고 기뻐했지만 딸에게 지하 세계에서 무엇을 먹지 않았는지 물어본다. 코레는 하데스가 강압적으로 석류를 몇 알 먹였다고 거짓말을 하지만 사실은 스스로 석류를 먹은 것이다. 이로 인해 코레는 1년의 3분의 2만 어머니와 지내고 나머지는 지하 세계에서 하데스와 보내게 되었다. 이름도 페르세포네로 바뀐다.[64] 코레는 성숙한 지하 세계의 여신인 페르세포네가 되면서 죽은 영혼들을 다스리고 지하 세계를 방문하는 살아 있는 사람들을 안내하며 원하는 것을 혼자 힘으로 찾아내는 모습으로 변화된다. 미남자 아도니스(Adonis)를 차지하기 위해 아프로디테와도 대결을 벌여 뜻을 이룬다. 어머니의 딸, 감수성이 예민한 여

---

64 海原純子, 『12여신의 사랑과 열정』, 김응정 역, 세림M&B, 2004, 31쪽.

성의 원형이며 중요한 타자는 어머니 데메테르, 남편인 하데스와 디오니소스이다.[65] 코레 원형은 내향적, 감각적이며 우울증, 거짓말, 비현실적 세계로 움츠러드는 성향이 있고 수용력, 환상과 꿈의 가치를 평가할 수 있는 능력이 장점이다. 데메테르와 페르세포네는 대지의 두 측면으로 데메테르는 지상 세계를, 페르세포네는 지하 세계를 오가는 순환적 특징을 상징한다.[66]

헤라, 데메테르, 코레/페르세포네는 아내, 어머니, 딸의 원형이다. 모성은 부정적 차원에서는 여성을 출산과 양육의 고정된 역할 안에 가두는 굴레로서 가부장제 이데올로기의 핵심적 측면이 될 수 있다. 하지만 긍정적 차원에서는 출산과 양육의 경험을 통해 자아를 구축하고 타인과의 책임 있는 관계를 꾸려가는 토대로 볼 수 있다. 그리스 신화의 창조 여신 가이아, 곡식의 신 데메테르, 결혼과 출산을 도와주는 헤라, 여성의 생식력을 돌보는 레아도 모두 생육의 여신이다.[67]

③ 창조하는 여신 : 아프로디테

창조하는 여신은 사랑과 미의 수호신 아프로디테(Aphrodite, Venus)이다. 모든 인간과 신이 사랑에 빠져 새 생명을 잉태할 수 있도록 해주는 여신이다. 남신들은 아프로디테의 아름다움에 반해 결혼하고 싶어

---

65 정열을 일깨우는 디오니소스 신은 하데스가 없는 기간 동안 페르세포네의 집에서 지낸다고 알려져 있다. Bolen, 『우리 속에 있는 여신들』, 237쪽.

66 장영란, 앞의 책, 233~234쪽. 페르세포네는 잘 익은 낟알인 어머니 데메테르로부터 떨어져 나간 씨앗으로, 땅으로 떨어져 겨울이면 땅속에 들어가 있다가 봄에 새로운 새싹이 되어 땅 위로 올라온다. 씨앗은 땅속에 묻혀 죽은 듯이 보이지만 여전히 살아 있다가 싹을 틔운다. 삶과 죽음과 재탄생의 드라마를 대지의 어머니인 데메테르와 딸인 페르세포네가 재현하는 것이다.

67 가이아는 우라노스와의 사이에 크로노스를 낳았고 크로노스는 레아와 사이에 제우스 형제들을 낳았다.

했으나 상처받은 여신들과는 달리 스스로 장인의 신이자 대장간 불의 신인 추남 헤파이스토스를 남편으로 선택했다. 이들의 결혼은 미와 기능의 결합을 나타내기도 하며 여기서 예술이 탄생했다고 볼 수 있다. 아프로디테는 남편은 뒷전에 두고 아레스, 헤르메스 등 수많은 남신과 인간 남성과 사랑했다. 아레스와는 세 자녀를 두었고, 헤르메스와는 양성(兩性)신 헤르마프로디토스(Hermaphroditos)를 낳았다. 에로스도 아들로 알려져 있다.

아프로디테는 여성이 창조적 기능과 생식기능을 충분히 발휘하도록 몰아친다. 성애의 여신으로서 여성의 몸과 욕망을 긍정하는 속성은 신화에서 발견할 수 있는 여성적 힘을 보여준다. 아프로디테의 아름다움과 성적 매력은 단지 남성적 시선과 욕망의 대상이 아니라 고유한 자기 충족적 차원이다. 처녀 여신처럼 자율성을 유지하고 의식에 집중력이 있으며 동시에 상처받기 쉬운 여신처럼 서로 관계를 주고받는 포용성도 있다. 연인, 관능적인 여성, 창조적인 여성의 원형이다. 쾌락과 미를 즐길 수 있는 능력이 있으며 극히 외향적, 극히 감각적이다. 관계가 지속적이지 못하고 난잡하며 결과를 고려하지 못하는 단점이 있다. 대인 관계는 낭만적이거나 육체적인 것에 그치지 않으며 정신적 사랑, 영적인 연결, 깊은 우정, 신뢰감, 감정이입적 이해, 조언, 상담, 부모 노릇, 지도와 가르침, 성장 경험이나 잠재력 계발, 창조적 영감에 관여한다.

표 1 그리스 신화 여신 원형의 역할과 대표적 캐릭터

구분	여신	여신 역할	원형 역할	영화의 대표적 캐릭터[68]
처녀 여신	아르테미스	사냥과 달의 여신	자매, 경쟁자, 여권 운동가	〈타이타닉〉 로즈(케이트 윈슬렛)
	아테나	지혜와 수공, 전쟁의 여신	아버지의 딸, 지략가, 전략가	〈악마는 프라다를 입는다〉 미란다(메릴 스트립)
	헤스티아	화로와 사원, 가정의 여신	처녀, 고모, 현명한 여성	〈작은 아씨들〉 메그(트리니 알바라도)
상처받기 쉬운 여신	헤라	결혼의 여신	아내, 서약자	〈아메리칸 뷰티〉 캐롤(아네트 버닝)
	데메테르	곡식, 모성의 여신	어머니, 양육자	〈이보다 더 좋을 순 없다〉 캐롤 코넬리(헬렌 헌트)
	코레/페르세포네	소녀/지하 세계의 여왕	어머니의 딸, 감수성 예민한 여성	〈오즈의 마법사〉 도로시(주디 갤런드)
창조하는 여신	아프로디테	사랑과 미의 여신	연인, 관능적 여성, 창조적 여성	〈프리티 우먼〉 비비안 워드(줄리아 로버츠)

(2) 그리스 신화의 남신 원형[69]

가부장 제도는 아버지인 가장(家長) 한 사람이 강력한 권력을 가지고

---

68 대표적 캐릭터는 김원익, 강연 〈신화, 캐릭터를 말하다〉, KT&G 상상마당 아카데미, 2014. 3. 10~4. 28 참조.

69 Bolen, 『우리 속에 있는 남신들』, 유승희 역, 또하나의 문화, 1994.(이하 Bolen, 『우리 속에 있는 남신들』)를 토대로 정리했다.

안으로는 가족을 지배하고 통솔하며 밖으로는 가족을 대표하는 가족제도이다. 그리스 신화가 말하는 일인 가부장 지배 사회는 남성들에게도 억압적이다. 가부장제는 모든 남신의 원형을 똑같이 사랑하지 않는다. 특정 원형에 대한 편애는 가부장제 본래의 특성이다. 가부장제 사회에서 특정 남신 원형을 드러내는 남성은 보상을 받지만 어떤 남신은 거부당한다. 가부장제 문화 속에는 해방되어야 할 남신이 있고 억제되어야 할 남신이 있다는 의미이다.

많은 남성들은 타인이나 행동 기준에 허용되지 않는 것은 무엇이든 죄나 수치로 여긴다. 볼린은 이를 보이지 않는 프로크루스테스(Procrustes)의 침대에 누워 있는 것과 같다고 말한다.[70] 남성들이 자주 잘라버리는 것은 감정적이고 상처를 입기 쉬운 감수성이 예민한 부분이나 본능적 측면이다. 그러나 잘라내거나 묻어둔 것은 죽은 것이 아니다. 무의식에 내려가 있거나 깨닫지 못하는 곳에 가 있을 수 있지만 여전히 살아 있어 어떤 관계나 상황에서 허용이 될 때 다시 모습을 드러내고 기억될 수 있다. 허용되지 않은 느낌과 행위는 그들의 그림자처럼 존재해 어느 순간 은밀하고도 파괴적으로 경험될 수도 있다. 그리스 남신은 가부장 남신, 총애받는 아들, 박대받는 아들, 양육된 아들 네 그룹으로 나뉜다.

① 가부장 남신 : 제우스, 포세이돈, 하데스

가부장 남신은 하늘과 번개의 신 제우스, 바다의 신 포세이돈, 저승

---

70 Bolen, 『우리 속에 있는 남신들』, 3쪽. 프로크루스테스는 그리스 신화에 나오는 노상강도로 '늘이는 자' 또는 '두드려서 펴는 자'를 뜻하며 폴리페몬(Polypemon) 또는 다마스테스(Damastes)라고도 한다. 아테네 교외의 케피소스 강가에 살면서 지나가는 나그네를 집에 초대한다고 데려와 쇠침대에 눕히고는 침대 길이보다 짧으면 다리를 잡아 늘이고 길면 잘라버렸다.

의 신 하데스이다. 남성 심리 중 지배하고자 하는 특성이며 세 모습의 아버지 남신을 나타낸다. 제우스는 모든 것을 다스리는 최고의 신으로 완고한 아버지, 왕, 기업이나 군대의 최고 책임자, 수뇌, 우두머리의 원형이다. 포세이돈과 하데스는 각각의 개별적인 아버지 유형일 뿐 아니라 제우스의 숨겨진 그림자이다. 제우스 아버시 유형은 인간 가족의 가장에게서 나타나는 것이라기보다는 모든 가부장제 사회에서 영향력을 발휘하고 있다고 할 수 있다.

제우스(Zeus, Jupiter)는 하늘을 다스리는 최고의 신으로 크로노스와 레아의 막내아들이다. 크로노스는 레아가 아이를 낳는 족족 삼켜버렸지만 제우스는 어머니의 도움으로 피할 수 있었다. 어른이 된 제우스는 첫 번째 아내 메티스의 지혜로 아버지가 형과 누이를 토해내게 했고 형 포세이돈과 하데스, 다른 인척들과 힘을 합해 올림포스를 지배하던 크로노스와 티탄을 몰아내고 권력을 장악해갔다. 그것은 대부분 여신, 요정, 인간 여성들과 관계를 맺기 시작하면서부터이다. 정식 결혼한 아내는 메티스, 테미스, 에우리노메, 데메테르, 므네모시네, 레토 그리고 헤라가 마지막 아내였다. 이들 대부분은 제우스가 패권을 장악하기 이전 시대에 숭배받았던 여신들이다. 결혼을 통해 제우스는 여신의 능력과 권위를 자신의 것으로 만들었다.

제우스는 수많은 자식을 두었다.[71] 관대하고 믿음직스러운 보호자로

71 제우스의 아내와 자식들을 살펴보면 메티스는 지혜의 여신으로 아테나를 낳았다. 누이 데메테르와의 사이에서는 페르세포네를 낳았고 티탄 신족인 레토와는 아르테미스와 아폴론을 낳았다. 헤라와의 사이에서는 아레스와 헤파이스토스를, 마이아 여신과의 사이에서 헤르메스를, 인간 여성인 세멜레와의 사이에서는 디오니소스를 얻었다. 호메로스에 따르면 바다의 요정 디오네와의 사이에 아프로디테를 낳았고, 황금 비로 변신해 인간 여성 다나에를 임신시켜 영웅 페르세우스를 낳기도 했다.

서 세멜레가 죽었을 때 태아를 허벅지에 넣고 키워 디오니소스를 태어나게 했다. 아르테미스에게는 사냥의 여신이 되는 데 필요한 활, 화살, 말, 동반자를 선택할 권리를, 아테나에게는 힘의 상징들을 맡겼다. 헤르메스가 이복형 아폴론의 소를 훔쳐 갈등이 생기자 중재를 통해 두 아들이 친구가 되게 했다. 제우스는 감정을 잘 다스릴 줄 아는 공정하고 뛰어난 아폴론과 아테나를 좋아했다. 그러나 하데스가 자기 딸을 납치해 강간하도록 두었고 헤파이스토스가 어머니 헤라 편을 들자 학대해 지체 장애가 되도록 만든 비정의 아버지였다. 감정적인 아레스를 미워했고 메티스 여신에게서 자신을 밀어낼 아들이 태어날지 모른다는 신탁을 듣고 두려워서 아내를 삼켜버리기도 했다.

제우스 원형은 왕으로서 자기 영토를 관장하고 권력이라는 목표를 달성하기 위해 위험을 감수한다. 권위 있고 결단력 있는 사람을 상대하고 싶어 하며 단호한 조처를 취하고 남들도 자신처럼 최대의 이익을 추구할 것이라 기대한다. 권력의 토대를 굳건히 하고 권세를 확장하는 일은 제우스 원형에게는 자연스러우며 동맹은 필수적이다. 결혼 또한 동맹의 일환이다. 아버지가 되려는 강한 욕구가 있으며 자식들을 돌보지만 어떤 상황에서든 결정적 발언을 하는 권위적 아버지의 원형이다. 권력이 더해지면 무자비해질 수 있고 진리와는 거리가 멀다. 감정적으로 미숙하며 과장한다는 심리적 문제가 있고 권력을 행사하는 능력, 결단력, 생식력 등이 장점이다.

바다의 신 포세이돈(Poseidon, Neptunus)은 가부장제 문화에서 낮게 평가되고 억압되어온 감정적 깊이와 본능을 가지고 있다. 그의 감정은 엄청난 파괴력으로 모든 것을 닥치는 대로 때려 부수고 포효하는 파도가 넘실대는 사나운 바다를 연상하게 한다. 가장 무서운 아버지 원형으로 격렬한 감정에 휩싸이거나 슬픔이나 격노 또는 원한으로 전율했던 경험이 있다면 포세이돈 원형을 체험했다고 할 수 있다. 합리성을 잊게 만드는 포세이돈은 경쟁에서 거의 대부분 실패했다.[72] 포세이돈과 바다의 요정 암피트리테의 결혼은 제우스와 헤라의 결혼 생활과 유사했다. 포세이돈은 계속 바람을 피우고 암피트리테는 상대 여성에게 보복했다.[73] 포세이돈은 많은 괴물 자식을 낳았고 잔인한 아들을 낳았다. 가부장제는 포세이돈과 같은 감정적인 남성을 선호하지 않는다.[74] 개인사에 무심하고 전략적 사고와 의지력의 부족, 분별없이 터뜨리는 원초적이고 파괴적인 분노, 원한과 보복, 비합리적인 특성 때문에 성공하기 어렵다. 파괴적 감정, 감정적 불안감, 약한 자존심을 가졌지만 장점은 충성심과 감정에 잘 접근한다는 장점이 있다.

저승의 신 하데스(Hades, Pluto)는 영혼과 무의식 세계의 풍부한 내면을 가지고 있으며 세상과 단절되어 있는 은둔자이다. 내면의 주관적인 측면과 풍요로움을 선호하며 심해지면 정서적 고립과 자신만의 세계로 움츠러드는 위험에 빠진다. 자폐적인 외톨이, 열등감을 가진 염세적 이방인은 하데스 원형이다. 눈에 보이지 않는 모자를 쓴 '영계(靈界)의 신'으로 그가 다스리는 세계와 익숙해지려면 일상생활과 단절하고 하강을 해야 한다. 심각한 우울증이 그 예이다. 하지만 차갑고 어두운 세계 속에 풍요로움의 싹이 있기 때문에 로마에서는 부자의 신 플루토(Pluto)

72 아테나와 아테네 도시를 두고 싸웠으며 아르고를 갖기 위해 헤라와 싸웠다. 그러나 경쟁에서 졌고 화가 나서 홍수를 내리거나 복수로 강을 말라붙게 했다. 아이기나 지역을 두고는 제우스와, 낙소스에 대해서는 디오니소스와 겨루었으나 졌다.

73 포세이돈이 암피트리테를 강간하려 하자 달아났고 결국 돌고래 한 마리가 편을 들어주어 결혼에 동의했다. 암피트리테는 포세이돈이 스킬라에게 반하자 마술 풀잎을 이용해 스킬라를 괴물로 변하게 했다. Bolen, 『우리 속에 있는 남신들』, 113쪽.

74 위의 책, 121쪽.

로 불렸다.[75)]

대부분의 사람들은 의지와는 상관없이 저승으로 들어가거나 하데스를 만나게 된다. 트로이 전쟁의 아킬레우스처럼 인간의 자아를 성공과 동일시하는 남성 또는 여성이라면 경쟁적인 전쟁터에서 크게 패함으로써 죽기도 하고 희생양이 되어 지하로 내려갈 수도 있다. 페르세포네의 운명처럼 속임수에 넘어감으로써 납치되거나 속세를 떠난 은둔자 하데스가 되어 살아가는 것이다.[76)]

그러나 외부 세계의 경험에 대해 주관적으로 반응하며 내면의 삶을 살아갈 수 있는 장점이 있어 '좋은 조언자'라는 의미의 다른 이름도 가지고 있다.[77)] 하데스는 중요한 결정을 내릴 때 마음의 소리를 듣게 하는 원형이다. 누구도 자신을 제외하고는 경험의 주관적 가치가 무엇인지 말할 수 없다. 제우스적인 객관적이고 현명한 선택이라는 것이 때로 무의미하고 남에게 좋아 보이는 것은 피상적인 선택일 수 있기 때문이다. 하데스에게는 사회적 페르소나가 없어서 정서적 고립과 자신만의 세계에 움츠러들어 비참할 수 있지만 자기 운명에 만족할 수도 있다. 천성적으로 혼자 있는 것, 남의 눈에 띄지 않는 것을 좋아하고 성가신 것을 싫어할 수 있다. 하데스는 근친상간의 죄를 저지른 제우스의 그림자 원형이다. 페르소나를 계발하고 자신만의 페르세포네를 찾아 중개해줄 수 있는 수용적 여성을 만나서 지하 세계와 지상을 넘나들 수 있는 헤르메스 등 다른 신들을 불러내어 세상 밖으로 나가야 성장할 수 있다.

---

75 장영란, 『그리스 신화』, 살림, 2005, 332쪽.

76 어떤 경우 자발적으로 하데스의 세계로 가기도 한다. 과업을 수행하기 위해 간 프시케, 아내를 찾으러 간 오르페우스, 어머니를 찾으러 간 디오니소스, 수메르 신화에서는 이난나, 한국 무속신화에서는 바리데기가 자진해서 지하 세계를 여행한다. Bolen, 『우리 속에 있는 남신들』, 142~143쪽 참조.

77 위의 책, 153쪽.

② 총애받는 아들 : 아폴론, 헤르메스

제우스가 총애한 아들들은 남성들이 가부장제 사회에서 출세하도록 돕는 원형이다. 아폴론과 헤르메스는 제우스가 다스리던 하늘나라에서 잘 살았다. 아폴론은 태양신으로, 제우스의 전령인 헤르메스는 날개 달린 모자와 신발로 자유롭게 날아다녔다. 이들은 제우스와 마찬가지로 감정적으로 냉랭하며 정신적 활동인 논쟁, 협상, 교섭에 능숙하다. 제우스의 중재로 둘은 물리적 충돌을 피했고 둘 다 결혼하지 않았다.

아폴론(Apollon, Apollo)은 제우스 다음가는 신으로 태양, 예술, 예언, 궁수의 신이다. 레토와 제우스 사이에서 쌍둥이 누나 아르테미스의 동생으로 태어났다. 아르테미스가 경쟁심이 강하고 감정적인 반면 아폴론은 싸움을 싫어했다. 제우스의 가장 사랑받는 아들인 아폴론은 제우스처럼 멀리서 인생 전체를 보는 눈으로 세부 사항을 지켜볼 수 있지만 열정과 충절의 야전 사령관이라기보다는 머리를 쓰고 확률을 고려하는 젊은 수재형의 영원한 부사령관이다. 활과 화살로 목표물을 겨냥해 잘 맞힐 수 있으며 기술에 정통해 질서와 조화를 중요시한다.

아폴론은 사내답고 기품 있는 영웅처럼 보이지만 실제로는 분별력을 중요하게 생각해 신체적 위험을 피하고 관찰자가 되기를 좋아한다. 밑바탕보다는 겉모습을 보며 목표를 세우고 성공을 위해 치밀하게 나아가며 인정받기를 좋아하지만 감정적으로 매우 냉혹해 딴 세상 사람 같을 수가 있다.[78] 그는 잘생긴 외모의 태양신이었음에도 여성들에게 인기가 없었다. 아폴론은 현대 사회에서 남성들이 추구하는 이상적인 원형이다. 아폴론의 속성을 가져야 출세할 수 있다. 그러나 감정적으로

---

78 Otto, Walter F., *The Homeric Gods: The Spiritual Significance of Greek Religion*, translated by Moses Hades, Great Britain: Thames & Hudson, 1979, p.64, Bolen, 『우리 속에 있는 남신들』, 195쪽 재인용.

냉랭하여 의사소통의 문제를 겪으며 이성적, 논리적인 왼쪽 두뇌만으로 살아가는 유형이다. 밝고 긍정적이고 목표지향적이지만 지나치게 이성적인 면이 칼처럼 마음의 건강을 해칠 수 있다.

전령의 신 헤르메스(Hermes, Mercurius)는 영혼의 안내자, 전략가, 책략가, 여행가의 원형이다. 약삭빠르고 현실적인 책략자로서 이승과 저승을 오가며 외교 분야, 공중 매체, 상업 분야에서 세계적인 교역자이자 안내자의 역할을 하는 신이다. 아틀라스의 딸 마이아 여신과 제우스의 아들이다. 태어나자마자 수금을 발명해 연주하고 아폴론의 젖소를 꾀를 내어 훔치고 시치미를 뗐다.[79] 날랜 몸동작, 경쾌한 마음가짐, 유창한 말솜씨를 가졌으며 경계를 가로지르고 평원을 쉽게 넘나든다. 연금술에서 사용되는 숨어 있는 수은처럼 모든 반대되는 것들을 통합하는 상징이기도 하다. 금속이자 액체이고, 차갑지만 불길 같고, 독이지만 치료제인 수은은 값비싼 금속에만 들러붙는데 사람들은 헤르메스를 통해 영혼의 황금을 발견할 수 있었다.[80] 그가 아프로디테와의 사이에서 양성신을 낳았다는 것은 융 심리학으로 보면 의식과 무의식이 통합된 양성성의 인간에 대한 은유일 수 있다.

헤르메스는 순진하고 상처 입기 쉬운 것을 구해내는 원형이기도 하다.[81] 발명의 재주, 원만한 대인 관계, 민첩한 사고력과 행동력은 일을

79 제우스는 헤르메스가 아폴론의 소를 훔친 것을 알고 있었지만 헤르메스를 몹시 사랑해서 판단력을 잃어버리고 '껄껄 웃었다'. Homer, "The Hymn to Hermes", in *The Homeric Hymns*, trans. Charles Boer, University of Dallas, Irving, TX: Spring Publications, 1979, p.45, Bolen, 『우리 속에 있는 남신들』, 242쪽 재인용.

80 위의 책, 229쪽.

81 헤르메스는 페르세포네를 데려오기 위해 저승에 갔고, 디오니소스를 두 번 이상 구해냈고 소년 아레스의 생명도 구했다. 위의 책, 236~237쪽.

완수하거나 또는 속이는 데 창조적으로 이용될 수 있는 특질이다. 그는 어떤 생각이나 상황의 의미를 파악하고 직관대로 잽싸게 행동한다. 그를 속박하려 드는 것은 수은을 붙잡으려 하는 것만큼이나 어려운 것일 수 있다. 한군데 얽매이기 좋아하지 않는 헤르메스는 흔히 안정적이지 못하나. 집은 어머니 마이아 여신이 있는 곳이며 자유롭게 오가는 곳이다. 늘 분주하고 여성에게는 도움이 되고 친절하지만 붙잡기 어려운 사람이며 여성은 그에게 탐험하고 즐길 영토이다. 끝없이 활동하면서도 어느 것에도 구속되지 않는 그에게 결혼은 두 독립적 영혼의 결합이다. 헤르메스의 자식들은 규칙을 무시하거나 권위를 존중할 줄 모르고 사리 분별력이 부족해 반(反)사회인의 원형을 구현한다.[82] 헤르메스 남성은 정서적으로 영원히 사춘기 소년과 같은 측면이 있다. 헤르메스 남성의 아버지는 늘 여행 중이며 자주 부재하는 아버지이고 아이 양육은 아내에게 맡겨버린다. 그에게는 친구가 중요하고 지속적으로 중요한 타자는 없으며 일시적으로 중요한 사람이 있을 수 있다. 대개 외향적이고 극히 직관적이며 보통 수준의 이성적 면모를 보인다. 충동적이며 반사회적이고 영원한 청년으로 남으려 하며 의미 파악 능력, 사상의 전달자, 뛰어난 사교성이 장점이다.

③ 박대받는 아들 : 아레스, 헤파이스토스

제우스가 박대한 아들은 모두 헤라가 낳았다. 아레스는 제우스의 말

---

82 남신의 자식들은 원형적인 그 남신의 기질에 대한 은유이다. 헤르메스의 여러 아들은 때로 사리 분별력이 떨어지고 한계를 짓지 못하며, 사교성이 넘치지만 책임감이 부족하다. 거짓말쟁이 도둑 아우톨리코스, 비이성적 공포를 불러일으키는 초원과 양치기 신인 판(Pan) 등이다. 헤르메스는 결과를 생각하지 않고 충동적으로 행동하는 타고난 기질을 다스릴 필요가 있다. Bolen, 『우리 속에 있는 남신들』, 252~254쪽.

을 듣지 않았고 아버지로부터 오지도 말고 울지도 말라고 야단을 맞았다. 헤파이스토스는 부모로부터 거의 버려졌다. 둘은 모두 가부장제에서 환영받지 못하는 특성이 있다.

전쟁의 신 아레스(Ares, Mars)는 무사, 춤꾼, 연인의 원형이다. 헤라와 제우스의 아들이지만 헤라가 혼자 낳았다고도 한다.[83] 소년 시절 거인 쌍둥이와 싸우다가 청동 항아리에 갇혔는데 헤르메스가 구해주었다. 『일리아드』에 따르면 그는 트로이 군대의 편을 들었는데 아테나에게 계속 패배해 망신을 당했고 자신의 아들이 전쟁에서 죽게 되자 제우스의 명령을 어기고 전쟁에 나갔다.[84] 종종 혈연관계에 있는 남성들 편에 서서 충성심과 보복심으로 전쟁을 했다. 개성이 없고 분별력이 없어서 무엇이 옳은지 알지 못하며 화를 내고 울기도 하고 감정적으로 반응한다. 아레스는 아프로디테의 연인으로 헤파이스토스 몰래 바람을 피우다가 함정에 걸려 창피를 당했다. 아프로디테가 아도니스에게 반하자 복수심에 불타 수퇘지로 변신하여 그를 살해하기도 했다. 아레스에 대해 살육과 유혈로 얼룩진 무자비한 기질의 소유자라는 부정적 평가가 있는

83 Bolen, 『우리 속에 있는 남신들』, 266쪽.

84 아테나는 이성을 잃은 그를 두고 얼간이 미치광이라고 하면서 꾸짖었다. 아테나가 영웅 디오메데스를 시켜 아레스를 창으로 찌르자 아레스는 제우스에게 가서 아테나의 소행을 고자질했다. 제우스는 아레스에게 '나한테 오지도 말고 울지도 말라. 어느 남신보다 너를 싫어한다'고 야단을 쳐 창피를 주었다. Homeros, *The Iliad*, 2vols., trans. A.T. Murray, Harvard University Press, 1924, 5.872–880, 5.559–891, 장영란, 『그리스 신화』, 20~21쪽 재인용. 아레스는 자신과 관련 있는 사람들의 보호자로서 아들, 딸, 자기 자신을 돌보았다. 그렇게 행동한 유일한 남신이었다. 자신이 마음을 쓰는 사람이 공격을 받거나 최악의 상태에 놓인다면 싸움에 가담한다. 격노한 포세이돈이 상처 때문에 원한을 끝까지 풀고야 마는 성격인 것과는 다르게 아레스는 순간적인 충동으로 싸움에 참가하며 굴욕을 당하더라도 상처를 털어버리고 살아갈 수 있다. Bolen, 『우리 속에 있는 남신들』, 275~276쪽.

가 하면 호머(Homer)의 「아레스 찬가」에서는 강건한 심장을 가진 정의의 사자, 공명정대한 남성들의 지도자, 사내의 표본 등으로 칭송된다.[85)]

아레스는 감정적으로 반응하는 남신으로 제우스의 총애받는 아들들과는 정반대의 성격을 가졌다. 아레스의 성욕, 폭력, 춤꾼으로서의 면모는 열등한 아들이 가진 속성이다. 심리적으로는 제우스의 그림자 원형이다. 헤라는 아레스를 프리아포스에게 보내 가르쳤다.[86)] 거기서 전사가 되기 전 무용을 배웠다. 정신적인 것보다 감정과 신체가 함께 움직이는 육체적 남성의 원형이며 감정이 풍부하다는 장점이 있지만 속죄양이 되거나 반대로 학대자가 될 수도 있고 약한 자존심을 가질 수 있다. 아폴론적 자제심과 원칙, 감정적 거리, 장기적 목표 설정을 배워야 하며 그를 구해준 헤르메스처럼 몸 대신 말로써 싸움을 피하는 의사소통 능력을 배울 필요가 있다. 영웅 아킬레우스는 아레스와 많이 닮았지만 아테나의 사랑을 받았는데 결정적 순간에 감정적 반응을 잠시 중단하고 내면의 소리를 듣고 심사숙고했기 때문이다.[87)] 아레스는 가부

85 Homer, "The Hymn to Ares", in *The Homeric Hymns*, trans. Charles Boer, University of Dallas, Irving, TX: Spring Publications, 1979, p.60, Bolen, 『우리 속에 있는 남신들』, 270쪽 재인용.

86 헤라는 관심사가 자식보다는 남편이다. 그런 어머니를 둔 아레스는 자주 어머니 없는 아이가 된다. 헤라 어머니는 아들의 감수성과 상처 입기 쉬운 성격을 싫어하며 그가 아기로 남아 있기를 원한다. Bolen, 『우리 속에 있는 남신들』, 280쪽.

87 아킬레우스는 아가멤논이 자신의 연인을 빼앗아가자 칼을 뽑아들었다. 이때 아테나가 보이지 않게 하늘에서 내려와 아킬레우스를 붙잡고 말했다. "내가 네 분노를 막으러 왔다…… 네 손에 쥔 칼을 놓아라. 그리고 네가 말로 그를 학대하더라도 싸움질은 그만두어라. 언젠가 세 배 이상 뛰어난 재능이 너에게 주어지리라." Homer, *The Iliad of Homer*, trans. and intro. Richmond Lattimore, Chicago: University of Chicago Press, 1951, Book 1, Lines 206-211, p.64, Bolen, 『우리 속에 있는 남신들』, 299쪽 재인용.

장제 사회에서는 제대로 평가받지 못하고 억압되기 쉬운 원형이지만 아레스가 로마 신화의 마르스가 되면서 공동체의 수호자가 된 것처럼 기질은 변화하고 발전할 수 있다. 천성적인 수호자이기에 필요하면 몸으로 싸울 태세가 되어 있고 공동체의 지도자가 될 수 있다.

헤파이스토스(Hephaistos, Vulcanus)는 올림포스에서 유일하게 '일'을 하며 다리를 저는 장애를 가진 대장장이 신이다. 헤라가 처녀 생식으로 낳았다고도 하고, 헤라 자신이 기형의 발을 가진 아이를 낳게 되자 버릴 생각으로 올림포스 산 아래로 내동댕이쳤다고도 한다. 헤파이스토스는 어머니에게 복수하기 위해 멋진 금 옥좌를 만들어 헤라에게 선물했는데 사실은 앉기만 하면 보이지 않는 끈에 묶여 공중에 뜨게 돼 있는 의자였다. 헤파이스토스 말고는 아무도 헤라를 풀어줄 수 없었다. 아레스가 힘도 써봤지만 실패했고 결국 디오니소스가 그를 술 취하게 만들어서 헤라를 풀어주게 했다.

그는 배신당하고 박대받은 연인이다. 아내인 아프로디테는 끝없이 바람을 피웠고 그는 아내의 부정을 폭로하려고 보이지 않는 그물로 창피를 주려다가 오히려 남신들의 웃음거리가 됐다. 또한 아테나를 일방적으로 사랑해 정을 통하려 했으나 밀쳐내자 정액이 땅에 떨어져 대지의 어머니 가이아로 하여금 에릭토니오스를 낳게 했다. 헤파이스토스는 올림포스 산에서 내쫓겨 산 밑 지하 동굴의 대장간에서 살았다. 화산 불과 대장간은 창작이 이뤄지는 곳이다. 지하 동굴의 불은 열정적 감정을 가리킨다. 그것은 원한과 분노로 숨겨진 채 대장간을 통해 아름다운 창조물로 탄생된다. 헤파이스토스의 창조성은 부모로부터 버림받은 감정의 상처를 치유하고 싶어 하는 본능의 원형이다. 비록 내던져졌지만 미적 감각과 풍부한 표현력으로 작품을 탄생시킨다. 기형적인 발로 뒤뚱거리며 걸어 아름다울 수 없었기에 오히려 아름다운 작품을 창조했다. 아프로디테와의 결합은 일과 사랑과 미를 결합시키는 상징이다. 둘 사이에는 아이가 없었지만 대신 기술과 미를 결합해 아름다운 물건을 탄생시켰다. 극히 내성적 극히 감정적 감각적이며 현재를 산다. 사회적 부적응, 약한 자존심, 장애로 인해 웃음거리가 되어 부당한 익살꾼의 속성을 가진다는 문제가 있다.

④ 양육한 아들 : 디오니소스

황홀경과 술의 신 디오니소스(Dionysos, Bacchus)는 제우스가 양육한 아들이다. 올림포스의 막내 신이며 유일하게 인간 어머니를 두었다. 제우스는 카드모스 왕의 딸인 세멜레에 반해 그녀를 임신시켰으나 세멜레는 헤라의 계략으로 제우스의 벼락불을 맞아 죽고 만다.[88] 그러자 제우스는 태아를 허벅지에 넣어 키웠고 디오니소스가 태어났다. 디오니소스는 처음에는 여자아이로 키워졌다고 한다. 그는 헤라의 방해로 오랫동안 방랑했고 정신착란으로 인해 살인을 저지르기도 했다. 포도 재배법을 인간에게 전파해주었고 어머니를 부활시키려고 저승에 다녀왔으며 구출한 어머니는 올림포스에서 살게 되었다.

디오니소스의 숭배자들은 감정적이고 비합리적인 세계에 빠져 들어가 감성적인 음악에 춤을 추었다. 광란의 음악과 황홀경은 신과 인간을 하나로 만들었다. 디오니소스는 남성성과 여성성의 요소를 모두 지녔다. 여성의 인생에 들어가 억눌러온 열정과 분노를 활성화시키며 성애적 경향과 감동을 불러일으키는 남신이다. 디오니소스 남성의 연애 관계는 격렬하고 무아경에 빠지기 쉬우며 성관계 속에서 황홀경에 빠져 하나가 된다. 테세우스에게 버림받은 아리아드네를 발견해 동정심을

88 헤라는 늙은 유모로 변장하고 나타나 세멜레를 꼬인다. 애인이 신이라면 증거로 모습을 보여달라고 해보라는 것이다. 세멜레는 제우스에게 애원했고 제우스는 어쩔 수 없이 자기 모습을 보인다. 순간 세멜레는 벼락불에 타 죽게 된다.

느껴 결혼했듯이 여성 추종자들과 비인격 · 초인격적 관계를 넘어 인격적 관계로 발전이 가능하다. 디오니소스는 헤르메스와 마찬가지로 영원한 사춘기 소년으로 남으려는 속성이 있으며 '어머니의 아들'로 어머니이자 애인인 이상화된 여성을 찾고 있다. 디오니소스 남성은 여성에게 모성애를 불러일으켜 그를 돌보게 만든다.

그는 결혼의 여신 헤라와는 상반되는 가치관을 가졌다. 헤라의 사회적 의무와 지속성, 정절을 다하는 영속적인 결혼에 대해 디오니소스는 여성들로 하여금 분열적 정열을 불러일으켜 일상적 역할을 잊어버리라고 한다. 관심은 목표가 아닌 순간에 있고 내면에서 일어나는 대로 움직인다. 디오니소스 원형은 일상적 환경과 옷차림, 습관적 페르소나에서 탈출하기를 요구한다. 신비가, 방랑자, 황홀경 상태의 연인의 원형이며 외향적, 내성적, 극히 감각적이며 즉각적 현재를 중시하고 감각적 경험을 존중하며 강렬한 집중력을 가졌다. 협력자인 제우스, 헤르메스, 아폴론 원형의 계발이 성장의 길이다.

표 2 그리스 신화 남신 원형의 역할과 대표적 캐릭터

구분	남신	남신 역할	원형 역할	대표적 캐릭터[89]
가부장 남신	제우스	하늘과 번개의 신 : 의지와 권력	왕, 하늘의 아버지, 실행자, 동맹 결성자, 바람둥이	〈대부〉 돈 코를네오네 (말론 브란도)
	포세이돈	바다의 신 : 감정과 본능	왕, 대지의 아버지, 무자비한 적	〈욕망이라는 이름의 전차〉 스탠리(말론 브란도)

89 Bolen, 『우리 속에 있는 남신들』, 418~419쪽, 대표적 캐릭터는 김원익, 앞의 강연을 참조하였음.

구분	남신	남신 역할	원형 역할	대표적 캐릭터[89]
가부장 남신	하데스	저승의 신 : 영혼과 무의식	왕, 은둔자	〈오페라의 유령〉 팬텀 (제라드 버틀러)
총애받는 아들	아폴론	태양의 신	성공적인 목표 설정자, 형제	〈데미지〉 스티븐 플레밍 (제레미 아이언스)
	헤르메스	전령의 신	전달자, 안내자, 책략가	〈스팅〉 후커 (로버트 레드포드)
박대받는 아들	아레스	전쟁의 신	무사, 춤꾼, 연인, 구체적인 남성	〈다이하드〉 존 맥클레인 (브루스 윌리스)
	헤파이스토스	대장간의 신	장인, 창조하는 남성	〈가위손〉 에드워드 (조니 뎁)
양육된 아들	디오니소스	황홀경과 술의 신	신비가, 방랑자, 황홀경 상태의 연인	〈왓 위민 원트〉 닉 마샬 (멜 깁슨)

2) 한국 신화의 여신과 남신 원형

그리스 신화와 우리 신화는 차이가 있다. 그리스 신화는 인격적 신들이 가부장제에 신성한 알리바이를 제공해주었지만 우리나라를 비롯한 동아시아에서는 비인격적 우주적 원리인 음양(陰陽)론이 가부장제를 효과적으로 지속하고 강화해왔다. 음양론은 남성적인 것과 여성적인 것의 차이를 우주적 본질로 고착화하는 것이다.[90] 그리스 신화는 주로 문헌 텍스트에 담겨진 반면 우리의 신화는 문헌과 구전 텍스트에 두

---

90 음과 양은 상보(相補)적이다. 양의 성질을 가진 남성은 하늘이며 귀하고 우월한 반면 음의 성질을 가진 여성은 땅이고 비천하다고 본다. 음양론의 사유가 존속하는 한 남녀가 대등해지는 어렵다. 차옥숭 외, 『동아시아 여신 신화와 여성 정체성』, 이화여자대학교 출판부, 2010, 348쪽.

루 담겨 있다. 『삼국유사』와 같은 문헌 텍스트가 있긴 하지만 희소한 편이고 무속 신화에 근간을 둔 구전 신화가 많다. 특히 여신과 관련해서는 구전 신화 텍스트가 거의 대부분이다. 『삼국유사』의 경우 유화, 웅녀 등 건국 신화 속의 여성들이 초자연적인 사건에 연루되어 등장하기는 하지만 이들은 신이라기보다는 인간이다. 반면 무속 신화에는 여성 신들의 이야기가 풍부하다. 우리 신화는 그리스 신화와는 달리 신들의 이야기가 아닌 인간이 신이 되는 신화가 대부분이다. 그리스 신화가 신들 간의 수많은 갈등이 주제라고 하면 한국 신화는 갈등보다는 조화와 협력을 주제로 한다는 차이가 있다.[91]

(1) 한국 신화의 여신 원형

볼린은 그리스 신화의 여신을 세 그룹으로 나누었다. 볼린의 발상을 활용해 한국 신화의 여신을 처녀 여신의 독립적이고 주체적이며 지혜와 용기 있는 여신의 속성, 상처 받은 여신의 생육과 모성적 속성, 창조적 여신의 속성으로 나누어 살펴본다.

① 지혜와 용기의 여신 : 가믄장아기, 자청비, 바리공주

신화에서 여성적 힘을 보여주는 대표적 속성은 용기와 지혜이다. 여신의 주체성과 능동성의 측면에서 무속 신화의 경우 〈삼공 '본풀이'[92]〉

91 양영수, 「제주신화의 여성원리 : 그리스신화와의 비교」, 『비교한국학』 Vol.19 No.1, 2011, 272~279쪽 ; 양영수, 「제주 신화에 나타난 공존과 사랑의 원리—그리스 신화와의 비교를 중심으로」, 『濟州島硏究』 Vol.14, 1997, 161~175쪽.

92 무속 신화에 해당하는 제주어가 '본풀이'에서 본은 뿌리, 근본(根本), 내력 등을 뜻하는 말이고 풀이는 해석, 해설, 설명을 의미한다. 본풀이는 심방이 굿을 할 때 제상 앞에서 신을 향해 노래를 부르는 것으로 신의 출생부터 여러 고비를

의 '가믄장아기'가 주목된다. 나무 바가지에 밥을 얻어다 먹여서 '가믄장아기'라는 이름으로 불렸지만 내 삶은 나의 것이라고 당당히 주장하고 스스로의 힘으로 이를 증명해 보인다. 가믄장아기는 운명에 순응하지 않고 개척해가는 모습을 보여주며 부와 복을 주관하는 여신이 된다.

〈세경 본풀이〉의 '자청비'는 그 이름부터 스스로 청해서 태어났다는 뜻을 가지고 있다. 독립적이고 주체적인 자청비는 지상에서 온갖 일을 다 겪고 천상에 올라가서 남편 문도령의 아버지인 신에게 곡식의 종자를 받아 지상에 내려와 농경신이 된다. 자청비 신화의 경우 자청비와 문도령은 물론 자청비를 괴롭히던 정수남 같은 괴팍한 존재까지 모두 함께 세경신이 된다. 자청비는 천상의 반란을 평정한 후 받은 보상 중에서 오곡 씨앗을 선택해 지상의 인간 세상을 풍요롭게 해준다. 지혜와 용기의 여신이라고 볼 수 있는 자청비는 자주적이고 의지력과 모험심이 강하고 지략이 뛰어나며 생과 사를 변화시키는 초인적인 능력을 발휘한다. 스스로의 힘으로 농경신이 되어 남성중심의 사회문화적 관습에 짓눌려 사는 희생적인 여성의 모습과는 대조적으로 모험과 승리의 여성으로 표현된다. 마음에 드는 문도령과 결혼하기 위해 적극적으로 힘든 고비를 넘기고 여자가 무슨 공부냐고 야단치는 부모에게 여자도 배워야 쓸모가 있다고 설득하며 선비들과 같이 공부해 장원을 한다. 결국 문도령과 결혼에 성공하고, 죽은 하인 정수남과 남편 문도령을 살려낸다. 또한 결혼해서 행복하게 살면서 과거 남장(男裝)한 자신과 결혼했던 여성을 방치하지 않고 남편 문도령을 공유한다.[93]

거쳐 신의 직능을 맡아 좌정할 때까지의 내력을 담고 있는 이야기이자 서사시이다. 송태현, 「신화와 문화콘텐츠—제주신화 '자청비'를 중심으로」, 『인문과학연구』 Vol.22, 2009, 138쪽.

93 차옥숭 외, 앞의 책, 77쪽.

'바리공주'도 여성의 지혜와 용기가 신화적으로 형상화된 여신이다. 오구대왕의 일곱 번째 딸로 태어난 바리공주는 단지 딸이라는 이유만으로 버림받았지만 아버지의 약수를 구하기 위해 저승 여행도 마다하지 않고 온갖 고초를 이겨낸다. 주목할 것은 바리공주가 겪는 시련이나 수행하는 역할이 대개 여성의 일상적 삶과 결부된 것이라는 점이다. 바리공주의 모습은 여성 자신의 삶을 적극적으로 끌어안음으로써 자기를 완성하고 타자를 살리는 주체적 용기를 보여준다.[94)]

그리스 신화의 처녀 여신과 우리나라 여신의 차이점은 그리스 여신들은 지혜와 용기가 신적 속성으로 타고난 것이라면 우리 여신의 지혜와 용기는 삶의 고난을 헤쳐나가는 과정에서 체득한다는 점이다.[95)] 한편 수메르 신화의 이난나의 지하 여행과 아프로디테가 부과한 프시케의 과제 수행 과정도 개성화에 필요한 여성적 용기와 지혜의 모델로 볼 수 있다.

② 생육과 모성의 여신 : 당금애기, 명진국 따님, 영등할미, 바리공주, 원강아미

생육과 모성의 여신은 자녀를 점지하는 삼신할머니들에게서 그 면모를 볼 수 있다. 〈제석 본풀이〉의 '당금애기'는 온갖 고초를 겪으며 아들들을 잘 키운 끝에 아들들은 생명을 관장하는 제석신이 되고 자신은 삼신할머니가 된다. 〈삼승할망 본풀이〉의 '명진국 따님'도 모성 여신의 예가 될 수 있다. 명진국 따님은 힘든 시험을 거쳐 삼신이 될 자격을 얻는데 자신을 시기해 갓난아기들을 해코지하겠다는 동해용궁 따님을 달래서 만류한다.[96)] 땅의 작물과 바다의 해산물을 풍요롭게 하는 바람의 여

94 김윤성, 「젠더의 렌즈로 신화 읽기」, 『宗敎硏究』 Vol.45, 2006, 128쪽.

95 차옥숭 외, 앞의 책, 357쪽.

96 명진국 따님과 동해용궁 따님은 삼승할망을 뽑는 대결에서 경쟁했다. 명진국

신 '영등할미'도 생육의 여신이다. 앞서 언급한 '바리공주'도 빼놓을 수 없다. 비록 아버지를 살리려는 효심으로 시작한 여정이지만 지하 세계로 가는 길에 세상의 수많은 어머니들이 하는 온갖 노동을 하고 무장승을 만나 아들을 낳고 어머니가 된다. 마침내 약수를 가지고 지상으로 돌아와 아버지를 살려낸 바리공주는 죽어서는 저승길을 인도하는 안내자가 된다. 바리공주는 죽음이라는 인간 본연의 슬픔을 감싸주는 지극한 모성의 여신이라고 할 수 있다.[97] 〈이공 본풀이〉의 사라 도령의 아내 '원강아미'는 뛰어낸 인내력과 지혜로 가정의 위기를 극복하는 강인한 생명력을 보여준다. 원강아미는 남편에 대한 정절을 지켜내고 고난과 수모를 참아가며 아들 할락궁이를 잘 키워서 소원 성취의 길을 연다.

이집트 신화에서는 난폭한 시동생 세트에 맞서 온 힘을 다해 호루스를 지켜낸 이시스 여신, 수메르 신화에서는 닌후르삭과 이난나, 그 후신인 바빌로니아의 담키나와 이슈타르도 대표적인 생육의 여신이라고 할 수 있다.[98]

③ 애욕의 여신과 악녀 : 가믄장아기, 자청비, 노일제대구일의 딸

서양 신화에 비하면 동아시아 신화에는 성애적 측면이 부각되는 여신이 거의 없다. 자유분방한 여신도 성적 열락을 누리는 여신도 없다. 우리 신화의 경우 대개는 여성의 성적 욕망과 무관하게 겁탈, 출산, 양

따님은 하늘나라 서천 꽃밭에서의 꽃 피우기 경쟁에서 승리하여 새로운 삼승할망에 등극했다. 패배한 구 삼승할망인 동해용궁 따님이 태어나는 아기를 족족 죽이겠다고 하자 명진국 따님은 그녀를 잘 달래서 화의가 이루어졌고 동해용궁 따님은 저승으로, 명진국 따님은 인간세상으로 내려왔다고 한다. 차옥숭 외, 앞의 책, 52~55쪽.

97 위의 책, 354~356쪽.

98 위의 책, 353~355쪽.

육으로 이어지는 구도 즉 성폭력을 당하지만 이를 극복하여 자녀를 낳고 강한 어머니가 되어가는 모티프 위주이다.[99] 그러나 가믄장아기와 자청비 신화에서 본능적인 애욕의 여신적 측면이 보인다. 가믄장아기는 마퉁이네 막내아들을 스스로 청해 들여 동침하기를 원하는가 하면 자청비는 빨래를 하다가 글공부 가던 문도령을 만나 첫눈에 반해 급히 남장을 하고 따라 나선다. 자청비는 문도령이 하늘나라의 부름을 받고 돌아가게 되자 그를 자기 집으로 유인해 부모 몰래 합환주를 밤늦도록 마시면서 3년 눈 속인 사랑을 풀어낸다. 하늘나라로 간 문도령의 소식을 기다리는 동안 자청비는 하인 정수남이의 꾀에 넘어가 알몸으로 연못에 들어가는데 이때 둘이 나누는 대화가 선정적이다. 밤을 지낼 움막을 지을 때의 장면 묘사도 매우 관능적이다. 움막에 돌담 구멍이 숭숭 뚫려 있는 것을 '정수남이는 막고 자청비는 빼는 사이에 밤이 다 샜다'고 하는 교접 행위의 은유적 표현에는 애욕의 여신으로서의 자청비 모습이 확실하게 나타나고 있다.[100] 자청비의 모습은 한국 신화에서 보기 어려운 파격적인 양상으로 도덕적 의무에서 완전히 벗어나 있다.

그리스 신화에서 아프로디테의 섹슈얼리티는 남성 권력에 대한 도발이자 권력을 역전시키는 힘을 가지고 있다. 이런 모습은 넘치는 섹슈얼리티에 강력한 파괴력까지 겸비한 팜 파탈(Femme Fatale)로 표현된다.[101] 여성들은 팜 파탈이 됨으로써 자신 안의 잠재력이 극대화되는 경험을 하기도 한다. 팜 파탈의 다른 신화적 사례로 인도의 칼리와 두르가, 이집트의 세크메트, 고대 수메르의 이난나, 릴리스 여신을 들 수 있다.[102]

---

99 차옥숭 외, 앞의 책, 361쪽.

100 양영수, 「제주신화에 나타난 공존과 사랑의 원리—그리스 신화와의 비교를 중심으로」, 182~183쪽.

101 김윤성, 앞의 논문, 113쪽.

102 칼리는 파괴와 죽음의 여신으로 두르가와 더불어 가장 강력한 인도 여신들 중

팜 파탈 유형을 우리 신화에서도 볼 수 있다. 〈남선비 문전 본풀이〉에 등장하는 노일제대구일의 딸이다. 남선비는 가난 때문에 여산부인을 떠나 돈벌이에 나섰는데 노일제대구일의 딸은 남선비를 꼬여 그가 타고 간 배와 돈을 빼앗는다. 그녀는 남선비의 첩이 되고 남선비를 찾아온 여산부인은 그녀를 용서한다.[103] 하지만 고마워하는 대신 여산부인에게 목욕을 같이 가자고 하여 연못에서 죽인다. 그런 후 눈이 멀게 된 남선비에게 자신이 여산부인인 것처럼 속이고 의심하는 남선비의 일곱 아들을 죽일 계획을 세운다. 그러나 발각되고 변소로 도망쳐 쉰댓자 머리털로 목을 매고 죽어 변소의 신인 측도부인이 된다.[104] 우리나라 신화 최고의 악녀로 부를 수 있는 노일제대구일의 딸은 오늘날 막장 드라마의 여느 악녀 캐릭터와 비교해도 파괴적 속성이 모자라지 않을 것 같다.

가부장제에서 여성에 대한 두 가지 시선은 정숙한 아내, 희생적인 어머니 또는 순결한 딸이거나, 여성의 몸과 욕망을 긍정하는 여성에 대해 혐오를 가지는 요부, 창녀 두 가지 상이다. 우리 신화의 여신들은 멜로드

의 하나이고 칼리와 유사한 원형이 세크메트 여신이다. 이난나는 스스로의 아름다움에 도취되어 '자신의 성기에 대한 노래'를 부르고 성적 욕구를 적극적으로 표현한 여신이고 릴리스는 고대 히브리 전설에서 아담의 첫 번째 부인이었으나 '아담의 아래에 눕기'를 거부하고 도망간 여성이다. 김윤성, 앞의 논문, 113쪽. 이런 여신들에 대해서는 다음 장에서 자세히 다룰 것이다.

103 남존여비 사상 속에서 〈남선비 문전 본풀이〉의 경우처럼 조강지처가 원수 같은 첩을 용서하고 평화 공존하는 모습을 보인다. 정실부인과 첩들 사이의 평화 공존 양상은 〈차사 본풀이〉에도 나타나는데 이는 그리스 신화의 부부 애정 양상과는 다르다. 헤라는 제우스의 혼외정사를 막고 결혼의 순결성을 수호하고자 끝없이 반목과 살상 사건을 일으킨다. 양영수, 「제주신화에 나타난 공존과 사랑의 원리—그리스 신화와의 비교를 중심으로」, 164쪽.

104 이후 일곱 형제는 도환생꽃을 몇 송이 얻어내어 연못으로 달려가 어머니 여산부인를 살려내고 부뚜막에 조왕할망으로 좌정하게 한다. 차옥숭 외, 앞의 책, 68~69쪽.

라마의 여성 캐릭터와 마찬가지로 가부장제에 순치된 면모와 저항하는 면모를 동시에 지닌다. 결국 우리 신화의 여신들은 가부장제의 질곡 속에서 살면서 동시에 이를 벗어난 평등과 자유를 갈망하며 여성 자신의 삶의 공간을 구축해온 현실 여성의 모습을 비추고 있다고 할 수 있다.[105]

(2) 한국 신화의 남신 원형

그리스 신화의 가부장 천신인 제우스는 단군신화의 환인이나 무속 신화 〈천지왕 본풀이〉의 지배신 천지왕에, 지하 세계의 하데스는 죽음과 환생의 신인 〈이공 본풀이〉의 할락궁이 꽃감관[106]에 해당된다고 볼 수 있다. 디오니소스와 유사한 남신은 〈초공 본풀이〉의 초공신 3형제이다. 3형제 중 큰아들과 둘째 아들은 어머니의 양쪽 겨드랑이에서 솟아났고, 막내는 어머니의 가슴에서 솟아 나왔다. 디오니소스는 제우스의 허벅지에서 태어난 초자연적 신령적인 엑스터시 신이다. 스님 주자 선생의 아들 초공신 3형제의 출생은 제우스의 허벅지에서 태어난 디오니소스의 유사한 점이 있다.[107]

우리 신화 속의 남성은 견고한 가부장제 사회의 남성의 전형들로서 딸을 버리는 아버지가 많다. 당금애기의 아버지, 바리공주의 아버지 오구대왕, 〈삼승할망 본풀이〉의 동해용왕 등이 딸을 버린 아버지들이

105 차옥숭 외, 앞의 책, 372쪽.

106 할락궁이는 원강아미와 사라도령의 아들이다. 그는 아버지의 대를 이어 저승 세계인 서천꽃밭을 다스리는 꽃감관이 된다.

107 초공신 3형제는 '어머니 즈지맹왕 아기씨가 부모 부재 중에 보시를 받으러 온 스님 주자 선생에게 보시 전대에 쌀을 부을 때 스님이 아가씨 머리를 세 번 쓸어줌'으로써 임신을 하게 되었다고 한다. 양영수, 「제주신화에 나타난 공존과 사랑의 원리—그리스 신화와의 비교를 중심으로」, 165~167쪽.

다.[108] 당금애기는 자신을 화초처럼 키우던 부모님과 오빠들이 부재 중에 집으로 들어온 남자로 인해 불가항력적으로 임신을 하게 되자 집에서 쫓겨난다. 가부장제의 철저한 구현자인 아버지와 오빠들은 강간을 당한 여성을 가문의 수치라며 버린다. 〈주몽 신화〉의 유화의 아버지 하백처럼 딸의 입을 길게 뽑는 아버지도 있다.

그 밖에 우리 신화의 남신 원형은 〈남선비 문전 본풀이〉에 나오는 무능력하지만 첩까지 두는 문선비와 같은 남편, 〈세경 본풀이〉에서 하늘의 아들이지만 남장한 자청비를 3년이나 여성인지 못 알아보는 무디고 미련한 문도령과 능청맞은 남성 정수남의 모습으로 등장하기도 한다. 한국 신화의 남성들은 주몽으로 대변되는 영웅의 길을 걷는 인물들이 가장 많이 알려져 있지만 구전 신화인 무속 신화에는 가부장제 가족 안에서 가부장 남성의 침범할 수 없는 권력과 남존여비의 사상이 확연하게 깔려 있음을 알 수 있다.

108 차옥승 외, 앞의 책, 22~28쪽.

제3장

멜로드라마 여성 캐릭터의 신화 원형

드라마는 사람의 이야기이고 사람 사는 이야기이다. 시작은 인물이 아닌 어떤 사건으로 출발할 수 있지만 이야기를 주도해가는 것은 드라마의 인물이다. 드라마는 결국 어떤 누군가의 이야기이다. 인간의 성격은 사람의 수만큼 많고 다양하다. 따라서 섣부른 유형화는 자칫 일반화의 오류에 빠질 수 있다. 그럼에도 지구상에 지금까지 존재했고 앞으로 존재할 모든 이야기 속 인물들을 효과적으로 다루는 방법은 유형화이다. '드라마는 나눠질 수 있는 유형 중에서 몇 개를 추출해서 조합하며 같이 굴리는 작업'이다.[1] 모든 이야기의 뿌리가 신화이듯이 유형화되는 캐릭터의 가장 근본은 신화의 원형적 인물이다. 대중은 익숙한 것 가운데에서도 항상 새로운 것을 원한다. 익숙함이란 보편적인 원형을 뜻하며 새로운 것이란 원형의 변주라고 말할 수 있다.[2] 대중의 공감을 받는 캐릭터는 인간의 가장 깊

---

1 김수현, 〈TV 드라마 작가 공개 특강〉, 한국방송작가협회 교육원, 사학연금회관, 2004. 9. 11.

2 텔레비전 서사의 지배적 특성이자 미적 관습인 '반복'이 진부한 되풀이에만 그

은 곳의 원초적 체험인 원형에 기초하고 있기 때문에 사랑을 받는다.

이 장에서는 1990년대부터 2010년대까지 시대를 대표하는 세 편의 드라마인 1996년 방영된 〈애인〉의 여주인공 윤여경과 대립자 이명애, 2007년 〈내 남자의 여자〉의 여주인공 이화영과 대립자 김지수, 2014년 〈밀회〉의 여주인공 오혜원 캐릭터의 신화 원형을 분석해보려고 한다. 세 작품의 여성 캐릭터들은 시대 흐름에 부응하면서도 기존 멜로드라마의 관습적 캐릭터를 벗어나 새로운 여성 인물형을 보여주고 있다. 팜 파탈형, 여전사형 캐릭터의 등장도 주목할 만하다. 현대로 올수록 한 캐릭터 안에 다양하고 복잡한 신화 원형이 구현되고 있으며 전통적인 여성 캐릭터라 할지라도 사건과 맞닥뜨렸을 때 예상을 뛰어넘는 행동을 보여줌으로써 가부장제의 가치를 전복시키는 양상을 드러내고 있다.

1. 영원한 소녀 코레형

〈애인〉[3]의 여성 주인공 윤여경(황신혜 분)은 이벤트회사의 유능한 PD

친다면 문화상품으로서의 교환가치는 상실될 것이다. 반복은 동일한 행위의 되풀이가 아니며 '차이' 역시 새로움의 표현만은 아니다. 반복과 차이는 연속선상에서 이해될 필요가 있다. 텔레비전 대중미학의 장치로서 반복은 단순히 동일한 것의 재진술이나 재방영을 의미하는 것이 아니라 텍스트의 수준에서 표현되는 내용과 형식의 유사성을 의미하며 동시에 수용 과정에서 나타나는 주기적인 시청의 리듬과 정서의 순환을 포함한다. 주창윤, 『텔레비전 드라마』, 문경 Book& Trans, 2005, 16~17쪽. 드라마를 포함해 서사성을 가진 문화콘텐츠에는 신화적 원형이 반복되지만 개별 작품에서 차이를 드러내면서 원형의 변용 양상을 보인다. 주창윤이 말하는 '반복'은 대중의 집단 무의식을 건드리는 '원형'적 측면에서, '차이'는 시대성, 사회성 등을 반영하는 원형의 '변용'적 측면에서 이해될 수 있을 것이다.

3 연출 이창순, 극본 최연지, MBC, 16부작, 1996. 9. 2~1996. 10. 22.

이다. 여경의 남편 우혁(김병세 분)은 대기업에서 초고속 승진한 국장이다. 유치원생인 딸 마리가 있다. 여경은 영원한 소녀 코레(Kore) 여신의 원형이 지배적인 여성이다.[4)] 코레는 신성한 처녀, 아가씨라는 뜻이다. 소녀와 처녀를 생각하면 떠오르는 이미지의 여신으로 페르세포네의 처녀 시절 이름이다. 아름다운 여경의 외모는 타고난 신체적 조건뿐만이 아닌 의복, 헤어스타일, 장신구까지 젊은 처녀를 연상케 한다. 여경은 부족할 것 없어 보이지만 정서적으로는 항상 결핍감을 느낀다. 표면적 이유는 우혁이 출세와 일밖에 모르기 때문이다. 여경은 자신의 결혼 생활이 희생된다고 생각하며 아내와 아이 엄마로서만이 아니라 여성으로서 사랑받는다는 느낌을 받기 원한다. 우혁과 원활한 의사소통을 원하지만 그는 여경의 불만을 무시한다. 여경은 운오(유동근 분)와의 만남을 계기로 소녀에서 벗어나 자기주장의 여성으로 변하기 시작하지만 결국 완전한 성숙에는 이르지 못한다.

1) 자기애에 빠진 불안정한 소녀

코레 원형의 여성은 영원한 젊은이 같은 태도를 지니며 스스로 어떤 사람이 되고 싶은지 무엇이 되고 싶은지 마음을 정하지 못한다. 누군가가, 어떤 것이 나타나서 자신의 인생을 바꾸어주기를 기다린다. 여경은 타인의 존재를 끝없이 갈망하는 유아적이고 불안정하며 결핍된 존재로 그려진다.

---

4 여경이 기혼녀인데 처녀 원형인 코레가 맞는지 의문을 가질 수 있으나 신화적 인물 원형의 적용은 성격 원형에 대한 적용이지 실제 드라마 인물의 상황과는 관련이 없다.

(1) 납치당한 순진하고 비어 있는 소녀

코레는 곡물의 여신 데메테르와 제우스 사이에서 태어난 외동딸이다. 데메테르가 농경과 관련된 모든 일을 후원하는 수호신인 반면 코레는 어머니의 딸답게 만물을 생육시키는 힘이 있다.[5] 비얼레인(Bierlein)에 따르면 날씬하고 아름다운 처녀로 성장한 코레에게 반한 하데스는 동생인 제우스에게 코레와의 결혼을 허락해달라고 조른다. 그러나 데메테르가 딸과 헤어지기를 원하지 않는 데다 코레를 죽음과 슬픔의 땅인 지하 세계에서 살도록 보내줄 리가 없기 때문에 허락하지 않는다. 노련한 책략가인 제우스는 답을 회피하며 시간만 끌었다. 어느 날 코레는 엘레우시스 근처의 들판에서 꽃구경에 정신을 판다. 그곳은 하데스가 코레를 유혹하기 위해 만들어놓은 꽃밭이었다. 예쁜 꽃이 있어 코레가 꽃을 꺾는 순간 갑자기 천둥소리와 함께 땅을 가르며 하데스가 검은 말들이 끄는 전차를 타고 나타난다. 하데스는 비명을 지르는 코레를 단숨에 납치하여 땅속으로 사라지고 강제로 아내로 삼는다.[6] 코레는 슬픔에 잠기게 되었고 처녀 시절은 끝이 났다.

전통적으로 우리의 문화는 코레 여성을 선호한다. 코레는 자기가 누구인지 자신이 원하는 욕망이나 힘이 어디 있는지 모르는 젊은 처녀이

---

5 Bierlein, J. F., 『(살아있는) 신화』, 배경화 역, 세종서적, 2000, 142쪽.

6 우리 전설에도 땅 밑 세계의 납치자에게 잡혀간 부잣집 따님 이야기가 있다. '땅 밑 황금돼지' 전설은 땅 밑 돼지에게 잡혀간 부잣집 딸을 선비가 구해내는 이야기이다. 최치원의 탄생 설화에도 비슷한 내용이 전해진다. 인간의 생명이 잉태된 터전으로서의 땅 밑 세계가 등장하는 것은 인간 생명의 또 다른 태(胎)로 거대한 지하 세계를 생각했기 때문이다. 신화의 자취는 동서고금을 막론하고 오래 이어진다. 자세한 내용은 김열규, 『한국 신화, 그 매혹의 스토리텔링』, 한울, 2012, 84~91쪽 참조.

다. 수동적이고 의존적인 코레 여성은 왕자를 기다리는 신데렐라, 왕자가 잠 깨워주기를 기다리는 잠자는 숲속의 미녀, 피터 팬이 잠 깨우는 웬디이다. 여성의 독립성이 확대되어 사회적 · 공적 영역 진출이 활발해진 지금도 우리의 환경은 여성에게 전통적인 수동성 · 의존성을 여성의 미덕으로 부추기고 강화시킨다. 우리 사회 대부분의 여성은 결혼이나 직업을 갖기로 마음먹기 전 코레 시절을 거친다. 여경은 현대의 전문직 여성이자 기혼여성이므로 완전한 코레 형상으로 드러나지는 않지만 지배적 성향은 코레 원형을 재현하고 있다.

코레는 의존적이며 관계지향적인 성격을 가진다. 코레 여성인 여경은 항상 주위 사람들의 주위를 끌고 보살핌을 받고자 한다. 윤오, 우혁, 친구 승진, 어머니는 물론 어린 딸 마리에게까지도 자신의 마음을 털어놓으며 위로를 받는다. 여경은 일찍 아버지를 여의었고 어머니와 오빠 가족은 미국에서 산다. 우혁은 '여리고 감성적인' 여경이 '여성적'이라고 느껴져서 결혼했다. 가부장적 사고를 가진 우혁은 가정을 돌보는 일은 전적으로 여경의 영역이라 여긴다. 여경에게 가정은 하데스에 납치되어 온 지하 세계처럼 우울하고 고독한 곳이 되어버렸다.

코레 여성은 남성들에게 매우 매력적으로 보인다. 비어 있고 무의식적으로 보이고 무방비상태에 있으므로 다양한 투사가 가능하기 때문이다. 이런 여성은 결혼 시장에서 높은 값으로 호가된다고 융은 말한다.[7] 남성으로 하여금 보살핌과 보호 본능을 일으키기 때문이다. 남성은 이런 여성을 자신의 남성성을 확인하는 돌파구로 삼는다. 남성이든 여성이든 자아의 외적 인격인 페르소나(persona)와 가장 반대 유형인 이성(異

7 이부영, 「Jung의 모성상과 모성 콤플렉스론」, 『心性硏究』 Vol.2 No.2, 1987, 80쪽.

性)을 사랑의 대상으로 삼아 획득하고 싶은 유혹을 받는다.[8] 코레는 모든 여신 중에서 가장 불분명하고 위협적이지 않으며 대극(對極)은 남성적 확실성과 분명성이다. 그러므로 원형적으로 코레 여성에게 끌리는 남성 유형 중 하나는 코레의 순진함과 연약함에 이끌리는 강인한 남성형이다.[9]

하데스가 코레를 납치했듯이 강한 남성은 모든 것이 반대인 여성에게 매력을 느끼고 코레 여성은 강한 남성의 개인적 매력, 성적인 느낌, 지배적인 성격에 끌린다. 코레 여성은 스스로 더욱 연약하고 청순하게 행동하게 함으로써 남성들의 관심을 유도한다. 융에 따르면 '그녀는 아주 도움이 필요하여 가장 순진한 목동이 너무도 대담하게 처녀 도둑이 되어 사랑하는 어머니에게서 딸을 훔칠 정도가 되어도 그야말로 아무것도 모른다.'[10] 융 학파 심리분석가 하딩(Harding)에 따르면 이런 여성은 남자를 위해 모든 것을 다 바치는 유형으로 대체로 자기주장을 하지 않는 '아니마 여성'이다.[11] 남성이 아니마를 투사하면 무의식적으로 자신을 그에 맞춰 가고 남자를 위해 모든 것을 다 바친다.

코레에게 결혼이란 그저 그렇게 일어나는 일이고 신화의 코레처럼 납치되듯이 결혼하게 된다. 여경은 어머니와 떨어져 강한 남성인 우혁과 결혼했지만 행복한 결혼을 유지하지 못하고 있다. 전형적인 코레는 남자의 주장과 확신에 휩쓸려서 결혼이란 누구나 다 하는 것이라는 문

8 유정희, 「Jung 학파에서 보는 여성심리」, 『神經精神醫學』 Vol.31 No.1, 1992, 12쪽. 아니마 아니무스는 페르소나와 정반대되는 특징을 가진다.

9 Jung, C.G., 『원형과 무의식』, 한국융연구원 역, 솔, 2002, 211쪽 ; Bolen, 『우리 속에 있는 여신들』, 224쪽.

10 Jung, C.G., 앞의 책, 212~213쪽.

11 Harding, M. Esther, "All Things to All Men", in *The Ways of All Women*(New York: Putnam's, for the C.G. Jung Foundation for Analytic Psychology, 1970, p.4, Bolen, 『우리 속에 있는 여신들』, 214~215쪽 재인용.

화적 영향을 받아 결혼을 해버린다. 코레는 전통적으로 여성적 특성을 지니고 보다 강력한 사람의 뜻에 따르며 수동적이다. 남성들이 그녀를 선택하지 그 반대의 경우는 없다.[12] 그래서 일단 결혼을 하면 지하 세계에 갇힌 코레처럼 원치 않는 볼모가 되어버린다. 캐플란(Kaplan)은 가부장적 질서에서 결핍을 느끼는 여성은 낭만적 사랑이나 자식과의 동일시를 통해 정체성과 일체감을 얻으려고 한다고 주장한다.[13] 여경은 우혁을 통해 배려와 관심, 사랑이 있는 가정을 꿈꾼다. 그러나 신화에 상응하듯이 우혁은 여경을 납치해온 신부처럼 대하며 돌보지 않는다. 코레는 하데스의 지하 세계에서 하루하루 시들어간다. 코레에게 결혼이란 항상 납치와 곧 죽음인 것이다.[14]

(2) 유아적이고 의존적인 어머니의 딸

코레가 납치되었을 때 어머니인 곡식의 여신 데메테르는 딸을 미친 듯이 찾아다닌다. 그러느라 아무것도 돌보지 않아서 곡식은 말라죽고 가축들도 떼 지어 죽어나간다. 대지는 황폐화되고 신들은 제사를 받지

12 Bolen,『우리 속에 있는 여신들』, 227쪽.

13 Kaplan, Ann, *Motherhood and Representation: the mother in popular culture and melodrama*, London: Routledge, 1992, 김명혜,「프로이트, 라캉과 〈애인〉 읽기」, 황인성 · 원용진 편,『애인 : TV 드라마, 문화 그리고 사회』, 한나래, 1997, 169쪽 재인용.

14 이는 헤라의 결혼관과는 정반대이다. 헤라는 결혼에 대해 긍정적 기대를 가지고 있다. 따라서 상대방 남성에 대해서 잘 알아야 한다고 생각하기에 잘못된 결혼을 피할 수 있다. 만약 결혼 생활이 만족스럽지 못하면 헤라는 환상에서 즉시 깨어난다. 반면 코레/페르세포네는 결혼을, 대항해서 싸우거나 저주해야 할 것으로 여기는 우매한 가치관을 가지고 있다. Bolen,『우리 속에 있는 여신들』, 232쪽.

못한다. 제우스는 코레를 데려오기 위해서 전령의 신 헤르메스를 파견한다. 수심에 가득 차 있던 코레는 자신을 보내주리라는 것을 알고 기쁨에 넘친다. 떠나기 전 코레는 하데스가 준 석류[15] 몇 알을 받아먹는다. 그러나 이로써 코레는 영원히 지하 세계를 빠져나올 수 없는 몸이 된다. 헤르메스는 절묘한 협상 기술을 발휘해 석류 몇 알만 먹었을 뿐이니 1년을 나누어서 지하 세계와 지상 세계에서 살면 어떻겠냐고 제안한다. 이때 코레의 이름은 '파괴의 전달자'라는 의미의 페르세포네[16]로 바뀐다.

헤르메스는 코레를 지상으로 데려갔고 모녀는 기쁘게 재회한다. 그러나 기쁨도 잠시 데메테르는 페르세포네에게 지하에서 무엇을 먹지 않았느냐고 묻는다. 페르세포네는 하데스가 강압적으로 석류 몇 알을 '먹였다'고 말한다. '어머니의 착한 딸'인 페르세포네는 진실을 말할 수 없다. 석류 몇 알로 인해 페르세포네는 데메테르에게 완전히 돌아올 수 없었다. 1년의 3분의 1은 지하에서 죽은 영혼을 다스리며 지하 세계를 방문하는 산 자들을 안내하고 3분의 2는 지상의 데메테르와 보내게 되었다.

여경이 어머니의 딸로서 코레의 특성을 가지고 있음은 성장기에 아

---

15 관능적이고 열정적인 붉은 석류 열매는 남녀의 결합을 이루게 하는 결혼의 상징이며 치유와 다산과 관련된 전통적인 상징이다. 그러므로 석류는 개인 성장에 대한 상징이다. Ackroyd, Eric, 앞의 책, 256쪽.

16 코레의 이름이 '파괴의 전달자'라는 의미의 페르세포네로 바뀌게 된 것은 코레가 생물의 생육기가 끝나는 것을 알리는 전조이기 때문만이 아니라, 안정된 사회의 종말을 알리는 것이기도 했기 때문이다. 모권 사회에서 부계 사회로 이어지면서 여신의 자리를 남신들이 빼앗게 되는데 데메테르는 여성들이 지배했던 평화로운 농경 사회의 상징이고 하데스가 코레를 납치한 것은 기존 질서를 침범하는 남성들의 폭력적, 호전적 행동을 나타낸 것이라 볼 수 있다. 하데스는 폭력적인 방법으로 데메테르를 울렸다. Bierlein, J. F, 앞의 책, 148쪽.

버지를 여의고 어머니와 매우 밀착된 관계였다는 데서 짐작할 수 있다. 어머니는 여경의 분신과도 같은 존재이다. 여경이 운오와 만난다는 사실을 알고도 가부장적 질서의 눈으로 딸을 꾸짖기보다는 여경의 마음을 헤아리고 안쓰럽게 여긴다. 어머니는 여경이 자신의 결핍을 주체적으로 처리할 수 있을 만큼 성숙하다고 생각하지 않는 것으로 보인다. 여경이 마리를 낳아 어머니가 되었을 때도 "애가 애를 낳은 꼴이니."라고 말한다. 여경 또한 어머니가 사망한 후 마리를 재워주면서 자신도 '엄마'를 부르고 싶다고 하며 어머니와의 유대감을 그리워한다. 신화의 코레 여신과 마찬가지로 여경은 모성 콤플렉스(Mother Complex)를 보인다. 이것은 실제 어머니와의 관계보다는 내면의 모성 원형의 영향이 크다. 어머니를 경험할 때 내면에 있는 모성 원형은 개인 어머니에 대한 경험과 결합해 특정한 모성 콤플렉스를 만든다.[17)]

여성의 경우 어려서는 무의식의 모성 원형과 개인적 어머니상(像)을 동시에 가지고 있다가, 성장하면서 무의식의 모성 원형[18)]이 의식의 실

---

17 융은 대부분의 사람들은 자신이 '콤플렉스를 가지고 있다'는 것을 알고 있지만 '콤플렉스가 그 사람을 가지고 있다'는 사실을 잘 모르고 있다고 말한다. 활동 중인 콤플렉스는 에너지로 표현되면서 일시적 부자유의 상태, 강박적 사고 및 행동으로 나타나기도 한다. 콤플렉스가 시작되는 곳에서 자아의 자유는 종식된다. Jung, C.G., 『정신요법의 기본문제』, 한국융연구원 역, 솔, 2001, 234, 242쪽.

일반적으로 콤플렉스는 강한 의지에 의해서 억압될 수 있지만 제거할 수는 없다. 적절한 기회가 오면 본래 가지고 있던 힘을 가지고 다시 등장한다. 저절로 일어나기 때문에 '자율적 콤플렉스'라고 한다. 이것은 정상적 삶의 현상에 속하고 무의식적 정신의 구조를 결정하는 것으로 이해할 수 있다. 김병주, 「성경에 나타난 여성원형 연구 : 여성의 자기실현에 관한 종교심리학적 접근」, 성균관대학교 박사학위 논문, 2009, 71~72쪽.

18 모성 원형은 생명의 근원이자 모태로서 자기실현의 의지, 자신의 생산물에 대한 보호 의지, 자애의 감정, 생명의 원천과 비밀을 파악할 수 있는 능력이지만

제 어머니인 모성과 동일시하여 여성적 특징을 갖는다. 남성과는 달리 여성은 어머니로부터의 분리가 아닌, '어머니처럼 되는' 과정을 통해 성인 여성으로서 여성성과 모성성을 획득한다. 하지만 이 과정에서 개인적 무의식에 있는 부모 원형의 콤플렉스를 극복하지 못할 경우 남성이나 여성 모두 집단 무의식의 원형적 부모상에 의존하게 되며 점차 원시적이고 고태(古態)적 성향이 무의식에 가라앉는다.[19] 코레가 납치된 지하 세계는 무의식의 영역이다. 코레는 비록 강제적이지만 그동안 모르고 지냈던 자신의 무의식과 만난다.

여성에게 나타나는 모성 콤플렉스의 유형은 여럿이다. 융은 남성성의 특징을 로고스(logos), 여성성의 특징을 에로스(eros)라고 했다. 여성성은 수용적, 직관적이며 가정이나 내면세계와 관계를 맺을 때 나오는 영감이다.[20] 여성의 모성 콤플렉스는 무의식의 여성 본능인 모성 또는 에로스가 과도하거나 미약하여 문제를 일으킨다. 여경은 어머니와의 지나친 동일시로 인해 '여성성이 위축된 유형'에 속한다.[21] 매우 여성스러워 보이는 여경의 여성성이 위축되어 있다는 것이 이해되지 않을 수 있다. 그러나 여경을 통해 재현된 여성성은 남성의 시각으로 편향된 표

모든 다른 원형과 동일하게 대극의 특성인 긍정적이고 선한 측면과, 부정적이고 악한 측면을 가진다. 창조 대 파괴, 보호와 양육 대 유기(遺棄)와 질병, 자애 대 증오와 시기, 지혜 대 간계 등이다. 부정적 모성 원형은 사회적 환경과 가치의 변화에 따라 나타나는 것으로 생각할 수 있지만 실은 모성이 원래 가진 부정적 속성에 기인한다. 최원오, 「모성(母性)의 문화에 대한 신화적 담론 : 모성의 기원과 원형」, 『한국고전여성문학연구』 Vol.14, 2007, 185쪽.

19 김병주, 앞의 논문, 43~45쪽.

20 반면 남성성의 로고스는 바깥 세계에 적응하고 목표를 세워서 성취하는 데 초점이 맞춰지며 분별, 판단, 논리성과 관계한다. Steinberg, Warren, *Masculinity*, Boston: Shambhala, 1993, pp.10~12, 김성민, 「남성성의 결핍으로 인한 문제와 그 정신치료」, 『목회와 상담』 Vol.13, 2009, 110쪽 재인용.

21 이부영, 「Jung의 모성상과 모성 콤플렉스론」, 80쪽.

준상(stereotype)이다. 남성이 보기에 여성적이지 이것은 진정한 여성성이 아니다.

여경은 유아적이고 불안정하며 결핍된 존재로 그려진다. 모성 콤플렉스 차원에서 해석하면 데메테르와 코레의 관계와 유사하게 '어머니의 딸'로서 어머니와 동일화되어 있다. 어머니의 딸 유형의 경우 딸의 여성 본능과 여성적인 것이 모두 어머니에게 삼켜져버려 여성적 독창력이 마비된다.[22] 코레는 스스로 모성적 존재의 영역, 책임과 인내, 에로스적 요청에 대해 깊은 열등감을 느낀다. 이 일은 모두 무의식의 차원에서 일어난다. 어머니는 딸이 보기에 불가능해 보이는 모든 일을 척척 처리하는 완벽한 어머니이다.

모성 콤플렉스는 양육자인 어머니와 자녀 간의 바람직하지 못한 반사과정을 통해 일어나며, 성숙하지 못한 유아기적 자기(Self)로서 자기애적인 성향[23]을 낳는 근원이 되기도 한다. 하데스에게 납치되기 전 코레가 정신이 팔린 꽃은 수선화[24]이다. 수선화는 연못에 비친 아름다운 모습에 반해 자신을 사랑하다가 물에 빠져 죽은 미소년 나르키소스(Narcissos)가 변해서 된 꽃이다. 유아 상태의 무의식적 자기애적 성향은 여성적인 면을 감추고 분열시킨다. 의식의 삶이 수선화로 상징화된 무의식의 자기애적 성향과 분열되어 영혼을 잃어버린 모습으로 나타나

22 Jung, C.G.,『원형과 무의식』, 2002, 211쪽.

23 자기애(Narcissism)를 가지면 주위의 필요나 관심보다 훨씬 더 자신을 드러내려는 현시벽(顯示癖)이 두드러진다. 주변의 인정을 받고 우월한 대우를 받으면 삶의 의미를 느끼고 열정적으로 살 수 있지만 그렇지 못하면 쉽게 좌절에 빠지거나 성격이 거칠게 변하기도 한다. 마치 자신을 신과 같이 여겨서 자신이 특별한 사람이므로 특별한 대우를 받아야 한다고 생각한다. 따라서 다른 사람들 위에 군림하고 지배하려는 성향이 강하다. 독일의 정신과 의사 네케가 1899년에 만든 용어이다.

24 양귀비라고 나오는 자료도 있다. Bierlein, J. F, 앞의 책, 142쪽.

고 있는 것이다.[25] 여경은 어린 딸에게까지 자신의 감정을 토로하며 자기애를 드러내는 모습으로 그려진다.

어머니의 딸은 어머니에 전적으로 의존하고 그 그늘 속에서 살며 어머니에 의해 흡수되어 있다.[26] 그러나 이런 상태가 오히려 어머니로부터 탈출하고 싶어 하는 심리로 작용한다.

코레 원형의 과제는 모성 콤플렉스에서 벗어나는 것이다. 그것은 곧 도전이고 두려움이지만 코레가 자신을 매혹시킨 꽃을 꺾은 행위는 변화를 일으킨 근원이 된다. 꽃을 꺾는 것은 지하 세계의 하데스에게 신호를 보내어 자신을 유괴하도록 하는 무의식적 행동일 수 있다. 즉 의식이 잘 모르는 무의식의 내용을 끌어당겨 그 내면세계를 살펴보려는 정신 작용의 과정이라고 해석할 수 있다. 유아기적 자기애적 성향의 여경이 죽음의 영역인 지하 세계 즉 결혼으로 들어가는 것은 어머니를 떠나 새로운 삶을 위해 필요한 변화의 근원으로서 꼭 거쳐야만 하는 과정이다.

코레는 어머니와의 동일시로 인해 여성으로서의 자각이 매우 둔감한 편이다. 운오와 처음 만났을 때 여경은 아이스크림이 묻은 바지를 가리려고 아무렇지도 않게 카디건을 벗어서 민소매 차림을 훤히 드러내고 카디건을 허리에 묶고 뒤돌아간다. 상대방 남성의 반응을 고려하지 않고 자신의 여성스러움에 대해 무감각한 태도를 보이는 순진한 코레 여성의 모습이다. 다분히 도발적일 수 있는 상황임에도 여경은 아무 의식 없이 '청순하게' 행동함으로써 운오를 매혹시킨다. 중세 낭만적 사랑의

---

25 Schwartz-Salant, N., *Narcissism and Character Transformation: The Psychology of Narcissism Character Disorders*, Toronto Inner City Books, 1982, 김희진, 「신화 해석을 통해 본 개성화 과정—융 분석심리학에 근거하여」, 『독서치료연구』 Vol.2 No.2, 2006, 11쪽 재인용.

26 이부영, 「Jung의 모성상과 모성 콤플렉스론」, 80쪽.

기원이 되는 음유시인들은 '눈과 눈이 만나는 데서 순수하게 개인적 성격을 지닌 아모르적 사랑이 싹튼다'[27]고 했는데 운오야 말로 첫눈에 사로잡힌 모습이다.

(3) 심약하고 모호한 여성

코레 여성의 타고난 감수성은 성격을 매우 순응적으로 만든다. 남들이 자신에게 기대하는 대로 노력하는 유형이기 때문이다. 여경은 운오와의 만남이 시작되어 갈등하면서 남편에게 불만을 표시하지만 결코 남편이 기대하는 아내의 역할에서 벗어나지 못한다. 문제와 정면으로 맞닥뜨리지 못하고 에둘러 말하거나 피하며 의견 제시가 매우 모호하여 결코 자신의 주장을 관철시키지 못한다. 여경은 운오를 피하고 가정을 등한시하는 남편의 관심을 유도하기 위해 미국에 가서 살자고 한다.

S# 여경의 침실(9회)[28]
– 우혁은 회사 일을 하고 있고 여경은 침대에 앉아 있다.
우혁 : 왜 그래? 당신, 회사 일이 힘든 거야?
여경 : 당신은 그런 거 싫어? 우리 세 식구 서로한테 기대하고 의지하면서 무엇하고도 바꿀 수 없이 소중해지고. 그런 생각 안 해봤어?
여경 : (우혁을 간절한 눈빛으로 쳐다보며) 그게 젤 중요하잖아.
우혁 : (말 돌리며) 장모님 언제 오신대? 당신이 힘들어하는 거 알겠어. 그래서 장모님도 오시라고 했고. 뭔지 모르지만 그쯤에서 끝내. 난 방황이니 권태니 하는 말이 아주 싫어. 사는

27 Campbell, Joseph, Moyers Bill D., 『신화의 힘』, 344쪽.
28 〈애인〉은 방영 시기가 오래되어 대본 입수가 어려웠다. 영상을 보며 해당 부분 대사를 정리했음을 밝힌다.

건 누구나 다 힘든 법이야.

여경 : 나 그런 거 아냐. 나 그냥……

우혁 : 뭔가 구체적인 이유, 당신이 여기서 참아내지 못할 치명적 인 이유가 아니라면 그냥 지나가는 생각으로 접어둬.

여경은 모호한 태도와 자기주장으로 투정 부리듯이 요구를 하고 우혁은 묵살하는 대화 장면이 수차례 반복된다. 융에 따르면 이런 유형의 여성에서 '의견'은 모호하고 무의식적이며 그것이 무엇인지 진정 깨닫게 되는 경우가 별로 없다. 코레의 소극적 불만의 토로는 결국 본의 아닌 거짓말로 이어진다. 여경의 "나 그런 거 아냐, 나 그냥"은 거짓말이다. 임시방편의 거짓말로 풍파를 피하려는 것이다.[29] 신화에서 코레는 어머니 데메테르에게 석류를 억지로 먹은 것이 아니라 스스로 먹었음에도 책망받을까 봐 두려워서 사실대로 말하지 못한다.[30] 결과적으로 코레는 핑계나 거짓말로 자신을 정당화해버리는 교활함이 있다. 기대에 어긋나지 않으려고 거짓말을 하며 자신의 운명에 대해 힘없고 책임질 수 없는 것처럼 행동한다. 하지만 그런 행동이 실제로 자신의 운명을 결정하는 것이다. 간접적인 방법의 사용, 거짓말 그리고 조작은 코레 여성이 가진 성격상의 잠재적 문제점이다.[31] 코레 여성은 진실의 일

29 캐릭터의 재현 방식 중 행위 측면을 보면 말(speech)의 형식적인 면을 통해서 캐릭터의 출신이나 학벌, 계급, 직업 등 사회적 특성을 표현할 수 있다. 순하거나 거친, 소극적이거나 적극적인, 교만하거나 비굴함 등 개인적 특성도 자연스럽게 드러낼 수 있다. 또한 말의 내용적인 면을 통해서도 인물의 성격을 간접적으로 표출할 수 있다. 김정희, 『스토리텔링 : 이론과 실제』, 인간사랑, 2010, 113~130쪽.

30 토마스 벌핀치(Tomas Bulfinch)에 따르면 "하데스가 권한 석류나무의 열매를 손에 쥐고, 그 열매에서 나온 단 즙을 이미 들이켜버렸다"고 표현되어 있다. 코레가 말한 것처럼 하데스가 억지로 먹였을 리는 없다. 海原純子, 앞의 책, 147쪽.

31 위의 책, 140쪽.

부분만을 이야기하거나 직접적 대면보다는 보통 그 자리를 모면하려고 하는 특징이 있다.

코레 여신은 지하 세계에 포로로 있는 동안 먹지도 웃지도 않는 슬픈 처녀였다. 인간 코레 여성은 자신을 옭아매고 있는 사람이 자신을 지배하고 한계를 정하면 쉽게 우울증을 겪는다.[32] 스스로에 대해서 잘 모르기 때문에 상황에 대해 능동적으로 대처하기보다는 분노나 무관심을 쌓아놓다가 분노가 내면으로 향하고 억압의 상태가 심해지면 우울증이 오는 것이다. 코레가 지하 세계에 납치되어 있을 때처럼 육체적, 정신적으로 허약해지며 시들어간다. 여경은 회사를 결근할 정도로 아프게 된다. 이는 마치 꽃이 시들어가는 것과 같다. 운오는 첫 데이트 후 꽃[33]을 내밀며 "이 꽃이 시들기 전에 다시 연락하겠습니다."라고 말한다. 남성이 호감 있는 여성에게 마음을 내보이는 평범한 행동일 수 있으나 시든 꽃이 되어가는 코레 여성의 입장에서 보면 다른 의미가 있다. 운오가 장차 여경을 개성화의 길로 이끄는 역할을 할 것이라는 상징적 대사로 보인다. 여경은 데이트 때마다 받은 꽃을 버리지 않고 집 안의 벽에 붙여두면서 딸에게 '엄마를 좋아하는 사람이 준 선물'이라고 말하며 행복해하지만 운오와의 관계가 소원해지자 꽃을 모두 떼어버린다.

여경은 남편에 대한 불만과 운오와의 연애로 인한 죄의식으로 지쳐

32 코레/페르세포네의 우울증은 어머니 데메테르의 우울증과는 다르다. 데메테르는 딸을 잃었을 때 모든 사람들이 죄의식을 느낄 정도로 비난을 퍼부었다. 데메테르는 집 전체를 소용돌이 속으로 빠뜨리는 반면 코레/페르세포네는 스스로 죄의식을 느끼며 무능하게 여기고 조용히 뒷방으로 사라져버린다. Bolen, 『우리 속에 있는 여신들』, 234쪽.

33 꽃은 융이 말한 '자기(Self)' 즉 진정한 나와 정신의 기본적인 질서와 아름다움을 상징한다. 꽃에 대한 명상은 동양의 신비 명상의 전통 특히 도교와 선불교에서 내면의 치유를 촉진하는 수단으로 권한다. Ackroyd, Eric, 앞의 책, 145쪽.

있고 돌파구가 보이지 않는다. 여경은 운오의 아내 명애가 보낸 가족사진을 받고 운오와 다투고 늦게 귀가한 후 딸 마리의 방에서 잠이 든다. 다음 날 남편을 불러내어 대화를 시도하지만 여전히 자신의 마음을 제대로 전달하지 못하고, 회사를 그만두겠다고 한다. "10년 넘게 일했으면 쉬고 싶을 때도 됐고, 또 그동안 나, 일 때문에 당신이나 마리한테 충실하지 못했던 거 같기도 하고. 그냥 살림만 하면서 살고 싶어."라고 말한다.

코레 여성에게 일은 결코 중요하지 않다.[34] 10년 이상 일해온 직장을 미련 없이 그만둔다는 것은 직장 여성은 가정을 소홀히 할 수밖에 없다는 편견을 스스로 드러내는 태도이다.[35] 코레 여성은, 여성은 직장이 힘들면 쉴 수도 있다고 생각한다. 대신 가족에 대해 충실한 전통적 여성의 모습에 가치를 둔다. 여경의 가장 큰 관계성의 대상은 남편이다. 여성성이 위축된 소녀인 여경은 강한 남성인 우혁에게 아니무스를 투사하여 여성성을 확인하고자 한다. 여성성은 남성성과의 관계에서 형성되는 여성의 특성이다. 그러나 아이러니하게도 가부장 제도에서의 여성은 결혼과 함께 여성성이 희생되고 대신 모성만이 강조된다. 이런 상황은 모성 형성의 필수 조건인 출산을 통해 여성이 남성에게 배타적으로 소유되면서 더욱 강화된다.

융은 생물학적 단계에서 여성의 주된 관심은 한 남자를 붙들어두는

34 지하 세계의 여왕 페르세포네가 되면 달라진다.

35 이는 드라마의 가부장적 서사 전략 중 구색 맞추기 전략의 하나이다. 김명혜 · 김훈순, 「여성이미지의 정치적 함의」, 『韓國 言論學報』 No.38, 1996, 231, 237쪽 참조. 또한 기혼의 직장여성은 직장에서는 성공하지만 이로 인해 가정의 행복이나 안정은 지키지 못하는 것으로 묘사함으로써 여성의 직업에 대한 경시와 스스로 쟁취하는 신분상승에 대한 여성 소망은 자신에게 해롭다는 메시지를 전한다. 위의 논문, 30쪽.

것이라고 한다.[36] 남성은 아내를 많은 사람 가운데 하나로 보면서도 항상 결혼의 법적 · 사회적 성격을 강조하는 반면 여성은 결혼에서 예외없이 개인적인 관계를 찾는다는 것이다. 결혼은 남성에게는 일종의 편안한 관습이지만 여성에게는 관습을 넘어서는 인간적인 애정 관계이다. 여성에게는 성관계보다 정신적 관계가 더 중요하다. 원형적으로 볼 때 상징적 납치자인 우혁은 여경이 결혼을 통해 원하는 애정과 배려의 요구에는 관심이 없다. 그래서 무시한다.

(4) 아버지의 딸, 영원한 소녀

여경은 운오를 만나게 되면서 모호한 태도와 거짓말을 계속 하기는 어렵다는 것을 깨닫는다. 남편에게 "당신 결혼을 왜 했어? 당신 원하는 성공 다 이룬 다음에 해도 됐지. 결혼 왜 했냐고!"라고 소리친다. 신화에서 코레는 헤르메스의 인도로 지상 세계로 나가게 된다. 여경은 헤르메스 남성인 운오[37]의 사랑을 받으면서 결과적으로 하데스의 세계로부터 탈출하는 신화적 상황을 재현하게 된다.

코레 여성에게 끌리는 남성 유형 중에 성숙한 여인에게 불편함을 느끼는 남성형이 있다.[38] 운오가 그 유형이다. 이는 코레를 납치해 간 가부장 남신 하데스를 연상시키는데 이 경우 '아버지와 같은 남성'과 '딸 같은 여성'과의 관계 유형이 된다. 여경은 운오에게 헤어지자고 하지만 자신의 생일에 아무도 함께 있어주지 않자 다시 만난 후 감정에 북받쳐

---

36 이부영, 『아니마와 아니무스 : 남성 속의 여성, 여성 속의 남성』, 61쪽 참조. 융은 '여성의 의식이 보통 한 남자에 국한되는 반면 남성의 의식은 개인적인 것을 넘어서 확장하는 성향을 띠며 때로는 모든 개인적인 것을 거역한다'고 했다.

37 운오는 헤르메스 원형이 지배적인 캐릭터이다. 추후 설명하기로 한다.

38 Bolen, 『우리 속에 있는 여신들』, 224쪽.

운다. 여경의 나약함과 결핍은 그것을 받아주며 자신의 남성성을 확인하는 운오로 인해 더욱 과장된다. 운오는 머리핀 선물, '사랑해요'라고 쓴 쪽지, 음악, 여경 어머니의 장례식 준비 등 크고 작은 배려를 해줌으로써 여경을 감동시킨다. 이러한 감동은 여성 내면의 아니무스가 외부에 투사되었을 때 나타난다. 이때 여성은 아니무스의 투사 대상인 이성에게 황홀한 신비감이나 연애 감정을 느끼게 된다.[39] 여경은 운오를 통해 자신의 아니무스를 확인하게 되고 운오는 여경에게서 자신이 보호해줘야 할 아니마를 발견하게 된다.

코레 여성이 아버지와 같은 남성에게 끌리는 이유는 여성의 부성 콤플렉스(Father Complex)와 관련이 있다. 여경처럼 아버지 없이 자란 여성도 부성 콤플렉스에 사로잡히는 경우가 있다. 여성이 실제로 경험하는 아버지는 개인 아버지를 넘어서 그와 무관할 수도 있는 무의식의 부성 원형을 포함하고 있기 때문이다. 딸의 부성 콤플렉스 형성에는 선험적으로 내재된 원형적 아버지상(像)이 더 중요한 영향을 미친다.[40] 여성에게 '아버지적인 것' 즉 부성 원리(father principle)란 여성으로 하여금 따르고 복종하게 하는 원칙, 법칙, 진리 혹은 정의이다.[41] 부성 원리가 여성의 삶을 이끌어가는 지배적 원리가 되면 여성은 아버지 혹은 여성이 속한 사회의 집단적 이상과 가치관에 부응하려고 노력하게 된다.

부성 원리는 여경이 운오와 호텔에 갔을 때도 강하게 작용해 육체관계를 거부하게 만든다. 부성 콤플렉스는 여성의 인격 형성에서 페르소나를 강조하는 경향이 있다. 여경의 페르소나는 한 남자의 정숙한 아내

39 또는 반대로 강렬한 혐오감이나 공포를 느끼기도 한다. 유정희, 앞의 논문, 12쪽.

40 김계희, 「여성의 '부성 콤플렉스'와 그 치유에 대하여」, 『心性硏究』 Vol.24 No.1, 2009, 29쪽.

41 위의 논문, 24쪽.

이다. 코레는 순진하고 착한 딸이라는 페르소나로 살아왔다. 그런데 이 잘 가꾸어진 착한 딸 페르소나 속에는 성장하지 못한 어린 소녀의 측면이 고통을 받으며 자리 잡고 있다. 여경처럼 자아를 페르소나와 동일시하는 경우 페르소나를 벗지 않고는 운오와의 사랑을 지속할 수 없다. 가부장제 일부일처제를 살아가는 아내는 남편 한 사람의 소유이고 그것이 아버지의 법이기 때문이다. 여경은 운오에게 더 이상 만나지 말자고 하고 결별을 선언한다. 그러나 운오는 포기하지 않는다.[42]

여경 또한 승진[43]이 "미쳤니? 네 나이에, 그리고 남편 자식 있는 여자가 무슨 사랑이야. 집어치워."라고 말하자 "다 집어치울 거야."라고 하면서도 행동은 정반대로 한다. 페르소나를 자아와 지나치게 동일시할 때 무의식에서 일어나는 반발적인 보상작용 때문에 일어나는 행동이다. 쉽게 말해 눌러놓은 무의식이 튀어나와 자아가 무너지고 의식적 통제가 불가능하게 되는 것이다. 무의식으로부터 올라오는 보상작용은 처음에는 알 수 없는 어떤 충동이나 기운으로 경험된다. 당혹스럽고 '파렴치한' 혐오감과 공포, 이제껏 열심히 살면서 가꾸어온 페르소나가 손상되고 삶이 붕괴될 것 같은 위기의식을 느끼기도 한다.

42 1990년대 멜로드라마의 특성 중 하나는 〈애인〉과 같은 중년 세대 로맨스의 부상이다. 청춘남녀만 사랑할 수 있는 게 아니라 자식이 있는 중년 여성도 한 인간으로서 개인적 욕망을 인정해주는 경향이 증가한다. 그러나 전개 방식은 여전히 구태의연하다. 중년의 로맨스는 대부분 남성들에 의해 적극적으로 추진되며 여성들은 가족적, 사회적 구속 때문에 남성의 구애를 선뜻 받아들이지 못한다. 수동적으로 구애를 받을 뿐이며 적극적으로 자신의 의사를 표현하지 못한다. 김명혜, 앞의 논문, 89쪽.

43 승진은 여경의 직장 동료이자 친구로 이혼 후 어린 아들과 산다. 운오, 우혁, 명애와 모두 연결되어 있는 인물이다. 그러나 여경의 심리적 변화와 결정에 큰 영향을 주지는 못한다. 승진은 이혼녀로 어린 아들과 사는데 이상적인 가족을 가지지 못한 결손가정 여성의 어려움을 보여주고 있다.

이것을 의지로 극복하려고 힘겨운 노력을 한다. 여경은 우혁에게 미국에 가서 살아보자고 하고 운오가 연락을 취해오는 직장을 휴직하기도 한다. 그러나 무의식으로부터 올라오는 충동과 기운은 도망가려 할수록 더욱더 위협적인 기세로 집요하게 추격해 온다. 그러나 이것의 실제는 부정적인 것이 아니다. 페르소나에 치우쳐 있는 의식의 상황을 조정하고 보상하기 위한 작용이며 치유의 힘을 함께 담고 있다. 강화된 페르소나를 해체시키고 자신을 돌아보게 함으로써 타고난 본성인 개성과 전체성(wholeness)을 회복케 해 인격의 창조적 변환에 도달하게 하려는 작용이다.[44]

부성 콤플렉스를 가진 여경의 상대 남성의 유형을 모성 콤플렉스를 가진 운오로 설정한 것은 원형적 관점에서 매우 타당한 조합이다. 여경과 같은 코레 여성은 남성성이 충분히 발달되지 않는 '어머니의 아들'[45]의 투사를 자주 받게 된다. 여성이 상대 남성이 기대하는 이상형이 되기 때문이다. 융 학파 여성분석가 레너드(Leonard)는 여성의 부성 콤플렉스의 유형을 제시했는데 여경은 '영원한 소녀(puella aeterna)'에 속한다. 이 유형은 자신의 본성(Self)으로부터 소외되어 취약한 자아를 가진 것이 문제이다.[46] 영원한 소녀 유형은 아버지와 분리되지 못한 채 만나는 남성에게서 무의식적으로 자신의 아버지 혹은 아버지상을 찾게 된다.

이러한 양상은 때로는 성애적 문제로 번지기도 한다.[47] 여경이 운오

---

44 김계희, 앞의 논문, 31쪽.

45 운오의 캐릭터 원형에서 설명하기로 한다.

46 Leonard, L.S., *The Wounded Woman 'Healing the Father-Daughter Relationship'*, Shambhala, Boston & London, 1985, pp.37~84, 김계희, 앞의 논문, 32쪽 재인용. 레너드는 '영원한 소녀'를 다시 네 가지로 분류하여 사랑스런 인형, 부서지기 쉬운 연약한 소녀, 높이 나는 자 여자 돈 주앙, 부적응자로 분류했다.

47 김계희, 앞의 논문, 39쪽.

와의 관계에서 두려워하는 문제이기도 하다. 이 관계는 성숙하고 대등한 여성과 남성의 관계라기보다는 실제 연령과는 상관없이 심리적으로 딸인 여성과, 아버지를 연상케 하는 남성과의 근친상간적 양상인 경우가 많다. 여성에게 상대 남성은 아버지이며 연인이면서 동시에 여성 자신을 구원해줄 신(神)적인 존재로 경험되기도 한다. 부성 콤플렉스에 사로잡힌 여성은 삶의 활력과 추진력을 여성 내면의 아버지상을 투사한 현실의 외부 남성과의 관계를 통해 얻는다. 영원한 소녀 유형인 여경과 어머니의 아들 유형인 운오는 양쪽 모두 미해결의 그림자 문제를 안고 있다. 여성성이 부족한 '아버지의 딸'과 남성성이 부족한 '어머니의 아들'과의 만남과 사랑은 상호 간의 투사와 무의식적 동일시에 의해 찰나와도 같은 구원의 순간을 체험하게 하지만 길고도 힘든 감정적 고통과 환멸, 인내의 시간을 뒤따르게 하기도 한다. 하지만 고통을 통해서 아버지의 딸은 진정한 여자가 되고 어머니의 아들은 진정한 남자가 되며 어른이 된다.

많은 여성들은 자기 자신을 위한 삶을 사는 것이 아니라 목표와 야망으로 가득 차 있는 다른 누군가의 삶을 살고 있다는 사실을 깨닫는다. 여경은 우혁의 아내로서 열심히 살아왔지만 그것은 자신의 진정한 삶이 아니다. 여경은 운오와의 만남을 통해 자신의 주변을 돌아본다. 캐릭터의 자각은 자신을 내려놓는 과정의 한 형태이며 새로운 인물로 다시 태어나는 것을 의미한다. 여성에게 자각은 권력과 지배력을 획득하는 것으로 나타난다.[48] 여경은 이미 무너져 내려서 주위의 모든 것들을 재검토해야만 하는 시점에 이르기 전까지는 내면 깊숙한 곳에 어떤 욕구가 자리 잡고 있는지 인지하지 못했다. 그러나 자신의 욕구를 깨달은 여경

48 Schmidt, Victoria, 앞의 책, 216쪽. 반면 남성 캐릭터의 자각은 권력과 지배력을 포기하는 것이다. 남성적 여성 캐릭터의 경우도 동일하다.

은 우혁과 헤어질 결심을 한다. 여경의 배신은 자유와 변화로의 초대이자 캐릭터가 자신이 원하는 것을 추구하는 도전의 계기가 된다.[49] 여경은 승진에게 "나 그 사람 사랑해."라고 말하며 자신의 사랑을 부인하지 않는다.

융에 따르면 남성적인 것의 모상(模像)인 부성 원형은 바람처럼 세계를 움직이는 것, 창조적 기풍, 입김, 기(氣, Pneuma), 아트만(Atman), 혼(Geist)이다.[50] 원형적 아버지의 이미지 중 하나가 '바람(風)'이다. 여경에게 운오는 '바람'의 존재이다. 아버지 원형의 '바람', 유부녀인 여경의 '바람' 피우기, 여경 자신을 결혼으로부터 해방시켜주는 '바람'은 의미가 모두 연결된다. 여경은 서로의 사랑이 '파렴치'하다면서 이별의 최후통첩을 하고 난 후에도 운오가 함께 떠나자고 하자 다시 마음이 흔들린다.

2) 주체적 삶의 추구와 미완의 성숙

코레는 하데스에게 납치되어 능욕을 당해 우울하지만 전령의 신 헤르메스가 데리러 와줌으로써 어머니가 있는 지상으로 나가게 된다. 코레는 지하 세계를 납치의 피해자로 겪었지만 다시 돌아온 성숙한 페르세포네는 지하 세계의 여왕이 되어 방문자를 안내한다. 페르세포네는 코레의 수동성에서 벗어나 원하는 것을 스스로의 힘으로 찾아내는 모습으로 변화된다. 여경의 이혼 선언은 페르세포네적인 주체적 삶의 추구로 해석된다. 하지만 여경의 성숙은 완성에 이르지 못한다.

---

49 Schmidt, Victoria, 앞의 책, 216, 238쪽.

50 김병주, 앞의 논문, 41쪽.

(1) 여성성의 자각과 성숙의 기회

코레는 유괴되기 전까지는 자신의 성적 매력이나 아름다움에 대해서 알지 못한다. 심리적으로 코레인 여성은 나이에 상관없이 관능이 깨어 있지 않지만 페르세포네로 성장하면 달라진다. 여경은 여전히 수동적이지만 운오의 끈질긴 사랑을 받아들여가며 변화하기 시작한다. 코레가 하데스가 준 석류를 먹은 것은 자발적으로 그에게 돌아가기로 결정했다는 신호이다. 지상에 나갔다가 지하 세계로 되돌아오지만 다시는 희생자가 되지 않고 자신의 운명을 받아들인다는 의미이다.[51)]

여경이 운오를 따라 호텔을 간 것은 자발적 결정이다. 이 사건을 계기로 여경은 자신의 여성성에 대해 서서히 깨닫게 된다. 이 과정은 여경이 운오와의 만남을 회상하며 그리워하는 모습으로 표현된다. 그러나 아직은 내면화된 성욕, 잠복된 성욕이다.[52)] 여경은 운오에게 '미안하다, 이해해달라'면서 육체관계를 거부한다. 이는 자각의 유보이다. 진정한 자각은 지금까지 존재해온 상태로는 일어나지 않는다. 그 상태를 거부하고 경험을 통해 교훈을 얻은 후에야 비로소 코레는 영원한 처녀 혹은 영원한 희생자의 굴레에서 벗어날 수 있다. 페르세포네는 더 이상 이기적이고 억압적인 하데스의 포로가 아니라 지하 세계의 여왕이자 영혼의 안내자이다. 여경의 무의식은 처음에는 운오를 또 하나의 납치자 하데스로 인식했을 것이다. 그러나 인식이 바뀌면 상대 남성을 하데스가 아닌 정열을 일깨우는 디오니소스로 보게 된다. 오토(Otto)는 하데스와 디오니소스는 한 인물이라고 밝히고 있다.[53)] 여경에게는 운오

---

51 Bolen, 『우리 속에 있는 지혜의 여신들』, 250쪽.

52 위의 책, 236~237쪽.

53 오르페우스 신화에 따르면 하데스와 디오니소스는 연관이 되어 있다. 철학자

가 자신을 페르세포네로 변모시킨 디오니소스였다. 디오니소스는 여성을 열정적으로 변화시킨다. 디오니소스는 하데스가 없는 기간 동안 페르세포네의 집에서 잠을 자는 것으로 되어 있다.[54]

페르세포네의 상징인 석류는 피의 죽음, 씨앗의 풍성함을 내포하고 있으며 전 지구의 탄생과 여성의 자궁이 서로 연결되는 것을 나타낸다.[55] 석류를 따 먹었다는 것은 처녀성의 상실을 상징적으로 보여준다. 또한 소녀에서 결혼의 의식을 경험한 여성으로의 변화를 뜻하는 것으로 보기도 한다.[56] 석류는 사랑과 미의 여신 아프로디테의 상징이기도 하다. 따라서 페르세포네를 지하 세계의 사랑과 미의 여신이라고 볼 수 있다.[57] 아프로디테는 사랑의 여신이지만 주체적이며 사랑에 끌려다니지 않는다. 아프로디테는 스스로 헤파이스토스를 남편으로 선택했다. 남성을 스스로 선택하지 못한 상처받은 여신인 헤라, 데메테르, 페르세포네(코레)와는 다르다.

납치되어 지하 세계를 경험한 페르세포네는 아프로디테에게 배워야

헤라클레이토스는 "하데스와 디오니소스… 여자들이 이 신들한테 미치고 열광하는데… 사실은 이 둘은 하나이며 동일 인물이다."라고 했다. Otto, Walter F., *Dionysos: Myth and Cult*, trans, with a Introd. by Robert B. Palmer, Bloomington : Indiana University Press, 1965, p.116, Bolen, 『우리 속에 있는 여신들』, 237쪽 재인용.

54 디오니소스는 본래 생장과 출산의 신이다. 그의 숭배에는 계절이 고려되었을 것이고 페르세포네처럼 그도 1년 중 얼마간 저승에서 생활했을 것이다. 이것이 하데스와의 연관성이며 디오니소스는 광란의 시기뿐 아니라 고통, 해체, 부활에 대해서도 잘 알았다.

55 Neumann, Erich, 『위대한 어머니 여신 : 인류의 무의식 심층 속에서 여성의 원형을 찾는 위대한 탐구』, 박선화 역, 살림, 2002, 498쪽 참조.

56 최혜영, 「고대 그리스 사회의 종교 : 여신과 여성 : 데메테르의 테즈모포리아를 중심으로」, 『여성과 역사』 Vol.8, 2008, 103쪽.

57 Bolen, 『우리 속에 있는 여신들』, 236쪽.

한다. 수동적이고 의존적인 삶의 태도를 주체적으로 바꾸어야 할 필요가 있다. 여경은 우혁에게 "일, 중요하지. 하지만 살아가면서 가정이 더 중요한 경우도 있는 거잖아. 어떻게 남들 기준에서만 살 수 있어?"라며 눌러두었던 자신의 말을 한다. 페르세포네는 더 이상 유괴의 피해자가 아니다. 아도니스를 사이에 두고 벌인 페르세포네와 아프로디테와의 경쟁이 그것을 말해준다.[58] 페르세포네는 좋아하는 것을 가지기 위해서 예전에 없던 독단적인 자기주장의 자세를 지하 세계와 지상 세계를 넘나들며 획득한다.[59]

여경은 어머니의 병세가 심상치 않자 우혁의 해외 출장을 만류하지만 우혁은 "제발 나 좀 일에만 전념하게 해줘."라고 말하며 떠난다. 여경은 남편에게 매달리는 것이 더 이상은 무의미함을 깨닫는다. 결국 어머니가 사망하고 여경은 운오에게 장례를 도와달라고 연락한다. 그러나 장례를 치른 후 운오를 만나 "원래 있던 자기 자리로 돌아가는 것이 최선"이라고 말한다.

여경은 이전의 코레가 아니다. 헤르메스 운오의 이끌림을 따라 지하 세계에서 지상으로 올라간 여경에게 닥친 어머니의 갑작스러운 죽음은 이제 우혁이든 운오이든 더 이상 누군가에게 의존하며 살 수 없다는 깨달음을 준다. 코레는 어머니로부터 분리되어 지하 세계로 가서 하데스의 아내가 되고 명계(冥界)의 여왕 페르세포네가 되었다.[60] 페르세포

58 아프로디테는 아도니스를 보호하기 위해 지하 세계의 페르세포네에게 보낸다. 그러나 아도니스의 아름다움에 반한 페르세포네는 그를 아프로디테에게 되돌려 보내지 않았다. 결국 싸움은 제우스의 명령으로 종료되었다. 1년 중 3분의 1은 페르세포네에게서, 3분의 1은 아프로디테에게서, 나머지 3분의 1은 아도니스 자신을 위해 쓰도록 한 것이다.

59 *海原純子*, 앞의 책, 153쪽.

60 지하 세계는 절망을 상징하지만 지하 세계로 내려가는 것은 긍정적 측면을 가

네는 무의식과 의식의 사이, 어두움과 빛 사이에서 하나의 중개자가 된 것이다. 융 심리학자 노이만(Neumann)이 말하듯이 '페르세포네의 빛나는 변화의 결실은 신성하게 잉태되고 신성하게 태어나 신성한 정신을 지닌 총명한 사람이 되어 창조적인 땅의 어머니상으로 이어지게 된다.'[61] 페르세포네는 지하 세계인 무의식과의 접촉을 통해 땅의 어머니로 성장할 수 있었다. 신화에서 페르세포네는 신체적, 정신적으로 성숙한 여성으로 변화하고 있는데 이 과정은 한 개인의 개성화 과정으로 받아들여질 수 있다.[62] 여경은 운오를 만나면서 내면을 들여다보고 지하 세계를 벗어나 성장할 기회를 얻는다.

(2) 납치된 포로의 죽음과 부활

코레가 명계의 여왕 페르세포네가 되기까지 많은 고통을 겪었던 것처럼 코레 여성은 유괴와 납치, 강제 결혼에 상응하는 큰 좌절을 경험한다. 커다란 질병이나 이혼 혹은 혼외 관계 등 그때까지의 인생을 죽음에 이르게 하고 다시 한 번 태어날 정도의 에너지를 필요로 하는 좌절이다. 융은 치유를 위해서는 어두운 무의식의 지하 세계로의 하강이 반드시 필요하다고 했다.[63] 이것은 자신의 가치 기준이나 성장 과정에서 자신을 속박했던 가정이나 사회, 문화의 기준을 모두 무너뜨리고

질 수 있다. 새로운 삶의 서막으로서의 죽음을 상징하기 때문이다. 이것은 정신의 온전성 및 새로운 나를 향하여 나아가기 위한 옛 나의 죽음이다. Ackroyd, Eric, 앞의 책, 345쪽.

61 Neumann, Erich, 앞의 책, 499쪽.

62 김희진, 앞의 논문, 10쪽.

63 Jung, C.G., 『연금술에서 본 구원의 관념』, 한국융연구원 역, 솔, 2004, 139~143쪽.

'좋은 딸'에서 벗어나 새로운 자신을 재구축하는 과정이다. 그때까지의 인생이 벽에 부딪히거나 진행 불가능한 상황에 빠지지 않으면 다시 태어날 수가 없다. 융은 페르세포네를 무르익은 알곡으로 표현했다. 알곡이 잘 익어서 지하 세계로 떨어지는 것과 그 다음 지상 세계에서 다시 싹을 틔우고 성장하는 과정은 죽음과 부활을 상징한다. 지하 세계에서 3분의 1을 머무는 기간은 지상 세계에서는 꽃을 피우고 열매를 맺기 위한 준비의 시간이다.

신화의 맥락에서 보면 코레는 생명의 잃어버린 영혼을 상징하며 어머니 데메테르를 만났다는 것은 본질적으로 잃어버린 정신의 회복을 의미한다.[64] 융의 개념으로 보면 자기(Self)를 드러내는 정신적 온전함의 상징이다.[65] 완전히 새롭게 변화된 존재, 남성과 여성, 능동과 수동, 파괴와 건설, 의식과 무의식, 빛과 어둠, 죽음과 부활, 분석과 합성이 조화를 이루는 것이다. 여경의 결혼 생활은 상징적인 죽음의 상태이지만 여경의 의식은 깨닫지 못하고 있었다. 여경은 운오와 만나면서 두려움에 압도된다. 코레의 페르소나로 살아온 여경이 운오를 통해 무의식과 직면한 것은 정신적으로 유아인 여경의 죽음에 해당된다고 할 수 있을 것이다. 그러나 죽음의 시간이 헛된 것이 아니다. 무의식과의 대면은 상징적인 죽음을 가져오지만 진정한 자신(Self)으로의 부활을 준비하여 잃어버린 영혼을 되찾을 수 있는 중요한 과정이기 때문이다. 여경은 이제 자신의 문제를 피하지 않으며 "그 사람(우혁)과 같이 산다면 더 큰 실패야!"라고 말한다.

계속해서 절망에 빠져 있으면서 자신을 비극의 주인공으로 만들고

---

64 Schwartz-Salant, N., 앞의 책, 김계희, 앞의 논문, 11쪽 재인용.

65 Hopcke, R. H., *A Guided Your of the Collected Works of C. C. Jung*, Forward by Aryeh Maidenbaum, Boston Shambala, 1992, 김희진, 앞의 논문, 10쪽 재인용.

있다면 페르세포네로 성장할 수 없다. 감정을 억누르고 사회와 가정에 적응하며 살아온 코레가 좌절을 맛보는 때야말로 자신다운 페르세포네로 변화할 기회이다.[66] 페르세포네의 개성화 과정은 한국 무속 신화의 바리데기 공주나 수메르의 이난나(Inanna) 여신의 지하 여행에 견줄 수 있을 것이다.[67] 바리공주는 딸이라는 이유로 자신을 버린 아버지를 살리기 위해 서천으로 떠난다. 그곳에서 여성으로서 모든 것을 희생하는 존재로 시련을 겪고 극복한 후 현실 세계의 삶과 죽음을 관장하는 여신이 된다. 그러나 차이도 있다. 바리공주는 유괴된 페르세포네와는 달리 아버지를 구하기 위해 '자발적'으로 저승 여행을 떠났다가 돌아온다. 이난나 여신 또한 자발적으로 저승의 여왕 에레슈키갈이 다스리는 저승을 여행한다. 이난나는 하늘과 땅의 여왕이었지만 지하 세계를 체험하지 못해서 한계가 있어 그 지혜는 제한적일 수밖에 없었다. 이는 이난나가 그동안 지하 세계에 귀를 기울이지 않았다는 뜻이다. 따라서 이 세계를 이루고 있는 모든 요소들을 이끌고 넘어서기 위해서는 피안의 세계에 다다를 수밖에 없음을 의미한다. 여경은 이제 내면의 커다란 좌절감의 세계인 어두운 측면을 정면으로 받아들이고 우혁에게 이혼을 통보한다.

---

66 海原純子, 앞의 책, 154~155쪽.

67 김헌선, 「저승을 여행하는 여신의 비교 연구 : 바리공주, 天忠姬, INANNA」, 『비교민속학』 Vol.33, 2007, 157, 182쪽 참조. 세계 신화적 관점에서 여성의 저승여행은 저승 체험으로 부활과 생명의 비밀을 알아내 실천 과정을 현시하고 제의의 주관자로 자리 잡는 것이 하나의 유형이다. 여성은 생명을 구하러 저승 여행을 가지만 거기서 새 생명을 구한다. 결국 자신의 능력이나 지혜를 입증하기 위해 여행을 하는 것이다. 여성의 저승 여행은 개성화와 자기실현 과정으로 설명된다.

S# 카페(13회)

여경 : 마리 내가 키울 거야.

우혁 : 뭐라고? …(중략)… 그래서 마리한테 그런 좋은 아빠를 구해 주겠다는 거야? 아니면 당신한테 그런 남자가 필요하다는 거야?

여경 : 그렇게 추측하지 말고 당신 자신이나 돌아봐. 그리고 내가 어떤 남자를 필요로 하건 그건 당신이 상관할 일이 아냐.

코레 여성에게 이혼은 중요한 의미를 갖는다. 코레 여성의 최초의 독립은 대개 이혼을 한 후에 생겨나기 때문이다.[68] 결혼은 포로가 되는 것이었기에 이혼은 포로로부터의 해방이다. 여경은 자각을 행동으로 옮기고 우혁에 대한 원망을 중단한다. 또한 '마리를 데리고' 홀로 서겠다고 선언한다. 자신을 불쌍히 여기고 끊임없이 다른 사람의 관심을 요구하며 의존적이었던 삶에서 벗어나 주체적인 존재로 살아갈 결심을 하게 되는 것이다. 신화에서 코레는 페르세포네로 변모하여 지하 세계를 받아들이고 지상 세계와 관계해 삭막한 겨울을 보내고 따뜻한 봄을 맞았다. 상실과 좌절의 시간을 보내고 페르세포네로 탈바꿈한 여경은 이제 누구에게도 의존하지 않는 자신만의 새봄을 꿈꾼다.[69] 드라마의 캐릭터가 본질적으로 자신을 구할 수 있는 힘은 그 자신의 용기와 지혜이다. 캐릭터가 가는 길은 다른 사람들에게 의존하기보다는 스스로의 힘을 찾아 나서기 위하여 더 한층 깊은 자신의 내면으로 들어가는 과정이다.[70]

68 Bolen, 『우리 속에 있는 여신들』, 236쪽.

69 페르세포네는 봄의 상징이기도 하다. 젊음, 생동감, 새로이 성장할 수 있는 가능성을 뜻한다. 위의 책, 218쪽.

70 Schmidt, Victoria, 앞의 책, 242쪽.

(3) 갈림길의 지혜의 여신

코레에서 페르세포네로의 변신은 그냥 이루어지지 않았다. 한꺼번에 세 방향을 볼 수 있는 갈림길의 직관과 지혜의 여신 헤카테(Hecate)[71]의 도움이 있었다. 헤카테는 그리스에서 가장 오래된 종교제의인 엘레우시스(Eleusis) 제전[72]의 〈데메테르 송가〉에서 횃불을 들고 데메테르와 함께 딸을 찾아 나서는 모습으로 등장하며 코레가 지상으로 돌아오는 데 중요한 역할을 한다.[73] 코레가 납치될 당시 헤카테는 자신의 동굴에 있었다. 동굴은 지하로 가는 입구이자 생명의 세계와 죽은 자의 그늘을

---

71 『신통기(神統記, Theogony)』에서 헤카테는 제우스 다음가는 신성(神性)으로 등장한다. 헤시오도스는 헤카테의 이름이 권력과는 무관한 자라는 뜻이고, 다른 어떤 신보다 더 추앙받았으며 하늘과 땅, 바다를 지배할 권력을 이양받았다고 말한다. 이것은 직접 통치가 아닌 헤카테의 정신세계가 가진 능력이나 통찰력에 대한 예우에서 나온 수사(修辭)라고 볼린은 보고 있다. Bolen, 『우리 속에 있는 지혜의 여신들』, 98~99쪽.

72 페르세포네가 납치된 곳이자 데메테르가 페르세포네를 다시 만난 곳이다. 데메테르는 이곳의 인간에게 농경 기술과 관련된 신비 의식을 가르쳐주었고 여기서 엘레우시스 제의가 시작되었다. 장영란, 『그리스신화』, 37쪽. 엘레우시스 제전은 데메테르와 페르세포네의 결합을 핵심으로 삼는다. 제전에서 데메테르는 곡식을, 페르세포네는 횃불을 들고 있다. 의식에는 여자뿐 아니라 남자들도 참여하여 가부장적 횡포를 극복한 모녀의 강인함을 찬양한다. 홍기령, 「모녀관계와 여성 욕망 정체감 : 크리스테바의 욕망이론 : 그리스 신화 데메테르와 페르세포네/최윤의 『굿 바이』 : 아름다운 사람과 그녀」, 『시학과 언어학』 Vol.2, 2001, 102쪽.

73 헤카테를 따라다니는 수식어는 타르타로스(Tartaros)의 여왕, 수호자, 문의 여신, 열쇠를 가진 자이다. 이때 열쇠는 영혼, 목적지의 원천을 뜻하며 탄생과 죽음의 여신, 가장 어두운 밤의 여왕이라는 것은 헤카테가 빛의 원천이며 제공자라는 것을 의미한다. 최혜영, 「헤카테 여신의 오리엔트적 기원」, 『서양고대사연구』 Vol.16, 2005, 80, 86, 88쪽.

잇는 통로이다. 헤카테는 무의식의 세계에서 코레의 비명을 들었다.[74] 진실을 알고자 한다면 내면의 비명에 귀를 기울여야 한다는 것을 강조하는 신화적 설정이다.

헤카테 여신은 데메테르가 딸을 찾아 아흐레 밤낮을 헤맨 후 다시 초원으로 돌아오자 코레의 비명을 들었다고 말해준다. 그리고 태양신 헬리오스에게 가면 진실을 이야기해줄 것이라고 '제안'하며 '동행'해 준다. 진실을 찾으려면 침묵 대신 진실을 말하는 것이 중요하다. 그러나 진실을 말하는 순간은 언제나 갈림길이다. 헤카테는 데메테르에게는 위안자, 목격자 이상의 존재이다. 또한 헤카테는 페르세포네 여성인 여경에게도 똑바로 바라보지 않으면 계속 숨기게 될 부분을 직면할 수 있게 용기를 준다. 억눌린 내면의 목소리에 귀를 기울이도록 어둠 속에서 횃불을 들어주는 역할을 하는 것이다. 수동적이고 얌전하며 의존적인 여성이 진실을 추구할 때 헤카테는 그 여성으로 하여금 내면의 소리를 들을 준비를 하게 하는 지혜의 원형이다.[75]

페르세포네가 지하 세계로부터 구출된 후 헤카테는 변함없는 친구였다.[76] 헤카테는 과거 · 현재 · 미래의 연관성을 보는 여신이다. 인생에

---

74 페르세포네와 헤카테는 한 신성의 두 모습일 수 있다. 페르세포네는 어원조차 불분명한데 헤카테의 양친 이름이 페르시아와 관련이 있는 페르세스, 페르세이스이기에 그와 관련지어 '페르세의 목소리'라는 의미의 페르세 포네(목소리)로 풀이할 수 있을지도 모른다. 최혜영, 「헤카테 여신의 오리엔트적 기원」, 85쪽.

75 〈데메테르 송가〉에서 헤카테는 '그리고 그날 이후 그 여인은 페르세포네를 앞서 가는 동시에 페르세포네의 뒤를 따른다.'고 되어 있다. 그날이란 페르세포네가 지상 세계에 갔다가 지하 세계로 돌아온 것을 말한다. Homer, "Hymn to Demeter", in *The Homeric Hymns*, trans. Charles Boer, University of Dallas, Irving, TX: Spring Publications, 1979, p.129, Bolen, 『우리 속에 있는 지혜의 여신들』, 101쪽 재인용.

76 Bolen, 위의 책, 235쪽.

서 어떤 일이 일어날 때 그것이 두 번 다시 일어나지 않을 매우 중요한 사건임을 직감할 때가 있다. 예전처럼 계속 갈 것인가, 방향을 바꿀 것인가 결심이 중요한 시기에 성숙함은 감정이 이끄는 대로 가려는 것을 방해한다. 좀 더 넓은 관점에서 전체 그림을 볼 필요가 있을 때 교차로와 경계의 여신 헤카테는 인생의 중요한 길목에서 내면의 증인으로 존재한다. 중요한 전환의 문간에 서 있는 헤카테 여신은 산파(産婆) 또는 영혼이 육신을 빠져나갈 때 편안한 죽음을 맞이하게 돕는 여자의 모습으로도 나타난다. 우주의 영혼(Psyche)으로서 인간과 신의 세계를 연결하여 영혼이 죽음과 삶 사이를 넘나들 때 함께하며 돕는 중재자이자 영혼의 구원자이다.[77] 내면의 조산사인 헤카테는 죽은 것 즉 고리타분한 태도와 역할, 생명을 긍정하지 않는 요소들을 모두 떠나보내는 역할을 한다.[78] 페르세포네에게는 지혜로 이끄는 헤카테의 도움이 필요하다.

여경은 자신을 둘러싸고 있던 고리타분한 페르소나를 거부하기 시작한다. 수동적이고 의존적이며 자기주장을 못하는 대신 분명하게 이혼을 요구한다. 운오를 만나지 않았다면 진실에 직면하지 못하고 합리화와 부인을 하며, 어쩔 수 없다, 괜찮다고 말하며 기존의 삶을 견뎌갈 수도 있었겠지만 현실에 직면하는 체험을 하면서 헤카테의 지혜의 힘을 배워가게 된다.[79] 여경은 남들은 불륜이라고 칭하는 운오와의 사랑을

77 최혜영, 「헤카테 여신의 오리엔트적 기원」, 79쪽.

78 Bolen, 『우리 속에 있는 지혜의 여신들』, 96~97쪽.

79 위의 책, 101~102쪽. 여경에게 헤카테 여신의 직관과 지혜를 보여주는 인물을 여경의 어머니로 볼 수도 있다. 모성 콤플렉스를 유발하는 어머니이지만 갈림길에서 갈등하는 여경에게는 진실을 바로 보게 해주는 역할을 한다. 입원한 어머니는 "네가 잘 살면 그게 바로 효도야. 나한테 보여주는 게 아니고 네가 진정으로 좋아야지."라고 말한다. 운오가 병문안을 다녀간 후에도 불륜의 사랑에 대해서 비난하지 않는다. 오히려 "네가 많이 힘들었겠구나. 걱정 안 해. 왠지 그냥 그 사람이 고맙구나."라는 말을 남기고 사망한다. 여경 어머니는 여경에

'인정'하고 지혜를 얻어간다. 지하로 하강했다 지상으로 올라오면서 사랑과 고통이 삶의 한 부분임을 깨닫고 고단한 시간을 견뎌내며 지혜를 키운다.

헤카테의 지혜는 경험을 통해 얻는 것이다. 여경은 인생의 갈림길에 서서 누구에게도 의존하지 않기로 결심하며 운오에게도 결별하자고 한다.[80] 진정한 홀로서기란 진실과 완전히 마주 대할 때 가능할 수 있다. 만약 여경이 운오와 결합한다면 다시 부성 콤플렉스에 빠져드는 것일 수 있다. 자신의 무의식을 인식하고 투사를 거두어야 한다. 그러나 〈애인〉은 코레가 페르세포네로 거듭나기 위한 또 하나의 관문을 남겨둔다. 여경이 남편과 헤어지기로 했다는 것을 알고 운오가 미국행을 제안하는 것이다. 운오는 한 달 후 출발 항공권을 내밀며 선택은 여경에게 달렸다고 말한다. 운오의 계속되는 아니마 투사는 여경에게는 시험이고 여경 자신이 내면을 더욱 깊이 들여다봐야 한다는 설정이기도 하다. 다시 헤카테 여신의 직관과 지혜가 필요하다. 헤카테는 어둠 속에서 횃불을 들어주어 시야를 밝혀준다. 여경은 답을 하지 않고 오랫동안 침묵을 지킨다.

캐릭터는 어떤 강한 압력이 주어지는 상황에서 가장 솔직한 성격을 드러낸다. 갈림길에 선 여경은 비행기 출발 시간이 임박하자 결단을 내린다. 딸 마리는 친구 승진에게 맡기고[81] 운오와 함께 미국행을 결심한

게 진실과 직면해야 하며 온전한 자기 자신의 삶을 방해하는 요소들을 버려야 한다고 격려하며 용기를 주는 역할을 하고 있다고 보인다.

80 이는 불륜녀와 불륜남의 결합을 바라보는 도덕적 편견을 피하기 위한 선택일 수 있다. 그러나 여경의 개성화의 관점에서 보면 모성 콤플렉스와 부성 콤플렉스에 빠져 수동적 의존적 존재로 살아온 삶에서 벗어나는 것이 가장 우선적 과제임을 말해주는 설정이라고 해석된다.

81 여경은 자신의 문제에 집중할 뿐 모성은 거의 드러내지 않는다. 유아기적 자기애를 가진 코레 여성의 원형적 속성과 부합되는 행동이다. 그러나 코레의 성숙의 측면에서 보면 달리 해석할 수 있다. 모성 이데올로기 또한 가부장제의 지

다. 결정의 순간은 매우 어렵지만 자신에게 진실하라고 요구하는 진실의 때이자 영혼의 모습이 빚어지는 순간이다. 개성화를 통해 자기(Self)와 가까워지는 시간인 것이다. 여경의 선택은 가부장제 사회에서는 '이단'이다. 헤카테는 죽은 자의 혼을 불러내는 신비한 힘의 연관성 때문에 역사 속에서 마녀의 원형이 되었는데,[82] 여경은 어쩌면 마녀를 화형에 처하라는 외침에 공포감을 느꼈을 수 있다. 여성 정신세계의 근저에는 이런 두려움이 깔려 있다. 마녀로 분류되어 처형당할지도 모른다는 깊은 두려움을 제거하려면 용기가 필요하다. 자신에게 중요한 것을 타인이 결정하게 한다면 누구든 계속해서 남의 기대대로 살아야 하며 자신이 속한 계급의 기대에 부응해 사는 것이다. 이것은 인생에서 어느 여신이 숭배받아야 할 것인가를 자신이 아닌 타인들이 결정하게 한다는 뜻이 된다.[83] 여경은 용기를 냈다. 여경 스스로 내면에 있는 원형적 힘에 기초해 결정을 한다면 무엇이든 의미 있는 선택이다. 그 결정이 가족과 문화의 지지를 받을 수도 있고 받지 못할 수도 있지만 그 결정은 '진정한 것'이기 때문이다.

개성화의 길로 나아가는 여경은 이제 마지막 시험대에 오른다. 여경은 미국으로 떠난다고 말하려고 남편 우혁을 찾지만 어디에도 없다. 우혁은 회사 비리 사건으로 수사 대상이 되어 위험에 처한 상황이다. 출발 시각에 임박해 겨우 남편을 찾아낸 곳은 어이없게도 회사의 우혁의 자리였다.

배적 가치이며 주체적 삶을 추구하는 여성에게는 속박일 수 있기 때문이다. 원형적 관점에서 코레가 페르세포네로 성장하기 위해서는 여경의 미국행이 가장 적절한 선택이다.

82 Bolen,『우리 속에 있는 지혜의 여신들』, 110쪽.

83 위의 책, 284쪽.

S# 우혁의 사무실(16회)

– 우혁, 술에 취해 흐트러진 모습으로 여경에게 말한다.

여경 : (허탈한 표정) ……너무 늦었어.

우혁 : 미안해하지 말고 그냥 가. 당신한테 미안해.

여경 : 난 늦었지만 당신은 안 늦었어. 난 이제 못 가. 너무 늦어서. 결국엔 날 이렇게 못 가게 할 거면서 왜 그렇게 살았어, 혼자. 왜 아무도 마음속에 못 들어오게 하면서 그게 얼마나 불쌍한 건지도 모르면서. 근데 왜 날 이렇게 잡는 거야. (울먹이면서) 나한텐 날 기다리는 사람이 있는데. 그 사람은 정말로 날 원하고 있는데……

우혁 : (여경을 끌어안으며)가지 마. 이젠 안 돼.

여경 : (눈물 흘리며) 못 가고 있잖아…….

헤카테 여신의 인도로 여경은 갈림길에서 운오와의 동행을 선택했다. 하지만 두려움은 여경의 마음 한쪽을 붙잡고 출발 시각에 늦을 줄 알면서도 강박적으로 우혁을 찾아 나서게 했다. 우혁의 실종과 비행기 출발 시간의 경과는 우연의 일치가 아니다. 이것은 융이 말하는 동시성적(synchronistic) 현상이자 우연의 일치로서 '행동화'라고 부르는 것이다.[84] 자신의 무의식에 있는 마음의 움직임이 상대를 끌어넣어 행동으로 바꾼다. 여경의 경우 행동화는, 자기주장을 하는 페르세포네와 현재까지의 여경을

84 우연의 일치는 정신과 상담의 현장에서 종종 벌어지는 일이라고 한다. 海原純子, 앞의 책, 230~231쪽. 폰 프란츠는 동시성 사건이란 단순히 간헐적으로 일어나는 특별한, 질서가 없는 불규칙한 현상이 아니라 무의식적 현상이면서 비인과적 질서를 나타낸다고 했다. 비인과적 동시성 현상은 '바로 그렇다는 이야기(just-so-story)'이다. 우리의 논리로 남김 없이 증명하는 길은 없으나 그 존재를 확신할 수 있는 어떤 것이다. 이로써 합리성 너머의 비합리적 질서의 가능성이 이 세계를 구성하는 중요한 측면임을 알게 된다. 이부영, 『분석심리학 : C.G. 융의 인간심성론』, 338~340쪽.

지배해온 의존적인 코레가 다투는 과정에서 심각한 긴장을 줄이기 위해 무의식이 유발한 행동이라고 볼 수 있다.[85] 지금까지의 의존적 여신이 자기 주장적인 여신의 활성화를 흔쾌히 여기지 않아서 저항할 때 일어나는 위기 회피의 방법인 것이다. 풍파를 일으키지 않으려는 이런 방법은 코레가 데메테르를 안심시키려고 석류 알을 억지로 먹었다고 거짓말을 한 것과 마찬가지 상황이다. 하지만 이 방법은 일시적인 긴급위기 회피용이며 언젠가 다시 억압을 뚫고 올라올 수 있다.[86]

(4) 프시케의 마지막 과제 '거절'

불륜을 소재로 한 멜로드라마는 이상적인 가족과 모성 신화의 테두리 안에서 사회적으로 용인되지 않는 대상을 욕망하는 여성을 처벌하는 서사 전략을 펼쳐왔다. 그러나 여경은 바람을 피웠음에도 처벌받지 않는다. 오히려 매달리는 쪽은 우혁이다.[87] 여경은 우혁의 부탁을 거절하지 못한다. 그리스 신화에서 페르세포네처럼 지하 세계에 내려갔다가 돌아온 여성이 있다. 바로 영혼이라는 뜻의 이름을 가진 프시케(Psyche)이다. 프시케는 아프로디테의 아들 에로스(Eros, Cupido 또는 Amor)의 신부였다. 프시케는 신랑의 얼굴을 봐서는 안 된다는 금기를

85 갈등하는 여신들에 의해 자아가 압도되면 혼돈에 빠진다. Bolen, 『우리 속에 있는 여신들』, 289~292쪽.

86 海原純子, 앞의 책, 231쪽.

87 이런 측면에서 여경은 멜로드라마의 관습을 파괴하는 여성 캐릭터이다. 이러한 설정은 〈애인〉이 결혼의 의미를 되새기는 데 의미를 두고 있는 드라마이기 때문이다. 우혁의 경우 친밀성의 공간인 가정의 중요성을 인식할 능력이 없거나 무시했기에 결혼의 의미를 모르는 남성으로 설정된 반면 사적 영역을 지키려 하고 그것이 결핍되었을 때 다른 대상을 통해 이를 메우려 하는 여성은 처벌받지 않는 것으로 처리되었다. 원용진, 앞의 글, 109~110쪽.

어겨서 버림을 받는다.[88] 노이만과 존슨(Johnson)에 따르면 아프로디테가 프시케에게 내준 네 가지 과제의 완성 과정은 영혼의 성장 과정을 뜻한다.[89] 이 과제는 '정신'을 뜻하는 프시케가 '사랑'을 뜻하는 에로스를 되찾으려면 어떤 능력을 습득해야 하는지 보여주고 있다. 여성이 계발해야 할 능력은 여성 안의 남성적 요소인 아니무스 또는 여성의 남성적인 특성을 말한다.[90] 페르세포네처럼 상처받기 쉬운 여신들은 공통적으로 지나치게 관계지향적이고 본능적으로 혹은 감정적으로 반응한다. 이런 여성들은 네 가지 과제로 상징되는 능력을 계발할 필요가 있다. 페르세포네 여성인 여경의 최종 결정과 관련해 의미가 큰 것은 프시케에게 주어진 마지막 과제이다.

아프로디테가 프시케에게 내린 마지막 과제는 지하 세계의 페르세포네에게 내려가서 상자에 아름다움의 비밀이 숨겨진 화장수를 담아 오라는 것이다. 프시케는 그곳에 가면 살아나올 수 없다는 것을 잘 알고 있다. 프시케는 낙심했지만 높은 탑으로 올라가 지하 세계로 가기 위해 자신의 몸을 아래로 던지려고 한다. 순간 탑지기가 말을 시작한다.[91] 지하 세계로 가는 도중에 도움을 청하는 세 명의 불쌍한 사람을 만날 것인데 그때마다 부탁을 무시하고 계속 전진해야 하며 그렇지 못하면 영원히

88 프시케는 장차 신으로 거듭날 수 있는 운명이었으나 아직 미성숙했기에 신성을 놓치고 아프로디테의 징벌을 받게 된다. 자세한 내용은 김융희, 앞의 책, 158~164쪽, 166쪽.

89 Neumann, Erich, 『아모르와 프쉬케』, 최연숙 역, 영남대학교 출판부, 2012 ; Johnson, Robert A., 『(신화로 읽는 여성성) She』, 고혜경 역, 동연, 2006.

90 볼린에 따르면 프시케 같은 여성에게 남성적이라고 느껴지며 계발이 필요한 능력은 아르테미스나 아테나 같은 여성에게는 자연스러운 특성들이다.

91 아마도 이 탑지기는 헤르메스였을 가능성이 높다. 헤르메스는 죽은 자들을 저승으로 안내하는 신이자 여행자들을 보호하고 소송에서 진 사람들을 변호해주는 신이다. Bierlein, J. F., 앞의 책, 100쪽.

지하 세계에 남아 있어야 한다는 것이다. 프시케나 페르세포네 원형을 가진 여성이 도움을 청하는 사람을 도와주지 않고 목표를 향해서 계속 나아가는 것은 매우 어려운 일이다.[92] 프시케는 세 번을 모두 모른 체하거나 안 된다고 거절함으로써 과제 완성에 가까이 간다. 많은 여성들이 거절하는 법을 배울 때까지는 목표나 중요한 일을 완수하기 어렵다. 프시케의 과제는 선택을 연습하는 것이다. 그러나 여경은 프시케의 마지막 과제 수행에 실패한다. 우혁에 대한 미련이 동시성의 행동화로 표출되었고 가지 말라는 부탁을 거절하지 못했다. 여경은 페르세포네가 되는 대신 다시 코레로 후퇴하고 마는 것 같다.

네 번째 과제에서 도움을 준 탑은 오랫동안 인간에 의해 축적된 지식과 지혜의 상징이며 누군가의 도움의 요청을 세 번이나 거절해야 한다는 것은 오랫동안 교육되어온 '착한 여자' 콤플렉스에서 벗어나야 한다는 의미이다.[93] 내면의 목소리에 진정으로 '예'라고 답하기 위해서는 갈등을 일으키는 외적 의무나 요구에 대해서는 '아니오'라고 말할 수 있어야 한다. 그것은 내면의 깊은 자기실현의 요구에 따르기 위해 타인의 비난이나 몰이해를 감수할 용기를 가지는 것이다. 이 모든 과제를 수행한 후에야 프시케는 에로스를 다시 만날 수 있었다.

여경은 우혁을 원망하며 못 떠나고 만다. 코레가 페르세포네가 되기란 이처럼 쉽지 않다. 그런데 이것을 페르세포네로 제대로 성숙하지 못한 좌절이라고만 하면 여경은 의식 성장에 실패해 평생 후회하면서 살아갈 수밖에 없는 것인가 하는 의문이 든다. 하지만 이 또한 자아의 선

92 모성적인 데메테르나 온순한 페르세포네 여성은 다른 사람이 도와달라고 하면 가장 즉각적으로 반응하고 헤라와 아프로디테 여성은 그 중간쯤 된다고 한다. Bolen, 『우리 속에 있는 지혜의 여신들』, 280쪽.

93 김융희, 앞의 책, 170~171쪽.

택으로 받아들일 필요가 있다. 인간은 의식의 자아가 아닌 외부 상황이나 내적 본능에 의해 뭔가 중요한 것을 포기하도록 강요받았다고 느끼면 분노하고 자신이 무능력하다고 느끼며 우울해진다. 후회가 생명력을 휘어잡아 자신의 선택에 대해 완전히 몰두할 수 없게 만들기 때문이다. 따라서 능동적으로 결과를 수용해야 한다.[94] 여경은 떠나지 못한 것에 대한 후회를 떨쳐버릴 필요가 있다. 그렇게 하려면 '내가 누구인가를 알았고, 상황이 어떻다는 것도 알았으며, 내가 내린 결정이 나의 특성이라는 것을 확신하고 현실을 있는 그대로 받아들이기로 했다'고 말할 수 있어야 한다. 그렇지 않으면 문제는 해결되지 못한 채 남겨질 것이다. 결과에 대해 긍정적으로 받아들이고 혼란과 실망, 좌절과 절망이 교차되는 지나온 시간이 결코 헛되지 않았고 자신에 대해 알게 된 소중한 시간이었다는 것을 깨달을 때 여경은 그 문제에 쏠린 힘을 자유로이 다른 용도로 쓸 수 있게 될 것이다.

드라마는 여경과 우혁 부부의 뒷이야기는 다루지 않지만 둘의 관계가 이전과는 다른 양상으로 변화했을 것이라 짐작할 수 있다. 하지만 다시 예전과 같은 관계가 될 가능성도 있다. 그러면 여경 안에 성숙되지 못한 채 억눌린 여신이 다시 움직이기 시작할 수도 있다. 중요한 것은 어떤 상황이라도 내면의 목소리를 무시하지 말아야 한다는 것이다. 언제나 내면을 인식하고 의식적인 선택을 한다면 갈등이 생겼을 때 무엇을 우선순위에 놓고 어떤 행동을 취해야 하는지 자신 있게 결정할 수 있다. 페르세포네 여성이 깊은 원형적 내면세계의 경험을 가지고 지상 세계로 되돌아오

94 볼린에 따르면 내면에 갈등이 일어날 때의 결과는 내면의 여러 신들이 서로 어떻게 작용하느냐에 달려 있다. 어떤 여신 원형들이 연합을 해서 선택을 결정했다면 자아는 능동적으로 결과를 수용할 필요가 있다. 그래야 무엇인가 중요한 것을 잃고 나서도 창조적인 일에 몰두할 힘을 얻을 수 있는 것이다. Bolen, 『우리 속에 있는 여신들』, 287~288쪽.

는 것을 두려워하지 않는다면 어떤 선택이든 그것은 성장의 길이다.

마지막 장면에서 여경은 우연히 운오를 만나 짧은 인사를 건네고 돌아서 간다. 여경은 예전에 운오가 준 머리핀을 꽂고 있다. 머리핀은 반지와도 상통하는 것으로 관계에 전념한다는 것, 영원과 온전성, 완전함, 진정한 자기(Self)에 대한 상징이다.[95] 표면적으로는 좌절한 페르세포네로 남았지만 여경이 머리핀을 버리지 않는 한 자기주장적인 페르세포네를 언제 활성화할 것인가의 가능성은 언제나 열려 있다고 볼 수 있다.[96]

2. 모성 과잉 아내 데메테르형

〈애인〉에서 운오의 아내 명애(이응경 분)는 부족함이 없는 행복한 아내이자 엄마이다. 모성이 풍부하여 이상적인 부인으로 칭송받는 '일등' 가정주부이다. 명애는 그리스 신화의 곡물과 생육의 여신 데메테르 여신 원형을 구현하고 있다. 데메테르는 풍성한 수확을 관장하는, 가장 모성적인 여신이다. 하지만 지나친 모성은 부작용을 부른다. 운오에게 여경이 나타나면서 '결혼의 모범 답안'과도 같은 가정과 삶은 균열되기 시작한다. 명애는 운오의 배신을 통해 자신을 돌아보고 변화한다.

1) 완벽한 가족을 꿈꾸는 모성적 아내

명애는 희생적 모성을 발휘해 모성의 집을 구축하고 가족들을 돌보

95 Ackroyd, Eric, 앞의 책, 215쪽.

96 여경을 좌절한 페르세포네로 표현할 수밖에 없는 것은 1990년대 당시의 사회윤리적 정서로서는 파격적이었던 불륜 드라마 〈애인〉이 선택할 수 있는 최대치였다는 생각이다.

는데 자신의 모든 에너지를 투여한다. 명애는 '완벽한 가족'을 꿈꾸는 어머니 같은 아내이다.[97)]

(1) 모성과 돌봄의 여신

명애는 나무랄 데 없는 헌신적인 여성이다. 한 번도 스스로를 위해 시간과 노력을 투자하는 모습이 나오지 않는다. 오로지 두 아들을 챙기고 남편을 수발하는 데 모든 것을 바친다. 명애에게 모성은 자신의 존재보다 더 큰 것이다. 이런 여성상은 모든 문화권에서 가장 찬양을 받아왔다. 이리가라이(Irigaray)에 따르면 가부장제 문화는 어머니의 역할을 단지 출산과 양육의 기능으로 전락시키며 '모성의 신비'라는 관념을 유포시킨다.[98)] 운오의 친구 석곤은 "가정은 이래야 되는구나. 구석구석 엄마 손길이 닿는 곳에서 아이들이 커야 하는데."라며 부러워하고 명애 또한 재혼하는 석곤에게 "무엇보다도 정아(석곤의 딸)에게는 엄마가 필요해요."라고 강조한다. 명애에게 완벽한 가족이란 반드시 아이가 있어야 한다. 운오가 기철의 아내 혜리[99)]가 의상실을 운영하며 가정생활을 병행하는 모습을 보고 "집안일에서 벗어나서 즐기고 그래. 혜리 씨 봐.

97 명애에게는 결혼의 수호신 헤라 원형도 많이 보인다. 헤라 원형과 데메테르 원형은 전통적인 착하고 순종적인 아내에게서 같이 나타나는 경우가 많다. 그러나 헤라는 아이보다 남편이 가장 중요하다. 반면 명애는 과잉된 모성으로 인해 두 아들은 물론 남편까지도 아이처럼 돌보는 경향이 강하기에 데메테르 원형이 지배적이다.

98 장영란, 『신화 속의 여성, 여성 속의 신화』, 203~204쪽.

99 혜리는 능력 있는 의상 디자이너이다. 혜리와 기철 부부는 의사소통이 활발하지만 아이가 없어서 명애의 눈으로 볼 때는 결핍이 있는 가정이다. 혜리는 담배를 피우는 등 자유분방해 보이지만 결혼에 대해서는 보수적인 시각을 가지고 있으며 운오의 외도를 이해해주려는 기철을 타박한다.

보기 좋잖아."라고 하자 명애는 단박에 "거긴 애가 없잖아."라고 대꾸한다. 명애는 운오가 출장에서 일찍 돌아오자 친정 나들이를 가려다가 포기하고 돌아와 "당신 혼자 빈집에 있다는데 마음이 편해야지."라고 말한다. 이는 이상적으로 그려지는 주부의 미덕일지는 모르지만 남편까지도 마치 어린아이처럼 취급하는 모성 과잉 엄마의 태도이다.

융은 모성 원형은 근본적으로 긍정적이고 유익한 성격과 부정적이고 파괴적인 성격 즉 양가성을 가진다고 보았다.[100] 모성 원형은 모성 콤플렉스의 기초를 이룬다. 명애는 융이 분류한 모성 콤플렉스 중 '모성 비대' 유형에 속한다. 이는 한국의 전통적 어머니상과 통하며 1990년대 이전까지 한국의 멜로드라마가 가장 선호하는 대표적인 여성상이다. 모성 본능이 강화된 이런 유형은 아이가 없이는 아무런 존재 의미가 없다. 데메테르는 딸이 납치당했을 때 꼬박 아흐레 동안 물 한 모금조차 마시지 않고 딸을 찾아다녔다. 이런 여성은 남편을 출산의 도구이거나 돌보아야 할 아이들 중의 한 명으로밖에 여기지 않는 경향이 있다. 커다란 그릇 안에 남편과의 관계, 아이들, 이웃들, 친척들 등과의 모든 관계를 가득 주워 담으며 남편은 그 속에 간직한 하나의 존재에 불과하다.[101]

이런 여성은 자신의 고유한 인격도 부차적이 되며 삶을 다른 사람 속에서 다른 사람을 통하여 살게 된다.[102] 그러나 자녀와의 지나친 동일시와 어머니의 일방적 희생은 부정적으로 작용할 수 있다. 명애의 희생에 대해 아이들은 불편하게 생각하기도 한다. 명애가 아이들을 돌보지

---

100 모성성의 긍정적 특성은 초월적인 지혜, 정신적인 숭고, 자애, 돌봄, 유지, 성장, 풍요, 영양공급 등이다. 부정적 특성은 본능이나 충동, 비밀스러움, 감추어짐, 어둠, 심연, 죽은 자의 세계, 삼킴, 유혹, 독살, 두려움의 원인, 피할 수 없는 것 등이다. Jung, C.G., 『원형과 무의식』, 202~203쪽.

101 위의 책, 209쪽.

102 위의 책, 209쪽.

않자 '엄마가 이상해졌다, 예전처럼 잘 챙겨주지 않지만 그러나 시험지 안 풀어도 되니 좋다'고 하는 데에서 지나친 돌봄이 아이에게도 부담된다는 것을 알 수 있다. 명애의 모성적 태도에 답답함을 느낀 운오 또한 "맨날 점잖은 옷만 입지 말고"라고 하면서 여경이 입었던 옷과 비슷한 민소매의 짧은 원피스를 골라준다. 명애는 여성성이 돋보이는 옷차림이 어울리지 않는다고 어색해하고 그 옷을 입고 나이트클럽에 갔다가 다른 남성에게 춤추자는 청을 받는다. 명애는 당황하며 거절하는데 남편이 아닌 남성으로부터 받는 관심은 부담스럽기 때문이다. 아이와 남편 있는 여자에게 여성성의 부각이란 곧 정숙하지 못함과 연결된다. 여성은 아이를 갖게 되면 무성(無性)적인 숭고한 존재로 인식되는 것이 사회적 통념이다. 명애의 페르소나는 정숙한 아내, 희생적인 어머니이다.

융에 따르면 모성 비대형 모성 콤플렉스 여성의 무의식적인 에로스는 완전히 모성적 관계에 치우쳐 발달되어 개인 관계에서는 무의식적인 '권력의지'로 표현된다.[103] 자신의 인격에 대해 의식하지 못할수록 무의식적 권력의지는 더 난폭해지고 모성의 권한만 주장하여 자신의 인격은 물론 자녀들의 개인적 삶도 파괴시켜버릴 수 있다. 모성애가 넘치는 여성은 오직 출산과 돌봄이 삶의 목표이다. 이런 유형은 본능에 충실한 생물학적 여성으로서 고유한 인격인 여성성과 내적 인격인 아니무스를 의식화하지 못한 여성이라 이해할 수 있다.[104]

---

103 Jung, C.G., 『원형과 무의식』, 209쪽.

104 김병주, 앞의 논문, 74쪽. 대표적으로는 구약 성경의 인류 태초의 어머니 하와를 들 수 있다. 하와는 본능에 충실한 생물학적 어머니인 동시에 원죄의 어머니이기도 하다. 자신의 과도한 모성 콤플렉스를 의식화하지 못한 여성이 자녀에게 주는 상처는 육체에 매인 인간이면 누구나 짊어져야 하는 원죄와도 같다. 의식화되지 못한 채 몸으로 전해지는 상처는 인류 조상으로부터 대물림되면서 원죄의 성격을 띠게 되는 것이다.

명애는 두 아들을 완전히 통제하며 순종적인 아내처럼 보이지만 말투만 부드러울 뿐 남편도 또 하나의 아들로 취급한다. 운오가 두 아들과 목욕하는 장면에서 명애가 "하여튼 사내아이 셋이서."라고 말하는 것은 상징적 의미가 있다. 명애는 부드럽지만 단호한 어조로 아이들에게 롤러블레이드 사는 것을 허락하지 말라고 운오에게 '시킨다.' 운오에게 명애는 명령하는 무서운 어머니 같은 존재이다.[105] 운오는 나이 들고 덩치 큰 아들에 지나지 않으며 명애의 명령에 싫어도 순종하는 아들이다. 흔히 데메테르 여성은 남성에 대해 큰 기대를 하지 않으며 종종 남자란 어린애와 같다고 생각한다. 이 유형이 보여주는 가장 흔한 남녀 관계는 '어머니 같은 여성'과 '아들 같은 연인'이다.[106] 명애는 마치 아들을 대하듯이 운오의 덜 성숙된 자아도취적 소년과 같은 행동을 인정해 주고 무책임함도 어느 정도까지는 눈감아준다.

그러나 어머니와 아들 같은 부부 사이에는 문제가 발생한다. 명애와 운오 사이에는 소통이 거의 없다. 공통의 화제가 부족하고 의식주나 자녀 양육에 관련된 문제로 짧게 대화하거나 명애가 운오의 기색을 살피며 "당신 요즘 일 잘되어가죠?", "당신 오늘은 기운이 없어 보여." 등의 조심스러운 이야기를 할 뿐이다. 일방적인 눈치 보기와 비위 맞추기로 이루어지는 것은 진정한 소통이 아니다. 명애와 운오는 완벽한 가족 이미지에 눌려 성숙한 인간으로서 소통의 기회를 놓치고 있다. 모성적인 명애는 운오가 여경에게 빠져서 극도의 절망감을 느낄 때에도 감정을 정당하게 표현하지 못한다. 분노의 표현도 하지 않으며 소통의 노력이

---

105 장영란, 「원형적 여성성과 위대한 어머니의 양가성의 상징과 이미지—노이만의 분석심리학을 중심으로」, 『기호학연구』 Vol.44, 2015, 235, 237쪽 표 참조. 이것은 운오의 모성 콤플렉스와도 관련이 있다. 추후 설명하기로 한다.

106 Bolen, 『우리 속에 있는 여신들 』, 196쪽.

거부당하자 일방적으로 자신을 억누르며 지낸다. 아내란 남편이 이기적이고 사려 깊지 못해도 일단 눈감아주어야 하고 남편의 필요를 채워주고 돌봐주는 것이 일차적 역할이라고 생각해서이다. 참을 수 있는 데까지 참는 인내심은 데메테르 여성의 특징이다. 명애는 인내심을 가지고 운오를 보필하고 그의 마음을 돌이키려고 한다. 그러나 노력은 효과가 없다. 명애는 자신이 살아온 방식에 대해 "결코 잘한 것 같지는 않아요. 아내 노릇은 잘했지만 당신의 좋은 친구는 못 됐잖아요."라고 자기 고백적인 대사를 한다.

명애는 헌신적인 모성과 돌봄이 완벽한 가족의 충분조건은 아니었음을 깨달아 간다. 누구나 알아차릴 수 있을 만큼 강한 모성적인 자기희생이 실제로는 전혀 진정한 희생이 아니었던 것이다.[107]

(2) '모성의 집'의 주인

캐릭터의 특징은 캐릭터가 장소에 대해 가지고 있는 애착에서도 드러난다. 어떤 개인이나 문화권이든 장소에 대한 애착은 순간적으로 얻어지지 않으며 시간을 필요로 하고 경험을 요구한다.[108] 명애의 모성은 '집'과 밀접한 관계가 있다. 명애에게 집은 단순한 장소가 아니라 남편과 가족과 동일시되는 곳이다.

---

107 Jung, C.G., 『원형과 무의식』, 209쪽.

108 인본지리학자인 투안(Tuan)에 따르면 장소의 친밀함과 애착에는 인류적 보편성과 풍토적 차별성이 동시에 반영된다. 장소는 안전을, 공간은 자유를 의미한다. 즉 우리는 체험을 통해 의미가 부여되는 장소에 고착되어 있으면서 추상적이고 막연한 공간을 열망한다. 장소와 공간은 생활 세계의 기본적인 구성 요소이다. Tuan Yi-fu, 『공간과 장소』, 구동회 · 심승희 역, 대윤, 2007, 15쪽.

S# 명애의 거실(7회)

명애 : 여보, 우리 집 참 좋죠? 당신이 당신 손으로 직접 설계해 만든 집이라 더 좋아요. 혼자 있어도 늘 당신과 함께 있는 것 같애. 이 집이 바로 당신이니까.

명애 운오 부부의 멋진 전원주택은 이상적인 가족을 실체화한다. 집은 주체를 보호하고 감싸는 곳이고 흔히 여성성과 모성의 상징으로 사용된다. 집은 몸과 세계 혹은 우주를 매개하는 곳이다. 그러나 명애에게 집은 세상으로 나가는 매개가 되지 못하고 모성으로 꽉 차 있는 고립된 장소이다. 교외의 한적한 곳에 자리 잡고 있어 물리적 거리뿐 아니라 심리적 고립감을 조장한다.[109] 가족 외에는 거의 아무도 드나들지 않고 전화도 거의 하지 않는다. 만나는 사람은 운오의 친구 가족과 어쩌다 한 번 만나는 친정어머니뿐이다. 집이라는 사적인 장소는 공적 장소와 격리되어 있으며 그 안에 있는 사람들을 소외시킬 수 있다. 하지만 명애는 집을 무척 좋아하며 그 안에서 모성을 끝없이 확인하며 자신만의 세상에 만족하며 산다. 주부로서 자부심을 가지고 집안 구석구석을 남의 도움 없이 자신의 손길로 가꾼다. 집에서 자신의 관심에 전념하고 주변 사람들에 대해 무관심할 수 있는 고요한 평온함을 얻는다. 이것은 누구에게 보여주기 위해서가 아닌 자기충족적인 행위라고도 볼 수 있다.[110]

109 우리는 흔히 오랫동안 어떤 장소에 있으면 그곳이 친밀해지고 그 장소에 대해 가장 잘 안다고 생각한다. 그러나 너무 익숙하고 친밀한 공간이기 때문에 우리는 절대 그곳의 문제점을 제대로 집어낼 수 없다. 그것은 오히려 내부가 아닌 외부에서 타자의 눈으로 그 장소를 볼 때 비로소 가능해진다. Tuan Yi-fu, 앞의 책, 15쪽.

110 이런 측면에서 명애는 화로의 수호신 헤스티아 원형의 특성도 보인다. 헤스티

명애는 모성이 빚어낸 집의 주인으로서 감정까지도 집 안에서 다스린다. 혜리가 운오와 여경의 데이트를 목격하고 알려주었을 때도 별일 아니라는 듯이 “고마운데 그런 걱정 할 필요 없어. 그 사람 성격 잘 알잖아.”라고 말하고는 분노를 삭이며 여경이 골라준 운오의 향수를 화장실에서 흘려보내버린다. 완벽한 가족처럼 보이지만 소통되지 않는 공간에서 자신의 보호막인 가족을 보호하려고 애쓰며 집과 가족의 행복을 계속 연결 짓는다.

S# 명애의 거실(7회)

명애 : 나, 당신하고 결혼하고 당신이 만든 이 집에서 두 아이들하고 정말 행복했어요. 지금까지…… 근데…… 요즘 왠지 답답하다는 느낌이 들어요…… 숨이 막힐 정도로.

명애는 운오가 여경과 만나면서 자신의 통제를 벗어나려고 하자 숨이 막힌다고 말한다. 질식의 근원은 운오와 아이를 삼키려 드는 명애가 가진 모성의 어두운 측면이다. 명애는 운오의 외도에 대해 직접 공박하지 않고 간접적인 의사 전달을 한다. 그 이유는 자신의 노력으로 만들어진 행복한 가정에 균열이 생긴다는 것을 인정하고 싶지 않기 때문이다. 안간힘을 쓰며 내색하지 않는 명애에 대해 혜리는 “그 여자 얼마나 내숭인데. 여태까지 안팎으로 그렇게 오래 사귀었어도 자기 속마음 한

아는 자기 자신과 가정을 잘 정돈된 상태로 유지하며 마음의 평온을 이루고 있다. 그러나 명애는 집을 통해 자신의 모성을 확인하고자 하며 자기주도적으로 가족을 통제하고 지배하며 남편과 아이들과의 관계성에 집착한다는 측면에서 헤스티아와는 차이가 있다. 헤스티아는 초점이 자기 자신을 향해 있으며 인간관계나 업적, 재산, 특권 또는 권력에 애착심을 갖지 않고, 있는 그대로의 자기 모습에 충족감을 느낀다. Bolen, 『우리 속에 있는 여신들』, 125쪽.

번 내비치는 적이 없어."라고 비아냥거린다. 명애는 집안의 좋지 않은 일은 모두 주부가 알아서 조용히 처리해야 하는 것을 미덕으로 여기는 여성이다.[111] 그러나 운오의 연애 사건을 계기로 '결코 잘한 것 같지는 않다'고 느끼게 된다. '집 안에 파묻혀 살면서 생각은 좁아졌고 이해심은 없어졌고 그러다 보니까 아내일 뿐이지 그 이상은 못 되었다'고 깨닫는다. 누구도 시키지 않았지만 모든 정성을 다해 집을 가꾸느라 정작 명애 자신은 스스로를 방치했다. 일상적 가사(家事)가 여성의 시간을 메우는 동안 그 가사는 여성의 두뇌를 굶주리게 한 것이다.[112] 명애는 집이 침탈당하는 대신 운오를 내보내기로 결심하고 잡고 싶지 않다면서 '불편하면 나가라'고 말한다.

〈애인〉 이전의 멜로드라마에서는 남편이 외도를 해도 집에서 내쫓김을 당하는 경우는 거의 없었다. 그러나 명애는 자신의 '집'에서 운오를 나가라고 한다. 명애는 모성을 빌미로 '세' 아들을 지배하려고 한다. 이에 대해 모성 콤플렉스를 가진 운오는 자신의 남성성 확인을 통해 명애와 경쟁하려고 한다. 가족 내 권력 경쟁이 무의식적 상징으로 표출되는 인상적인 장면이 있다. 집을 나간 운오가 방문해 두 아들과 놀아주다가 아들들에게 갑자기 고추를 보여달라고 요구한다. 매우 낯설게 느껴지는 이 장면은 운오가 자신의 부재 중에 명애가 홀로 두 아들을 책임지는 상황에서 프로이트가 말하는 아들의 거세 공포를 자극하기 위한 행동을 상징화한 것이라고 설명된다.[113] 아들의 거세 공포를 자극하여 가부장의 권위를 회복하고자 하는 무의식적 시도로 볼 수 있는

111 명애는 여경에게도 가족사진을 보내거나 여경의 친구 승진을 통해 간접적으로 자기 뜻을 전한다. 승진은 운오의 친구인 석곤의 재혼 상대 승미의 언니로서 명애가 승미의 결혼 준비를 도와주다가 만나게 된다.

112 김명혜, 앞의 글, 177쪽.

113 위의 글, 177쪽.

것이다.

운오와 명애의 관계가 회복 불가능해지는 결정적 계기는 여경의 어머니가 사망했다는 전화를 받고 명애의 강한 만류에도 운오가 가버린 일이다. 장례식을 마치고 온 운오는 명애에게 심한 경멸을 당한다. 여기에서도 집과 관련된 대화가 나온다.

S# 명애의 집(12회)
– 운오가 들어오자 명애가 격앙된 소리로 말한다.
명애 : 들어오지 마! 이제 여기 당신 집 아냐. 이런 일 없게 하려구 당신한테 기회를 주고 또 주고 참아왔는데 당신은 날 무시했어. 말하지 마! 당신 말소리 듣기 싫어. 이 집에 있는 당신 발자국, 당신 흔적까지 모두 없애버릴 거야.
운오 : 여보, 진정해.
명애 : 손대지 마. 당신 얼마나 더러운 줄 알아? …(후략)
운오 : 여보 나도 얘기 좀…… (명애가 운오의 뺨을 때린다)
명애 : 애들 깨기 전에 나가! …(중략)… 당신이란 사람 내 맘속에 없어. 당신 자유야. 당신 가고 싶은 대로 가. 개처럼!

명애는 자신의 노력으로 쌓아올린 가정이 운오에 의해 파괴되는 것이 억울하다. 가족이라는 따뜻하고 평안한 울타리를 만들고 지켜온 것은 바로 명애 자신이고, 자신은 베푸는 자이고 운오는 받기만 했다는 것이다. 명애는 운오의 사랑을 잃는 것에 대해 분노한다기보다는 힘들게 가꾸어온 평온한 울타리를 깨뜨린 것에 대해 분노한다. 자기충족적인 희생적 모성의 맹점은 자신은 모든 것을 상대방에게 쏟아부었는데 상대방은 그것을 몰라준다는 데에 있다.

데메테르 여성인 명애는 운오와 아이들이 자신의 통제 아래 있다는 가상의 심리적 만족감에 빠져 있었다. 하지만 이런 집이 남편에게 더 이상 매력적이지 않으며 그의 존재가 사라질 위기에 처하자 모성의 집이 붕괴될지 모른다는 두려움을 가지게 된다. 남편의 연애에 혼란과 분노를 느끼는 이유도 폐쇄적이고 자족적인 집이 침탈당한다는 위기감이 더 크기 때문이다. 데메테르 여성에게는 결혼 제도 그 자체보다 '아이들'이 있는 가정을 지켜나가는 것이 더욱 중요하다.[114)]

2) 자유롭고 성숙한 모성

자녀들이 성장하거나 떠나면 가장 크게 빈둥지증후군을 앓는 여성이 바로 데메테르 원형의 여성들이다. 데메테르 여신은 딸 페르세포네가 납치되었을 때 먹지도 자지도 않고 비통에 차서 괴로워하며 딸을 찾아다녔다. 엘레우시스에 내려가 있을 때는 꼼짝도 않고 대꾸도 하지 않고 하염없이 앉아 있었다. 모성이 침탈당한 데메테르 여성에게 세상은 아무 의미도 없고 모든 것이 쓸모없어 버려진 것처럼 보인다. 살아 있는 것은 아무것도 없고 성장도 없다. 우울증의 근저에는 적개심과 삶의 의미를 잃어버린 것에 대한 분노가 있다. 명애는 아이들을 방치한다. 데메테르의 파괴적인 측면은 다른 사람들이 필요로 하는 것을 '주지 않음으로써' 드러난다.[115)] 이런 식의 단절은 자녀들에게 심리적 상처를 입힌다. 대개 이러한 어머니들은 심한 우울증에 걸려 있으며 적개심에 불타고 있다.

---

114 멜로드라마의 장르 관습으로 보면 데메테르 여성 캐릭터인 명애는 파격적인 측면이 있다. 가족이라는 제도보다는 자신의 감정에 더 많은 관심을 보이고 사회의 절대적 가치인 이상적 가족에 대한 가치를 무화시키고 있기 때문이다. 완벽한 가족을 일구고 살았다고 자부해온 명애로서는 예측을 벗어나는 큰 변화이지만 명애 개인의 개성화 측면에서 보면 긍정적인 변화의 방향이다.

115 Bolen, 『우리 속에 있는 여신들』, 189쪽.

데메테르는 비통에 잠겼음은 물론 모든 사실을 알면서도 모른 척하고 있던 제우스에 대해 심한 분노와 배신감을 느꼈다. 데메테르는 올림포스를 떠났고 슬픔으로 말미암아 땅을 불모지로 만들고 황폐화시켰다. 인간은 물론 수많은 동물과 식물이 죽어나갔고 아무 생명도 태어날 수 없었다. 제우스가 회유하고 다른 신들이 번갈아가며 선물을 바쳤지만 데메테르는 페르세포네가 돌아올 때까지는 절대로 어떤 것도 자라지 않게 할 것이라고 명확하게 말했다. 가부장제에 순응하는 모성적인 어머니인 줄로만 알았던 데메테르가 가부장에게 복종을 거부하고 역행하는 모습을 보여준다. 명애 또한 가부장인 운오를 내쫓는다. 멜로드라마의 장르 관습인 용서를 비는 가부장을 아내가 수용하고 균열된 가정을 봉합하는 수순을 깨뜨리는 것이다. 명애는 운오가 '무슨 짓을 한 것도 아닌 데'[116]도 용서하지 않으며 나가라고 한다.

변화를 일으키는 분노의 여신은 노이만이 분류한 원형적 여성성 가운데 '무서운 어머니' 유형에서 찾아볼 수 있다.[117] 여성이 더 이상은 참을 수 없다고 선언할 때 상황이 더는 용납할 수 없게 되어 이를 바꿀 만한 행동을 취할 때가 되었을 때 등장한다. 변화를 주도하는 분노의 여신 형상은 힌두교의 파괴의 여신 칼리(Kali)나 고대 이집트의 사자 머리 여신 세크메트(Sekhmet)처럼 대개 인간이라고 할 수 없는 괴물의 모습을 많이 하고 있다. 명애의 분노는 운오가 선물한 민소매 원피스를 찢어버리고 화장대의 거울을 깨뜨리는 행동에서 드러난다. 깨진 거울에 비친 명애의 얼굴은 마치 괴물처럼 분열되어 보인다. 그동안 명애의 삶은 가부장적 가치에 충실한 거울 이미지 속에 갇혀 있었다. 타자가 보는 나, 그 타자를 바라보는 나의 모습이다. 이것은 페르소나에 갇힌 삶

---

116 운오와 여경은 육체관계를 하지 않았다.

117 장영란, 앞의 논문, 238-239쪽.

이다. 명애는 거울 밖으로 나와야 할 필요가 있다. 그러기 위해서 거울에 비친 자신의 이미지를 깨뜨려야 한다. 명애의 페르소나는 남편이나 외부에서 자신을 억제하고 감시하는 존재로부터 영향을 받았지만 결국 가부장적 질서를 내면화하고 대변해온 명애 자신이 선택한 것이다.

소유욕이 강한 데메테르 여성은 다른 사람을 의존적인 상태에 두면서 자신의 '치마끈에 사람들을 묶어놓고자 하는 욕구'를 떨쳐버릴 때 성장이 가능하다. 그러면 서로 간의 상호의존성은 신뢰와 사랑으로 발전할 수 있다. 명애는 운오의 연애 사건을 겪으며 데메테르를 벗어나 다른 여신 원형들을 활성화한다. 운오에게 '같이 부부로 산다는 것이 의미가 없으니 이혼하자'며 나가라고 한다. 운오는 저항하지 않고 명애의 규율이 지배하는 집을 떠나 호텔로 가지만 대가를 치른다. 정돈과 질서의 표상이었던 집과는 달리 호텔 방에 널려진 옷가지와 인사불성으로 만취한 모습은 혼돈과 무질서를 보여준다. 친구들은 운오를 비난하거나 부분적으로 이해해주기도 한다.[118)]

명애처럼 모성에서 주요한 역할과 의미를 추구하려는 여성은 상실에 유난히 취약하다. 여기서 기억해야 할 여신은 데메테르와도 연관이 깊은 헤카테이다. 여경의 개성화와도 연관이 있었던 헤카테는 상실과 전환의 시기에 처한 여성의 친구로서 가장 중요한 지지 역할을 해주는 여

118 〈애인〉에서는 가족 친지가 아닌 친구들이 이야기를 이끌어간다. 석곤은 연애 사건의 공모자 격이 되어 버린 기철을 비난하며 "그렇게 장난스럽게 시작한 일이 운오 자신을 얼마나 음침하고 비굴하게 만들었는지 생각해봤냐고, 이 자식아!"라고 말한다. 그러나 기철은 운오가 미국행을 결정하자 '나쁜 일 같지 않다, 나이 마흔을 앞둔 남자 입장에서 이 일을 여자 문제로 해석하고 싶지 않다'고 말한다. 〈애인〉의 승진, 기철, 석곤, 혜리 등 친구 캐릭터들은 기혼 남녀의 불륜의 사랑에 대한 사회의 여러 시선이라고 볼 수 있다. 이들은 가부장제하의 견고한 성 이데올로기와 가족과 모성에 대한 멜로드라마적 관습과 규범을 보여주지만 반면 그 변화상도 보여주고 있다.

신이다. 헤카테는 내면으로 향하는 특성이 있으며 지혜와 인내심의 근원이다.[119] 갈등하는 명애에게는 〈애인〉에서 딱 한 번 등장하는 친정어머니가 그 지혜를 주었다고 보인다.[120] 명애는 임신 사실을 확인한 후 친정에 찾아간다.

S# 명애 어머니의 집 마당(13회)
명애 : 어떻게 해야 돼?
엄마 : 믿어줘야 돼. …(중략)… 여자는 남자의 보필자다.[121] 그래서 남자보다 더 수천 배 쓸쓸하고 아픈 거야. 그게 싫어서 자기 자리 팽개칠 수는 없지 않겠니? 살다 보면 소낙비도 만나고 진흙구덩이 수렁도 만나지. 그걸 다 이겨 지내는 게 그게 인생인 걸. …(중략)… 난 네 에미야. 네가 아픈 걸 제일 못 참을 사람이지. 하지만 에미이기 때문에 네가 너를 끝까지 지키는 것도 가르쳐야 해.
명애 : (혼잣말 하듯이) …… 남들한테나 나 스스로에게 자부심 갖고 살았지. 그게 교만이었던 거지. 내가 왜 그랬는지 모르겠어.

명애의 어머니는 명애가 외도한 남편을 용서하고 다시 화해하도록

119 반면 데메테르의 인내심은 내면을 향한 것이 아니다.

120 명애의 모성 콤플렉스는 전통적인 여성상인 명애의 어머니가 영향을 끼쳤을 것이라고 예상되지만 〈애인〉에서는 이 장면 말고는 명애와 친정어머니와의 관계가 구체적으로 드러나 있지 않다.

121 여자는 남자의 보필자라는 의식은 동양의 음양이론에서 기인된 것이다. 여성이 독립된 인격체로서 자신의 삶을 살아가는 대신 어머니로서 남편과 자식을 위해 희생해야 한다는 생각은 역사를 통해 대물림되어왔다. 초도로우(Chodorow)는 여성이 일반적으로 아이의 양육을 책임지며 사회화시키는 일을 담당하는 과정에서 모녀 관계를 통해 이런 사고가 공고히 되어왔다고 설명한다. 장영란, 『신화 속의 여성, 여성 속의 신화』, 202~203쪽.

타이른다. 결과적으로 기존 불륜 멜로드라마가 보여준 장르 관습을 재현하는 보수적인 발상이다. 그러나 원형적 관점에서는 달리 해석할 수 있다. 명애 어머니는 넉넉한 대모(大母)의 역할을 하고 있다.[122] 데메테르의 특성에는 내면의 성찰이라는 항목이 없다.[123] 데메테르 여성은 자신이 가족들을 과도하게 통제하거나 의존심을 부추겼다는 것을 인정하는 것이 가장 어렵다. 상실감으로 인해 우울증에 빠진 데메테르가 지혜를 얻을 수 있었던 것은 헤카테 덕분이다. 헤카테를 통해 명애는 자신의 선택을 성찰하고 침탈당한 모성에 대한 분노를 거둔다. 명애는 운오가 미국으로 떠나기 위해 마지막 짐을 가지러 오자 "내가 그렇게 심한 말 했던 거 본심이 아니었어요. 당신이 어떤 사람인지 내가 더 잘 알아요. 그래서 다 이해했어요."라고 말하며 운오를 붙잡는다.

명애의 변화는 임신 확인으로 어머니가 되고 싶은 데메테르적 욕망이 충족되었기에 가능했다고 보인다. 데메테르가 페르세포네와 재회함으로써 재생했듯이 명애는 세 번째 임신을 통해 모성을 회복하고 재생의 의지를 보인다. 그러나 운오는 재결합 의사를 거부함으로써 가족의 회복을 포기한다. 운오가 미국으로 떠나는 날 명애는 석곤의 결혼식장에서 운오와 마주치고 결혼식 도중 쓰러진다.[124] 운오는 병원에서 명애

122 개성화의 3단계에서 만나는 지혜노인 또는 대모는 마성(魔性)인격(Mana Personality)으로 능력과 지혜의 상징들이다. Ackroyd, Eric, 앞의 책, 81쪽. 명애 어머니는 데메테르와 연관된 헤카테 여신과 더불어 노이만이 말한 '좋은 어머니'의 형상 중 하나인 불교의 관음(觀音, Guanyin)을 연상시킨다. 관음은 중생의 한탄과 비탄의 '소리를 듣는' 자비의 여신으로 모성의 특성이 강하게 드러난다. 장영란, 앞의 논문, 238쪽.

123 Bolen, 『우리 속에 있는 여신들』, 208쪽.

124 이것은 떠나려는 운오를 붙잡으려는 명애의 무의식이 일으킨 사건일 수 있다. 융이 말하는 정신의 '초월적 기능'이 일으킨 사건이라고 해석된다. 상세한 내용은 추후 설명하기로 한다.

의 임신 사실을 알게 된다. 운오와 헤어질 상황에서 알려진 임신은 명애가 데메테르 원형의 구현자라는 것을 다시 한 번 드러내주는 설정이며, 임신한 명애가 운오와의 재결합 혹은 결별에 어떻게 대응할지에 대한 궁금증을 유발한다. 비행기 출발 시간이 다가오자 명애는 "지금 그냥 떠나도 돼요. 난 나대로 살 수 있어요."라고 말한다. 명애는 완벽한 가족의 '집'을 만들어낸 모성이 행복감을 지속시켜 주지 않는다는 것을 깨달았다. 완벽하고 이상적인 가족이 아니어도 두 아들과 태어날 아이가 있다면 운오 없이도 살아갈 수 있다고 판단한 것이라 해석된다. 그러나 운오는 고민 끝에 아기가 중요하다며 떠나지 않는다.

데메테르는 페르세포네와 재결합하여 땅을 회복시켰다. 모녀가 같이 있는 동안은 꽃과 열매를 맺지만 페르세포네가 지하에 가 있는 동안은 겨울이다. 대신 다음 봄을 기약하며 땅속에서 생명을 키우고 있다. 인간의 사계절 또한 겨울이 가고 봄이 온다. 잉태를 통해 명애는 어떤 일이 일어나도 살 수 있다는 것을 깨닫는다. 신화에서 데메테르는 딸을 잃고 의기소침해지고 슬퍼했지만 데모폰의 유모가 됨으로써 상실을 잊었다.[125] 누군가를 대신 사랑하고 보살핌으로써 잃어버렸던 모성성과 결합할 기회를 얻은 것이다.

125 데메테르는 제우스에 대해 심한 분노와 배신감을 느끼며 올림포스 산을 떠나 노파로 가장하고 돌아다녔다. 이때 엘레우시스의 통치자인 켈레오스의 딸들로부터 어린 형제 데모폰의 유모를 찾는다는 제안을 받고 그를 돌보게 된다. 데메테르의 보살핌을 받고 데모폰은 신과 같이 자랐다. 데메테르는 그를 불에 그을려 불멸의 생명을 주려고 했으나 마침 그의 어머니 메타네이라가 들어와서 놀라 소리를 지르자 분노하여 어리석음을 꾸짖고 자신의 정체를 드러냈다. 데메테르는 자신을 위하여 신전을 지을 것을 명령하고 신전 안에 자리 잡고 앉아 납치된 딸 생각에 비탄에 잠겨 꼼짝하지도 않고 은혜를 베푸는 일도 마다했다. 이로써 아무것도 땅에서 자랄 수 없게 되었다. Bolen, 『우리 속에 있는 여신들』, 183쪽 참조.

명애는 새로운 생명을 통해 상실감을 회복하고 이전의 데메테르에서 변화된다. 고통을 겪었기에 성장할 수 있게 되었고 이전과는 달라진 모습을 보인다. 운오가 미국행을 포기한 지 1년 후 명애는 젖먹이 아기에 연연하지 않고 '자신의 차'를 타고 외출한다. 외출은 운오나 아이들을 위해서가 아니라 자신의 쇼핑을 위한 것이다. 혜리의 의상실에 들러서는 가봉을 하며 가슴선 부분을 '더 깊이 파이게 해달라'고 주문한다. 명애의 가슴은 젖을 물리는 것만이 아니라 여성적 매력을 표현하는 것으로 변했다. 여성의 아름다움을 주관하는 아프로디테 원형이 활성화된 결과이다.

명애는 운오의 안부를 묻는 혜리에게 다음과 같이 답한다.

> S# 혜리의 의상실(16회)
>
> 명애 : 은수한테 푹 빠져 있어. 나야말로 놀라고 있지. 장난기는 모두 사라지고 말하기 전에 5초쯤 생각하고…… 가만히 보고 있으면 재밌어. 좋은 거 나쁜 거 따지지 않기로 했어. 남편 속다 끄집어내 알겠다고 해봐야 알아낼 수도 없고 더 중요한 건 내 기분, 내 마음이잖아. 내가 좋아야 모두한테 좋으니까.
>
> …(중략)…
>
> 명애 : 자동차도 선물받고. 이런 것도 변한 것 중의 하나야. 경수 진수 낳았을 때는 키스를 서른 번쯤 해줬을걸? 근데 이제 그런 건 안 하대.
>
> 혜리 : 나이도 있고 그러니까 쑥스러워서 그렇겠지.
>
> 명애 : 상관 안 해. 저 사람도 최선을 다하는구나. 최대한의 성의를 보이는구나. 기특하게 봐주자 그러고 살아.

명애는 이제 관계에 연연하기보다는 자기 안에서 삶의 중심을 발견하는 헤스티아 원형이 활성화되었다. 데메테르 여성은 자신이 지닌 모성적 특성은 쉽게 파악할 수 있지만 그 자신이 남들에 대해 가지는 부정적인 감정과 행동은 잘 보지 못한다.[126] 비판을 받으면 방어적으로 설명하거나 자신이 해온 긍정적이고 너그러운 행동을 나열하면서 자신이 다른 사람들에 대해 분노를 품고 있다는 것도 인정하지 않는다. 데메테르 여성이 자신에게 그러한 속성이 있음을 깨닫는 것은 매우 중요하다. 깨달아 인정하면 행동을 바꾸는 것은 오히려 쉽다. 남들이 자신의 가치를 인정해주지 않는 것에 대해 실망하거나 우울해하는 에너지를 명애처럼 감정과 행동을 바꾸는 데 쓰면 된다. 바꾸는 쉬운 방법은 남들에게 즉각적으로 제공했던 '보살핌'을 자기 자신에게 사용하는 것이다. 자신의 시간을 가지며 매 순간 데메테르가 되려고 하는 의지에 저항해야 한다. 명애는 데메테르가 페르세포네와 재회하고 땅을 재생시켰듯이 딸의 출산을 통해 젊음의 원형을 되찾고 상실감을 회복했다. 다시 한 번 생명력과 너그러움에 가득 차게 되어 잃어버렸던 자신의 본성을 되찾았다. 그것은 일방적인 희생과 집착의 모성이 아닌 모든 것을 넉넉히 품어주고 자유롭게 해주는 성숙한 모성이다.

명애는 '독신남 조각가 동창'을 만나러 간다면서 혜리와 함께 쇼핑을 한다. 혜리가 예전의 명애에게 적합할 법한 조신한 디자인에 낮은 굽의 구두를 권하자 거절한다. 발과 구두는 정체성의 상징이다.[127] 명애는 혜리가 권한 구두 대신 자신이 자유롭게 고른 섹슈얼한 디자인의 하이힐을 신어본다. 명애는 이제 자신이 고른 구두를 신고 어디든지 갈 수 있다. 집단과 사회, 도덕적 규준에 맞추는 페르소나는 진정한 자기(Self)가 아니라 집단이 만들어낸 가상이다. 융은 개성화란 자기를 페르소나의 잘못

126 Bolen,『우리 속에 있는 여신들』, 207쪽.

127 발은 생의 근거, 생의 방향, 방향 감각의 결핍을 새롭게 살펴보라고 요구하는 상징이다. Ackroyd, Eric, 앞의 책, 215~216쪽. 상세한 내용은 추후 설명하기로 한다.

된 은폐에서 해방시키고 무의식적 상(像)에서부터 오는 암시를 해방시키는 것이라고 했다.[128] 개성화를 통한 진정한 성숙이란 이 사회가 바라는 모범 시민이나 도덕군자, 희생적인 어머니와 같은 원만한 인간상을 이루는 것이 아니라 각자가 타고난 본연의 개성을 발휘하는 것을 말한다.

3. 팜 파탈 요부 아프로디테형

〈내 남자의 여자〉[129]의 여성 주인공 이화영(김희애 분)은 재미 성형외과 의사로 남편과 사별 후 귀국해 친구 김지수(배종옥 분)의 남편 홍준표(김상중 분)를 빼앗는다. 화영은 팜 파탈(Femme Fatale) 요부 캐릭터로 그리스 신화의 사랑과 미, 관능과 정열의 여신 아프로디테 원형을 구현하고 있다. 팜 파탈은 19세기에 정립된 여성 이미지로서 남성을 죽음이나 고통 등 치명적 상황으로 몰고 가는 여성을 말한다. 화영은 '악녀', '요부'라는 이름에 걸맞게 에로틱하고 매력적이며 파괴적이다. 자기중심적 자기주도적이며 주체적 의식으로 욕망을 추구하며 불륜이라는 강력한 긴장의 갈등 유발자로서 지수의 가족을 붕괴시키고 스스로 이별과 파국을 선택한다. 화영에게는 목표지향적이며 자매애를 보여주는 아르테미스 원형도 드러난다.

1) 유혹적인 정열의 화신

21세기에 이르러서까지도 순종적인 집안의 천사 이미지를 거부하는

128 김희진, 앞의 논문, 3쪽.

129 연출 정을영, 극본 김수현, SBS, 24부작, 2007. 4. 2~6. 19.

여성은 흔히 혐오와 제거의 대상이 된다. 아프로디테는 모든 인간과 신을 사랑에 빠지게 하는 사랑과 미의 여신이다. 언제나 자신의 선택으로 새로운 관계를 맺었고 결코 상대방에게 희생당하지 않았다. 관계에서 지속성보다는 강렬함을 추구하고 항상 변화할 가능성이 있다. 쉽게 사랑에 빠지고 감정적 친밀감이 자라기도 전에 성애적 경험을 원하며 열정적 사랑의 결과로 창조적 작업에 몰두하기도 한다. 아프로디테에게는 파괴적인 욕망의 화신이라는 속성이 있다. 화영은 자신의 전부를 사랑에 던진다. 그러나 상대 남성의 비겁함을 깨닫자 미련 없이 떠나버린다.

(1) 파괴적인 관능의 여신

아프로디테는 성욕과 정열의 원형이다. 아프로디테가 추구하는 목표는 무대를 비추는 조명처럼 매우 집중적이며 주의를 끈다. 아프로디테가 자신의 아름다움으로 유혹하면 누구도 저항할 수 없다. 화영은 스스로 아프로디테에게 투사하고 있다.[130)]

S# 어느 전망 좋은 호텔 테라스(3회)

화영 : 아프로디테 여신을 무지 동경했었거든. 얼마나 아름다우면 모든 신들이 다 같이 반했을까. (마신다)

준표 : …… (보며)

화영 : (잔 내리면서) 자꾸만 그리워. 너무 그리워. 같이 있어도 그리워 만지면서도 그리워. (안 보는 채) 이런 거 처음이야. 아

130 이어지는 인용 대사는 작가가 아프로디테 여신을 염두에 두고 화영 캐릭터를 구축했을 것이라는 예측을 가능하게 해준다. 화영의 직업 또한 성형외과 의사인데 미와 창조의 여신 아프로디테 원형을 가진 여성의 직업으로는 적절한 설정이라고 생각된다.

무래도 아프로디테 마수에 걸린 거 같아. 난 색정녀가 돼버린 느낌이야…… (하며 보는)

화영과 준표는 서로에게 자신을 '여자이게 하고' '남자이게 하며' '불덩어리로 만드는' 남성이고 여성이다. 두 사람은 자석처럼 이끌려 모든 것을 제쳐두고 하나가 되기를 원한다. 아프로디테에게 성애는 의사소통 혹은 친교와 동일어이다. 이것의 성취는 완벽 또는 완성을 향한 본능이다.[131] 사랑에 빠지는 모든 여성은 아프로디테 원형을 활성화시킨다. 매력적이고 관능적인 아프로디테의 빛깔은 황금빛이다. 황금의 공간에서 상대방의 아름다움에 이끌리고 찬탄하며 심취하게 되고 감각적 관능이 강화되어 연인의 감촉과 느낌이 분명해진다. 아프로디테는 순간순간의 즐거움을 추구한다. 이것은 아르테미스와 아테나 원형이 충동적인 찰나적 쾌락을 가치 없는 것으로 단정하고 오로지 목표를 추구하는 데 초점을 맞추는 것과 비교된다.[132] 화영은 준표와 애정 행각을 벌이다가 지수의 언니 은수(하유미 분)에게 들키지만 개의치 않는다.

S# 아파트 승강기(1회)

–문이 열리면 엉겨붙어 있는 두 사람…… 기다렸다 닫히려 하는 문 …(중략)…

준표 : 그만해. 겁도 안 나? 앞으로 우리가 무슨 일을 겪어야 하는데 겁 안 나?

화영 : (오버랩의 기분) 난 괜찮아. 나한테는 오늘만 있어. 지금 이 순간만 있어. 괜찮아, 상관없어. (승강기는 놓치고/마구 얼굴 붙이려 하면서) 사랑해, 사랑해. 후회없이 사랑할 거야.

131 Bolen, 『우리 속에 있는 남신들』, 242쪽.

132 위의 책, 260쪽.

그러다 죽으면 돼…… (준표 무반응으로) 그렇게 살다 죽을 테야. 상관없어. 아무 상관없어. 상관없어…… (그러다 준표 무반응 느끼고 서늘해지며 보는)

아프로디테는 내일이란 없는 것처럼 살아간다. 인생은 감각적인 경험 이외에는 아무것도 아니라는 듯이 즉흥적이다. 은수에게 '요절을 내도 모자랄 악질'이라는 욕을 들어가며 폭력을 당하고 준표와 장 보러 나가서 대대적인 망신을 당하고도 아랑곳하지 않는다. 아프로디테가 몰두해 있는 대상은 상대방이다. 은수와 육탄전을 벌이며 얻어맞으면서도 "이건 내 운명이고 그 사람 운명이에요. 지수한테 미안하지만 멈춰지지도 않았고 멈출 생각도 없어요. 겁 안 나요."라고 말한다. 아프로디테는 삶에 사랑과 아름다움을 부여하여 현재 이 순간에 몰입할 수 있는 능력을 키운다. 그러나 지금 이 순간만 존재할 경우 자신이나 다른 사람에게 끼칠 결과를 무시할 수 없다. 그 어두운 측면은 약속을 어기는 것에서부터 신뢰와 성실성에 심각한 타격을 입히는 것까지 확장된다. 화영은 가장 친한 친구 지수를 배신했다.

아프로디테는 사랑을 얻지 못하면 잔인한 욕망과 이루어지지 못한 갈망에 사로잡힌다. 화영은 은수에게 쫓겨 갈 형편이 되자 파괴적인 행동을 불사한다. '가만있으면 두들겨 맞아 죽을 것 같아서' 지수에게 스스로 불륜 사실을 발설한다.

S# 화영의 거실(6회)

화영 : 내가 너무 뜨거웠어. 니 남편이 너무 뜨거웠어. 지구가 깨져도 상관없었어. 죽어도 좋았어. 너 따위 아무 상관없었어.

지수 : (부들부들 떨리는)

화영 : ……태어나 처음이었어, 그런 거. …(중략)… 우리는 너무 잘 맞아…… 한 번 실수로 끝낼 수 없었던 이유 중에 그것도 들

어. 서로가 서로를 미치게 원하니까…….

지수는 혼절한다. 화영은 현대판 아프로디테의 환생으로 불행한 사랑의 포로가 되어 있다. 아프로디테 여성은 자신의 행동이 어떤 결과를 초래할지 또는 어떤 갈등을 일으킬지 전혀 생각하지 않는 것처럼 보인다. 실제보다 감정이 우선시되는 아프로디테 여성은 기분 내키는 대로의 언행으로 인해 다른 사람들에게 계속 상처를 입힌다. 그것은 궁극적으로 자신의 마음의 소리를 따르기 때문이다.[133] 아프로디테가 가치를 두는 것은 순전히 주관적인 것으로 성취나 객관적 평가로 잴 수 없다. 그래서 역설적으로 가장 반대편에 서 있는 것 같은 헤스티아 여신과 가장 비슷하다. 조용하고 내성적인 헤스티아는 남성이나 세상이 요구하는 것이 아니라 자신의 주관에 초점을 맞추는 유형이다.[134]

화영은 지수의 '착한 척하는 위선이 메슥거린다'고 비난한다.[135] 지수는 화영의 마음속의 어두운 반려자이다. 융은 이것을 그림자 원형이라고 부르며 모든 재앙의 근원은 우리 인간 자신에게 있다고 했다.[136] 그림자는 자신이 억눌러놓은 가장 싫어하는 속성이다. 그림자는 무의식에 있는 열등한 인격, 성격 가운데 소홀하게 여겨왔거나 계발되지 않은 부분이다. 그림자의 투사는 대개 같은 성(性)에서 일어난다. 그림자가 투사되면 실제 그 사람이 가지고 있는 것 이상으로 그 사람을 나쁘게 보고 피하게 되지만 사실은 더욱 감정적으로 매이게 된다. 화영은 자신의 열등

133 Bolen, 『우리 속에 있는 여신들』, 274쪽.

134 Johnson, Robert A., 『(신화로 읽는 여성성) She』, 94쪽.

135 화영은 나중에 지수에게 사과하며 지수가 자신의 그림자임을 간접적으로 시인한다. "니가 부러웠었어…… 남부끄럽지 않은 남편, 건강한 아들, 탄탄한 시집 안정된 결혼생활…… 부러웠었어……."라고 말한다.

136 이부영, 『그림자 : 우리 마음속의 어두운 반려자』, 23쪽.

한 인격인 그림자를 지수에게 투사함으로써 일시적으로 마음이 편해진다. 그 순간 자기는 좋은 사람이고 나쁜 것은 다른 사람이라고 믿기 때문이다. 투사 현상은 내부의 불안을 회피하기 위한 자기방어 기제이다.

그림자 원형은 의도적인 노력을 통하지 않고서는 잘 의식화되지 않으며 무의식 속에서 인간을 조종한다. 화영은 "의도한 거 아니랬잖아. 그냥 거부할 수 없었어."라고 말하지만 화영의 무의식이 자신의 열등한 인격인 천사표 지수의 가정을 파괴시킨 것이라고 할 수 있다. 아프로디테 여성인 화영의 그림자는 반대적 속성인 헤라와 데메테르 원형이다. 아프로디테는 헤라와 데메테르가 소중하게 생각하는 일부일처제와 어머니 역할에 위협이 된다. 화영은 '윤리 도덕은 통제 안 되는 사람 감정을 통제하기 위한 방편'이라고 말하며 "셋이 살면 안 될까?"라는 황당한 제안을 한다.

인습에 얽매이는 대신 자신의 욕망에 충실한 아프로디테는 부적합한 남자들에게 자주 이끌린다. 여성으로 하여금 사랑의 보답을 받을 수 없는 누군가를 사랑하도록 부추긴다. 결과는 사회적 단죄의 대상 혹은 그늘진 관계로 남으며 자존심에 상처를 입게 만든다. 화영이 절친한 친구 남편을 사랑의 대상으로 삼는 것이 그 예이다. 아프로디테는 부끄럽거나 부정한 정열을 불태워서 갈등이나 창피를 당하도록 만들어 결국 그 여성 자체의 긍정적인 면들을 파괴해버린다. 그리스 신화에는 아프로디테가 내린 사랑의 저주로 파괴적 결말을 맞는 여성이 여럿 있다. 아프로디테를 섬기는 사제의 딸 미르라(Mirrha)는 아프로디테의 저주로 친아버지와 사랑에 빠졌다. 딸인 줄 모르고 간통을 한 아버지는 미르라를 죽이려고 했는데 달아나던 미르라는 신들의 도움으로 향기 나는 몰약나무로 변신했다.[137] 의붓아들을 사랑한 파이드라(Phaedra)도 아프로

137 몰약나무에서 나온 아기가 아프로디테의 사랑을 받게 되는 미소년 아도니스

디테의 저주를 받았다. 아프로디테의 저주를 받은 여성은 근친상간 등 금기의 대상을 사랑하게 되는 경우가 많다. 이들 여성은 사랑으로 인해 큰 낭패를 본다. 지수의 말대로 화영은 '형제나 다름없는, 제일 좋아하는 친구'이기에 화영과 준표의 사랑은 신화적 근친상간의 혐의를 벗어나기 어렵다.

(2) 어머니의 박해받는 딸

화영은 아프로디테의 부정적 측면으로 인해 스스로를 만신창이로 만들고 친구 지수의 가족을 해체시킨다. 화영의 행동은 남동생 동하의 말대로 '돌지 않고서야 할 수 없는 화류계 애들도 잘 안 하는 짓'이다. 화영은 스스로 자신이 '미쳤고 그동안 아무것도 못하고 산 거 분풀이'하는 것이며 '병이 깊어' 친구조차 '분풀이'의 대상으로 삼았다고 말한다. 화영은 자신이 어머니와 가족들에게 착취당했다는 억울함을 강하게 표현한다. 화영 마음속의 어두운 곳에 자신의 어머니가 있다. 어머니는 딸을 부자 사위에게 시집보내 인생 역전을 이루어보겠다고 하는 속물적 여성이다. 준표의 집 전세금이 얼마인지, 집은 언제 살 건지, 준표 부모의 재산은 어떤지 묻는다. 준표 부모가 화영과 준표를 헤어지게 하려고 하자 '정신적인 피해 보상 30억 내라'고 말하는 이기적이고 물신화된 모성의 어머니이다.[138]

이다.

138 화영 어머니의 모습은 현실의 한 단면을 침소봉대해서 자극적인 내용으로 왜곡시킨 것이라는 평가도 있다. 윤석진, 「우리는 민족중흥의 역사적 사명을 띠고 이 땅에 태어났다」, 『세계일보』, 2007. 9. 9. 그러나 오늘날 자식을 부모 마음대로 좌지우지하려는 모성의 부정적인 양상이 적지 않다. 헬리콥터 부모, 캥거루 부모가 대표적일 것이다. 화영 어머니는 메데이아 콤플렉스를 가졌다고

볼린은 아프로디테의 어머니 중에는 딸이 아프로디테로 커가는 것에 대해 경쟁적으로 반응하는 유형이 있다고 한다. 딸이 지닌 매력에 위협을 느끼고 딸의 젊음을 질투하는 어머니는 딸을 과소평가하며 기죽이는 비교를 하고 딸의 남자친구들과 친하게 지내며 여러 가지 방법으로 딸이 성숙해져가는 것을 해코지한다는 것이다.[139] 〈백설공주〉의 계모처럼 딸을 위협하고 적대적으로 대하는 경쟁적인 엄마의 경우이다. 화영도 자신의 어머니가 계모가 아닌지 의심한다. 모성은 모든 인간 존재의 신체적, 심리적 근본을 상징한다. 화영은 탐욕스러운 어머니에게 붙잡혀 옴짝달싹 못하는 '어머니의 박해받는 딸'로서 어머니에 대해 저항하는 '부정적 모성 콤플렉스' 유형의 여성이다.[140]

화영은 어머니에게 '나 평생 이용만 해먹었다'고 진절머리를 낸다. 화영은 어머니가 하라는 대로 의대 재학 시절 부자 남편과 결혼했으나 실패하고 의사가 된 후로 친정 가족들의 경제적 '앵벌이'로 살아왔다. 화영은 극단의 부정적 모성 콤플렉스를 보이고 있는데 이런 유형은 자신의 어머니와 닮지 않으려고 시도하며 어머니가 도저히 도달할 수 없는 지적인 부분을 발달시키려고 노력하기도 한다. 화영도 의사가 됨으로써 어머니의 지배력을 지적인 비판과 우월한 지식으로 깨뜨리고자 했을 것이다. 이런 여성은 어머니로부터 탈출하기 위해서 결혼을 하지만 성생활, 임신, 출산, 양육 등 모든 본능적인 과정이 매우 어렵다.[141] 화

볼 수 있다. 메데이아 콤플렉스는 자신이 당했으니 자기도 자녀를 학대할 권리가 있다고 생각하는 것이다. 곽금주, 『마음에 박힌 못 하나 : 곽금주 교수와 함께 푸는 내 안의 콤플렉스 이야기』, 쌤앤파커스, 2014, 126~138쪽.

139 Bolen, 『우리 속에 있는 여신들』, 263쪽.

140 화영과 어머니의 관계는 페르세포네와 데메테르를 연상시키기도 하지만 화영은 순종적인 착한 소녀상과는 거리가 있다.

141 유정희, 앞의 논문, 11쪽. 심리적으로 본능적 부분을 어렵게 만든다는 의미이다.

영도 자신의 결혼이 '그다지 좋지 않았'으며, '사랑이라기보다는 안주를 위한 방편'에 불과했다고 말한다.

융에 따르면 이런 유형은 '모성성이 위축'되어 있는데 원인은 어머니의 비대한 모성성 때문이다. 이런 딸들은 자신이 무엇을 원하는지는 잘 알고 있지만 자신의 운명으로 무엇을 선택할지에 대해서는 전혀 모른다. 딸의 본능은 어머니에게 저항하는 데에 모두 집중돼 있고 그 때문에 딸은 자신의 삶을 형성하는 데 몹시 서투르다.[142] 화영은 어머니에 대한 간섭과 지배를 피해 한국으로 도망쳐 충동적으로 친구의 가정을 파괴시켰다. 그러나 어머니는 집요하게 화영을 찾아내어 좋은 데 시집가야 한다고 종용하고 위자료 흥정을 한다. 화영은 "기어이 나 죽여 버리고 싶어? 죽어줘? 죽어주까?! 엄마만 가만 있으면 나 행복할 수 있단 말야. 나 좀 살자구. 엄마 부탁해. 나 좀 봐줘, 제발."이라고 히스테릭하게 반응하며 울부짖는다.

부정적 모성 콤플렉스를 지닌 여성은 모성의 파괴적인 면과 만난다. 딸의 자아에는 어머니상이 양분화되어 있는데 악마적 어머니와는 거부감이 심해 동일시하지 못하고 지나치게 억압한다. 이것이 무의식의 원형상으로 남아 그림자에 사로잡히게 하는 원인이 된다. 그것은 그림자이지만 결국 그 여성의 감춰진 다른 면이다. 여성은 개성화의 한 단계에서 반드시 죽음을 가져다주는 파괴적 모성상과 만나게 된다. 〈백설공주〉에서 공주는 계모의 독사과를 먹고 일시적으로 죽는다. 이는 자아의 죽음이며 이러한 상징적 죽음은 부활 즉 의식화를 예고하는 것이다. 악한 계모는 딸의 개성화를 촉발시키는 역할을 하고 딸은 마침내 여왕이 됨으로써 새로운 여성적 가치를 구현한다. 융은 부정적 모성 콤플렉스의 여성은 오히려 그로 인해 높은 의식을 달성할 수 있는 좋은 기회

142 김병주, 앞의 논문, 78쪽.

를 얻게 된다고 했다. 본성으로부터 단절된 어두운 부분을 의식화할 기회이기 때문이다.[143] 화영은 자신이 부정적 모성 콤플렉스의 지배를 받고 있음을 깨달아야 한다. 그것이 자기실현을 위한 개성화의 첫걸음이다. 화영이 어머니에게 사로잡힌 공주에서 벗어나 여왕이 되기 위해서는 무의식의 콤플렉스를 의식화하고 긍정적인 방향으로 행동화해야 할 것이다.

(3) 유부남을 유혹하는 애인

화영의 어머니처럼 모성성이 비대한 어머니는 딸의 모성성을 위축시킨다. 모성 본능이 위축된 딸은 '여성성이 비대'해짐으로써 또 다른 유형의 부정적 모성 콤플렉스를 가진다. 에로스가 과도하게 증가된 '유혹하는 애인'[144] 유형의 모성 콤플렉스이다. 이것은 아프로디테의 여성성이 부정적으로 표출될 때 나타난다. 아버지의 아니마를 유혹하는 '아버지의 딸'로 불리는 유형으로 딸의 에로스가 과도하게 증가해 아버지와 무의식적 근친상간 관계로 유도되는 것이다. 이런 유형은 무의식적으로 어머니에 대한 질투가 생겨나서 어머니를 능가하는 것이 여러 활동의 목표가 되며 흔히 파괴적 성향을 띠게 된다.[145] 이런 여성은 스릴 넘치는 관계 맺기를 좋아하여 결혼한 남성들에게 관심을 가지는 경향이 있다. 배우자가 있는 남성은 아버지와의 근친상간적 본능을 투사하기에 적합한 대상이기 때문이다. 따라서 주로 기혼 남성을 택하여 그의 부부 관계를 깨뜨리는 쪽으로 '장난'을 한다.

---

143 유정희, 앞의 논문, 12쪽.
144 Jung, C.G., 『원형과 무의식』, 210쪽.
145 위의 책, 210쪽.

S# 화영의 거실(3회)

화영 : (눈 감은 채) 나 뭐하고 있었는지 알아? 깨어 있는 시간은 몽땅…… 그 사람 나한테 오고 싶다…… 오고 싶어 미칠 것 같다. 그 사람은 참을 수가 없다…… 나한테 오고 싶어 미칠 지경이다 ……

준표 : 아무것도 할 수가 없어…… (포옥 더 당겨 안으며) 글자가 눈에 안 들어와. 책 한 줄을 읽을 수가 없어. 머리가 터질 거 같아…… 차라리 누군가 총이라도 쏴서 머리를 날려버려줬으면 좋겠다…….

유혹하는 애인 유형의 여성은 자신의 행동과 충동에 대해 눈먼 상태에 있다.[146] 이런 여성은 활발하지 못한 에로스를 가진 남성이 아니마를 투사하기에 최상의 상대이다. 준표는 모성 콤플렉스를 벗어나지 못해 에로스가 분화되지 않았는데 이런 남성은 아니마를 화영과 같은 여성에게 투사하기 쉽다.[147] 그러나 이렇게 유혹하는 애인 유형의 여성은 목표에 도달하면 상대 남성에 대한 관심을 잃는데 이는 모성 본능이 부족하기 때문이다. 자기중심적이고 타인에 대한 진정한 배려와 책임감이 없기 때문에 진정한 관계를 맺기가 어렵다. 화영은 준표를 유혹해 가정을 깨뜨리고 온갖 고난을 당하며 준표와 함께 살게 되지만 결국은 떠나

146 Jung, C.G., 『원형과 무의식』, 211쪽.

147 Jung에 따르면 "이런 유형의 여성은 그녀의 에로스의 뜨거운 빛을 모성성의 그늘에서 살고 있는 남성들에게 보내 도덕적 갈등을 일으킨다. 이러한 갈등 없이 인격의 의식성은 있을 수 없다. 갈등의 자극은 본래적 의미로 보면 악마의 덕행이다. 갈등은 정감과 정동(情動, emotion)의 불을 일으키는데, 모든 불이 그러하듯이 두 측면을 가지고 있다. 즉 이른바 타버리는 것과, 빛을 발하는 것이다. 한편으로 정동은 연금술의 불로서 그 따스함은 모든 것을 드러내고 그 열기는 넘쳐나는 모든 것을 태워 없애버리는 것이다." 위의 책, 218쪽.

버린다.

모성 본능이 결핍된 이런 여성 유형은 단지 충동적 본능으로서 에로스가 과도하게 증가하면서 남성을 유혹하게 된다. 이것은 아프로디테 여성이 가진 심리적 특징이다. 아프로디테는 특정한 한 가지에만 가치를 두고 즐기는 것이 아니다. 어떤 관심을 끄는 것에 대해 잠깐 동안 관여할 뿐이며 결과적으로 상대편은 유혹 당한다. 아프로디테 여성은 아주 쉽게 사랑에 빠지고 사랑에 빠질 때마다 자신이 완벽한 남성을 만났다고 확신한다. 하지만 목표가 달성되면 상대 남성은 탈락되고 금방 다른 상대로 대체된다. 남성은 이용만 당하고 버림받았다고 느낄 것이며 상처받고 의기소침해지고 분노만이 남는다. 그는 아프로디테 여성의 희생물이 된 것이다.

그러나 항진된 에로스로 인해 나타난 부정적 모성 콤플렉스의 끝없는 결혼 파괴 뒤에는 의미 있는 합목적적인 자연의 배열이 있다. 그녀는 무엇이나 삼켜버리는 어머니에게 대항하고, 남성으로부터는 그와 가까이 있는 과도한 모성적 여성[148]을 제거함으로써 남성의 무사안일을 깨뜨리고 도덕적 갈등을 야기한다. 이로써 여성은 자신의 개성을 의식할 수 있게 된다. 의식한다는 것은 매우 중요한 일이며 그것은 갈등에 찬 감정을 통해서 가능하다.[149] 문제는 이 과정이 모두 무의식적으로 이루어진다는 것이다. 이런 유형의 여성은 자신의 에로스의 기능이 지닌 의미를 의식하지 못한다. 화영은 준표를 뺏어서 함께 살게 되었으나 지수와 같은 넉넉한 모성이 없다.

화영은 "나는 지수가 아니야……! 나는 내 생각밖에 안 해! 나는 나쁜 년이야!"라고 말한다. 우유부단한 준표에게 "더 이상 당신을 사랑할 수

148 준표에게는 지수가 과도한 모성적 여성이다.

149 이부영, 「Jung의 모성상과 모성 콤플렉스론」, 81쪽.

없어…… 아니…… 더 이상 사랑하지 않아…… 간단해……. 그땐 그때고 지금은 지금이야. 내 마음이고…… 내 마음 내 마음대로야."라고 말한다.

화영은 지수와 자신 사이에서 갈피를 잡지 못하는 준표에게 '나약한 지식인, 기회주의 지성인, 에고 덩어리 대학교수'라고 말하며 관계를 끝내고 '허망함'을 느끼며 미국행 비행기에 올라 눈물짓는다. 융은 이런 유혹적인 여성은 스스로가 자신의 무기에 의해 파멸하게 될 것이라고 했다.[150]

〈내 남자의 여자〉는 결말을 열어두어 화영의 이후 삶에 대해 궁금증을 가지게 한다. 화영은 개인적 모성과의 유대 속에 영원히 파묻혀 어린아이의 상태를 벗어나지 못할 것인가, 그 상태를 청산하여 보다 높은 차원의 모성성과 관계를 정립할 것인가 혹은 어머니로부터의 불완전 독립을 함으로써 다시 모성의 파괴력에 사로잡힐 위험을 가진 채 살 것인가. 융의 주장은 모든 것은 의식의 노력만으로 이루어지기보다 반드시 무의식의 호응이 있어야 한다는 것이다.[151] 화영이 어머니에 포획된 삶에서 벗어나 스스로의 해방자이자 구원자로 변화하려면 어머니에게 돌아갈 것이 아니라 자신의 에로스의 기능 즉 아프로디테 여성이 가지는 심리적 문제점인 부정적 모성 콤플렉스를 의식하는 것이 급선무가 되어야 할 것이다.[152]

(4) 높이 나는 자, 여자 돈 주앙

화영의 가족은 어머니의 주도로 화영이 고등학교 졸업반 때 온 가족이 미국으로 이민했다. 화영 아버지는 어머니의 강하고 극성스러운 성

150 김병주, 앞의 논문, 76쪽.
151 이부영, 앞의 논문, 85쪽.
152 김병주, 앞의 논문, 93쪽 참조.

격과 대비되며 아내에게 휘둘리는 미약한 존재감을 가진 아버지로 표현된다. 화영은 부성 콤플렉스에서 기인한 심리적 문제도 안고 있다. 부성 콤플렉스는 어린 시절 딸과 실제 아버지와의 관계에서 원인을 찾아볼 수 있지만 더 중요한 것은 모든 여성의 마음속 깊이 자리하고 있는 집단 무의식 속의 부성 원형과, 여성이 살고 있는 시대와 문화권의 집단의식의 가치관과 사조가 큰 영향력을 미친다.[153] 부성 콤플렉스는 외부 세상에 보이는 페르소나의 측면을 강조하는 경향이 있다. 화영은 의사 직업을 가진 미모의 '잘난 여성'으로 비쳐진다. 부성 콤플렉스에 사로잡힌 여성의 강화된 페르소나는 화영처럼 여성이 직업과 일에서 성공하고 세상 속으로 들어가도록 돕는다는 면에서 긍정적이다. 그러나 내면에는 자신의 전체로서의 본성대로 살고 있지 못하기 때문에 자기(Self)로부터 소외되고 자아는 취약해진다. 지나치게 강조된 페르소나와 그 이면에 본성으로부터 소외된 자아가 공존하는 특징이 있다.[154]

화영은 "바람피우다 남편 자살시켰는데 누가 날 제대로 봐줬겠어. 돌만 안 맞았어. 엘에이 여자들 다 같이 단체로 쏘아대는 눈총에 온몸이 벌집이 됐었어."라고 말한다. 화영은 주체적인 평소 행동과는 달리 심리적으로는 타인의 비난에 쉽게 상처받고 타격을 입는다. 이유는 내면에 부성 콤플렉스에서 기인한 잘난 여성 의사의 페르소나에 갇혀 성장하지 못한 '어린 소녀'가 그림자로 있기 때문이다.[155] 레너드의 분류에 따르면 여성의 부성 콤플렉스 가운데 화영은 '영원한 소녀' 유형 가운데 '여자 돈 주앙(Don Juan)'이라고 하는 '높이 나는 자(The High Flyer)'의 특성[156]을 보

153 김계희, 앞의 논문, 18쪽.

154 유정희, 앞의 논문, 32쪽.

155 위의 논문, 32쪽 참조.

156 유정희, 앞의 논문, 34쪽 참조. 화영이 한국과 미국을 떠돌며 안착하지 못하고 이사가 잦은 모습으로 표현되는 것도 높이 나는 자의 구현이라고 보인다.

인다.

'높이 나는 자' 유형은 삶의 어느 시기 동안 매우 수줍어하고 부서지기 쉬운 유리와도 같다. 세상으로부터 소외되고 위축되어 환상 속에서 미지의 연인과 사랑을 하고 환상으로 지어진 유리산 속에 갇혀 지낸다. 고교 시절 화영의 꿈은 "평생 결혼 같은 거 안 하고 남자들하고 뜨겁고 짧은 사랑이나 하며 집시처럼 전 세계 돌아다니다가 세느강에 빠져 죽는 거"였다. 높이 나는 자는 삶의 다른 어느 시기 동안은 충동에 따라 살며 바람만큼이나 자유롭게 희박한 공기 속으로 '높이 날아오르는' 모험을 감행하기도 한다. 친구 남편과 바람 난 화영이 바로 '높이 날아오른 여자 돈 주앙'의 모습이다. 이런 여성은 보통 자신의 경계를 알지 못하며 실생활에서 적용되는 규칙과 질서를 잘 지켜나가지 못한다.[157] 집단 무의식의 원형적 영역에 가까이 있기도 하여 융이 말한 동시성(同時性)적 사건에 열려 있다. 화영은 자신의 불륜에 대해 "계획한 거 아니야. 그렇게 돼버렸어."라고 무책임하게 말한다. 이런 여성은 직관적이고 예술적 재능이 있거나 신비주의적인 성향이 있다. 사람들과 관계를 맺을 때 마치 연기자가 연기를 하듯이 이 역에서 저 역으로 바꾸어 연기하며 진정한 참모습을 감춘 채 살아가고 이 남성에서 저 남성으로 옮아가며 아버지 상을 투사한 대상들과 사랑에 빠진다.[158]

부성 콤플렉스로 인해 페르소나와 자신을 지나치게 동일시하는 여성은 의식적, 무의식적으로 여성성의 그림자와 아니무스를 억압한 채로 살아가게 된다. 사랑에 빠지면 눌려 있던 그림자와 아니무스가 활성화

157 이런 특성은 경계를 넘나드는 남신 헤르메스의 속성과도 유사하다. 여성에게도 남신 원형의 속성이 있다.

158 Leonard L. S., The Wounded Woman 'Healing the Father-Daughter Relationship', pp.42~48, 김계희, 앞의 논문, 34쪽 재인용.

되어 그 여성을 사로잡는다. 그 결과 상대방 남성에게 중독되고 취하듯이 빠져들며 지나치게 집착하고 애 끓이며 연연해한다. 자신을 상하게 하며 잘못된 선택을 하고 에너지를 소모해 황폐해지고 메마르게 되며 자기 자신이 아닌 상태로 인생을 홀린 듯 산다. 화영이 "나 미쳤어."라고 하고 동하가 '돈 거 같다'라고 하는 것은 흘려들을 말이 아니다.

여성이 부성 원형의 지배하에 놓이게 되면 심각한 무의식성에 빠져들게 되고 환상 속으로 고립되어 세상과 삶으로부터 단절되고 소외된다. 헤어나지 못할 것 같은 죽음과도 같은 고통 속에서 정신병적 상태와도 같은 심각한 자아 붕괴를 겪고 있는 것이라고 할 수 있다. 이러한 상황들은 여성을 돌이킬 수 없는 비극적 결말에 이르게 하여 심각한 운명적 얽힘을 유발할 수 있다.[159]

이런 여성은 부성 콤플렉스로 인해 심리적으로 아버지와 분리되지 못한 채 끊임없이 새로운 아버지를 찾아 헤매고 안팎의 아버지들에게 과도한 의존과 지배를 받고 종속돼 있다. 심리적 노예와도 같은 '아버지의 딸'은 사랑의 체험과 고통을 통해 문제를 해결할 기회를 얻는다. 사랑으로 아니무스를 대면하고 자신 안의 그림자를 의식하고 통합할 수 있는 소중한 기회를 얻는 것이다. 그러나 화영은 아니무스를 무의식적으로 준표에게 투사해 동일시함으로써 사로잡히듯 사랑에 빠져들고 헤어나지 못해 현실의 삶으로부터 모든 관계를 끊고 차단하며 세상으로부터 고립된다.[160] 화영은 무의식에 영원한 소녀 원형인 '높이 나는 자'가 있다는 것을 의식해야만 성장할 수 있다.

오늘날은 과거에 비해 여성적인 것의 가치가 존중되고 여성의 사회적

---

159 김계희. 앞의 논문, 51쪽.

160 화영은 가족과도 연락을 끊었다. 동하만이 유일하게 소통하는 가족인데 동하는 불륜 사실을 준표의 부모에게 찾아가 알리는 역할을 하게 된다.

지위가 향상되고 있는 것처럼 보인다. 그러나 사회와 문화권에 따라 정도의 차이가 있을 뿐 여성적 속성이나 가치는 남성적인 것에 비해 약하고 열등하며 때로 악한 것으로 취급되어 평가절하 또는 왜곡되기도 한다. 가부장적인 남성 위주의 사회와 문화 속에서 살아가는 현대 여성의 부성 콤플렉스는 화영과 같은 특정한 여성만이 겪고 있는 심리적 문제가 아니다. 이 시대 여성이라면 크든 작든 보편적으로 겪는 문제이다. 모든 여성이 개인 아버지와의 관계에서 아버지의 딸은 아니지만 오늘날 가부장적이며 남성중심적인 사회와 문화권에 살고 있는 여성들은 사회와의 관계에서 대부분 원형적인 아버지의 딸의 요소를 가지고 있다.[161)]

(5) 매혹적인 여자 괴물

은수는 화영을 '기름에 튀겨 죽일 년'이라고 욕한다. 통념으로부터의 인간적 해방감을 맛보게 해주는 김수현 작가 특유의 팜 파탈 캐릭터에 대한 언어적 형상화이다. 화영은 팜 파탈적인 매혹적인 여자 괴물(female monster)의 원형을 구현하고 있다. 팜 파탈은 신화와 성서에서 전해오는 이야기에서 비롯되었다. 그리스 신화의 사이렌(Siren)[162)]이 대표적 예가 될 수 있는데 팜 파탈적 속성은 아프로디테 여신의 유혹적이고 파괴적인 특성과도 통한다.

그리스 신화의 요괴나 악귀들 대부분은 여성의 형상을 하고 있다는 점에 주목할 필요가 있다. 인간에게 두려운 존재들이 여성의 형상을 띠

161 Murdock M., *Father's Daughters ; Breaking the Ties That Bind*, Spring Journal Books, Xiii(Introduction), 2005, 김계희, 앞의 논문, 23쪽 재인용.

162 몸의 반은 새이고 반은 사람인 사이렌은 아름다운 노랫소리로 뱃사람들을 유혹하여 배를 난파시켰다. 호메로스의 『일리아스』 『오디세이아』에도 사이렌이 등장한다.

는 것은 이러한 의식의 주체가 남성이기 때문이다. 여성은 남성에게 죽음에 이르는 유혹을 던지는 악마적 존재로 나타난다.[163] 올림포스 신들이 일정한 위계질서에 따라 계보를 확립하기 이전부터 존재해온 위대한 어머니 여신들은 대부분 몰락하거나 괴물 형상의 악한 존재로 변형되었다. 괴물은 영웅에게 처단되거나 살해당할 운명의 존재가 된다.[164] 대표적 예가 제우스와 다나에의 아들 페르세우스에게 목이 잘린 메두사(Medusa)이다.[165] 뱀으로 뒤엉킨 머리카락을 지닌 메두사는 그녀와 시선을 마주친 남성들을 즉석에서 돌로 만들어버리는 마력을 지녔다. 메두사는 파괴적이고 억압적인 남성중심의 그리스 문화에서 위험하게 여겨졌으며 여성의 몸과 정신의 정복과 복종을 정당화시키는 신화로 변질되었다.[166] 오늘날에도 '집안의 천사' 이미지에서 벗어난 화영과 같

163 팜 파탈은 여성적 힘에 대한 남성적 공포가 만들어낸 왜곡된 이미지로서 가부장적 여성혐오(misogyny)를 반영하기도 한다. 서양 가부장제 신화가 갖는 여성혐오란 누군가가 통상적으로 기대되는 여성성의 틀에 맞지 않는다는 이유로 또는 심지어 단지 여성이라는 이유 자체만으로 그 대상을 싫어하는 모든 차별적 인식과 행위를 말한다. 여성을 지배하고 통제하려는 남성적 욕망은 여성 혐오에서 기인하며 따라서 그것은 가부장제의 핵심 근간이 된다.

164 장영란, 『신화 속의 여성, 여성 속의 신화』, 303~313쪽. 영웅이 처단해야 하는 괴물은 우리 내부의 억압된 본능이나 무의식을 상징한다. 괴물 살해는 영웅이 자신을 극복하고 새로운 차원의 존재로 거듭 태어난다는 의미이다.

165 메두사는 서양의 백인 남성 중심 세계에서 여자 괴물의 효시라 할 수 있는 지하 세계의 흉측한 여자 괴물 고르곤(Gorgon)을 말한다.

166 오비디우스(Ovid)에 따르면 본래 메두사는 탐스럽고 매끄러운 머리카락을 자랑하는 아름다운 처녀로 많은 남성들로부터 구애를 받았다. 하지만 메두사는 자신의 아름다움에 취해 아테나 여신보다 자신이 훨씬 아름답다고 자만하여 아테나에 의해 흉물스러운 괴물로 변했다고 한다. 어떤 이유에서든 결국 남성의 찬사의 대상이 되었던 메두사의 아름다운 머릿결은 혓바닥을 날름거리는 뱀들로 바뀌었으며 남성의 성적 욕구의 시선에 맞선 메두사의 시선은 죽음의 공포를 불러왔다. 차희정, 「메두사의 후예들 : 영미여성 문학텍스트의 여자 괴물 되기」, 『인문학연구』 Vol.4, 2011, 198~199쪽.

은 여성들은 메두사처럼 위험, 파괴 등으로 묘사되고 이른바 여자 괴물로 취급된다.

여자 괴물은 가부장제 사회와 문화를 반영하고 있으며 기존 질서를 유지하는 지배 이데올로기의 대항적 산물로 여겨져 남성 지배자들의 절대적 혐오와 제거의 대상이 되어왔다. 그러나 아름다움과 퇴폐적 파괴성을 지닌 여자 괴물은 남성의 성적 쾌락에 대한 금욕적 태도와 도덕적 우월감 뒤에 감추어진 은밀한 욕망과 두려움의 발현이기도 하다. 준표는 텔레비전 시사 프로그램에까지 출연하는 점잖은 대학교수이지만 '지식인의 두 얼굴'[167]을 보여준다.

S# 룸 살롱(4회)

준표 : 지수는 못 버려요. 가정 못 깹니다. 그런데 그 여자도 잃고 싶지 않아요. 이성은 지순데 감정은 그 여자예요. 생각은 지수 건데 마음은 그 여자 거에요. 몸뚱이는 생각이 아니라 마음 따라 움직여요. 지수한테 없는 게 그 여자한테는 있어요. 그 여자는…… 나를 남자이게 해줘요.

여자 괴물은 페르소나에 갇힌 가부장적 남성의 속내를 적나라하게 드러나게 해 그를 사회적으로 추락시킨다. 준표는 동네와 직장에서도 웃음거리가 된다. 남성적 발전 논리가 지배적 가치인 현대 사회에서 여성이 괴물이 된다는 것은 사회적 · 집단적 특성과 개인적 · 심리적 특성이 복잡하게 뒤섞이고 녹아들어 정체성의 문제로 부각된다. 화영은 시작은 불륜이지만 지수처럼 남편에게 생활비를 받고 살림하며 준표의 두 번째 아내로서 아이를 낳고 온전한 가정을 꾸리고 싶어 한다. 그러

167 준표의 이중적인 태도를 풍자하려는 듯 그의 책상에『지식인의 두 얼굴』이라는 책이 놓여 있다.

나 준표는 화영의 소망을 배신한다. 몰래 정관수술을 해버리고 지수가 준 이혼 서류 접수도 유보하며 시간만 끌었다. 화영은 준표의 허위의식과 거짓된 행동을 통해 자신은 가부장제의 착하고 순종적인 여성이 될 수 없다는 것을 깨닫는다.

S# 화영의 거실(23회)

화영 : 나는 지수가 아니야…… 오라면 오고 가라면 가고 삼시세끼 칼같이 해 바치면서 온갖 잔심부름 몸바쳐 해주는 지수가 좋았으면 나랑 이렇게 되지 말았어야지 …(중략)… 지수 놓치기 싫었지? 나랑은 그냥 몸이나 풀면서 놀다 끝낼려고 했었는데 잘못된 거지?

화영과 같이 자의식이 강한 여성 캐릭터는 작가가 창조한 자기구현적 여성 인물[168]로서 메두사의 특성이 많다. 메두사는 고대 그리스 시대부터 오늘날까지 가장 지속적으로 서구의 예술적, 문화적, 문학적 상상력을 자극하는 신화 캐릭터로 활용되었다. 『메두사의 웃음(Le Rire de Méduse)』을 쓴 프랑스의 여성주의 이론가이자 작가인 엘렌 식수(Hélène Cixous)는 메두사 신화를 뒤집어 읽으면서 여성에 대한 공포에 사로잡힌 남성들을 비웃는다.[169] 프로이트는 메두사의 얼굴이 여성의 성기를 상징하며 메두사의 신화에는 여성의 은밀한 곳을 보고 싶은 욕구와 그에 대한 공포가 공존하고 있다고 했다. 메두사를 '보는' 자는 '시력을 상

168 김수현의 〈내 남자의 여자〉의 화영, 〈사랑과 야망〉의 미자와 복수하는 여성인 〈청춘의 덫〉의 윤희 캐릭터가 대표적이다. 신주진, 『29인의 드라마작가를 말하다』, 도서출판 밀, 2009, 40~43쪽.

169 정재서 · 전수용 · 송기정, 『신화적 상상력과 문화』, 이화여자대학교 출판부, 2008, 197쪽.

실'할 것이라는 내용의 신화는 여성을 열등하며 위험한 존재로 규정하고 있다. 메두사 신화는 남성중심적 이데올로기의 재현이며 여성이 현실에서 등을 돌리게 해 똑바로 현실을 바라보지 못하게 하는 것이다. 식수에 따르면 여성은 남성과 대비되어 능동성 : 수동성, 문화 : 자연, 이성 : 감정이라는 계급화된 이중적 대립 체계에서 항상 열등한 것으로 억압되어왔다. 이를 타파하기 위해 여성은 글을 쓰고 문화적 창조를 할 필요가 있다.[170] 김수현 작가는 스스로를 여성주의자라고 한 적은 없으나 대중적인 드라마가 용인할 수 있는 수준 혹은 그 수준을 넘어 때로 도발적으로 식수가 주장하는 여성적 인물을 창조해왔다고 말할 수 있다.

화영은 이른바 '비명(悲鳴)형'으로 분류되는 캐릭터로 가부장 사회의 틀에 맞추어 살기에는 지나치게 화려하고 남자의 손아귀에 쥐어지기에는 자기애가 너무 강한 여성이다.[171] 도발적이고 파괴적인 메두사를 연상시키는 화영은 준표의 뺨을 때리고, 그가 사 온 장미꽃잎을 잔인하게 뜯어내어 던지며, 손가락 하나 까딱 않고 냄비를 안겨주며 해장국 심부름을 시킨다. 이러한 형상화는 가부장 체제 아래에서 고통받는 여성들의 지난한 삶에 대한 반발을 표현한 것이다. 김수현 드라마의 여성 캐릭터들은 가족 질서 안에서 순화되는 경우도 많지만 화영처럼 순치되지 않고 가정이라는 환상에서 벗어나는 경우가 많다. 화영은 '자존심이 바로 자신의 전부'이며 준표의 사랑은 '사기'였다고 결론 내린다.

170 박혜영, 「정신분석과 여성 : 누가 메두사를 두려워하는가?」, 『한국프랑스학회 학술발표회』, 2007, 41쪽.

171 신주진, 앞의 책, 40~43쪽. 화영은 김수현 작가의 진보적 젠더 이데올로기의 대변자라고 평가된다. 유진희, 「라깡을 통해 본 김수현 작가의 주체와 욕망 : 〈사랑과 야망〉 〈내 남자의 여자〉의 여주인공을 중심으로」, 『한국콘텐츠학회논문지』 Vol.12 No.9, 2012, 133쪽.

S# 거실(24회)

– 싸움/준표는 절박/화영은 훨씬 침착

준표 : (두 주먹 움켜쥐어지며) 어떻게 그런 말을 할 수가 있어…… 나는 다 버렸는데/가족도/부모도 재산도 품위도 다 버렸는데! 다 버리고 당신한테 올인했는데!

화영 : 올인? 상황에 밀렸지. 상황이 그렇게 돌아간 거지. 당신 스스로 한 일이 뭔데 …(중략)… 올인은 전부를 다 몽땅 다 내놓는 거야. 목숨까지도 상관없다, 그러는 게 올인이야. 챙길 거 챙기고 남길 거 남기고 그게 올인이라면 올인의 뜻을 바꿔야 해.

아프로디테 여성인 화영은 결코 희생되지 않으며 그로 인해 고통받으려고 하지도 않는다. 남성의 시선에서 여자 괴물은 남성의 관능적 대상으로 존재하기를 거부하며 자기주장과 자율성 그리고 공격성을 지닌 기이하고 괴상한 존재이다. 〈내 남자의 여자〉가 억압된 욕망이 분출해 나타나는 파괴와 해체의 비극이 되고, 남성중심적 가부장제에 균열을 내고 있다면 그 지점에 바로 아프로디테와 메두사 원형을 가진 여성인 화영 캐릭터가 있다.

화영은 알지 못할 미스터리를 내포하고 있는 열린 인물형이다. 열린 인물은 열린 종말을 지향하며 상상력의 여지를 남긴다. 〈내 남자의 여자〉는 열린 결말이다. 식수는 여성적 글쓰기는 차이를 두려는 방향으로 나아가면서 지배적인 가부장적 논리를 해체시키려고 투쟁하기 때문에 열린 텍스트를 지향하게 된다고 했다.[172] 또한 여성 작가의 자아는 무

---

172 안혜련, 『페미니즘의 거울』, 인간사랑, 2001, 131쪽. 1990년대에 들어와 여성 작가들은 수적으로 남성 드라마 작가를 추월하였고 인기 작가 또한 여성 작가가 대부분이다. 남녀차별적인 가부장적 질서 속에서 여성으로 살아간다는 사

엇인가에 '대해' 쓰는 것이 아니라 '다른 사람들로 하여금 스스로 이야기하게 만드는 것'이 중요하며 여성적 글쓰기를 통해 여성성의 긍정적 재현을 모색하는 것이 중요하다고 했다.[173] 식수의 말대로 김수현 작가는 불륜에 '대해' 쓴 것이 아니라 사람들로 하여금 불륜이 일어난 '이후의 이야기'를 다룸으로써 불륜의 본질에 대해 '사람들 스스로 이야기'하게 만들었다.

눈물을 흘리며 한국을 떠난 화영이 가부장제 사회가 여성에게 부여한 부정적 시선을 탈피하고 여성으로서 건강한 웃음을 되찾을 수 있을 것인가 아니면 다시 어머니 옆으로 돌아가 박해받는 딸, 유혹하는 여성, 여자 돈 주앙의 삶을 반복할 것인가. 열린 결말은 궁금증을 유발하여 주인공의 이후 삶에 대해 예측하게 하면서 시청자 자신의 경험과 삶을 반추해 보는 기회로 작용하게 된다.

(6) 여성 주도적 사랑의 구현자

화영은 매우 능동적인 애정 표현을 하지만 결국 파국을 맞는다. 화영과 같은 자기주도적인 사랑을 하는 여성은 그리스 신화에도 빈번하게 등장하지만 대개 남성으로부터 사랑의 보답을 얻지 못하고 배신과 파

실 그 하나만으로도 여성 작가는 여성의 대변자로 위치지어질 수 있다. 여성 작가의 진보적 의식은 제작 과정에서 타협되고 왜곡되고 있지만 여성과 사회를 바라보는 시선은 기존의 표현이나 이해 방식과 다르며 그들이 그려내는 드라마와 여성 인물은 관습적인 방식과 다를 수 있다.

173 '무의식은 언제나 문화적인 것'이며, '문화의 억압된 것들로 구성'되어 있다고 주장한 식수는 문화의 아래쪽으로 억압된 여성은 억압하는 자들보다 더 강렬한 욕망을 가지고 꿈꾸는 미래를 문화에 새겨야 한다고 주장했다. 식수가 말하는 '메두사의 웃음'이란 남성들이 여성에게 부여한 모든 부정적인 의미를 털어내고 본래의 아름다운 모습으로 웃는 여성을 말하는 것이다. 안혜련, 앞의 책, 131쪽.

멸의 비극적 결말을 맞는다.[174] 아리아드네, 메데이아(Medeia), 스퀼라(Scylla), 코마이토(Comaetho)가 대표적이다. 이들은 용맹한 영웅 남성들에게 매혹되어 사랑을 얻으려 하지만 결국 냉혹하게 거부당한다. 이들은 대체로 극단적이고 모험적인 방식을 쓴다.[175] 아리아드네와 메데이아는 사랑을 얻기 위해 부모와 조국을 배신하고 버림으로써 사랑하는 영웅 남성들의 위업 달성을 도와주는 데 성공하지만 결국 믿었던 남성들에게 비참하게 버림받는다. 메가라 왕국의 공주 스퀼라, 타포스 왕국의 공주 코마이토도 마찬가지이다.

그리스 신화에는 여성이 주도적으로 사랑을 이끌어갈 경우 애정 욕구가 좌절당하는 경우가 많다. 이유는 여성들이 지배 체제에 거역하는 선택을 하기 때문이다. 이들은 사랑 자체의 가치를 가장 높이 두고 원하는 사랑을 얻기 위해 엄청난 모험을 감행한다. 대담한 이들 여성들은 순수한 낭만적 사랑, 본능적 쾌락 등을 중요시하며 도덕적 양심, 관습적인 정조 관념이나 결혼 제도 같은 사회적 압력은 경시한다. 체제에 반하는 규범 위반을 무릅쓰고 개인적인 욕구 충족의 방향으로 돌진하는 그리스 신화의 또 다른 여성은 파이드라와 호수의 요정 살마키스(Salmacis)이다. 파이드라는 의붓아들에게 사랑의 신호를 보내지만 거절당하자 분노와 수치심을 못 이겨 목매어 자살한다. 살마키스는 헤르메스와 아프로디테의 아들인 헤르마프로디토스를 발견하고 끈질기게 쫓아다니지만 원하는 사랑을 얻지 못하고 그와 몸이 합쳐져 양성구유(兩性具有, Androgyny)[176]의 무기력한 괴물이 된다. 그리스 신화의 자기

174 반면 그리스 신화의 성공적인 사랑 이야기들은 남성주도적으로 이루어진 것이 대부분이다.

175 양영수, 「제주신화의 여성원리 : 그리스신화와의 비교」, 267쪽.

176 Androgyny는 그리스어에서 유래된 Andros(남성)와 Gune(여성)의 합성어이다. Androgyny는 '남성, 여성 그 어느 쪽에도 치우치지 않는 완전체'라고 할

주도적 애정을 펼치는 여성들은 비참한 자멸이나 폭력의 길을 택함으로써 연약한 여성상을 표현하고 있다. 여성의 주도권으로 시작된 사랑이 파국으로 끝난다는 애정 구도는 여성의 애정 구현 역량을 경시하는 그리스 신화의 남성우월주의를 추정하게 한다.

그러나 우리 신화 중 특히 제주 무속 신화는 여성의 주도권으로 행복한 애정이 구현되는 예가 많아 그리스 신화와 크게 대비된다. 화영과 같이 한 남자에 대한 사랑으로 모든 것을 버리고 따라나서는 여성으로 〈세경 본풀이〉의 주인공 자청비가 있다. 화영과 자청비는 사랑의 쟁취를 위해 겪었던 고난, 상대 남성이 보여주는 사랑의 취약성, 적극성이 공통점이다. 자청비는 모든 면에서 상대 남성인 아둔한 문도령을 능가할 정도로 뛰어났고 지혜와 덕행과 용기를 지닌 긍정적 여성이다.[177] 자신의 배필로 택한 문도령이 준표 못지않은 미온적인 성격임에도 천신만고의 우여곡절을 겪으면서 문도령의 아버지 옥황상제로부터 혼인을 허락받는다.

자청비는 적극적인 사랑의 쟁취자로 남성의 사랑을 기다리지 않고 스스럼없이 자신의 애정 욕구를 표출하고 구애의 신호를 보낸다. 자청비의 능동적인 애정 표현은 여러 차례 등장한다. 자청비는 글공부 가는 문

수 있다. 플라톤의 『향연』에서 아리스토파네스는 그리스 신화의 '안드로규노스'(androgynos)를 소개한다. 인간은 본디 두 성이 한 몸에 결합되어 있는 양성구유의 전인(全人)이었으나 제우스의 노여움으로 둘로 쪼개져 남성과 여성으로 나뉜 이후 온전한 하나가 되기 위해 서로 '잃어버린 반쪽'을 애타게 찾게 되었다. 여기에서부터 연애 감정이 싹트게 되었으며 성적인 경험은 '잃어버린 반쪽이 찾기'라고 말한다. 이윤기, 『그리스 로마 신화 2 : 사랑의 테마로 읽는 신화의 12가지 열쇠』, 웅진지식하우스, 2002, 10~11쪽.

177 김수연, 「한국 신화와 그리스 신화의 문학적 변용 비교 : 영웅 신화의 여성조력자를 중심으로」, 『인문학연구원 학술대회 : 비교학적 관점에서 본 동아시아 신화의 정체성』, 2005, 170쪽.

도령을 주천강 연화못에서 처음 만나는데 그가 마실 물을 청하자 버드나무 잎을 따서 물바가지에 띄워줌으로써 환심을 얻는다. 그리고 전략적인 남장여인의 행색으로 교묘히 자신의 모습을 숨기고 문도령과 함께 글공부를 위해 떠나가서 함께 지낸다. 세월이 흘러 사실을 밝힐 때가 되자 지체없이 위장의 비밀과 사랑의 본심을 고백하는 글을 보낸다. 또한 공부를 마치고 자기 집에 돌아온 날 밤에는 문도령을 여자 친구로 위장시켜 부모의 눈을 속이고 첫날밤을 즐기는 대담성을 보여준다.

그 외에도 여성의 능동적 애정 표현 사례는 제주의 창세신화 〈천지왕 본풀이〉도 나타난다. 천지왕은 지상 세계를 다스릴 아들을 낳기 위하여 땅 위로 내려와 바구왕네 집에 묵기로 하고 바구왕의 딸 서수암과의 동침을 원한다. 바구왕이 딸에게 차마 말을 전하지 못하자 서수암은 자원하여 천지왕이 자는 곳을 찾아간다. 천지왕은 서수암의 대담한 애정 표현을 인정하기는 하지만 여자가 남자의 침방에 먼저 찾아가는 것이 도리가 아니라는 이유로 다음 날까지 기다렸다가 여자의 방으로 찾아가는 묘안을 택한다.[178]

〈이공 본풀이〉에서는 부잣집인 임진국 대감의 딸 원강아미가 가난한 집 아들과 결혼하겠다는 뜻을 아버지에게 표명한다. 김진국 대감과 임진국 대감은 자신들에게 아들과 딸이 태어나면 결혼을 시키자는 약정을 했었다. 그러나 가난한 김진국 집안에서 부자인 임진국 집안과 혼사치를 엄두를 못 내고 있자 원강아미가 나서서 부친을 설득함으로써 사라도령과의 혼사가 성사된다.[179]

〈삼공 본풀이〉에서 운명신으로 간택되는 가믄장아기는 남편 될 남자를 스스로 청해 들인다. 가믄장아기는 부모에게 쫓겨나 헤매다가 자신

178 진성기, 『제주도무가 본풀이 사전』, 民俗苑, 1991, 232쪽.
179 위의 책, 84쪽.

을 먹여주고 재워주는 마퉁이네 집 3형제 중 막내아들과 동침하기를 청한다. 가믄장아기의 구애 방법은 자료에 따라 다소 다르지만 가믄장아기 스스로의 선택이 뚜렷이 부각된다. 가믄장아기는 작은 마퉁이가 식사 중에 효행을 보이고 따뜻하게 손님을 맞는 등 인간성이 형들보다 뛰어나다는 것을 알아보고 신랑감으로 낙점하는 지혜와 적극성을 발휘한다. 가믄장아기는 이불 속 온기를 얻기 위해 '발막아 누울' 남자가 필요하다는 구실로 젊은 배필을 청해 들이는 대담한 애정 표현을 한다.[180] 이런 적극성과 자주성으로 인해 가믄장아기는 나중에 사람의 팔자를 맡아보는 삼공이라는 복신(福神)이 된다. 〈용담동 다끄네 본향당 본풀이〉에서는 외지에서 온 여신 백주또가 배필감을 찾아나서는 능동성을 보인다. 강남천자국 백모래밭에서 솟아난 백주또는 결혼할 상대가 제주도에 있음을 알게 되자 누구의 주선이나 도움 없이 스스로 제주도로 찾아와서 송당리에 사는 총각 소천국과 만난다.[181]

우리 문헌 신화의 여성들은 전반적으로 체제순응적이며 외적 압력 앞에서 개인적인 욕망 추구를 유보한다는 인상이 짙지만 제주 무속 신화에는 이처럼 능동적인 애정 표현을 하는 여성이 많다. 자청비를 비롯한 여러 제주 신화의 여성은 남성 지배, 여성 순종이라는 익숙한 질서에 대한 위반과 전복의 행위들을 종종 보여주고 있다.[182]

남성의 배신에 대응하는 양상에서도 제주 신화와 그리스 신화는 차이가 있다. 그리스 신화는 사랑하는 남성에게 버림받은 여성의 반응 방식이 비참하다. 반면 제주 신화의 버림받은 여성은 강인한 생명력으로 뚝심 있게 독립하고 자신의 길을 간다. 화영은 여성주도적 사랑의 구현

---

180 양영수, 「제주신화의 여성원리 : 그리스신화와의 비교」, 270쪽.

181 현용준, 『제주도 무속자료사전』, 신구문화사, 1980, 591쪽.

182 송태현, 앞의 논문, 142~143쪽.

자로서 남성에게 배신당하지만 비참하지만은 않다. 배신한 남성을 스스로 버리고 애정을 거두어들이기 때문이다. 그리스 신화의 여성들이 사랑을 적극적으로 표현한 결과 버림받은 상처로 죽거나 파멸되는 것과는 달리 화영은 제주 신화의 여신들처럼 훌훌 털어버리고 떠난다. 이런 모습은 제주 신화 여신들의 기상과 통하는 부분이 있다. 제주 신화의 여신들이 독립적이고 능동적일 수 있는 이유는 전통적으로 제주 여성이 경제권을 쥐고 있으며 사회 활동을 했기 때문이라고 보인다. 직업과 경제력이 없는 여성은 '남편이 벌어다 주는 돈으로' 살아가는 의존적인 생활을 거부하기 어려울 뿐 아니라 매달리는 남성을 두고 떠나가는 것도 쉽지 않다. 화영은 경제적 능력이 충분한 유능한 성형외과 의사이기 때문에 의존할 이유가 없다.

화영의 팜 파탈 캐릭터를 능가하는 악녀 캐릭터로 제주 신화 〈문전본풀이〉의 노일제대구일의 딸이 있다. 노일제대구일의 딸은 화영처럼 본처인 여산부인을 밀어내고 아내의 자리를 차지하지만 만족하지 않고 여산부인을 죽이고 발각될 위기에 처하자 남선비와 일곱 아들까지 죽이려고 한다. 가히 한국 신화 최고의 악녀라 불릴 만하다. 흥미로운 것은 여산부인이 첩을 내치지 않고 남편의 청원을 들어 노일제대귀일의 딸과 셋이 함께 살게 되는 대목인데 화영의 "셋이 살면 안 될까?"라는 대사가 연상된다.

우리 신화에는 이처럼 대립 요소 간의 평화 공존의 원리가 종종 등장하는데 〈세경 본풀이〉의 자청비에게서도 재현된다.[183] 자청비는 문도령을 살리기 위해 환생꽃을 얻으러 남장을 한 채 서천꽃밭으로 찾아간다. 이때 자청비는 서천꽃밭의 파괴자인 부엉이를 퇴치해주는데 자청비를 남자로 잘못 알고 있던 꽃감관은 자청비와 자기 딸의 혼사를 성립시킨

183 양영수, 「제주신화의 여성원리 : 그리스신화와의 비교」, 278쪽.

다. 자청비는 환생꽃으로 되살아난 남편에게 부탁하기를 서천꽃밭에서 맺었던 위장결혼의 약속을 지켜야 하기에 남편이 일정 기간씩 세월을 나누어서 두 여자 사이를 왔다 갔다 하며 살도록 청한다. 일부다처관계를 용인하는 것이다. 이러한 모습은 그리스 신화에서 혼외관계를 막고 결혼의 순결성을 수호하는 문제를 두고 끝없는 반목과 살상 사건이 일어나는 것과는 차이가 있다.

화영은 여성주도적 사랑의 구현자로서 능동적인 애정 표현을 하지만 파국을 맞는다는 점에서 그리스 신화의 적극적인 애정 표현의 여성들과 유사하다. 그러나 비극적인 파멸을 맞는 그리스 신화의 여성들과는 달리 제주 신화의 여신들처럼 의존에서 벗어나 독립적으로 자신의 길을 간다.

2) 차가운 달의 여신

멜로드라마 〈내 남자의 여자〉의 여성 캐릭터가 가지는 가장 도드라지는 성취 중의 하나는 원수가 될 수 있는 불륜의 가해자 화영과 피해자 지수의 자매애를 그렸다는 점이다.[184] 이는 사냥과 달의 여신 아르테미스 원형과 관련 있는 속성이다. 아르테미스는 경쟁심이 가득한 큰언니 같은 유형이다. 여성들과 자매애를 보이며 독립적 · 감정적이고 잔인한 면이 있고 목표물을 향한 궁수로서 끈질기게 표적에 초점을 맞춤으로써 자신의 목표를 완성해낸다. 이러한 특성은 화영의 성격과 통한다. 아르테미스의 강한 성격은 좀처럼 좌절하지 않는다. 볼린에 따르면 아르테미스는 연약함에 대해 경멸하는 경향, 파멸에 이르게 하는 분노와 잔인

---

184 기존 멜로드라마의 가부장적 서사 전략은 순응형 여성은 선택하고 비순응적 여성은 배척하며 가해 여성과 피해 여성 간의 반목을 통해 가부장제를 더욱 공고히 해온 반면 〈내 남자의 여자〉는 다르다.

함, 무심해서 가까이하기 어려운 특성을 가지고 있다. 화영은 아프로디테 원형이 지배적이지만 부차적으로 아르테미스 원형을 구현한다.

(1) 달의 여신의 분노와 자매애

화영의 직업은 성형외과 의사이다. 현대 사회에서 남성의 영역으로 여겨온 분야에 진출해 성공한 많은 여성들은 아테나와 아르테미스 여신 원형의 영향을 받고 있다. 화영에게서는 목표지향적인 아르테미스 원형이 더욱 부각된다. 화영은 모든 것을 팽개치고 한국에 와서 '지긋지긋한 의사 가운 두 번 다시 안 입는다'며 일은 절대 안 하겠다고 선언한다. '앵벌이'의 삶에 진절머리가 나서 하는 말일 수 있으나 화영이 직업적 성취에 큰 뜻을 두고 있는 아테나 원형과는 거리가 있음을 보여준다. 하지만 준표에 대한 사랑을 쟁취하고야 말겠다는 목표는 너무도 뚜렷하고 집요하다. 화영은 '떠나라'는 협박에 절대 물러서지 않고 결국 자신의 표적인 준표를 '내 남자'로 만들어 목표를 달성한다.

아르테미스는 달의 여신이다. 남성의 관점에서 아르테미스 여성은 인어와도 같다. 반은 아름다운 여성이되 나머지 반은 차갑고 비인간적이라는 느낌을 준다. 하딩은 아르테미스의 차가운 여성성은 달의 여신이 가지는 차가움과 무심함에서 기인한 것이며[185] 남성은 차갑고 무심한 성격임에도 아르테미스에게 끌린다고 한다. 차가운 아르테미스 여성은 사랑하는 남성에 대해 관심이 없어지면 잔인해질 수 있다. 화영은

---

185 Harding, M. Esther, *Woman's Mysteries*, New York: Bantam, 1973, p.140, Bolen, 『우리 속에 있는 여신들』, 80쪽 재인용. 달이 차오르는지 모르고 점점 차오르다가 만월이 되면 어느새 사라져버리는 특징을 말하는 것이다. 이러한 차가움은 여성 괴물과 맞닿는 부분인데 아르테미스에는 고르곤적인 측면이 있다. Schmidt, Victoria, 앞의 책, 38쪽.

마지막 회에서 "싫증났어. 끝내. 간단해. 나는 당신하고 달라. 한번 결정하면 앞도 뒤도 안 봐."라고 말한다.

아르테미스는 처녀 여신이다. 처녀 여신은 자신의 가치에 따라 행동하고 자신을 충족시키며 자신에게 의미 있는 것에 따라 움직인다. 남들이 어찌 생각하는지는 관심이 없다. 내가 진정 누구이며 바라는 것이 무엇인지가 가장 중요하다. 관심을 현재 자신의 문제에 집중시키는 능력이 있다. 무대 위의 핀 조명처럼 하고 있는 일에 완전히 몰두함으로써 목표에 관련되는 것이 아니라고 생각하면 쉽게 관심에서 제거한다. 준표는 관심 대상에서 점차 벗어난다. 화영은 "당신과 평생을 도모할 목적도 이유도 없어졌어. 당신은 나한테 더 줄 것이 없어. 더 이상 가슴이 떨리지도 않고."라고 차갑게 말한다.

아르테미스는 불같고 거친 성격의 여신이다. 테베의 왕자 악타이온(Actaeon)은 사냥을 하다가 길을 잃어 우연히 아르테미스와 요정들이 목욕하는 모습을 보게 되었다. 분노한 아르테미스는 악타이온을 수사슴으로 변하게 해 사냥개들에게 물려 죽게 했다. 아르테미스는 잔인할 정도로 보복을 하거나 처벌을 내릴 때에도 자신이 완전히 정당하다고 생각한다. 동정심은 없으며 약함을 경멸하고 자신의 비위를 상하게 하면 파멸에 이르는 분노를 표출하기도 한다.[186] 아르테미스 여신의 분노와 대응할 만한 것은 헤라 여신의 분노밖에 없다. 분노의 강도는 비슷하다고 해도 헤라는 여성에 대해 분노하는 반면 아르테미스는 남성에 대해 분노한다. 남성이 자신을 얕보거나 중요하다고 생각하는 일을 존중해주지 않기 때문이다.

186 Bolen, 『우리 속에 있는 여신들』, 80~81쪽.

S# 화영의 거실(24회)

화영 : 당신은 내 자존심을 누더기 만들었어. 당신은 단 한 번도 완전한 내 남자였던 적이 없었어, 당신은 나랑 살면서도 저쪽으로 연결된 끈 한 번도 놓지 않았어.

준표 : 아니야!

화영 : 당신은 자식 하나는 낳아 키워보고 싶다는 내 원조차 묵살해버렸어. 당신은 엑스와이프가 건네준 이혼신고서를 보물처럼 감춰두고 이때나 저때나 기다리는 날 철저하게 기만했어. …(중략)… 나는…… 인내심이 없어…… 내가 원했던 건…… 이게 아니야…… 내가 원했던 게 아니면…… 나는 버려…… 나는 그래…….

목표에 열중하고 주변 사람들의 기분에 대해 무관심한 아르테미스는 언제나 사라질 수 있는 사냥의 여신이다. 야생동물이 한순간 보이다가 다음 순간에 사라지듯이 숲 속으로 사라져버릴 수 있다. 아르테미스가 사라져버리는 일은 아주 쉽다. 화영은 과거 지수와도 연락을 끊었다 다시 연락하고 끊어버리는 등 자기 멋대로였듯이 자신을 '몽땅 던진' 준표에게서도 순식간에 사라져버린다.

가부장제에서 남편을 뺏긴 여성과 친구의 남편을 빼앗은 여성은 원수 사이가 되는 것이 일반적이다. 멜로드라마는 관습적인 재현 전략을 펴왔다. 그러나 화영과 지수는 아르테미스 원형의 자매애를 보여준다.

화영은 지수가 "사람 죽이고 갇혀 있어도 마지막까지 나를 안 버릴 고마운 친구"라고 말한다. 준표를 빼앗아 살면서도 힘들 때마다 지수를 찾아가고 지수를 그리워한다. "니가 아니고 딴 사람이 나한테는 왜 없니…… 괜찮아…… 별일 아니야. 그럴 수도 있지…… 그래줄 사람."이 바로 지수라는 것이다.[187] 1970년대 후반부터 여성성을 강조하는 급진

187 화영은 단순히 개성적인 악녀가 아니라 인간의 변화무쌍한 심연에 대해 끊임

주의 여성주의자들은 여성들의 우정과 양육 능력, 타인과 제휴하는 능력, 협동해서 일하는 능력인 자매애에 관심을 가지기 시작했다. 자매애는 인종과 계급, 이해관계를 초월하여 여성이기 때문에 공감할 수 있는 따뜻한 암묵적 연대감을 의미한다. 자매애는 여성들을 상호 분리시키는 이성애와 달리 모성적이고 협동적이며 이타적인 여성 원리를 바탕으로 하고 있기 때문에 여성들이 자신들이 처한 어려운 현실을 이겨나가는 하나의 힘이 되었다.[188]

아르테미스 여신은 여성운동이 이상형으로 생각해온 성향을 가지고 있다. 경쟁력과 성취력, 남성들의 의견으로부터 독립되어 있으며 고통받는 자들과 힘없는 여성과 어린이들에 대한 배려심 등이다. 아르테미스는 수많은 요정들과 산과 들로 함께 다니며 숲 속을 탐험하고 사냥을 했다. 여성의 일과 역할에 대해 제약을 받지 않았으며 남성의 통제를 받지 않았다. 모두 자매처럼 지내며 큰언니와 같은 역할을 했다.

화영은 지수를 잃고서야 지수가 얼마나 소중한 친구였는지 깨닫는다. '웃기게도 고해성사 바치는 신부님처럼 힘들면 생각나는' 사람이다. "너를 잃은 게 나한테 얼마나 큰 상실인지 너 아마 모를 거란 말 하면 너 믿을까? 너를 좋아했다구."라고 말한다. 드라마가 진행될수록 두 여

없이 존재론적 질문을 던지는 인물이다. 이러한 다면적 캐릭터의 구축은 복잡한 인생과 미묘한 인간 심리에 대한 통찰이 없이는 불가능하다. 화영은 화려하고 당차 보이지만 황폐하기 이를 데 없는 가여운 인생이다. 안정되고 이타적이고 지적이며 성실한 지식인이자 부족함 없는 전문직 여성 대신 억눌리고 인내해온 삶, 여성 의사의 거칠고 고된 일의 이면을 보여준다. 하늘을 찌를 듯한 자부심을 가진 의사임에도 거침없는 동물적 욕망, 이기심, 무거운 책임감에 대한 염증 등 의사라는 지위와는 상관없는 나약한 인간 여성의 모습을 친구 남편을 뺏은 불륜녀라는 설정을 통해 묘사하고 있다.

188 김경혜, 「『한여름 밤의 꿈』에 나타난 여성인물들의 자매애에 대한 연구」, 『고전 · 르네상스 영문학』 24권 1호, 2015, 93쪽.

성의 친밀감과 연대감은 더욱 부각된다. 화영은 아이를 가지려고 노력했지만 준표의 기만으로 절망에 빠지자 지수를 찾아와 하소연한다. 지수는 화영을 만나고 집에 돌아와 혼잣말을 한다.

S# 지수의 거실(22회)

지수 : (소파에 앉아서)…… 화영아…… 나는…… 아버님 말씀처럼 칠뜨기라서…… 칠뜨기처럼 왜 이렇게 니가…… 안쓰럽니…… (일어나 서성거리기 시작)…… 너가 탐낸 사람이 홍교수만 아니었다면…… 아마 너를 보며 울었겠지…… 울어지지는 않더라…… 내가 쓸쓸한 건 더 이상 네 문제 때문에 너와 같이 울어줄 수 있는 마음이 아니라는 거야…… 나는…… 그게 참…… 서글프다…… (멈추어 서서)

지수와 화영은 피해자와 가해자, 패자가 승자를 가르는 적대자의 대립이 아니라 정서적 지지를 해주며 우정을 나누는 여성들의 모습이다.

(2) 아탈란테의 성숙

아르테미스 여성의 성숙은 대개 관계 안에서 생긴다. 무의식 속의 수용적이고 관계지향적 잠재 능력인 동정심과 애정을 계발해야 심리적 어려움을 극복할 수 있다. 그것은 사랑하는 남성을 통해 또 아이를 낳음으로써 이뤄진다.[189] 아르테미스 여성의 이러한 진전은 추구했던 목표를 이미 완성했거나 실패해 추진력이 소진된 후에야 가능하다. 아르테미스의 변화를 위해서는 아프로디테의 도움이 필요하다.

아탈란테(Atalanta)의 달리기 경주 이야기는 아르테미스가 성숙하려면

---

189 Bolen, 『우리 속에 있는 여신들』, 84쪽.

해결해야 할 과제가 무엇인지를 보여준다.[190] 아탈란테는 아르테미스에게 순결 서약을 하고 무예와 사냥에 전념하던 여전사이다. 어려서 딸이라는 이유로 숲에 버려진 채 아르테미스 여신이 보낸 곰의 젖을 먹으며 자라다가 사냥꾼들에게 발견되어 성장했다. 아탈란테는 연인이었던 사냥꾼 멜레아그로스와 함께 사나운 멧돼지를 죽인 후 유명해졌다. 멜레아그로스는 멧돼지를 죽인 후 아탈란테의 품에서 죽는다. 아탈란테는 사냥하던 산을 떠나가 아버지 이아소스의 왕위를 이어받을 후계자로 인정받는다. 아버지는 아탈란테에게 결혼을 강요하지만 그녀는 원치 않는다.[191] 결혼으로부터 자유로워지고 싶었던 아탈란테는 달리기 시합에서 자신을 이기는 사람과 결혼하겠다고 한다. 누구도 아탈란테를 이길 수 없었지만 마지막 도전자인 히포메네스는 예외였다. 히포메네스는 운동을 잘하지 못했기 때문에 이기는 것이 불가능했다. 하지만 아프로디테 여신의 도움으로 세 개의 금사과를 던져 목적을 달성한다.[192]

볼린에 따르면 첫 번째 금사과를 던졌을 때 아탈란테는 금사과의 반사되는 빛 때문에 자신의 일그러진 얼굴을 보고 늙은 모습을 상상하게 되었으며 세월이 흐르고 있음을 인식했다. 아르테미스처럼 활동적인 여성도 항상 젊지는 않으며 과거와 미래를 가늠해볼 필요가 있다는 은유이다. 두 번째 사과는 죽은 멜레아그로스와의 추억을 떠오르게 했

---

190 이하 Evslin, Bernard, "Atlanta", in *Heroes, Gods and Monsters of the Greek Myths*, Toronto : Bantam Pathfinder, published by arrangement with Four Winds Press, 1975, pp.173~190, Bolen, 『우리 속에 있는 여신들』, 85~86쪽 재인용.

191 그리스 사회에서 결혼은 여성에게 하나의 속박이었기 때문이다. 자식을 낳아도 남편의 아이이고 아내는 아무런 권리도 행사할 수 없었다. 아탈란테 자신도 여자아이라는 이유로 버려졌다. 장영란, 『신화 속의 여성, 여성 속의 신화』, 246~247쪽.

192 이하 Bolen, 『우리 속에 있는 여신들』, 85~86쪽.

다. 육체적이고 감정적으로 밀착된 관계를 갖고 싶다는 욕구는 아프로디테에 의한 것으로 여성의 관심을 사랑과 애정으로 돌리게 한다. 마지막 사과가 던져졌을 때 아탈란테는 갈등한다. 그냥 달려서 이길 것인가 아니면 금사과를 줍으로써 경기에서 지고 히포메네스의 아내가 될 것인가의 기로에서 아탈란테는 후자를 선택한다. 세 번째 사과는 아이를 낳으려는 본능과 창의력을 상징한다. 아탈란테는 히포메네스에게 져서 결혼하게 된다. 그러나 명확히 말하면 아탈란테는 경주에서 진 것이 아니다. 불굴의 전사인 아탈란테를 이길 수 있는 사람은 없다. 아탈란테는 패배한 것이 아니라 단지 남성을 선택했을 뿐이다.

아르테미스 원형의 측면에서 보면 화영은 아탈란테처럼 아프로디테의 도움으로 준표와의 관계에 '올인'할 수 있었다. 사실혼 관계에 들어가서는 헤라와 데메테르 원형이 활성화됐다. 준표에게 생활비를 받고 감격하면서 '남자에게 생활비 받아보는 거 처음'이라며 눈물을 글썽이고 요리를 배우러 다니며 아이를 가지려고 산부인과에 다니며 노력했다. 그러나 아탈란테가 결혼으로 인해 불행해졌듯이[193] 화영의 동거 생활은 결국 파국을 맞는다.

S# 주방(24회)
– 밥 먹고 있는 두 사람. 아무 말 없이…… 말없이/말없이……

193 히포메네스는 자신의 승리와 결혼에 대해 아프로디테에게 감사하지 않았고 분노한 아프로디테는 그들을 사자로 변하게 만든다. 히포메네스가 아프로디테에게 적절한 감사를 하지 않는다는 것은 그들의 사랑이 변질됐거나 지속되지 않았다는 뜻이며, 두 사람을 사자로 만들었다는 것은 사자들이 평소에 서로 짝을 이루지 않는 습성으로 볼 때 남은 생애를 서로 사자처럼 으르렁거리고 살았다는 의미일 수 있다. 아탈란테는 신체적으로나 정신적으로 자유로운 여인이다. 자유롭고 강인한 여성은 닫힌 사회 속에서 불행을 자초할 수밖에 없다. 장영란, 『신화 속의 여성, 여성 속의 신화』, 249쪽.

화영 : 내가 여자인 것을 느끼게 해주는 내가 사랑하는 남자와……
다른 여자들이 여자로서 누릴 수 있는 걸 나도 누리고 싶었어…… (멈추고 보는 준표) 눈곱만한 의심도 없이 충분히 사랑받는다는 확신…… 나를 보호해주는 견고한 울타리…… 사랑하는 남자의 분신을 낳아 키우고 싶은 마음…… 여자이면서 동시에 인간으로 존중받아가면서…… 욕심이 너무 과했나 봐.

준표: …… (묵묵히 먹는) ……

아르테미스의 성숙에 아프로디테와 관계지향적인 여신들이 간여하는 것은 맞다. 그러나 어느 쪽으로든 치우치는 것은 부작용을 부른다. 아프로디테의 사과는 정열을 불러일으키는 사과였다. 아르테미스 원형의 관점에서 화영에게 준표와의 사랑과 결합은 삶의 균형을 잡을 수 있는 절호의 기회일 수 있다. 아프로디테가 가진 긍정적 측면은 정신적 사랑, 영적인 연결, 깊은 우정, 신뢰감, 감정이입적 이해이다. 불륜의 사랑이었지만 화영은 준표에게 기대를 건다. 그러나 육체적 사랑에의 치우침, 우정에 대한 배신, 불신이 가득 찬 아프로디테의 부정적 측면이 과도하게 활성화되었다. 화영은 준표에 대한 신뢰를 잃어가면서 아내로서의 생활에도 회의를 느낀다.

S# 화영의 거실(23회)

화영 : 지수를 와이프의 표상으로 생각하지 마. 그건 틀렸어. 아내는 아내지 종이 아니야. …(중략)… 밥해 주기 싫은 날 있어. 그래도 해줬어. 그러다 보니까 지수가 된 거 같아. 당신 아내로 살고 싶긴 하지만 지수가 되고 싶진 않아.

위 말은 화영이 스스로에게 하는 말일 수 있다. 화영은 무의식중에 자신의 그림자인 지수를 비난하면서도 그렇게 되고 싶었던 것이다. 그러나 이 과정은 한쪽으로 치우친 화영의 내면이 균형을 잡고 본연의 자기로 돌아가기 위해 필요한 시간이었다. 화영이 지수처럼 되어갔다면 그것은 또 다른 투사를 하는 것이다. 누구나 자기답게 살아야 한다. 그것이 진정한 개성화이다.

〈내 남자의 여자〉의 결말은 화영이 준표를 떠나지만 앞으로 어떤 선택을 할 것인지 보여주지 않는다. 아르테미스 여신은 가부장제의 희생양을 자처한 아가멤논의 딸 이피게니아(Iphigenia)를 구원했다. 화영이 경험을 통해 스스로를 구원하고 자기실현을 향한 개성화의 길로 가게 될지 여전히 콤플렉스와 그림자에 사로잡혀 이전보다 못한 인생을 살게 될지는 화영 내면의 아르테미스 원형이 얼마나 큰 지배력을 발휘하느냐에 달려 있을 것이다.

4. 분노한 착한 여자 헤라형

〈내 남자의 여자〉의 여성 대립자 김지수는 긍정적이며 정직하고 순수하고 세심하며 배려가 많은 좋은 아내, 좋은 어머니, 좋은 며느리, 좋은 딸이다. 일부일처제가 요구하는 여성의 역할을 잘 해내기 위해 노력하며 남편 준표를 누구보다 최우선으로 받들고 보살피는 '준표 해바라기'이다. 지수는 결혼의 수호신 헤라 원형이 지배적인 여성이다. 현대 여성들조차 결혼해서 안정해야 한다는 문화적 기대의 압력에서 벗어나지 못하는 현실에서 헤라는 사회로부터 강력한 지원을 받는 여신 원형이다. 헤라는 다른 어떤 그리스 여신보다 더 많은 존경을 받지만 제우스의 끝없는 외도로 인해 수치를 당하기도 했다. 분노한 헤라 원형의 지수는 준표의 외도 사건으로 인해 페르소나를 벗고 가부장제가 정해

놓은 착한 아내의 길을 거부한다.[194)]

1) 버림받은 결혼의 수호신

지수는 헌신적인 아내, 모범적인 엄마, 순종적인 며느리로서 완벽한 가정을 만들어나가며 살아왔다고 자부한다. 주변을 너무 챙기고 착한 말만 해서 별명이 천사표인 '착한 여자'의 전형적인 모습이다.[195)] 홍준표와 7년 연애 끝에 환영받지 못하는 결혼을 했지만 외며느리로 10여 년을 겪고 이제서야 시부모로부터 인정받았다. 남편은 오랜 시간강사 생활을 마치고 전임강사가 되어 곧 교수가 될 것이고 아들 경민도 잘 자라주어 부족함이 없다. 꿈이 현모양처였고 그 꿈을 이루었다고 생각했다. 그러나 예상치 못한 위기가 닥친다. 남편의 배신 그것도 상대가 가장 친한 친구라는 현실과 맞닥뜨리면서 지수는 인생 최대의 변화를 맞는다.

(1) 현모양처의 허상

헤라 원형 안에는 긍정적인 면과 부정적인 면이 공존한다. 헤라는 신실한 아내로서 신성한 결혼을 지켜나가는 언약의 여신이면서 동시에 남편에게 감정적으로 의존해 있어서 배신당하면 분노와 비통함에 빠질

---

194 지수는 데메테르 원형도 많이 가지고 있다. 그러나 일부일처제 결혼의 수호자로서 아들보다는 남편을 가장 중요하게 받들어온 여성이기에 헤라 여신의 원형이 더 지배적인 캐릭터이다.

195 '착한 여자 콤플렉스(The Good Girl Complex)'는 여성의 사회 진출과 자기주장이 활발해진 오늘날에는 특별히 새롭지 않은 개념이지만 가부장제 사회에서 여성다운 착한 여자는 변함없이 선호되는 여성상이다. Fezler, William · Field, Eleanor, 『착한 여자 콤플렉스』, 백상창 역, 문학사상사, 1991.

수 있고 다른 여성에게 복수를 꿈꾸는 질투의 여신이다. 그러나 지수는 결혼의 허상을 깨닫고 상대 여성에게 복수하는 대신 남편에게 분노함으로써 헤라 원형의 변용을 보여준다.

〈내 남자의 여자〉의 첫 장면은 지수의 집에서 시작된다. 나무의 꽃봉오리가 피어나는 것을 보고 방글방글 웃으며 "이쁘게 꽃 많이 펴줘야 해, 응?"이라고 말한다. 지수의 집은 마당과 목조 데크가 품위 있어 보이는 행복한 중산층 가정의 모습을 보여준다. 가족 구성원 모두가 안정과 애정을 느낄 수 있는 안식처이자 바슐라르가 말한 행복의 공간이라고 말할 수 있다.[196] 지수는 '연애 7년 결혼 13년, 모두 20년'을 남편만 바라보면서 살았다. 언니 은수의 남편 달삼(김병세 분)이 천하의 바람둥이인 반면 준표는 '공부랑 가족밖에 없는 성실한 사람'이라고 생각하며 절대 배신하지 않을 것이라고 확신한다.

> S# 카페 앞(3회)
> 지수 : 그럴 사람 같으면 자기 부모랑 7년씩이나 싸우면서 기어이 나랑 결혼 안 해.
> 은수 : 넌 그거 하나로 모든 게 다 완벽한 걸로 아는데.
> 지수 : (오버랩의 기분) 글쎄 난 언니처럼은 못 산다니까? 그렇게 살게 되면 안 살고 말아…… 믿을 수 없는 사람하고 어떻게 살어.

'고지식한' 지수는 결혼은 약속이라고 믿고 산다. 절대적 신뢰로 준표를 '떠받들면서', '하나서부터 열까지 전부 다 몽땅 다 바치고' 살아온 이상적인 아내이다. 준표 또한 "세상에 태어나 지수처럼 나한테 헌신한 사람 없어. 어머니도 지수만큼은 아니었어. 천사였어."라고 인정하는

---

196 Bachelard, Gaston, 『공간의 시학』, 곽광수 역, 동문선, 2003, 75~79쪽.

'만점짜리 와이프'이다. 지수는 '그렇게 사는 것이 좋고 기뻤던' 전형적인 헤라 원형이다. 헤라 여성은 결혼할 때까지 순결을 지키고 결혼 후에는 아내의 자리를 충실하게 지킨다.

헤라 여성은 양처(良妻)의 모습을 갖추고 있다. 우리 사회에서 '양처'의 모습은 1930년대 잡지 『삼천리』에서도 언급되고 있다. '가정 일을 전적으로 맡아 하며 가계를 절약하며 사치하지 않고 질서 정연하게 가정을 꾸미고 어린애를 청결히 씻기며 남편의 마음을 헤아리며 꽃같이 방글방글 피어오르는 미소 속에서 이야기를 나누는 아내'[197]로 묘사되는 이상적 아내가 바로 지수이다. 일제강점기를 거쳐 형성된 현모양처 이데올로기는 점차 낭만적 사랑을 강조한 '사랑받는 아내 성공하는 남편'의 형태로 전화되어왔다. 전문적 직업 활동에 집중하게 된 남편을 쉬게 하고 자녀를 양육하는 일에 전념하는 가정의 전담 관리자인 주부중심의 핵가족은 현대의 이상적 가족으로 고착화한 지 오래이다.

지수는 어려서부터의 꿈인 '초지일관 현모양처'의 꿈을 이룬 듯이 보인다. 준표가 바깥일 하기에 어떤 불편함도 없도록 집 안팎의 모든 일을 자신이 처리한다. 헤라 여성은 삶의 중심을 남편으로 삼는 것에 기쁨을 느낀다. 지수는 데메테르적인 모성으로 아들도 챙기지만 순위를 매기자면 남편이 우선이다. 아들도 "엄마는 아빠가 우선이시잖아요."라고 하고 달삼이 "처제가 자네한테는 완벽한 파트너였어."라고 말하듯이 헤라 여성은 남편을 중심으로 한 결혼 생활에 매우 충실하다.

헤라 여성의 삶은 남편을 중심으로 짜이며 제한된 생활을 하기 쉽다. 지수는 일주일에 한 번 자원봉사 가는 날을 빼놓고는 준표의 일거수일투족에 집중해서 산다. 헤라 여성에게 자신의 일은 부차적이다. 남편의 사회적 출세를 우선으로 여기며 자신의 시간과 기회를 전적으로 남편

---

197 조혜정, 『한국의 남성과 여성』, 문학과지성사, 1999, 111쪽.

을 위해 사용한다. 지수는 호텔에서 근무했으나 결혼과 함께 그만두었다. 설사 직장을 가진 여성일지라도 헤라 여성의 진짜 직장은 결혼 생활이다. 헤라 여성은 자신의 일이 남편의 일만큼이나 중요하다는 주장은 할 생각을 못 한다. 친한 친구도 없다. 남편과 같이 있기를 가장 좋아하기 때문이다. 지수가 화영을 챙기고 다른 친구까지 챙기는 이유는 아르테미스와 데메테르 원형이 있기 때문이다.

현대판 헤라 여성은 남편이 자신을 완성시킬 것이라는 기대감을 가지고 있다.[198] 남편을 구세주로 여기고 그가 자신을 충족시킬 의무가 있다고 생각한다. 헤라 여성은 따뜻한 애정을 필요로 하는 나약한 면과 사회적으로 권력을 잡고 있는 모습을 동시에 가진 남성과 결혼하는 경우가 흔하다. 신화에서 제우스는 헤라에게 접근할 때 가냘픈 새로 변하여 헤라의 품에 안긴 후 자신의 본모습을 드러내었다. 지수 또한 준표의 부모 반대가 심해 '헤어지자'고 했을 때 준표가 "지수야, 너는 내 소망이야."라고 말한 것을 소중하게 여겨 결혼을 강행했다. 남편의 '입안의 혀처럼' 구는 헤라 여성의 행복의 조건은 남편이 자신에게 헌신적이며 결혼 생활을 중요하게 생각하고 아내 역할에 고마워하는 것이다. 그러나 남편의 생각은 다르다.

S# 지수 거실 주방(10회)

지수 : 아무것도 안 하면서, 애 병원 데리고 다니는 거, 쓰레기 버리는 거…… 학부형 모임 나가는 거, 공과금 처리하는 거, 자동차 고장 수리 해 오는 거.

준표 : (오버랩의 기분) 그건 당신이 그렇게 만든 거야…… 내가 처음부터 원래 아무것도 안 하는 사람이었어? 뭐든지 다 당신이 하러 들었잖어. 나를 아무것도 할 일 없는 사람 만든 건

198 Bolen, 『우리 속에 있는 여신들』, 106쪽.

당신이야. …(중략)…

지수 : 이제 와 이런 얘기가 다 무슨 소용이야. 나는 그게 내가 할 일인 줄 알고 그게 행복인 줄 알고 살았는데 당신은 아니었다니 서글픈 짝사랑만 하다 끝난 거지 뭐.

남성의 공적인 일터에 일차적 비중을 두고 여성에게는 가정만이 그 일차적 충성을 바칠 곳이라는 이데올로기가 지배하는 사회에서 부부 평등적 가치와 규범은 남성 지배를 용이하게 하는 방편에 지나지 않게 된다.[199] 헤라 여성은 남편이 결혼 생활에 무관심한 것에 상처를 받는다. 그러나 지수는 그러한 사회문화적 통념을 사랑이라고 믿고 고립된 가정 안에서 상처를 참으며 남편만을 내조했다. 그런 삶이 '행복보다는 편안하다'고 스스로 위로하며 산 것이다. 전통적 여성상에 가까운 지수의 모습은 데메테르적 모성의 발현과 관련이 있다. 준표와 살게 된 화영이 "갈수록 니가 경탄스러워. 어떻게 그렇게 모든 것을 너 혼자 이해하고 받아주면서 살 수 있었는지."라고 하자 지수는 "같이 살면서 정말 결정적으로 얘기해야겠다 그런 거 아니면 나는 다 넘어갔어. 별거 아닌 일로 따지고 파고들다 보면 감정만 다치고 좋을 거 없잖아."라고 말한다. 지수는 아내란 남편을 받아주고 이해해주는 것이 맞고 그게 자신의 할 일이고 행복인 줄 알았다. 착한 아내가 갖추어야 할 덕목이 헌신임을 의심해본 적이 없기 때문이다.

볼린은 여성에게 다른 어떤 원형도 헤라 원형만큼 인생의 충족감을 주지는 못한다고 말한다.[200] 아내 역할이 인생의 의미와 만족감을 줄 것인지 고통과 분노심만 남길 것인지는 결혼 생활의 경제적 수준과 남

---

199 조혜정, 앞의 책, 118쪽.

200 Bolen, 『우리 속에 있는 여신들』, 171쪽.

편의 충실성에 달려 있다. 지수의 가정은 남부러울 것 없이 보이지만 준표가 전임강사가 되었는데도 시댁의 경제적 보조를 받고 있고 집도 준표 아버지가 사주었다. 이런 시혜도 시부모가 지수를 인정하게 된 몇 년 전에야 시작된 것이다. 지수는 주말마다 시댁에 가고 시시때때로 불려 다닌다. 그러나 불만은 없다. 며느리로 인정받았고 시부모 비위 맞추는 데에도 도가 텄기 때문이다. 이 모든 것은 준표에 대한 믿음과 사랑이 있었기에 기꺼이 해올 수 있었다.

기든스(Giddens)에 따르면 남성의존적인 낭만적 사랑에는 파괴적 속성이 있는데 그것은 결혼과 모성애와 진정한 사랑은 영원하다는 믿음이다. 그러나 실제로 결혼이 유지될 수 있는 이유는 사랑의 힘이 아니라 임노동을 남편이 담당하고 아내는 가정을 담당하는 성별 분업 때문이다.[201] 지수의 결혼 생활은 일차적으로 경제적 어려움이 없었기에 아내로서의 역할을 다하며 별다른 문제 없이 유지될 수 있었다. 결혼의 의미는 일차적으로 짝을 이루고 싶은 내면의 욕구와 부부로서 사회적 인정을 받으려는 외적 욕구의 충족이다. 또 다른 중요한 의미는 성스러운 결혼을 통해 완성을 이루려는 것이다. 낭만적 사랑의 완성을 흔히 결혼이라고 한다. 낭만적 사랑은 색욕이나 저속한 성욕과는 구별되는 정신적 의사소통 즉 부족함을 채워주는 영혼의 만남을 전제하고 있다. 결혼은 상대방은 인식되든 아니든 서로의 부족함에 화답하고 불완전한 인간이 완전해지는 것이다.[202] 지수와 준표는 서로를 사랑했기에 오랜 반대에도 결혼에 골인했다. 제우스와 헤라의 성스러운 결혼에서 제우스는 '완전함, 완벽함을 가져다준 이'로 불리는데 이것은 헤라가 자신의

201 김명혜, 앞의 논문, 74~75쪽.

202 박숙자 외 편역, 『가족과 성의 사회학 : 고전사회학에서 포스트모던 가족론까지』, 사회비평사, 1995, 445쪽.

파트너에게 투사하는 은밀한 기대이기도 하다. 헤라 원형의 지배를 받는 여성은 심리 상태는 물론 운명까지도 결혼과 배우자의 성격에 따라 좌지우지된다. 신화에 상응하듯이 헤라 여신은 바람둥이의 속성을 가지는 남편과 결혼하게 되는 것이다.

(2) 버려진 아내, 버리는 아내

헤라 원형은 인연을 맺고 결혼을 했으면 관계에 충실하며 남편과 함께 기쁠 때나 슬플 때나 결혼을 지속하고자 한다. 헤라 여성에게 사랑은 열정이나 욕망이 아니라 자신의 삶과 미래를 다른 사람에게 의지할 수 있다는 믿음이다. 외도 사실을 알고 나서 지수는 '따듯하고 표 안 나게 배려가 많았고 의리 있고 성실'했던 준표가 '언제부턴가 나를 사랑하지 않게 됐던 거' 같다고 말한다. 준표의 외도는 결혼의 약속에 대한 배신이며 지수의 20년을 허사로 만들었다. 지수는 '하나님은 용서해도 난 못한다'고 분노한다.

헤라는 데메테르 여신을 제외한 다른 어느 여신보다 고통을 받았다. 고통에는 여러 가지가 있지만 대개는 '버림받음'으로 요약될 수 있다. 배신은 사랑의 상실을 경험하는 것이다. 원하는 것을 잃고 버림받았다는 느낌은 참을 수 없는 고독과 슬픔, 모욕감과 분노와 죽음과도 같은 고통을 안겨준다. 지수는 준표를 쫓아내며 "화영이 기집애랑 껴안으면서 나 죽였잖아. 버린 게 아니라 죽인 거야. 이 세상에 없는 사람 만들어버렸잖아."라고 말한다.

버림받음으로 인한 고통은 지금까지 자신을 지탱해온 사회적 관계, 사회의 기대와 지지, 사회적 이권, 집단이 한 개인에게 씌워준 숱한 세속적 명예와 칭호의 박탈을 의미한다. 버림받는 고통은 매우 위험해서 그 사람의 집단에 대한 의존심이 강하면 강할수록 죽음으로까지 내몰

수 있다. 그러나 버림받음의 고통과 방황은 원시사회 성인의례의 3단계인 고통, 죽음, 재생 가운데 첫 번째 단계에 해당되며[203] 고통에는 그 사람이 새로워질 수 있는 기회가 있다.

지수는 자신이 '참말 등신처럼' 살았다고 하면서 "나는 없었어…… 완전히 그 인간 몸종으로, 그 인간 숭배자로만 살았어."라고 말한다. 버림받음의 고통을 통해 사람들은 스스로에게 '나는 왜 이런가?'라고 묻게 된다. 이런 물음을 외면하지 않고 계속 자신을 들여다보며 정진하면 중요한 통찰을 얻게 되고 새로워질 것이다. 새로워진다는 것은 곧 자기실현으로 간다는 것이며 부단한 인격의 변화과정이다.[204] 폰 프란츠(von Franz)는 '개성화의 실제 과정은 보통 인격의 상처와 그에 따르는 고통과 함께 시작한다. 첫 번째 충격은 마침내 일종의 소명이 된다.'[205]고 했다. 모든 것이 편안하고 잘될 때는 사실 자신으로부터 배울 것이 아무것도 없다. 실패를 통해 사람은 더 많이 생각하고 더 많이 자신에 대한 통찰을 얻는다. 버림받음은 신화에서도 영웅의 조건이다. 주몽, 헤라클레스, 바리데기 등 많은 주인공들이 버림받음을 통해 영웅이 되었다. 버림받음은 그저 현실적인 누구나 겪는 고통 같지만 사실은 신화에 뿌리 깊이 박혀 있는 의미 있는 고통이자 원형적 배경을 가진 것임을 인식할 필요가 있다.[206]

현모양처로 살아온 지수에게 준표의 외도는 모든 것을 뒤흔들 엄청난 위기임에는 틀림없으나 그 고통의 의미를 알고 견디어나간다면 더 값진 기회가 될 수 있다. 중요한 것은 자아가 위기에 어떻게 대처하느

203 이부영, 『자기와 자기실현 : 하나의 경지, 하나가 되는 길』, 한길사, 2002, 103쪽.
204 위의 책, 104쪽.
205 위의 책, 105쪽.
206 위의 책, 105쪽.

냐이다. 지수는 자신의 페르소나를 지켜보려고 애쓴다. 화영에게 '내 마음의 원수로 평생 껴안고 살고 싶지 않다'면서 "어쨌든 나는 우리 가정 못 깨. 지킬 거야."라고 하며 관계를 정리해달라고 한다. 하지만 준표의 태도를 보고는 절망한다.

S# 침실(7회)

준표 : 그게 아니라 더 이상 여자로 욕심나질 않는단 소리야.

지수 : …… (서늘해서 보는) …(중략)…

지수 : 그걸로 정당화가 될 거 같아? 결혼과 동시에 사랑은 시들어가는 꽃 같다는 말 나도 알아. 사랑이 변질된다는 것도 알아. 그렇지만 결혼은 약속이고 신의고 의무고 책임이야. 사람이 왜 사람인데. 사람은 짐승이 아니야.

준표 : 정당화시키는 거 아니야. 솔직하게 정직한 얘길 하는 거야…….

지수 : 더 이상 여자로 욕심 안 난다…… (이불 제치고 내려서며) 솔직하고 정직한 말로 살인도 하겠다…….

화목한 가족의 삶을 일구는 데 중요한 역할을 하는 가정생활은 에로티시즘과는 상충한다. 에로스가 습관, 규칙이 되는 순간 그것은 곧 지루함으로 바뀐다.[207] 성적 욕망은 개인적 욕망의 표현이지만 파트너가 필요한 관계적 욕망이기 때문에 결혼이라는 공적 제도를 통해 욕망을 충족시키는 것이 사회적 규범이다. 준표는 규범으로부터 일탈했고 지수를 '죽였다'. 지수는 '심장 한 조각이 뜯겨나가는' 고통을 느끼고 버림받음과 상실의 고통을 준표 탓으로 돌리며 분노한다. 이것은 많은 사람

207 Felten, Eric, 『위험한 충성 : 충성과 배신의 딜레마』, 윤영삼 역, 문학동네, 2013, 121쪽.

들이 고통의 쓰라림에 직면해서 사용하는 매우 인간적인 자기방어이다. 그러나 이로써 사람의 자기실현은 일차적인 벽에 부딪힌다. 자기실현의 일차적 과제는 자아와 페르소나를 분리하여 구별하는 일이다. 또 다른 한편으로는 외부 대상에 투사된 자신의 무의식의 내용을 인식해 그 분신들을 자신에게 되돌아오게 하는 작업이다.[208] 남 탓이나 욕을 하는 대신 나를 돌아보라는 이야기이다. 페르소나의 상실을 괴로워한다면 아직도 그것을 그리워하는 것이다. 어떻게든 페르소나를 회복하려고 안간힘을 쓰는 한 자기실현은 어렵다.

융은 '페르소나는 가상(假相)'이라고 했다. 페르소나는 그 사람의 전인격의 본질적 측면이 아니라 남들이 만들어준 것이고 남에게 보이는 '나'일 뿐이다. 화영이 비아냥거렸듯이 '오라면 오고 가라면 가고 삼시세끼 칼같이 해 바치면서 온갖 잔심부름 몸 바쳐 해주는' 착하고 완벽한 아내가 바로 지수의 페르소나이다. 우리는 의식 무의식중에 온통 남의 눈치를 보며 살고 있다. 남들을 볼 때도 사회적 직책과 가족관계 속에서의 위치만을 평가한다. 특히 우리 사회에서 페르소나는 금과옥조로 여겨진다. 그러나 예수나 석가모니처럼 모든 종교의 창시자들은 페르소나에 연연하지 않았다. 조롱과 박해를 받았지만 페르소나를 버리고 무의식의 자기(Self)의 소리에 귀를 기울이고 따랐다. 예수는 가족보다 더 위에 존재하는 하나님을 사랑하라고 했다. 여기에 개성화의 깊은 진실이 있다. 집단 사회의 규범인 페르소나를 버리고 자아보다 위에 있고 전체를 포괄하는 '자기'를 향해 나아가라는 것이다.[209] 지수는 이전의 세계를 버리고 새로운 세계를 찾아 나가야 한다. 그러기 위해서는 이전 것을 죽이고 버려야 한다. 그래야 다시 살아날 수 있다.

---

208 이부영, 『자기와 자기실현 : 하나의 경지, 하나가 되는 길』, 106쪽.
209 위의 책, 109쪽.

〈내 남자의 여자〉가 흥미로운 이유는 불륜의 피해자인 가정적인 착한 여자 지수가 준표의 탈선과 같은 방향에 서게 된다는 것이다. 지수는 준표의 태도를 보고는 가정을 지키려고 하지 않는다. 사회규범에 어긋나고 가족이 희생되더라도 자기실현에 합당한 길을 선택한다. 더 이상 준표에게 기대를 걸지 않는다. "당신이 의심할 필요 없는 남편이었을 때 당신 아내 자리가 의미가 있었어. 이제 그런 거 없어. 치사해서 못 하겠어. 초라해서 못 해. 역겨워서 못 참겠어."라고 하며 준표에게 나가라고 말한다. 규범에 어긋나는 지수의 파격적인 면은 화영의 무규범적인 행동과 동일선상에 있다. 화영의 그림자가 지수이듯이 지수의 그림자는 화영이라고 볼 수 있다. 남편 달삼의 잦은 불륜 사실을 알고도 가정을 지키며 살아가는 언니 은수의 설득[210]에도 지수는 흔들리지 않는다.

S# 거실 밖 데크(6회)

은수 : 껍데기가 아니라 갑옷이라고 생각해. 어쨌든 너는 홍준표 와이프잖아. 파티 나가면 홍교수 와이프로 대접받고 누구네 며느리로 대우해줘. 저년은 백날 잘난 척해봤자 정부밖에 안 돼. 저것들은 발가벗은 알몸뚱이들이야. 갑옷이 욕심나 죽을라고 하는 것들이야.

지수 : (울음 터뜨리며) 껍데기만 왔다 갔다 하는 거 바라보며 사느

210 은수는 우리 사회의 가부장적 지배이데올로기를 대변하는 캐릭터이다. 은수는 바람피우는 일을 빙수 먹기 정도로 생각하는 달삼과 살면서 고통받고 있으나 이혼할 자신이 없어서 참고 살아가며 남편과 남편의 여자들을 괴롭힌다. 은수는 화영과 준표의 불륜 현장 최초의 목격자이다. 은수와 달삼은 지수 몰래 화영과 준표 사이를 갈라놓으려고 협박하지만 마음대로 되지 않는다. 은수와 달삼은 지극히 현실 원칙에 입각해 살아가는 모습을 보여준다. 지수가 준표의 외도 사실을 알고 헤어진다고 하자 은수는 더럽고 치사해도 혼자 힘으로 살 수 없으니 결혼 생활을 유지해야 한다고 이혼을 만류한다.

니 눈 맞추면 안으려 덤벼드는 남자/정부가 차라리 낫겠어.

껍데기를, 벗어버릴 수 없는 더 튼튼한 갑옷으로 무장하며 그대로 고통받으며 살 것인가, 지금 고통스럽고 힘들어도 그 껍데기를 벗어던지고 자유로운 인간으로 살 것인가에 대한 선택은 냉엄한 자기성찰과 치열한 자신과의 싸움 끝에 이루어진다. '배신은 나쁜 것이라고 배웠지만 배신은 모든 것을 해방시킨다. 자신을 얽매고 있던 유대를 던져버리면 삶을 재구성할 수 있는 자유를 얻게 된다. 배신은 곧 서열을 깬다는 의미이고 알 수 없는 세상으로 들어간다는 의미이다.'[211] 사회규범과 내적 충동 사이에서 고민하고 방황하며 내린 결정은 전체 정신의 해답일 수 있다. 지수는 버림받음으로써 능동적으로 버린다. 아내와 아들을 위해 '조금만 즐겨야 할 원칙'을 준표가 넘어섰다면 지수도 준표와 아들을 위해 '조금만 참으면 될 일'을 참지 않고 가부장제 이데올로기를 배반한다.[212]

버림받음 속에는 버리라는 자기(Self)가 보내는 메시지가 숨어 있을 수 있고 버림에는 구함과 찾음의 목적이 있을 수 있다. 버림받음은 수동적인 사건이지만 버리는 것은 적극적인 용기의 소산이다.[213] 지수처럼 버림받음으로써 버릴 수밖에 없는 경우도 있다. 그러나 수동적이 아닌 능동적으로 버리는 것은 의미가 확실해야 한다. 버림으로써 찾을 수 있는 것은 무의식에서 자기를 찾는 것이다. 페르소나에 대한 집착을 버림으로써 자아와는 다른 진정한 자기의 큰 존재에 눈을 뜨는 것이

---

211 Felten, Eric, 앞의 책, 90~91쪽. 지수는 자신의 여성성을 확인하고자 자신에게 호감을 가지고 있는 전 직장 동료 석준에게 '한 번 자달라'는 도발적인 부탁을 하기도 한다. 실행에 옮기지는 못했지만 현모양처의 표상이었던 지수로서는 파격적인 변화이다. 지수는 자신이 가진 페르소나의 의미를 돌아보게 된다.

212 이택광, 『이것이 문화 비평이다』, 자음과모음, 2011, 285쪽 참조.

213 이부영, 『자기와 자기실현 : 하나의 경지, 하나가 되는 길』, 112쪽.

다. 지수는 점차 현실을 받아들이며 원망과 분노의 마음을 거두고 마음의 평정을 찾아간다. 지수는 "내 마음도 변했어, 언니…… 이제 괜찮아…… 내 마음 변하니까 그렇게 죽일 것 같지도 죽을 거 같지도 않어…… 마음이 그런 건가 봐." 라고 말한다.

체념은 희망을 버리고 단념한다는 뜻이지만 동시에 도리를 깨닫는 마음이기도 하다. 지수는 '다 바람 같은 거'라며 자신의 마음을 달랜다. 구하고 찾으려면 먼저 버려야 하며 버림은 하나의 깨달음일수 있다는 것을 알아간다.

(3) 착한 아내의 분노

신화에서 제우스는 수없이 외도를 하면서 헤라의 복수심과 질투심을 자극했다. 헤라는 디오니소스가 태어났을 때 그의 양부모를 미치게 만들어 디오니소스를 없애려 했고, 제우스가 유혹한 칼리스토(Callisto)를 곰으로 만들어 그 아들이 어머니인지 모르고 죽이게 했다. 아르테미스와 아폴론의 어머니 레토가 아이를 출산하지 못하도록 방해해서 심한 고통을 준 것도 헤라이다.

배반당하고 버림받은 헤라 여성의 분노와 극도의 복수심을 보여주는 신화 속 여성은 메데이아이다. 콜키스의 왕 아이에테스의 딸인 메데이아는 그리스 신화와 비극을 통틀어 가장 잔인하고 악마적인 여인으로 알려져 있다. 이아손과의 사랑에 눈먼 메데이아는 자신의 모든 것을 바친다. 아버지와 조국을 배반하고 오빠를 죽게 하면서 콜키스의 황금양털을 이아손이 훔칠 수 있게 도와준다. 메데이아와 이아손은 코린트에 정착해서 두 아들을 낳고 살았지만 지금으로 말하면 동거인에 불과하다. 야심 많은 이아손은 코린트 공주와 결혼할 기회를 잡고 메데이아와 두 아들을 추방하려 한다. 사랑의 희생자는 남편에게 배반당하고 쫓겨날 때 대부분 우울증에 빠지지만 메데이아는 적극적인 복수를 계획해 이아손의 새 여자와 자신의 자식들을 죽인다. 남편에 대한 증오심이 남편의 소중한 자식을 죽이게 만든다. 남편에 대한 사랑이 자식에 대한 애정보다 크다면 그것은 메데이아와 가깝다. 메데이아는 헤라의 파괴적인 면이다.

은수의 말대로 지수는 남편 해바라기로서 '그저 해 바칠 줄만 알지 저해 바치느라 바빠서 해 받는 건 뭐가 있는지 한번 되짚어볼 줄도 모르는 바보'였다. 그러나 지수는 메데이아와 다른 점이 있다. 메데이아는 남편에게는 직접 복수하지 않았고 상대 여성과 자식들을 해했다. 반면 지수는 배신한 남편에게 분노를 표출한다. 준표가 화해 여행을 가서까지 화영에게 연락한 것을 알고 더 이상 참지 않고 준표의 짐을 화영의 집으로 모두 보내버린다. 참을 수 없는 분노에서 시작된 행동은 돌이킬 수 없는 큰 변화를 일으킨다. 메데이아처럼 자멸하는 파괴적 분노가 아닌, 변화를 일으키는 분노의 여신 원형이 발현되었다. 볼린은 대표적인 분노의 여신으로 고대 이집트의 세크메트 여신과 힌두교의 파괴의 여신 칼리, 수메르의 여신 이난나를 들고 있다.

머리는 사자, 몸은 여성인 세크메트는 강력한 자라는 뜻이다.[214] 악을 행하는 자와 범죄자를 응징할 힘과 능력을 갖춘 파수꾼으로 분노의 여신이자 평화의 여신이다. 세크메트는 파라오의 적들을 향해 불을 토해 내었다. 먼저 갈등을 유발하는 일은 없으며 누군가 도움을 청하면 새끼를 보호하는 암사자의 야수성을 노골적으로 드러낸다. 세크메트의 사자 머리는 난폭함의 상징이다. 세크메트는 서구 신화에서 사라진 파괴적인 위대한 여신이나 강력한 여신의 이미지를 구현한다.

가부장제 사회에서 화를 내거나 공격적인 행동을 하는 여성은 벌을

214 Bolen, 『우리 속에 있는 지혜의 여신들』, 141~154쪽. 세크메트는 인정이 많으면서도 공격적이었다.

받거나 창피를 당했다. 이런 환경에 적응하려면 눈과 귀를 막고 보고 느끼는 것을 억누르며 권위와 갈등하는 상황에서도 함구해야 했다. 그러나 착한 여자였던 지수는 더 이상 참지 않는다. 준표에게 "소름끼쳐. 20년 사기 당했으면 됐어."라며 쫓아낸다. 인정을 베풀지 않는 지수의 선택은 권위적인 가부장 제도에 서서히 균열이 생기고 있으며 여성을 내리누르는 것이 쉽지 않게 되었다는 상징적 행위일 수 있다. 가장 강한 남신도 어찌해볼 수 없을 때, 세상의 균형을 잡기 위해 질서를 위협하는 파괴적이고 악한 힘을 극복하기 위해 사람들은 세크메트를 불렀다. 지수는 화영의 빌라를 마련해준 사람이 준표라는 것을 알고 분노가 폭발해 '주먹으로 머리통을 후려갈긴다.'

S# 거실의 지수(11회)
준표 : (얻어맞고 보며) 이 사람이 (발끈)
지수 : 그렇게 좋았니? 그렇게 미치게 좋았어? 여편네 모르게 집까지 만들어줄 만큼?
준표 : 그래, 그렇게 좋더라…… 그렇게 좋아서 해줬어…… 뭐 할 말 더 있어?? …(중략)… 어디다 겁도 없이 주먹질야. 내가 그렇게 우스워?
지수 : 그래 우습다…… 겁도 없이? 하/뭐야 당신이 뭔데. 당신 별거 아냐…… 대학교수? 박사? 헝……

한번 세크메트의 난폭함에 불이 붙으면 폭포 같은 분노가 악인을 향해 마구 쏟아지다가 급기야는 잔인한 공격성으로 발전한다. 이럴 때 세크메트의 난폭함을 잠재울 수 있는 사람은 아무도 없다.

힌두교의 여신 칼리는 세크메트보다 더 낯설고 무섭다.[215] 몸은 여성

215 칼리는 맹렬한 여성 전사 두르가의 찡그린 이마에서 나왔다. 여성 내면에는 여

인데 무서운 얼굴에 팔이 여럿 달려 있다. 피부는 검고 치아는 유난히 희고 혀가 늘어져 있고 입에서는 피가 흐른다. 이마에 눈이 하나 더 있고 팔은 네 개인데 한 손에는 칼, 한 손에는 피가 흐르는 거인의 머리, 다른 손으로는 두려움을 쫓아주고 또 다른 손으로는 축복을 내린다. 칼리의 무시무시한 외모는 인간 내면에서 들끓는 전쟁, 우리 안의 신성과 악마적 본성 사이의 전쟁을 의미하는 것으로 해석된다.[216] 내면에서 칼리와 만나는 것은 자신의 부정적 감정을 잘 숨겨오고 자신을 괜찮은 사람이라고 생각해온 이에게는 일종의 충격이다. 그러나 자신이 칼리 못지않은 분노와 환상을 가질 수 있다는 것을 아는 것 자체가 유익한 일이다. 몰랐던 다른 측면을 발견할 수 있고 분노를 행동으로 옮기는 사람들을 잘 이해할 수 있게 되기 때문이다.

볼린은 가장 흔하면서도 무섭게 칼리가 일깨워지는 때는 남편이 젊은 여자와 살겠다고 이혼하자고 할 때라고 말한다.[217] 지수도 준표의 외도를 통해 칼리가 일깨워진다. 그러나 이럴 때 분노의 여신에게 사로잡히면 위험에 빠질 수 있다. 실연당하거나 모멸감을 느끼거나 신체나 언어로 공격을 받거나 형편없는 대우를 받을 때는, 즉각 보복하고 싶은 충동을 억제하면서 그것의 핵심을 뚜렷한 목적을 가진 행동으로 바꾸어내야 한다. 지수는 참을 만큼 참아주었지만 절망만이 남았다. 이럴 때일수록 지혜가 필요하다. 즉각 보복하고 싶은 마음은 크지만 보복보다 중요한 것은 이제 더 이상 자신이 준표와 살 수 없으며 그것을 행동화해야 한다는 것이다.

전사 두르가가 살고 있어 참을 만큼 참고 나서 벌이는 전투를 치러낼 수 있다. 이때 여성은 잔인해 보일 수 있는 힘을 가진다.

216 Bolen, 『우리 속에 있는 지혜의 여신들』, 150~151쪽.

217 위의 책, 152쪽.

남편에게 직접 복수하는 분노의 여신은 수메르 여신 이난나이다. 이난나는 지하 세계에 다녀온 후 자신의 죽음에 애도하지 않고 있던 남편을 악마에게 넘겨준다.[218] 지하 세계는 하데스의 영역이다. 지하 세계로 하강할 때 우리는 가장 지독한 두려움을 만나지만 그곳에서 이난나는 에레슈키갈을 만남으로써 변한다. 지수는 남편의 배신으로 인해 죽음과도 같은 고통을 겪는다. 이 세상을 떠나 지하 세계로 하강한 것이다. 지하 세계는 무의식의 세계이고 진정한 자신과 만날 수 있는 곳이다. 자기(Self)로 가는 길은 의식과 무의식이 전체로서 응답할 때 비로소 열린다. 이를 위해서는 무의식을 들여다보고 참을성 있게 자기의 의도를 알아보는 작업이 필요하다. 지하 세계에서 지수는 자신의 삶에서 즐거움이 결핍되었다는 것을 성찰하고, 분노하되 명쾌하게 행동하는 기회를 잡아야 한다. 지수는 이난나처럼 누구와 계속 관계를 유지하며 누구를 소중하게 여기고 누구를 골라내야 할지 알게 된다. 골라내야 할 사람은 준표였다.

현실을 인식한 후 더는 참지 않고 분노를 표출하는 지수의 행동은 메

---

218 하늘과 지상의 여신 이난나는 지하 세계로 내려가서 분노의 여신 에레슈키갈을 대면한다. 위대한 지하의 여신이자 죽음의 음울한 여신 에레슈키갈은 이난나를 험악한 몰골로 죽게 한 다음 고리에 시체를 매단다. 사흘이 지나도 이난나가 돌아오지 않자 이난나의 심복 닌슈부르는 도움을 구했고 이난나는 다시 살아난다. 이제 이난나는 예전의 이난나가 아니다. 에레슈키갈의 속성을 물려받았다. 이난나의 치마에 매달린 악마는 이난나가 지목하는 사람은 누구든지 데려갈 수 있다. 지상으로 돌아온 이난나는 자신의 죽음을 슬퍼한 사람과 슬퍼하지 않은 사람을 구분해 누구를 악마에게 넘겨 지하 세계로 보낼지를 결정한다. 악마가 닌슈부르를 보고 "데려갈까요?"라고 물었으나 이난나는 "절대 안 돼!" 라고 한다. 아들들이 상복을 입고 이난나의 죽음을 슬퍼하는 것을 보고 아들들도 넘겨주지 않는다. 그러나 남편 두무지가 화려한 옷을 입고 왕좌에서 뒹굴고 있는 것을 보고 이난나는 분노의 손가락으로 두무지를 가리키며 악마에게 말한다. "두무지를 데려가라!" Bolen, 『우리 속에 있는 지혜의 여신들』, 155쪽.

두사처럼 남성을 직시할 수 있는 여자 괴물의 행동이다. 괴물이 된 아내의 남편을 향한 시선은 결혼 또는 가정이라는 이데올로기적 제도의 바탕에 깔려 있는 계승, 부권, 위계질서를 해체시킨다.[219] 강력한 권위에 맞서 분노하고 대항하는 여성이 되려면 용기가 필요하다. 용기의 영어인 courage는 마음을 뜻하는 coeur에서 나온 말이다.[220] 세크메트와 칼리 원형이 없다면 말 한마디 못 하고 수동적으로 고분고분해지는 식으로 위축된다. 사악함과 대항할 행동을 취하려면 연민과 용기, 분노와 인내심을 동시에 가진 사자의 가슴이 필요하다. 가부장적 법과 제도는 여성을 남성의 소유물이 되게 함으로써 여성들의 취약성을 제도적으로 강화해왔지만 억압한 것은 두려움의 대상이 된다. 남성들은 여성의 보복과 분노를 두려워한다. 다른 이유로 여성들은 자신이 화를 낼까 봐 두려워한다. 화를 내면 벌을 받는 문화에서 살아왔기 때문이다. 그러나 그것은 형체가 없는 두려움일 뿐이며 더는 참을 수 없다면 참아서는 안 된다. 다만 분노가 치솟을 때 지혜와 성숙함을 구해야 한다.[221]

(4) 진실의 자각

지수는 칭찬받는 여성이다. 화영뿐 아니라 누구에게든 잘한다. 그러나 화영은 지수의 행동을 '밥맛없는 천사 짓'이라고 비난하면서 "꾸미지 말고 참지 말고 니 감정에 솔직해. 메슥거리게 그러지 말고 언니처럼 온갖 쌍욕해가면서 덤벼들어! 그게 정직한 거야!"라고 말한다. 지수는 '만사가 다 결정되어 한 상태로 멈춰 있는 착한 여자, 헌신적인 아

219 차희정, 앞의 논문, 213쪽.
220 Bolen, 『우리 속에 있는 지혜의 여신들』, 160쪽.
221 위의 책, 161~162쪽.

내, 모범적인 엄마, 성실한 인간'이지만 '똑같은 노래 반복해 듣는 거처럼 지루하고 답답한 여자'이다. 이랬던 지수가 남편에게 폭력을 가하고 집에서 쫓아내며 이혼을 실행한다.

지수의 눈을 뜨게 하는 데 도움을 준 사람은 아버지 용덕이다. 김수현 가족드라마의 경우 인물의 이상(理想)으로서의 환상성은 주로 아버지상을 통해 표출된다.[222] 작가 인물에 해당하는 용덕은 이상적 아버지로 가정 내의 갈등을 이성적으로 해결하면서 따뜻한 포용력을 보여준다.

S# 아버지의 방(8회)

용덕 : 행복이라는 건…… 돈도 아니고 사람도 아니고 지위도 아니지 싶어…… 마음…… 마음이 불행하지 않으면 그게 행복인 걸 게야…… 얼마나 괴롭고 불행하면 헤어질 결심을 했겠어…… 그래서 헤어지는 거면…… 헤어지고 나서는 편해야 해…… 그래야 잘한 짓이 되는 거야…… 알어들어?

지수 : 네…….

용덕 : 버렸으면 미련 두지 마…… 하루빨리 잊어버려…… 되씹지 마…… 뒤돌아보지도 마…… 억울해할 것도 없어…… 미워할 거도 없고…… (딸 보면서) 누군가 때문에 비틀거리면서 괴로워하는 건 지는 거구 모자란 거야…….

지수 : 네…….

용덕 : 홍서방 아내가 너의 전부가 아니야. 애 엄마고…… 내 작은 딸이고…… 형제 중에 하나야…… 그게 다 하나하나…… 소중한 자리야…….

---

222 김수현 드라마의 아버지들이 자녀들에게 받고 있는 존경과 권위는 그저 '되찾고 싶은' 향수와 이상으로 해석될 수 있다. 현실의 아버지는 권위가 추락한 반면 김수현 드라마의 아버지는 여전히 가장으로서의 권위를 지니고 있다. 김수현은 현대의 아버지가 자식으로부터 존경받기 위해서는 민주적 태도와 사랑으로 자식을 포용해야 함을 주장한다. 백경선, 앞의 논문, 58~59쪽.

가부장적이고 권위적인 아버지가 시대의 변화와 더불어 용덕과 같은 인자하고 부드러운 아버지로 바뀌었다. 용덕은 곤경에 빠져 있는 지수에게 진심 어린 공감을 해준다. 남성이지만 중생의 울음소리에 귀 기울이는 자비의 동양여신 관음(觀音, Guanyin)을 연상시킨다. 친절, 부드러움, 응답, 공감이 연관된 특성이다. 관음은 남성과 여성적 이미지가 공존하며 많은 보살상과 마찬가지로 양성적 외모를 띤다. 보살은 우리 내면과 모든 존재 안에 있는 불성의 상징으로 모든 사람들이 깨달음에 이르게 하려고 헌신한다.[223] 고해에서 허덕이는 중생을 인도하고 힘을 실어주는 존재로 모든 사람들이 의미 있는 영적 삶에 접근할 수 있도록 도와준다. 인간이 페르소나를 버리고 진정한 자기로 다가갈 수 있도록 도와주는 원형인 것이다. 그러나 위로는 깨달음으로 가는 데 필요한 과정일 뿐이다. 용덕은 갈림길에 서서 원망하며 슬픔에 빠져 있는 지수에게 진실을 깨닫게 해준다.

S# 거실 주방(9회)

지수 : 자꾸만…… 눈물이 나요, 아버지…… 내가 저한테 어떻게 하면서 살었는데…… 내가 저를 얼마나 떠받들면서 살었는데에…… 봉사 다니는 시간만 빼면 온통 다…… 하나서부터 열까지 전부다 저 위해서 저한테 다 몽땅/다 바치고 살었는데…….

용덕 : (오버랩의 기분) 누가 너더러 그렇게 살랬어? 홍서방이 그렇게 살어달랬어?…… 니 태생이 그래서 니가 그게 좋아서 니가 그렇게 산 거야…… 생색 왜 내…… 생색내는 거 아니야…….

은수 : 그렇지만 아버지.

223 Leighton, Taigen Daniel, *Bodhisattva Archetypes: Classic Buddhist Guides to Awakening and Their Modern Expression*, New York: Penguin Arkana, 1998, Bolen, 『우리 속에 있는 지혜의 여신들』, 179쪽 재인용.

용덕 : (오버랩의 기분) 너 생긴 대로, 너 좋아서 그렇게 산 거야.

은수 : (오버랩의 기분) 지수가 유난히 지 남편한테 지극정성이었던 건 인정해야죠, 아버지.

용덕 : 빚 줬다 떼먹히면 얼마나 아깝구 분해…… 속병 생겨…… 그냥…… 누가 시켜 한 짓인가 내가 한 짓이지…… 그러구 말어…….

지수는 착한 여자의 페르소나로 살았다. 착한 여자가 칭송을 받듯이 페르소나가 좋은 감투가 되는 경우가 많다. 다만 페르소나는 본질이 아니라는 점을 확실히 의식할 필요가 있다. 착한 여자가 지수의 본질은 아니라는 것이다. 융은 한 사람의 인생의 의미는 그 사람 안에 있다고 말한다.[224] 인생의 모든 열쇠를 자기 자신 속에 가지고 있는데 다만 그것이 무의식에 있기 때문에 당장 찾을 수 없을 뿐이다. 그것은 그 사람의 본성이며 태어날 때 가지고 나온 그 사람 고유의 전체정신인 '자기(Self)'이다. 지수는 인생을 남편을 떠받들고 몽땅 바치며 사는 데에서 의미를 찾았다. 그러나 그것은 부분적 삶에 안주해온 것이지 전체로서의 삶을 산 것이 아니다.

그렇다면 자기실현을 위해서 페르소나는 무턱대고 버려야 하는 것인가. 그것은 아니다. 페르소나는 버리는 것이 중요한 것이 아니라 구별할 줄 아는 것이 더욱 중요하다.[225] 모든 것은 개체의 무의식에 있는 자기(Self)에게 달렸다. 전체 정신의 중심에 입각해서 페르소나의 감투는 쓸 수도 있고 버릴 수도 있다. 중심에 확고히 발을 딛고 자유인으로 머문다면 남이 씌워주는 감투를 썼을 때나 벗었을 때나 변함이 없기 때문이다. 페르소나라고 해서 무조건 버려야 하는 것이 아니라 페르소나에

224 이부영, 『자기와 자기실현 : 하나의 경지, 하나가 되는 길』, 119쪽.
225 위의 책, 111쪽.

대한 '집착'을 버려야 하는 것이다. 용덕의 냉정한 말은 지수의 정신을 퍼뜩 들게 하였고 그로써 깨달음을 얻는다. 지수는 누나 대신 사죄하러 왔다는 화영 동생 동하에게 아버지가 했던 말을 되뇐다.

S# 데크(10회)

지수 : 사람이 산다는 게…… 꼭 여자 남자가 달까? 니 누나는 지금 여자 남자가 다인 것 같지만, 지금까지는 나도 아내 남편 자식이 단 줄 알고 살았지만…… 그게 아니고라도 살아야 할 …… 살 수밖에 없는 이유는…… 많아…… 나…… 여자로서의 김지수가 다가 아니야…… 자식으로서 김지수…… 인간으로서 김지수, 형제 중에 하나 김지수도…… 못지않게 중요해…….

융은 칼리 콤플렉스에 대해 말했다. 여성이 자신이 깊이 좋아하는 누군가가 자신을 잡아주기를 바라는 것이다.[226] 여성의 분노가 정당한 것이라 하더라도 자신이 난폭한 분노 그 이상의 존재라는 것을 기억할 수 있도록 누군가 도와주기를 바란다. 칼리는 악마들과의 피의 전쟁에 도취되어 비틀거리다가 완벽한 한 남성의 흰 몸 위에 서게 되었는데 그 남성—남편 시바—과 눈을 마주치고 제정신으로 돌아왔다. 지수에게 시바의 역할을 해주는 사람은 아버지 용덕이며 지수의 아니무스이다.

용덕은 노현자(老賢者) 원형도 구현하고 있다. 노현자 원형은 부성상을 넘어선 원형적 남성상이다. 노인은 표면적으로는 점차 꺼져가는 불씨처럼 삶의 충만함이 사그라지고 있지만 바로 그 불씨를 간직하고 있기에 다른 사람에게 간접적으로 영향을 미친다. 노인은 세상 떠날 준비를 하고 있어 세상과 거리를 두고 있으며 여성적 요소의 통합을 통해

---

226 Bolen, 『우리 속에 있는 지혜의 여신들』, 151쪽.

지혜를 가지고 있는 존재이다.[227)]

> S# 대문 밖(11회)
> 용덕 : 니 나이 육십 칠십이라 한번 생각해봐…….
> 지수 : …….
> 용덕 : 그 나이 되면 그깟 일 대수 아니야…… 별거 아니라구…….
> 지수 : (보며) …….
> 용덕 : 그때두 별걸 거 같어?
> 지수 : 어떻게…… 별거가 아니에요, 아버지…… 그럴 거 같지 않어요.
> 용덕 : (끄덕이며) …… 그래…… 가…….

용덕은 판단하거나 방어하지 않고서 상대의 감정과 그 사람 자체를 받아들이고 공감한다. 남의 말에 귀 기울이는 능력, 타인의 고통과 분노, 고통을 견디면서 들어주는 능력을 가진 이상적인 아버지이다. 용덕은 여성에게 지혜를 주는 긍정적 아니무스로서 자비의 관음보살과 노현자의 원형을 구현한다.[228)]

2) 자기 세계의 주인

헤라 여성인 지수는 인생 최대의 위기와 맞닥뜨리며 처녀 여신인 아

227 박신, 「부성 콤플렉스의 분석심리학적 이해—아들의 아버지와의 관계를 중심으로」, 『心性硏究』 Vol.19 No.1, 2004, 43쪽. 지혜 노인 원형이 하는 모든 말은 주의하여 들어야 한다. 그 결과 성격과 삶이 변화되어 진정한 자기와 조화를 이루게 될 것이다. 노현자 원형은 융이 말한 개성화의 3단계에서 만나는 마성(魔性, mana)인격이다. 마성은 외경스럽고 신비스러운 능력인데 신들뿐 아니라 자연현상과 비범한 인간의 기술, 천재성, 거룩함, 정신력, 정신 능력, 그리고 비범한 지식 등과 관련된 능력이다. Ackroyd, Eric, 앞의 책, 346쪽.

228 용덕이 갑작스런 병으로 죽게 되자 지수가 "우리 아버지 부처님 같았던 우리 아버지."라고 말하는 것도 의미가 연결되는 대사라고 생각된다.

르테미스 원형을 활성화시킨다. 남성에 대한 분노, 자매애와 자립심이 그 특징이다. 아르테미스 원형은 자신이 스스로 선택한 영역에서 자기 목표를 찾을 수 있는 독립적인 여성적 영혼을 인격화한 것이다.

(1) 착한 여자의 자매애

아르테미스는 태어나자마자 어머니 레토의 산파 노릇을 했고 처녀 여신임에도 출산의 여신으로 불리기도 했다. 진통 중인 여성들은 아르테미스를 부르며 진통을 견디었다고 한다. 아르테미스는 활과 화살을 가지고 한 무리의 사냥개들을 거느리고 요정들과 함께 사냥을 다녔다. 어머니 레토 여신이 원할 때마다 나타나서 도왔다. 티티오스신이 레토를 강간하려고 할 때 화살로 티티오스를 죽였고 니오베가 레토 여신을 비웃는 일이 생기자 화살을 쏘아 니오베의 여섯 딸을 죽였다.[229] 아르테미스는 도움을 청하는 이들에게 재빨리 단호하게 행동했다. 아레투사라는 숲 속의 요정은 사냥 후 목욕을 하려다가 강(江)의 신에게 강간당할 위험에 처하자 아르테미스를 불렀는데 아르테미스는 그녀를 샘물로 변하게 했다. 헤라는 자신을 완성시켜줄 남편 대신 다른 여성에게 분노하지만 아르테미스는 기분을 상하게 하는 남성들에 대해 분노한다. 지수가 헤라 원형의 여성이지만 화영이 아닌 준표에게 분노하는 것은 아르테미스 원형 때문이다. 지수와 화영은 고교 동창이고 가장 친한 친구였다. 화영의 자발적인 외도 폭로 이후 지수는 분노보다는 슬픔이 앞선다.

229 인간 여성 니오베가 자신은 자식을 딸 여섯, 아들 여섯이나 두었다고 레토에게 자랑하며 창피를 주자 아르테미스는 니오베의 딸 여섯을, 쌍둥이 동생인 아폴론은 아들 여섯을 죽여버렸다.

지수는 배신감이 들었지만 분노보다는 화영을 측은하게 생각한다. 화영은 "내 부모형제 누구도 나한테 너처럼 날 걱정해주며 좋아하고 살갑게 잘한 사람 없어."라고 말하면서도 지수의 행동이 '천사이고 싶어 꾸민 위선'이라고 비난한다.

S# 화영의 거실 (6회)
화영 : 배신당한 건 너지 내가 아니라구!!
지수 : (감정 정리) 그래, 맞어. 그런데 나는 왜 나보다 니가 더 가여울까…… 적어도 나는 너처럼 황폐하지는 않아…… 너는 …… 너 자신밖에 없구나…… 오로지 너만 있어.

또한 지수는 화영에게 "그럴 수도 있었겠지. 너를 이해하고 싶어 …(중략)… 너보다 우리 애 아빠가 더 나빠…… 너를 지켜줬어야 했는데…… 너랑 나를 이렇게 만들어서는 안 됐는데."라고까지 말한다.

기존의 멜로드라마에서는 순종을 내면화한 천사형 여성과 불륜 상대인 요부형 여성은 심각한 갈등을 보였다. 그러나 지수와 화영은 반목하는 대신 연대감을 느끼며 닮은 점을 드러낸다. 나중에 화영은 준표를 가차 없이 버린다. 지수 또한 참거나 봉합을 원하지 않고 능동적으로 준표를 버린다. 〈내 남자의 여자〉는 피해자이고 가해자일 수 있는 두 여성을 대립 관계가 아닌 정서적 홀로서기를 실행하는 공통의 목표점을 향해 나아가게 하며 자매애를 부각시킨다. 이로써 기존 멜로드라마의 관습을 파괴한다. 지수는 "화영이랑 나도 일종의 애정 관계였던 거 같아. 나 걔 많이 좋아했잖아. 화영이도 날 좋아했나 봐."라고 말한다. '힘들면 생각난다고 오고, 오면 밀어내지 못하는' 관계에 대해 은수는 "아, 뭐야? 너 잠재적인 레즈비언이야?"라며 '칠뜨기'라고 놀린다.

남성에 의존하지 않는 여성의 연대와 자매애는 가부장적 질서에 위협이 될 수 있다. 가부장제는 여성들이 서로 단결하는 것은 전체 질서를 위해 바람직하지 않다고 본다. '남성들은 다른 남성들과의 결속을 유지하면서 여성들 간의 결속을 끊어놓을 필요'[230]가 있다는 것이다. 가부장제의 시각에서 자매애는 여성들이 인생을 살면서 거쳐야 할 하나의 통과의례 정도로 고려될 뿐이다. 결혼 적령기가 되면 처녀들은 자매애에서 이성애로 나가야 한다. 결혼한 여성들은 가정의 평화와 질서를 위해 자매애를 지양해야 하며 남성을 거부하는 여성만의 세계 역시 바람직하지 못하다고 보는 것이다.[231]

서양에서 고대의 가부장제하에서 남성을 멀리하고 여성만의 세계에서 살며 최초로 억압에 맞서 싸운 여성들이 있다. 아르테미스의 후예로 일컬어지는 전설적인 여전사 종족 아마존(Amazon)이다. 아마존은 '가슴이 없는 여자'라는 뜻의 그리스어 아마조스(a–mazos)에서 유래한 것으로 알려져 있다.[232] 이들은 모두가 두려워할 정도로 강하고 용맹했다. 남자와 나란히 말을 타고 사냥했으며 전쟁터에서 한 남자를 죽일 때까지 결혼이 허용되지 않았다. 아마존족은 대부분 영웅의 모험과 관련되어 내로라하는 영웅들이 힘겨운 상대와 싸울 때마다 감초처

---

230 황효식, 「사회 역사적 문맥에서 본 〈한여름 밤의 꿈〉에 나타난 사랑과 결혼」, 『Shakespeare Review』 38.1, 2002, 287쪽.

231 김경혜, 앞의 논문, 96쪽.

232 아마조네스는 아마존의 복수형이기도 하다. 이들이 가슴이 없는 여자가 된 이유에 대해서는 활쏘기에 거추장스러운 왼쪽 가슴을 불로 지져 없앴다는 주장도 있고, 활을 편하게 쏘기 위해 왼쪽 가슴 위에 무거운 가죽 삼각대를 걸쳐서 평평하게 보인다는 주장도 있다. 이들은 빵을 먹으면 신체가 약해진다고 하여 생선, 과일, 고기 등을 선호했다. 아마조네(ama–zone)는 '벨트를 아주 잘 한 여자' 즉 무장을 아주 잘 한 여자라는 뜻이다. 아마존의 유사어는 '남자를 싫어하는 여자', '남자에 적대적인 여자' 라는 뜻의 안티아네이라이(antianeirai)이다. 김원익, 『신화, 세상에 답하다』, 바다출판사, 2009, 69~70쪽.

럼 등장한다. 그러나 이들은 대부분 영웅에게 패배한다.[233] 심지어 아마존 여왕이 그리스 영웅과 사랑에 빠져 종족을 버리는 모습으로 등장하기도 한다. 결국 아마존 여전사들은 나약한 여성적 특징으로 인해 패망하는데 영웅에게 항상 패배하면서도 잔인하고 포악한 이미지로 그려진다. 그리스인들에게 아마존은 경계심을 일으키는 두려운 존재들이었다. 이는 가부장제 사회를 이룬 그리스인들의 무의식 속에 남아 있는 가모장제의 강력한 위력의 흔적이다.[234] 메두사나 사이렌 등 영웅에게 대항하는 막강한 괴물들이 항상 여성적인 것으로 묘사되었듯이 아마존 또한 가부장제가 정착된 그리스 사회 저변에서 언제나 꿈틀거리고 있는 무의식적이고 비합리적인 힘의 표상이 되었으며 그리스인들은 이를 항상 제거의 대상으로 여겼다.

가부장제 사회에서 여성 연대나 자매애는 드라마에서도 다소 생경하게 비친다. 지수는 준표에게 기만당한 화영에게 "너 힘들겠다. 결국 저 좋은 거, 저 하고 싶은 거만 하겠다는 사람이구나. 그렇지만 어떡해. 느이 두 사람 어떻게 거기까지 갔는데."라고 위로한다. 지수와 화영의 이런 관계에 대해 준표는 "참 이상한 여자들이다"라고 반응한다. 〈내 남자의 여자〉의 이상한 두 여자의 연대는 한 남자를 두고 벌이는 경쟁 구도를 배제하는 대신 남성, 사랑, 혹은 남성의 사랑으로 완성되는 가족 판타지의 미망에서 깨어나 두 여자를 각각의 주체로서 같은 길을 걷게 한다.

233 그리스 신화의 영웅들은 거의 모두 아마존족을 괴롭히고 싸웠다. 벨레로폰, 헤라클레스, 테세우스와 트로이전쟁의 아킬레우스 등이다. 테세우스는 아마존 안티오페 여왕을 아내로 삼아 히폴리토스를 낳았고 트로이전쟁에서 아마존 펜테실레이아 여왕은 아킬레우스에게 죽음을 당했다. 김원익, 앞의 책, 70~71쪽.

234 장영란, 『신화 속의 여성, 여성 속의 신화』, 240쪽.

(2) 프시케의 과제 완성

처녀 여신인 아르테미스는 독립심이 강하고 남성에게 의존하지 않는다. 지수는 처음에는 '아이 대학 갈 때까지'만 법적 이혼을 유보할 생각이었다. 그러나 그래서 '얻는 게 없고, 복수심이나 집착도 없는데 정리하는 게 빨리 편해지고 안정되는 길'이라고 판단해 '살아나갈 계획'을 하려고 정식 이혼을 하고 샌드위치 가게를 시작한다. 시아버지 홍회장이 "나 죽고 난 뒤가 걱정이 돼서 돈벌이하러 나간다는 거 아니야?"라고 묻자 '예'라고 대답한다. 지수는 이혼하겠다며 준표에게 위자료를 달라고 한다.

S# 지수의 거실(8회)
지수 : 이 집…… 내가 가질게.
준표 : …… (보다가) 어림없는 소리 마.
지수 : 집 한 채 값은 하고 살았어. …(중략)… 아무것도 못 준대도
상관없어. 나 파출부 아줌마 해도 먹고살 수 있거든?

많은 여성들이 홀로 서는 것을 두려워한다. 가부장제 이데올로기를 내면화한 전형적 헤라 여성인 언니 은수의 설득은 여성의 현실적인 생존을 위해 일면 타당성이 있다.

S# 지수의 거실(8회)
은수 : 자살도 안 하고 이혼도 안 하고 그냥 견뎌 넘기고 살아……
왜 사냐. 자식 때문에 살고, 생활력 없어 살고, 이혼녀 되기
싫어 살고 또…… 그게 그 남자의 전부는 아니니까 살고 나
처럼 돈 버는 기계로 써먹기 위해 살고…… 이런저런 이유

끌어다 대고 그냥들 살어…….

그러나 이런 이유들은 '결국 다 핑계이고 따지고 보면 계산속'이다. 살림만 하던 여성이 돈벌이를 하기란 현실적으로 쉽지 않다. 하지만 그것이 자립의 시작이다. 자신의 경제력만이 스스로를 자유롭게 할 수 있다. 여성에게 일은 권력이다. 남성의존적인 여성의 심리적 성숙을 말할 때 아르테미스와 같은 처녀 여신의 특징이 강조된다. 여기서 관계 의존적인 연약한 여성의 성장과 관련된 상징으로 자주 인용되는 프시케의 과제를 재검토해볼 필요가 있다.

프시케가 아프로디테에게 받은 첫 번째 과제는 곡식을 분류하는 일이었다. 뒤섞여서 산처럼 쌓여 있는 옥수수, 보리, 수수 등 수많은 종류의 씨앗이나 곡식을 분류해야 하는 과제는 불가능해 보였다. 이때 개미 떼가 나타나 알곡들을 하나하나 골라내어준다. 여성이 중요한 결정을 내릴 때에는 서로 갈등을 일으키는 감정과 뒤엉켜 있는 것의 우선순위를 분류하고 정직하게 자신의 내면을 들여다볼 필요가 있다. 뒤엉킨 감정, 가치, 동기를 '분류'하고 걸러서 정말 중요한 것과 하찮은 것을 '구별'해내는 것이다. 이것이 분별(sorting)이다.[235] 존슨에 따르면 여성성의 특질은 흐트러진 의식이다. 이것은 관계지향적인 상처받은 여신들이 가진 특징인데 대부분의 문화에서는 관례와 법 등으로 해야 할 것과 하지 말아야 할 것을 미리 규정함으로써 여성의 분별력이 성장할 기회를 막아버린다. 그러나 자유로운 여성에게 그런 안전장치는 필요가 없

235 폰 프란츠에 의하면 '분별'은 여성성의 특질로서 인내를 가지고 하나하나 주어진 사건들을 다루는 데 필요한 여성성의 힘인 반면 분류나 분석은 남성성의 특질이다. Johnson, Robert A., 『We : 로맨틱 러브에 대한 융 심리학적 이해』, 고혜경 역, 동연, 2008, 93쪽.

다. 여성은 원시적이고 대지의 특성을 가진 개미의 특질을 계발할 필요가 있다. 개미는 지적이거나 규칙을 제공하지는 않지만 원시적이고 본능적이며 고요한 특질을 가졌다.[236]

씨앗을 골라낸다는 것은 여성 내면의 아니무스의 능력 발휘이다. 아니무스는 집단 무의식과 의식을 연결해주는 중요한 중재자가 된다. 살림만 하는 여성에게는 객관적인 사실을 분별할 기회가 많이 주어지지 않는다. 이런 여성은 아마존 여성형이나 사업하는 여성들이 가진 차갑고 건조하고 고도로 분화된 분별의 능력을 발달시킬 필요가 있다.[237] 지수는 이혼하지 못하는 수많은 뒤엉킨 곡식 같은 현실적 이유들을 분별해 하찮은 것을 걸러내고 자신에게 가장 중요하다고 생각한 '자립'을 선택했다. 이로써 프시케의 첫 번째 과제 수행에 성공한다.

프시케의 두 번째 과제는 황금양털을 얻어오는 것이었다. 무시무시한 숫양이 지키고 있는 황금양의 털을 가져오려면 죽음을 각오해야 한다. 이 과제 또한 불가능해 보였지만 푸른 갈대가 답을 말해준다. 해질 때를 기다려 숫양들이 자신의 털을 빗질하기 위해 등을 가시나무에 문질러대면 가시에 엉켜 붙은 황금양털을 '조금만' 가져오면 된다는 것이다. 황금양털은 권력을 상징한다. 여성이 이를 얻기 위해서는 숫양을 죽일 필요가 없다. 자신을 파괴하지 않고 적은 양의 양털만 얻어도 된다. 권력과 지위를 가지기 위해 공격적으로 서로 싸우는 경쟁적 세상에서 위험들을 깨닫지 못하면 상처를 입거나 환멸을 느낄 수 있다. 프시케의 황금양털 획득은 관찰하고 기다리면서 간접적인 방법으로 점차 조금씩 권력을 획득하는 것이다. 스스로를 파괴하지 않고 황금양털을 얻는다는 것은 권력을 획득하면서 자비로운 사람으로 남아 있을 수 있

236 Johnson, Robert A., 『(신화로 읽는 여성성) She』, 92쪽.
237 위의 책, 94쪽.

다는 상징이다. 용덕을 자비로운 관음보살의 원형으로 설명했지만 지수의 타고난 '생긴 대로'의 원형 또한 관음에 가깝다.[238] 지수는 숫양을 죽일 필요도 없고 거대한 숫양을 잡는 대신 황금양털을 조금 이용해 자신의 샌드위치 가게를 연다. 이로써 자립이라는 조그마한 권력을 얻었고 그 권력이 '먹고 살게' 해줄 뿐 아니라 심신의 평화를 지켜주며 자비로운 사람으로 남게 할 버팀목이 될 것이다.

세 번째 과제는 생명의 강인 스틱스 강물을 크리스털 잔에 받아오는 것이었다. 스틱스강은 폭포처럼 산꼭대기에서 낙하해 땅으로 들어갔다가 다시 높은 산으로 되돌아가는 환원의 강이다. 괴물이 지키고 있는 스틱스 강물을 받기란 죽음을 각오해야 하는 일인데 이때 제우스의 독수리가 나타나 도와준다. 독수리는 멀리서 떨어지는 강물을 조망해보다가 순식간에 강물의 중심으로 날아가서 물을 받아온다. 프시케는 한 잔의 물만이 필요하다. 여성성의 방식은 한 가지만을 완수하는 것이다. 그다음에 또 한 잔 또 한 잔을 순서대로 채워가면 된다. 그러나 여성 심리는 집중되지 않고 풍부하고 다양한 가능성의 홍수에 빠져 허우적대는 것이 특질이다.[239] 주어진 모든 것들을 한꺼번에 다루려고 한다. 그러나 독수리처럼 강의 전체를 보고 초점을 한 지점에 모아 정확하게 잔을 갖다 대야 하는 것이다.

많은 것이 좋다고 하지만 가능성이 많다고 해서 모두 가질 수는 없다. 선택할 것이 많다는 것은 결국 아무것에도 만족하지 못한다는 뜻이

238 지수는 준표에게 뺏은 통장을 돌려주며 "내가 참아줬으면 그런 일 안 당했어도 되는데 미안한 마음도 있다."고 말한다. 또한 "선택했으면 선택한 사람으로 해야 할 일을 해. 우물거리면서, 힘들게 하지 말고."라고 하며 화영에게 책임감 있게 행동하라고 한다. 이러한 자비심은 데메테르의 돌봄의 속성과는 다른 자비의 차원이다.

239 Johnson, Robert A., 『(신화로 읽는 여성성) She』, 112쪽.

다. 적은 것을 가지는 것도 괜찮다. 지수에게는 작은 샌드위치 가게가 시작이다. 큰 욕심을 내지 않고 한 가지에 집중하면 그 안에서 즐기고 누릴 수 있다. 그런 다음 다가오는 새로운 일을 또 다른 잔을 채우듯이 하나씩 채워 가면 된다. 크리스털 잔은 깨지기 쉽고 약하고 진귀하다. 이것은 인간의 자아에 비유된다. 거대한 생명의 강을 잔에 담을 수 있지만 거칠고 험난한 삶의 강에서 주의 깊게 다루지 않으면 자아는 깨지고 만다.[240)]

프시케의 마지막 과제는 '거절'이다. 프시케는 지하 세계로 가서 페르세포네에게 미인의 비밀인 화장수를 받아 오라는 과제를 받고 탑의 도움을 받아 성공적으로 얻어 온다. 프시케는 지상으로 돌아오는 길에 도움을 청하는 세 사람의 부탁을 단호하게 거절해야 했다. 프시케는 세 번을 '안돼요!'라고 하여 과제 완수에 성공한다. 지수처럼 자비로운 마음이 흘러넘치는 여성은 그 마음을 접어두고 자기 길을 전진해 나가기가 쉽지 않다. 그러나 칭송받아온 천사에서 변모한 지수는 '내장이 반쯤 빠져나가 만신창이가 되어 나눠줄 마음이 없다'면서 오래 해오던 자원봉사를 그만두고 수많은 주변의 요청을 거절한다.

〈내 남자의 여자〉는 불륜의 피해자인 여성이 조력자 남성을 만나 남편에게 복수하거나 그 남성과 새 출발을 통해 서러움을 보상받는다는 서사 관습 대신 각각의 홀로서기라는 결말을 택한다. 낭만적 사랑의 성취를 추구하거나 남성을 통한 신분 상승 혹은 가부장제의 세속적 이익을

240 로버트 존슨은 현대의 많은 여성들이 거의 대부분 강을 향해 똑바로 걸어 들어간다고 말한다. 그러고는 강물의 힘에 압도당한다. 이 여성들은 너무 바쁘게 산다. 자신이 만신창이가 될 때까지 뛰어다닌다. 이들에게 절실하게 필요한 것은 멈춰서는 고요함이다. 삶의 무게가 어깨를 짓누르더라도 하나씩만 택하여 한 번에 크리스털 잔 하나를 들고 그 잔에 집중해야 한다. 그리고 그 잔을 잘 채워야 한다. 그런 다음 다른 잔으로 옮겨 가야 한다. Johnson, Robert A., 『(신화로 읽는 여성성) She』, 113~114쪽.

전유(專有)하고자 하지 않는다. 이것은 화영은 물론 지수에게도 적용된다. 지수는 이상적으로 보이는 후배 독신남 석준의 구애를 거절한다.

S# 한강 근처(24회)

지수 : 재혼은…… 아마 안 할 거 같아요. …(중략)… 별수 없이 또 똑같아질 텐데 뭐…… 사람은 누구나 생긴 대로 사는 거니까…… 그랬다가 또…… 실패하면 어떡해요. …(중략)… 더구나 나는…… 내 자식 아빠 뺏어간 사람 미워하는 거조차 …… 제대로 안 되는 칠뜨긴데…….

석준 : (보며) ……

지수 : 몸 바쳐 마음 바쳐…… 남자한테 그거 또 하면서 살기는 싫으네…….

지수는 은수와 달삼이 준표와의 재결합을 설득하자 그것도 거부한다. 설득의 무기는 '자식을 위해서' 이다. 그러나 지수는 자식과 자기 자신을 구분할 줄 안다.

S# 샌드위치 가게(24회)

지수 : 그거 안 하면 엄마가 아닌 거 아니잖아…… 충분히 엄마야…… 엄마 여자보다 앞서 나 사람이야…… 그렇게 추락할 수는 없어. 만약 내가 그런다면 아마…… 평생을 나 스스로 내가 시시해서…… 참을 수 없을 거야…… 그런 일은 없어…….

은수 : 아버지 계셨으면 좋겠다…….

지수 : 계셔도 마찬가지야.

은수와 달삼은 준표에게도 지수와 만나 재결합을 설득해보라고 한다. 그러나 지수는 '한때 연인이었고 남편이었고 또 경민이 아빠였던 사람일 뿐 나는 관심도 흥미도 없다' 고 말한다.

S# 호텔 일식당(24회)

지수 : 당신이라는 사람 나한테는 스무 번도 넘게 읽은 책 같은데 뭘…… 당신도 그렇겠지만…… (준표, 조금 피식 웃는다) 결국 또 역시 같은 패턴으로 살게 될 거야. …(중략)… 그거 이제 재미도 없고 의미도 없어…… 누구한테도 속박 안 돼 있는 지금이 편하고 좋아.

지수는 용기와 결단으로 가장 어려운 프시케의 네 번째 과제를 수행한다. 이혼 못 해준다, 이혼하지 말라, 아이만 키우고 돈 벌지 말라, 재결합하라, 새로운 남자의 구애의 요청 등을 모두 거절한다. 아무에게도 가지 않고 자기를 찾고 자기 세계의 주인이 된다. 지수의 선택은 수많은 신화의 영웅이 이루어낸 성취와 다르지 않다.

5. 전략적 여전사 아테나형

〈밀회〉[241]의 여성 주인공 오혜원(김희애 분)은 서한아트센터의 기획실장이다. 명석한 두뇌와 세련된 외모, 뛰어난 실력으로 서한예술재단을 움직이는 숨은 실력자이다. 혜원은 클래식계의 스타 조련사로도 인정받고 있다. 남편 강준형(박혁권 분)은 서한음대 피아노과 교수이며 차기 음대 학장을 노리고 있다. 거짓과 부패의 세계에서 권력과 성공을 추구하는 치밀하고 냉정한 인물인 혜원은 지혜의 여신 아테나 원형을 구현하고 있다. 아테나는 전쟁 때는 전략을 관장하는 전쟁의 여신이자 평화 시에는 수공과 집안의 기술을 관장한다. 아테나의 전략과 기술은 반드시 실행에 옮겨지며 전술, 실용성, 눈에 보이는 결과에 가치를 두는

241 연출 안판석, 극본 정성주, jtbc, 16부작, 2014. 3. 17~5. 13.

합리적 사고방식과 의지와 지식을 중시한다. 혜원은 삼중 첩자의 능란한 처세술을 발휘하는 재벌의 우아한 노비 신분에 불과하지만 언젠가 진정한 상류계급이 되는 것이 목표이다. 그런 혜원이 스무 살 연하의 퀵 배달 청년인 가난한 피아노 천재 이선재(유아인 분)와 위험한 사랑에 빠지면서 인생의 위기를 맞는다. 가부장제의 지배적 가치인 윤리 도덕을 입버릇처럼 말하던 혜원은 자신이 온 힘을 다해 이뤄온 것 그리고 앞으로 이룰 것을 포기하게 된다.

1) 강한 여성 안의 약한 소녀

오늘날은 무엇인가 업적을 이루고 싶어 하는 여성들에게 호의적인 시대이다. 전통적으로 인정받아온 순종적인 딸, 희생적인 현모양처 여신들이 아닌 독립적이고 강인한 처녀 여신 아테나 혹은 아르테미스의 시대가 온 것이다. 아테나와 아르테미스 여성은 이제 자신이 원하는 일을 하면서 동시에 사회적인 인정도 받을 수 있게 되었다. 그러나 남성과 대등하거나 남성을 능가하는 강한 여성의 문제점은 여성성의 가치를 무시하여 내면에 약한 소녀가 살고 있다는 것이다. 혜원은 뛰어난 전략적 사고와 행동으로 앞만 보고 달려왔다. 원동력은 혜원을 지배하는 아테나 원형 덕분이다. 그러나 그것이 혜원의 진정한 삶으로 이어지지는 못한다.

(1) 가부장 권력의 수호자

아테나는 아버지 제우스의 머리 위에서 솟아났다.[242] 헤시오도스

242 제우스의 머리는 지혜의 여신의 탄생 장소로 아주 적합하다. 그러나 단지 제우

(Hesiodos)의 『신통기』에 따르면 제우스는 자신의 첫 번째 배우자인 대양을 지키는 지혜로운 여신 메티스(Metis)가 아이 둘을 낳을 것이라는 이야기를 테미스(Themis) 여신으로부터 들었다. 그중 한 아이가 신들과 인간들을 다스리게 될 아들이라는 예언을 듣고 초조해진 제우스는 왕좌를 빼앗길까 봐 두려워 임신한 메티스를 작게 만들어 삼켜버렸다.[243] 이로써 메티스의 지혜는 제우스의 것이 되었다. 메티스가 임신한 아이는 아테나였다. 제우스는 아테나를 자신의 머리에서 자라게 한다. 출산이 임박해 머리가 깨질 듯이 아팠을 때 헤파이스토스가 제우스의 머리를 도끼로 내려치자 아테나가 큰 소리를 지르며 무장한 모습으로 태어났다. 아테나는 어머니가 삼켜져버렸기에 어머니의 존재를 모르고 제우스를 유일한 부모로 안다. 아테나는 제우스의 가장 아끼는 자식이 되었다. 제우스는 아테나만을 신뢰했으며 권력의 상징들을 선사했다. 아테나는 갑옷을 입고 투구를 비스듬히 쓰고 있으며 한 손에는 방패, 한 손에는 창을 들고 있다.

아테나는 '아버지의 딸'답게 가부장제와 지배 가치를 옹호한다. 서구 문학사상 최초의 법정 장면인 오레스테스(Orestes)의 사건[244]에서 아테나

스의 머리에서 나왔을 뿐이지 직접 낳은 것은 아니다. 어머니 메티스가 제우스 뱃속에서 아테나를 낳았고 제우스는 세상으로의 출구를 제공한 것이기 때문이다. 장영란, 『신화 속의 여성, 여성 속의 신화』, 79~80쪽.

243 매장하거나 삼키는 방식은 가부장적 남신들의 공통점이다. 우라노스는 자식들을 매장했고 그의 아들 크로노스는 자식들을 삼켜버렸다. 크로노스의 아들 제우스가 메티스를 삼킨 것은 가모장제가 가부장제에 먹혔다는 상징적 사건이다. Bolen, 『우리 속에 있는 남신들』, 38~39쪽.

244 아가멤논이 딸 이피게니아를 희생시키자 아내 클리타임네스트라는 정부(情夫) 아이기스토스와 모의해 아가멤논을 살해한다. 딸 엘렉트라의 부추김을 받은 아들 오레스테스는 어머니를 죽이고 재판정에 선다. 재판관의 투표는 반으로 나뉘었는데 아테나의 투표가 상황을 결정하게 되었다.

는 어머니를 살해한 아가멤논의 아들 오레스테스에게 결정적 한 표를 던져 가부장제의 원리를 수호한다.[245] 재판에서 가부장제의 아버지를 대변하는 아폴론은 어머니란 단지 아버지가 뿌린 씨앗을 키우는 역할에 불과하며 혈연 관계가 아니라고 주장한다. 아폴론은 그 증거로 어머니의 자궁 대신 아버지의 머리에서 태어난 아테나를 예로 들었고 아테나는 아폴론의 편을 든다. 아테나는 혈족의 중심이 어머니가 아닌 아버지라고 공표한다.[246] 아테나는 철저한 아버지 옹호자였다. 아테나는 제우스의 권위에 도전한 자를 잔인하게 처리했다. 베 짜는 여인 아라크네(Arachne)가 제우스의 바람기를 놀렸다고 하여 거미로 만들어버리기도 했다.[247]

혜원은 서한아트센터는 물론 모기업인 서한그룹에 없어서는 안 될 존재이다. 서회장의 돈세탁은 물론 회장의 아내이자 서한예술재단의 이사장인 한성숙의 비밀계좌 관리, 회장의 고명딸이자 아트센터 대표인 친구 서영우의 난잡한 남자관계까지 정리를 도맡아 하는 능력자이다. 혜원은 서회장 일가에 충성하며 신뢰를 받는다. 성숙과 영우의 권

---

245 Bolen, 『우리 속에 있는 여신들』, 89쪽.

246 아이스킬로스의 〈자비로운 여신들〉에 다음과 같은 아테나의 대사가 나온다. "마지막으로 판결을 내리는 것이 내 직무요. 나는 나의 표를 오레스테스를 위해 던지겠소. 나에게는 나를 낳아준 어머니가 없기 때문이오. 나는 결혼하는 것 말고는 모든 면에서 진심으로 남성 편이며, 전적으로 아버지 편이오. 그래서 나는 여인의 죽음을 더 중시하지 않는 것이니 이는 그녀가 가장인 남편을 죽였기 때문이오." 장영란, 『신화 속의 여성, 여성 속의 신화』, 139쪽.

247 아라크네는 수공의 여신 아테나와 베 짜기 시합을 했다. 아라크네는 완벽한 솜씨를 보여 아테나의 감탄을 자아냈다. 문제는 아라크네가 완성한 융단의 도안이 제우스가 변신을 통해 애정 행각을 벌인 모습이라는 점이었다. 분노한 아테나는 융단을 찢어버리며 아라크네를 거미로 변신시키고 영원히 실에 묶어 그물을 짜도록 했다. 그래서 지금도 거미를 아라크니드(arachnide)라고 부른다. 아라크네는 지위를 이용해 파렴치한 권력을 남용한 나쁜 남성에게 도전했지만 거미로 변하고 말았다.

력싸움 속에서 탁월한 지혜와 담력으로 줄타기를 잘해 '삼중첩자'이자 '여우'로 인정받으며 충직한 '노비' 역할을 잘 수행해낸다. 입시 비리와 부당 축재, 외국으로의 자금 도피 등 무수한 비리의 하수인으로 일처리를 잘해 권력의 핵심이 된다.

가부장제와 권력의 지배 가치를 옹호하는 혜원의 모습은 아테나 원형의 발현으로 설명될 수 있다. 아테나는 제우스를 자신의 멘토로 여기며 권위와 책임감, 권력을 지닌 강력한 남성처럼 되고 싶어 한다. 혜원의 상징적 제우스는 서회장이다. 가부장적 남성을 대표하는 서한그룹의 제왕적 존재인 서회장은 제우스처럼 권력욕과 지배욕이 강하며 바람둥이이다. 한성숙이 부여한 혜원의 업무 중 서회장의 여자 관리가 들어 있을 정도이다. 제우스 원형에게 세상은 전쟁터이다. 어떤 대가를 치르더라도 우두머리 자리를 유지하려고 한다. 서회장 사전에 패배는 없다. 영우에게도 '나는 이기는 사람 편', '큰 여우(성숙) 작은 여우(혜원)에게 배워라', '맷집을 키우라'고 주문한다. 오늘날 수많은 혜원과 같은 여성들이 지금의 자리에 오르기 위해서는 가부장 제우스의 전쟁놀이에 참여할 수밖에 없었다.

아테나 여성은 권력 있는 남성과 사제 관계가 되며 상사에게 충성을 맹세하고 신뢰를 받아 그의 오른팔이 되고 남성의 권위를 이용할 줄 안다.[248] 혜원은 서한아트센터 기획실장으로서 뛰어난 능력을 발휘한다. 전통을 유지하고 남성들의 권위에 정당성을 부여하며 체제를 옹호하고 기존 가치 속에서 행동하는 것이 아테나의 특징이다.[249] 혜원은 자신의 열정과 능력을 보여줌으로써 강한 인상을 남기고, 없어서는 안 될 인물임을 각인시킨다. 서회장과 성숙의 비자금을 각각 관리할 뿐만 아니

248 Bolen, 『우리 속에 있는 여신들』, 93쪽.

249 위의 책, 94쪽.

라 정치권력과 연관된 사위 김인겸에게 서회장이 준 뇌물 장부까지 관리하는 "신임도 최강"의 인물이다. 아테나 여성은 조직의 '2인자', 거물과 연결된 중요한 인물이라는 만족감을 가지고 있다. 전쟁 같은 하루를 마치고 돌아와 무표정하게 화장을 지우며 "대표 자리 싫어?"라고 떠보는 성숙의 말을 되뇌고 "그럴 리가."라고 혼잣말을 하는 야망 어린 모습은 섬뜩하기조차 하다. 고위직과 권력을 가지고 싶어 한다면 남녀 불문하고 제우스처럼 된다. 아테나 여성은 대부분 남성처럼 일하고 남성처럼 되거나 혹은 남성들에게 호감을 얻어 힘과 권위를 획득하려고 한다. 가부장제 사회에서 여성이 남성에게 인정받기를 바라는 것은 처음에는 부정적인 일이 아니다. 여성이 건강하게 독립적인 상태로 이행하는 것을 뜻하기 때문이다. 아버지 혹은 직업적 멘토의 긍정적 자질인 훈련, 결정, 목표 의식, 용기, 권력, 자기 가치 부여 등을 자신과 동일시하는 젊은 여성은 세상에서 스스로 성취를 이룬다.[250)]

아테나의 갑옷은 직업적 성장을 의미하고 업무에서 목소리를 낼 수 있도록 보호한다. 남성중심사회에서 태생적으로 열등한 여성은 더욱 완벽하게 일처리를 함으로써 성공의 길에 오른다. 그러나 아무리 잘해도 결코 충분하지 않을 것이라는 과잉 보상과 피로, 완벽주의로 스스로를 몰아친다. 아테나 여성은 남성들과 같아지고 싶어서 점점 더 많은 일을 한다.[251)] 혜원은 아트센터의 대표, 이사장을 넘어 음악계에서 권력자가 되고 싶은 성취욕으로 무리한 일에 시달린다. 명성, 돈, 권력,

---

250 이는 여성의 자기실현에서 아니무스의 의식화 작업과 관련이 있다. 여성의 무의식에 창조적 남성성 즉 판단의 객관성과 명징성, 용기와 진취성, 열린 마음, 융통성 있는 실제적 추리 능력을 보태는 작업이다. 이부영, 『자기와 자기실현 : 하나의 경지, 하나가 되는 길』, 149쪽 참조.

251 Murdock, Maureen, 『여성 영웅의 탄생 : 융 심리학으로 읽는 강한 여자의 자기 발견 드라마』, 고연수 역, 교양인, 2014, 86~87쪽.

성공이라는 열매를 얻으려고 남성 조력자들과 함께 그 길이 옳지 않음에도 별다른 가책 없이 외적 성취로만 향하는 남성 영웅의 여정을 간다. 드라마에서 상류층의 허위의식과 위장된 세계는 거짓과 부패와 연결되는 '더러운'이라는 형용사로 상징화된다. 혜원은 선재에게 "더러운 건 내가 상대할게. 그게 내 전공이거든."이라고 말한다.

S# 음악실(8회)
혜원 : 먹이사슬, 계급, 그런 말 들어봤어? …(중략)… 나는 그 중간 어디쯤 되겠지. 우아한 노비.
선재 : (또 꿀꺽) 그 여자가, 젤 꼭대기예요?
혜원 : 꼭대기는, 그 여자가 아니라 돈이다.
선재 : (그렇구나……)
혜원 : (자신에게 말하듯) 아니구나…… 진짜 꼭대기는, 돈이면 다 살 수 있다고 끝도 없이 속삭이는, 마귀…….

혜원은 상류사회의 추악한 실상과 병적 징후를 정확히 포착하고 있으며 그것이 추구하는 것의 정점이 무엇인지도 명확히 알고 있다. 하지만 마귀인 줄 알면서도 노비인 혜원은 '마귀 손에 붙잡혀' 그것을 쫓아간다.

(2) 능수능란한 교활한 지략가

아테나의 지혜는 전쟁의 전략 전술이거나 경쟁에서 이길 수 있는 업계의 거물이 지닌 지혜[252]이기에 사실은 지략의 여신이라는 호칭이 더 걸맞다. 아테나는 원하는 것을 얻어내기 위해 권력, 속임수, 책략을 쓰

252 Murdock, Maureen, 앞의 책, 91~92쪽.

는 것도 마다하지 않는다. 공평과 윤리는 전혀 문제가 되지 않는다.[253] 목적에 대해 무절제하고 냉정하며 교활한 아테나의 모습은 『일리아드』에서 헥토르를 속이고 아킬레우스를 이기게 한 것에서 볼 수 있다.[254] 자신이 선호하는 인물에 대한 부당한 혜택과 그렇지 않은 자에 대한 비겁한 술책은 아테나에게는 자연스러운 것이다.[255] 효과적인 전략인가만이 중요할 뿐 목적 달성을 위해 수단과 방법을 가리지 않는다. 인간 아테나 역시 정의나 진실을 구하기보다는 목적을 위해 어떤 값을 치르더라도 이루고야 말겠다는 결연한 의지를 보인다. 혜원 또한 자신이 도달하고 싶은 곳이 마귀의 거처임을 알면서도 그곳에 오르려는 욕망을 포기하지 않는다.

아테나 원형은 조직에서 누가 승자가 될 것인지 감잡을 수 있는 능력을 가지고 있으며 막후에서 일어나는 일에 민첩하다. 혜원은 권력의 흐름에 대해 뛰어난 촉각을 발휘해 동맹자와 적을 구분하고 행동한다. 보스인 서회장의 눈 밖에 나지 않으면서도 직속상관인 성숙의 차명계좌를 슬기롭게 관리하고, 비자금 세탁 창구로 활용될 영우의 외국 회사 업무를 내키지 않는 듯 줄다리기를 하며 아트센터 부대표 자리를 따낸다. 혜원은 서한음대가 입시 비리로 초점이 되어 있는 상황에서 가난한 피아노 천재인 선재를 '명분과 실리를 가져다줄', '서한음대를 빛내줄' 인재이기에 선발한다. 교활한 모습은 일에서뿐 아니라 선재와의 감정적 줄다리기를 할 때도 보인다. 어머니의 교통사고 사망 이후 사라진

253 Bolen, 『우리 속에 있는 여신들』, 115쪽.

254 위의 책, 115쪽. 아테나는 트로이의 영웅 헥토르를 속여 자신의 동생이 창을 가지고 올 것이라고 믿게 만든다. 헥토르는 창을 던진 후 동생을 찾지만 그 순간 아무 무기도 없었고 혼자밖에 없다는 사실을 알게 된다. 이런 상황에서 아킬레우스는 쉽게 헥토르를 죽일 수 있었다.

255 위의 책, 219쪽.

선재가 혜원의 집을 찾아왔을 때 키스를 받고 집에 들여놓고는 갑작스런 남편의 귀가 소식에 시치미를 뚝 뗀다.

"미안하다, 기억이 안나. 내가 원래 술이 한꺼번에 올랐다가 확 깨는 체질이거든……. 가라. 피아노 다시 칠 거믄 연락하구, 아니믄 하지 마. 난 니가 재능이 있어서 이쁜 거니까."라고 말한다.

혜원은 스스로가 말하듯이 '허접한' 짓을 함으로써 선재를 '어이없고 화나고 헷갈리게' 만든다. 정숙한 교수 부인인 아테나 혜원에게 선재와의 키스 사건은 '절대 기억 안 나는' 일이어야 했다. 혜원은 결혼도 전략적으로 했다. 준형이 영우의 여러 남자 중 한 명이었던 것을 알면서도 화보 부부로 내세우기에는 손색이 없었기에 성공을 위한 파트너로 선택했다.[256] 사랑은 없고 결혼은 계약인 셈인데 사랑 대신 파트너십으로 살아가는 혜원과 준형 부부는 영우 말대로 '껍데기' 아내와 '떼쓰는' 남편에 불과하다.

아테나는 경쟁에서 이길 수 없을 때라도 흐름을 전략적으로 꿰뚫어 보고 동맹을 찾으며 상황을 파악해 승리로 이끈다. 가슴보다는 머리, 감정보다는 논리와 냉정함이 아테나의 무기이다. 오늘날과 같은 경쟁세계

256 연출자 안판석은 작가 정성주가 구축한 오혜원의 전사(前史)에 대해 다음과 같이 인터뷰했다. "오혜원은 결혼을 상류사회 진입의 수단으로 여겼다. 하지만 재벌가의 며느리가 되기에는 그녀의 가정환경이 맞지를 않는다. 부모가 혜원의 선 자리를 마련해 오는데, 하나는 졸부 집안. 나쁘지 않다. 하지만 그 길로 가버리면 돈은 많을지언정 아마도 뒤에서 수군거리며 멸시하는 걸 감수해야 할 것이다. 또 하나는 검사 같은 전문직. 그런데 그쪽에서는 일정 부분의 결혼 지참금을 요구했던 거다. 강준형은 그 차차선책이다. 몰락했지만 음악가 집안의 자제라 남 보기에도 그럴듯하다. '화보 부부'로서의 결격 사유가 없는 거다. 그러니까 혜원이 준형과 결혼하게 된 것도 나름 속물적으로 머리를 굴리고 굴린 끝에 나온 결론이었던 것이다." 조민준 · 유선주, 「〈밀회〉 안판석 PD "두드러지는 스타일이 없어야 진짜 걸작이다."」, 『맥스무비』, 2014. 5. 20.

에서 아테나는 아르테미스 원형보다 훨씬 유리하다. 둘 다 목표에 집중해 추진하는 것은 동일하지만 자연친화적인 아르테미스가 간편하고 짧은 가운만 걸친 것에 반해 도시의 아테나는 중무장을 하고 있다는 차이가 있다.[257] 아테나는 금빛 갑옷, 완전한 무장, 지적인 방어력을 통해 감정적인 고통을 느끼는 일이라면 사전에 피한다. 치열한 경쟁 상황에서도 침착하게 사태의 추이를 관찰하며 분석한다. 아르테미스라면 적대감과 속임수에 놓일 때 감정에 치우쳐 상황을 비효율적으로 만들기 십상이지만 아테나는 냉정하게 관찰하며 다음 행동을 준비할 것이다.

혜원은 선재의 여자 친구 다미로부터 선재가 경찰서에 붙잡혀 있고 합의금이 마련되지 않으면 옥살이를 해야 한다는 소식을 듣는다. 혜원은 '자신의 감정을 드러내지 않고, 존재도 드러내지 않고' 선재가 '무참해지지 않게, 쥐도 새도 모르게 손을 써' 준형에게 선재를 데려오게 하고 천연덕스럽게 선재를 맞이한다. 비서 세진이 "죽었다 깨나도 저렇게 못 하겠네. 깨끗이 포기했죠. 나 같으면 일주일도 못 버틴다 하면서요." 라고 할 정도로 누구도 따라잡기 어려운 최고의 전략가이다. 혜원은 서회장 일가가 자신의 불륜을 약점 잡으려고 미행한 것에 화를 내는 선재에게 말한다.

S# 공사장(11회)

혜원 : (미소. 담담히) 이걸 내 약점이라고 생각하는 사람들은 참 뻔해. 별로 겁날 게 없어. 나는 너한테만 서툴지, 다른 건 다, 네가 상상할 수 없을 만큼 교활하구 능숙해. 그건 니가 안 봤음 좋겠거든? 모른 척하고 기다려봐. 어떻게 되나.[258]

---

257 Bolen, 『우리 속에 있는 여신들』, 95쪽.

258 이런 혜원에 대해 선재는 '나는 무서운 세계의 무서운 노비 오혜원을 사랑한다'고 마음속 말을 한다.

아테나는 공예의 여신으로서 숙련공, 장인의 원형이며 베 짜는 기술이 뛰어난 것으로 알려져 있다. 베 짜기는 손과 머리가 함께 움직여야 하는 일이다. 융단을 만들거나 베를 짤 때 어떤 모양을 만들지 계획하고 한 줄 한 줄 짜나가면서 생각해놓은 그림대로 완성해나가야 한다. 아테나는 선견지명을 가지고 큰 그림을 보며 계획하고 기능을 익히며 인내심이 있다.[259] 혜원이 서회장의 법률 대리인 인겸과 손잡는 것을 목격한 선재가 "공짜 없지 않나요?"라며 다시 '마귀 손에 붙잡힐까 봐' 불안해하자 "끝이 왜 없어? 내기할래?"라고 대범하게 말한다. 척박한 황야에서 옥토를 개간하고 생존하며 성공하기 위해서는 아테나의 성향이 필요하다. 모든 것이 막혀 보여도 아테나는 냉정을 잃지 않는다. 혜원은 충성을 다 바쳤지만 서회장 일가의 비리를 덮는 '순교 이벤트'의 희생양이 될 처지에 놓인다. 서회장이 전별금을 주자 '이것으로 끝?'이라고 생각하면서도 선재의 염려는 '잠깐 무시'하고 '가장 먼저 해야 할 일'을 고려하며 냉정하고 차분하게 다음 일을 준비한다. '지금껏 쌓아온 것과 장차 누릴 것, 그리고 선재. 다 잃지 않으려면' 어떻게 해야 할지 전략을 구상한 다음 하나씩 실행에 옮긴다.

혜원은 희생양이 되라는 계속적인 종용과 압력에도 꿈쩍하지 않는다. 결국 민학장의 간계에 넘어간 준형이 간통 현장을 잡겠다며 들이닥치고 혜원과 선재는 경찰서로 잡혀간다. 하지만 인겸과 거래하여 위기를 모면하고 오히려 절대 이혼 못 해주겠다는 준형과 친구들 앞에서 선재와의 사랑을 공표함으로써 상황을 역전시킨다. 어떤 상황에서도 전략적인 것은 아테나의 특성이다. 효과적 전략을 추구하는 혜원은 웃음거리가 될 상황에서도 침착하고 냉정하게 '강준형 오혜원 이혼 기념 파티'에 친구들을 초대하겠다고 말한다. 감정에 흔들리지 않는 혜원의 대응

259 Bolen, 『우리 속에 있는 여신들』, 95쪽.

매뉴얼은 '온화한 평상심'이다. 비리의 죄과를 뒤집어쓰고 구속될 일촉즉발의 상황에서도 "개죽음 싫던데요?"라고 말해 간담을 서늘하게 하고 희생양이 될 순간에도 뛰어난 지략을 발휘해 이사장 자리를 차지한다.

아테나는 모든 일을 중용의 도에서 처리하려는 경향을 보인다. 합리성을 추구하며 격렬한 감정과 욕구, 정열과 정의감, 두려움, 탐욕을 거부하고 나아갈 때와 물러설 때를 안다. 차근차근 자신의 목표를 향해 나아가며 사건을 지켜보고 결과를 기록하며 비생산적이라고 생각되는 즉시 행동의 방향을 바꾼다.[260] 이러한 측면은 아폴론 원형과도 흡사한 것이다. 혜원은 남성 영웅의 여정에서 익힌 기술을 내면화한 인물이다. '머리를 굴리며' 교활한 지략으로 목표를 향해 달려가던 혜원은 선재를 통해 자신의 삶을 되돌아보게 된다.

(3) 가짜의 삶을 사는 노비

혜원은 자나 깨나 긴장 속에서 사느라 두통과 불면에 시달리며 '잠도 신발을 신은 채 잠깐 조는 5분 대기조' 신세이다. 서회장 일가의 비위를 맞추느라 정서적 혹사를 당하지만 오로지 성공을 위해 내면의 소리에 귀를 닫고 산다. 혜원의 채팅 대화명의 이름이 '막귀'라는 것은 의미심장한 메시지가 있다. 혜원은 오로지 상류계급이 되겠다는 목표를 가지고 앞만 보고 달려가며 자신의 본성이 외치는 내면의 소리에는 귀를 닫는다. 전쟁 같은 하루를 마치고 와서도 "안 좋긴요. 어려울 뿐이죠. 쉬운 일이 없어."라고 말할 뿐이다. 그러는 동안 혜원의 몸은 식욕도 없고 수면제 없이는 잠도 못 자며 피로에 찌들어 있다. 겉만 '스펙이 장난 아닌' 성공한 여성일 뿐 실제로는 아주 '너덜너덜'한 '무지 피곤한' 삶을 산다. 스

260 Bolen, 『우리 속에 있는 여신들』, 94~95쪽.

스로가 정해놓은 목표를 위해 끊임없이 자신을 혹사하는 현대 성과중심주의의 표상이다. 목숨 걸고 일하느라 자신의 가치는 돌아볼 틈이 없이 '스스로를 불쌍하게' 만든 장본인이다. 겉으로는 당당하고 멋쟁이지만 외투를 벗으니 속치마 차림이고,[261] '만 원짜리 목걸이'를 명품으로 위장해 걸고 다니는 가짜가 혜원이다. 혜원에게 가식과 위선은 생존을 위한 불가피한 전략처럼 보인다. 그러나 그러는 동안 영혼은 척박해져갔다.

혜원은 외면과 다른 내면을 가진 다차원적이고 모순된 인물이다. '친구 겸 시녀' 노릇을 해주는 상전 영우에게 "할래믄 진짜 사랑을 하든가."라고 했다가 뺨을 얻어맞고 "지가 더 가짜면서."라는 소리를 듣는다. 영우는 "니 거 진짜 뭐 있어? 너 사는 집두 우리 거, 차두 우리 거, 가정부두 우리 거."라고 조롱한다.

혜원은 겉만 번지르르할 뿐 '모두 남의 거'인 남의 삶, 가면의 삶을 산다. 캐릭터의 외적인 인물 묘사와는 상반되는 내적인 성격의 발현은 주요 등장인물에게는 핵심적인 사항이며 주역은 반드시 모순이 깊어야 관객들이 감정이입을 할 수 있는 매력적인 인물이 된다. 겉의 얼굴로 보이는 사람과 가슴속에 들어 있는 사람이 다른 것이다.[262] 혜원의 내면은 대화명 '나천재'인 선재와의 쪽지 대화에서 드러난다.[263] "인생 속

---

261 1부 첫 번째 시퀀스에서, 혜원이 추운 날이라면서 외투를 벗자 치마를 입지 않은 속치마 차림이 보인다. 세진은 "실장님, 용량 초과세요."라고 한다. 바쁘고 정신없이 살아가는 혜원의 일상이 실제 인간과 같은 친근함으로 전달되며 인물의 일상 행동 하나가 확연하게 살아 숨 쉬는 캐릭터로 현실화하는 탁월한 설정이다.

262 Mckee, Robert, 앞의 책, 157~162쪽, 213쪽. 인간 본성의 은유인 캐릭터의 진정한 성격은 가면 뒤에 숨어 있다. 관객은 주인공은 미처 자각하고 있지 않아도 그의 욕망을 감지하고 그 안에서 주인공의 내적 갈등을 읽는다. 주인공이 심각한 압력 속에서 선택을 하면서 본연의 특성을 드러낼 때 자신과 동일시한다.

263 혜원은 나중에 나천재가 선재인지 알게 되지만, 선재는 막귀가 혜원인지 끝까

편한 게 젤. 스펙 따위 소용없음. 굶지만 말고 음악 즐기면서 사셈."이라고 하지만 정작 자신은 마음의 소리와는 반대의 삶을 살아가고 있다. 나천재가 본명을 물어보자 물끄러미 화면을 바라보다가 "나는 본명두 가짜."라고 전한다. 잠깐 동안 보이는 무표정한 모습에서 혜원의 무의식이 읽혀진다. 혜원의 무의식은 자신이 가짜임을 알고 있다.

본명도 가짜라고 말할 정도인 혜원은 이름을 잊어버린 사람, 자신이 누구인지 모르는 사람, 진짜 인격을 잃어버리고 가짜 인격으로 살고 있는 사람이다. 선재 집에서 처음 함께 지내고 돌아가는 길에 혜원은 '인생 고백'과 같은 문자를 선재에게 보내고, 선재는 혜원의 이름을 'WHO'로 입력한다. 이것은 깊은 의미가 있다. 혜원이 '나는 누구인가?'라는 자기 정체성을 찾아가는 인물일 것이라는 암시라고 해석된다.[264)] 인간이라면 누구나 심성에 자기실현의 보편적이고 원초적인 충동이 있다. 원하든 원하지 않든 자기실현을 핵심 과제로 안고 살아간다. 자기실현이란 거창한 것이 아니라 개인이 평범한 행복을 구현하는 과정이며 나 자신(Self)이 되는 것이다. 누구나 예수나 부처처럼 될 수는 없지만 개인이 가지고 있으면서도 아직 실현하지 못한 삶을 가능한 한 많이 살아가는 것이 자기실현이다.

외적 인격인 페르소나는 한 개인이 세상에 적응하기 위해서 사용하는 태도이지만 본성을 따르는 것이 아니라 사회와의 타협이기에 과도한 동일시는 활력을 저하시키고 형식적인 행동을 하게 하는 폐단이 있다.[265)] 외적 인격, 사회적 인격, 집단 정신의 한 단면인 페르소나를 자아

지 모른다.

264 지문에는 '오혜원의 영문 약자를 거꾸로 한 것'이라고 되어 있다. '누구인가?'라는 질문을 집요하게 던지는 역할을 혜원 이름을 WHO로 입력한 선재가 하게 될 것이라는 의미로 보인다. 관련 내용은 추후 설명한다.

265 김성민, 「한국 그리스도인의 성격과 전일성의 회복」, 34쪽.

와 동일시할 때 인간은 온전한 전체로서의 자기 삶을 살 수 없다. 그러나 페르소나라고 해서 무조건 나쁜 것은 아니다. 융에 따르면 35세 이전까지는 바깥 생활에 적응하기 위해서 무엇인가를 배우고 얻고 성취하려고 애를 쓰는데 이때 만들어가야만 하는 것이 페르소나이다. 특히 청년기와 성인 초기에는 페르소나가 필수적이다. 이때 페르소나를 제대로 만들지 못하면 비행 소년, 반사회적 성향의 범죄자가 될 우려도 있다. 현실에 직면하기보다 도피함으로써 오래전에 분리되었어야 하는 어머니 품으로 다시 돌아가는 모성 콤플렉스의 퇴행적 인간이 되기도 한다. 그러나 중년기부터는 과제가 달라진다. 이미 쌓아놓은 것을 바탕으로 뭔가 이루려고 하며 내면적인 욕구에 관심을 기울이게 된다. 인생 전반기의 외부지향적 태도에서 벗어나는 것이다. 대신 내향형으로서 자신이 이루어온 것을 다시 나누고, 성취되지 못한 것은 나름대로 의미가 있는 것으로 생각하면서 삶을 하나하나 통합해나가야 하는 것이다.[266]

혜원의 나이는 마흔이지만 중년기가 되어서도 여전히 엔진을 가속화한다. 그러나 인생 후반기에 들어서까지 페르소나의 삶을 추구하면 기쁨과 감동이 없다. 무의식에서 그런 것이 내면을 위해 별로 가치 있는 것이 아니라는 사실을 간파하기 때문이다.[267] 인생 후반기를 제대로 대처하지 못하면 삶이 표류하고 있다는 느낌을 가지게 된다. 내가 지금 제대로 가고 있는 것인가? 혹은 혜원이 생각하듯 '이렇게 계속 살아서, 내게 남는 게 뭘까?'라는 자괴감이 드는 것이다. 인생의 첫 번째 전환기인 사춘기 못지않게 삶을 다시 한 번 뒤흔들 수 있는 '중년의 연애'도 이

---

266 김성민, 「한국 그리스도인의 성격과 전일성의 회복」, 94~103쪽.
267 위의 논문, 89쪽.

시기에 나타나는 현상이다.[268] 남들 기대대로만 살 때 인간은 진정으로 살아 있다는 느낌에서 멀어진다. '막귀' 혜원은 이제 내면에서 들려오는 진짜 목소리를 주의 깊게 들어야 한다. 일시적인 명예에 불과한 직함이나 성취, 갈채, 부의 추구 등 자신을 묶어놓았던 굴레인 페르소나를 벗고 영혼이 추구하는 것을 이루는 데 도움되는 것을 찾아내어 분별의 칼을 들어야 하는 것이다.[269]

(4) 혹사당하는 강한 여성

혜원은 아주 피곤한 삶을 살지만 목표 달성을 위해 뒤돌아보지 않는다. 내면에서 올라오는 감정은 차단하고 외면하며 내처 달린다. 노련한 처세술로 삼중첩자 노릇을 하는 혜원은 어떤 것이라도 성취할 수 있도록 어떤 남자보다 독립적이고 무엇이든 스스로 해낼 수 있어야 한다고 느끼며 누구에게도 의지하지 않는다. 탈진하기 직전까지 몸을 혹사하고 거절하는 법을 잊어버린 '강한 여성'은 모든 사람의 비위를 맞추려 들면서 보살핌과 사랑을 받고 싶은 자신의 욕구는 무시한다. 캐릭터의 내적 심리 상태는 캐릭터의 행동으로 표출되는데 혜원은 자주 숨을 '후~' 하고 내쉬는 행동을 반복한다. 상황이 버거울 때마다 보이는 무의식적인 행동을 통해 숨 막히는 삶이 전달된다.

사회적 성공과 명예의 추구는 남성적 가치에 해당된다. '난 굳세게 견딜 수 있어. 나는 강해. 어떤 도움도 필요 없어. 혼자 해낼 수 있어.'라는 것은 우리 사회가 요구하는 남자다움이자 존경받는 전형적인 영웅의

268 김성민, 「한국 그리스도인의 성격과 전일성의 회복」, 89쪽.

269 페르소나는 없애야 할 것이 아니라 '구별되어야' 할 것이다. 이부영, 『분석심리학 : C.G. 융의 인간심성론』, 100쪽.

목소리이다.[270] 한 사회가 구성원들에게 남성적 가치가 여성적 가치보다 훨씬 우월하다는 편견을 주입하면 할수록 여성은 반자의적, 반타의적으로 남성처럼 되려고 하는 경향이 있다.[271] 이전 시대와 달리 남녀평등 사상이 보편화된 듯이 보이고 여성도 능력만 있다면 사회적으로 성공할 수 있다는 의식이 보편화된 사회에서 성공을 추구하는 여성은 남성을 좇아갈 수밖에 없다. 아버지의 딸인 아테나 여성은 남성적 가치를 우선에 두는 부성 콤플렉스를 가진다.

혜원은 부성 콤플렉스의 유형 중 '갑옷과 투구로 무장한 아마존 여인(armored Amazon)'에 속한다. 그중에서 슈퍼스타(The Superstar)와 여전사(The Warrior Queen)에 해당한다고 볼 수 있다.[272] 혜원은 음대에 수석 입학한 우등생이며 어른이 되어서는 자신의 일과 직업에서 성취와 성공을 거둔 '슈퍼스타' 혹은 '슈퍼우먼'에 어울릴 만한 삶을 살고 있다. 예술재단에서는 유능하고 없어서는 안 될 존재요, 집안에서는 철부지 '중 2병' 남편을 보필하여 교수로 만들어낸 유능한 아내이다.[273] 이것은 '아버지의 딸'이 이루어낸 성취이다. "동종 업계 유일무이, 그게 제 자부심이랍니다"라고 말할 정도로 뛰어나다. 그러나 혜원의 삶은 끊임없는 의무와 책임으로 이어지는 노동의 연속이며 싸워 이겨야 하는 전투

270 Murdock, Maureen, 앞의 책, 294쪽.

271 장영란, 『신화 속의 여성, 여성 속의 신화』, 316쪽.

272 Leonard, L.S., The Wounded Woman 'Healing the Father-Daughter Relationship', pp.37~84, 김계희, 앞의 논문, 32쪽 재인용.

273 준형은 혜원이 이사장에게 힘을 써주어 교수로 임명되었다. 가부장제의 수호자인 아테나 여성은 남편의 협조자이다. 아테나 여성은 전통적 역할을 받아들이며 남편에게도 집안일을 나누자는 주장은 하지 않는다. 혜원은 늦은 시간에도 남편의 요구에 차 대접을 해준다. 경력도 쌓고 집안도 잘 꾸려나가는 슈퍼우먼이며 동시에 남편의 협조자이자 동료가 아테나 아내이다. Bolen, 『우리 속에 있는 여신들』, 106, 108쪽 참조.

의 연속이다. 이런 여성은 삶의 순간을 즐길 수 없다. 자신의 느낌이나 몸을 소홀히 하며 조금 슬프거나 아픈 것쯤은 대단치 않게 여기며 일에 매진한다. 일에서 완벽해지고자 하는 강박과 함께 만성피로감이나 긴장성 두통 등 원인을 알 수 없는 몸의 부대낌으로 고통받곤 한다. 혜원은 '하루 종일 머리가 아파' 하지만 술자리에서 과음을 해도 업무 종료 전까지는 '꼿꼿할' 수밖에 없다. 그것이 남자 그 이상을 해내는 유능한 여성의 모습이기 때문이다.

현대의 일 잘하는 여성이 가진 미덕은 독립성, 책임감, 충성심 등이다. 이것이 페르소나가 된 여성은 자신이 여성으로서 이룩한 귀중한 성과를 송두리째 부인할 수도 있다.[274] 인간이 직관과 감정과 우리 몸이 얼마나 심오한지 아는 것을 거부하면 이성은 그것들을 무시하고 평가절하한다. 그로 인해 어떤 근원적인 것으로부터 멀어졌다는 소외감, 슬픔, 외로움을 느끼게 되지만 대개는 이 감정이 인간 본성 내부의 불균형에서 생겨난다는 점을 인식하지 못한다.[275] 혜원은 무의식중에 삶이 마치 노예와도 같이 고삐가 꿰어져 있다는 느낌을 가지고 있으며, 무엇인가 억눌린다는 느낌을 받으면서도 괴로움의 근원을 이해하지 못한다.

혜원의 삶은 진정한 삶이 아니다. 이러한 여성은 자기(Self)로부터 소외되고 단절되어 메마르고 건조해지며 때로 우울증에 빠지곤 한다. 왜 이렇게 살아야 하는 것인지 모든 것이 무의미하게 느껴지지만 여성으로서 자신의 존재를 유보하거나 거부하고 기꺼이 남성처럼 살아가는 삶의 방식을 취하곤 한다. 혜원은 결혼 12년째이지만 아이가 없다. 아마도 남편 준형과 합의해 부부가 아닌 '한 팀'으로, 성공의 '파트너'로 살기로 작정한 듯하다. 혜원과 같은 강한 여성은 여성적인 것을 거부하며

274 이부영, 『자기와 자기실현 : 하나의 경지, 하나가 되는 길』, 147쪽.

275 Murdock, Maureen, 앞의 책, 288쪽.

남성적 에너지를 자기 안에 키워갈 위험이 있다. 내면의 남성성과의 관계가 뒤틀려 있어 폭력적으로 변하게 된 상황이다.[276] 이것은 부정적 아니무스에 사로잡힌 상태인데 자신의 판단이 무의식의 부정적 의견에 완전히 동화되어 있는 것을 여성 자신이 전혀 모르는 상태이다.[277]

혜원의 아니무스는 강한 여성으로 하여금 절대로 쉬지 못하게 한다. 스토리히(Storch)에 따르면 이런 여성은 남몰래 여성이라는 이유로 자신을 경멸하는데 이 과정은 무의식적으로 이루어진다. 여성 자신이 의식적인 통제를 할 수 없기 때문에 더더욱 위험하며 우울증과 공허감에 시달리고 탈진할 때까지 일을 하면서도 스스로가 늘 못마땅하게 여긴다.[278] 혜원이 법정의 최후진술에서 "나란 인간은, 나 자신까지도 성공의 도구로만 여겼다는 걸 (알았다)."이라고 말하는 것이 이 맥락이다. 이런 유형은 최악의 경우 자신이 가치 없는 인간이라는 뿌리 깊은 절망감에 사로잡히기도 한다. 혜원이 자조적으로 자신을 '노비'라고 말하고, '마름, 시녀, 깃털'이라고 칭하는 것도 무의식적 절망감의 표현이라고 해석된다.

---

276 Murdock, Maureen, 앞의 책, 129쪽.
현대여성들의 경우 사회적 성 역할이 고정되어 있지 않고 양성성을 계발하는 방향으로 교육을 받게 됨에 따라 생애 초기부터 로고스적 남성성이 주기능으로 발달하면서 내적 인격으로서의 아니무스가 외적 인격으로 기능하는 것이 가능해졌다. 만일 한 여성이 의식적 차원에서 여성성 대신 남성성을 취할 경우 사회가 요구하는 표준 여성상으로부터 멀어지게 되며 대신 여성성이 무의식에 억압될 것이다. 이런 여성의 경우에는 외적 인격(페르소나)으로 남성성이 형성되는 반면 여성성은 무의식에 머무르게 된다. 생의 전반기에 여성성보다는 남성성을 계발한 여성의 경우 후반기에는 무의식에 억압된 여성성을 의식화하는 것이 과제이다. 김병주, 앞의 논문, 70쪽.

277 이부영, 『자기와 자기실현 : 하나의 경지, 하나가 되는 길』, 145쪽. 반면 스스로 아니무스에 대항하는 자세를 유지하는 데 성공한다면 아니무스는 위협을 그치고 창조의 힘이 된다.

278 Storch, Maja, 『강한 여자의 낭만적 딜레마』, 장혜경 역, 푸른숲, 2005, 179쪽.

(5) 손 없는 소녀

혜원은 돈 주고 산 젊은 애인과 공공연히 바람을 피우는 영우에게 손찌검을 당하면서도 영우가 영원한 '갑'이기에 감정 없는 사람의 매뉴얼로 무념넘하게 내응한다. 혜원은 영우에게 "윤리 도덕이 왜 있겠니, 정지선을 잘 지켜야 인생길에 사고가 안 나지."라고 하며 기존 체제와 가치에 순응하는 모습을 보인다. 가부장제 사회가 설파하는 윤리 도덕은 아버지의 법이고, 혜원은 철저한 아버지 법의 수호자이다. 영우가 젊은 애인을 호스트바에서 데려와 온갖 추태를 보이자 혜원은 자리를 빠져나와 "오만이야! 저는 그래두 된다구 생각하는 거지. 나 정말 토하는 줄 알았다!"고 말하며 폭발한다.

한 사람이 '나'로서 존재할 수 있는 것은 의식의 중심인 자아(ego)가 있기 때문이다. 모든 사람들은 스스로가 괜찮은 사람이라고 생각하는데 이는 긍정적 자아 이상 때문이다.[279] 이것은 결과적으로 열등하고 부정적인 요소들을 자아에서 몰아낸다. 이때 자아에 포함되지 못하는 내용은 그림자가 된다. 그림자를 인격의 일부로 받아들이지 않을 경우 그림자는 자아가 통제하지 못할 정도로 작용하기도 한다. 의식적인 견해가 극단적일수록 상반되는 입장을 대변하는 그림자 역시 극단적으로 나타난다. 영우는 혜원의 그림자 원형이다. 혜원은 영우에게 윤리 도덕을 어기면 사고가 난다고 설교하지만 정작 혜원 자신은 스무 살 연하의 선재와 사고를 저지른다.

그림자는 흔히 동성(同性)에게 투사가 되며 참을 수 없다고 느끼는 부분이라고 했다. 혜원이 영우의 행동을 참을 수 없는 이유는 가부장제 사회에서 유부녀의 '바람'은 비윤리적인 행위로서 용납할 수 없는 일이

279 김성민, 「한국 그리스도인의 성격과 전일성의 회복」, 32쪽.

라고 가치 판단을 하기 때문이다. 가치 판단은 인간이 만든 의식의 산물이다. 가부장제 가치관은 일부일처제를 수용하며 아내는 남편에게 속해 있기 때문에 아버지가 허용하지 않는 행위를 하는 영우는 골칫덩어리일 수밖에 없다.[280] 하지만 영우의 모습은 실상은 혜원의 인격에 감추어진 열등하고 부정적인 부분이다. 그러나 그림자는 본래부터 열등하고 부정적인 것이 아니다. 그림자 속으로 쫓아버린 모든 내용은 선하지도 악하지도 않으며 그냥 존재할 뿐이다. 그것을 열등하고 부정적이라고 믿는 것은 아버지의 법이 그것을 배척했기 때문이다. 혜원처럼 여성 자신이 아버지의 딸이라는 틀을 벗어나서는 존재할 수 없다고 생각한다면 가부장제의 폐해를 가중시키는 대열에 낄 수밖에 없다.[281] 혜원은 영우가 던진 마작패에 얼굴이 찢기고 다친 채 '집이 때로는 직장 같아서' '안전한 운전기사'로 선재를 부른다. 그래놓고 혜원을 쉬게 해주고 싶어 방을 알아보고 다닌 선재를 두고 혼자 와버리며 "나 지금 도망치는 거야. 너랑 그런 데 들어가기 싫어서."라고 말한다.

S# 선재 집(6회)
혜원 : 엄마 생각해서라두 나한테 들이대지 마.
선재 : (멈춘다) 네?
혜원 : 엄마들은 아들이 그러는 거 못 참아. 스무 살 연상 좋아한다 그러믄 무지 슬퍼하실 거야.
선재 : (정말 몰라서) 왜요?……
혜원 : 말이 안 되지. 나를 때려서 내쫓구, 망신 주구, 그러구 싶으실걸?

---

280 서회장은 영우의 사생활을 문제 삼지 않는 대가로 사위 인격과 사위 집안에 돈을 주며 이혼을 무마한다.

281 Murdock, Maureen, 앞의 책, 79쪽.

윤리 도덕을 말하며 성공을 향해 달리는 혜원에게 선재와의 사랑은 '말이 안 되는' 일이다. 혜원은 아버지의 법에 순응하는 설화 '손 없는 소녀'의 재현이다. 선재가 처음 오디션을 보러 왔을 때 혜원의 집 거실 벽에는 손 없는 여인 형상의 그림이 걸려 있다. 피아노 치는 혜원의 집에 손 없는 여인이 걸려 있다는 것은 혜원 캐릭터를 유념할 때 적합한 소품이다. 우리나라를 포함해 전 세계에 퍼져 있는 설화 〈손 없는 소녀〉에서 소녀의 손을 자르는 사람은 소녀의 아버지이다.[282] 악마의 꼬임에 넘어간 아버지는 딸의 손을 잘라야 한다고 하고 '아버지의 딸'은 자신의 손을 내어준다. 잘려나간 손은 생명력의 상실이며 삶에 대한 포기의 상징이다. 부성 콤플렉스를 가진 아버지의 딸의 내면에는 이처럼 '약한 소녀'가 살고 있다. 강한 여성 안에 있는 손 없는 소녀는 언제라도 그 여성을 남성에게 복종하고 남성의 법칙을 자신의 법칙보다 중요하게 생각하도록 만들 위험이 있다.[283] 딸은 아버지에게 손을 내어주면서 인생에 대한 자신의 영향력을 잃어버리며 속수무책인 자신의 상황을

282 〈손 없는 소녀〉 혹은 〈손 없는 색시〉 설화는 역사적으로도 유래가 오래된 것이다. 전 세계적 인식이 가능한 것은『어린이와 가정을 위한 그림 형제 동화집』 덕분이다. 이 설화는 우리나라는 물론 일본, 몽골 등지에도 있으며 유럽 쪽에서는 독일, 영국 등지에서 전승되고 있다. 약간씩 차이가 있으나 핵심적인 서사 단락은 '소녀가 두 손이 잘린다 – 왕이 소녀를 숲에서 발견하여 아내로 삼는다 – 소녀는 자신이 낳은 아이와 함께 다시 쫓겨난다 – 소녀는 숲 속에서 기적적으로 다시 양손이 생긴다 – 다시 남편에게 발견된다'는 내용이다. 김헌선은 소녀가 손이 절단당해서 쫓겨나는 요소 중 하나인 이성(異性)에 의한 횡포는 대체로 성적인 갈등 때문이며 남성 본위의 사고가 이성의 성적 횡포나 악마와의 거래, 종교적 왜곡 등으로 다양하게 변질되어 나타난다고 말한다. 김헌선, 「〈손 없는 색시〉 설화 유형의 비교설화학적 연구—세계설화의 비교를 중심으로」,『경기대학교 인문총론』 제11호, 2003, 1~5쪽.

283 Storch, Maja, 앞의 책, 100쪽.

받아들이게 된다.[284]

혜원은 촉망받는 피아니스트 지망생이었으나 건초염으로 피아노를 포기했다. '손 없는 여인'은 피아니스트를 꿈꾸던 혜원이 피아노를 포기하고 가장 소중한 자신을 잊은 채 아버지의 딸 노릇을 하며 고군분투해 온 삶에 대한 은유이다. 성공과 출세, 권력과 성공을 향한 내달림은 가부장제가 추구하는 아버지의 가치이다. 아테나는 독립적인 처녀 여신이지만 아버지의 영향력 아래에 있기 때문에 아버지의 법을 거스를 수 없다. 내면이 약한 아버지의 딸에 불과하기 때문에 감히 자기 나름의 법칙을 만들거나 자기만의 견해를 행동에 옮기지 못하고[285] 그저 아버지의 법을 따라간다. 무의식의 부성 원형은 로고스의 신(神)과 같이 혜원의 자아와 깊이 관계되어 있어 그곳으로부터 독립할 수가 없다.[286]

무의식은 인간을 일방적으로 만들지 않으려는 경향이 있다. 융 심리학은 그것을 무의식을 통해 대변되는 완전성, 전체성을 향한 노력이라고 말한다. 그림 동화에서 손 없는 소녀는 평생 보살펴주겠다는 아버지를 단호하게 거절하며 "저는 여기 머무를 수 없어요. 이곳을 떠나겠어요. 동정심 많은 사람들이 제가 필요한 만큼 베풀어줄 거예요."[287]라고 말하고 낯선 세계로 떠나간다. 성장을 하려면 다른 사람을 통해 구원을 받겠다는 결심이 있어야 한다. 혜원과 같은 여성이 진정으로 독립적이고 능동적인 여성이 되려면 우선 완벽한 수동성을 알아야 한다. 약한 지점을 자신뿐 아니라 남 앞에서 솔직하게 인정하는 것 말고는 방법이

284 Storch, Maja, 앞의 책, 109쪽.

285 위의 책, 99쪽.

286 이부영, 『자기와 자기실현 : 하나의 경지, 하나가 되는 길』, 146쪽.

287 Grimm, Jacob, 『그림형제 민담집 : 어린이와 가정을 위한 이야기』, 김경연 역, 현암사, 2012, 192쪽.

없다.[288] 손 없는 소녀는 아버지를 거부하고 집을 떠나 허락 없이 왕과 결혼해 아버지 세계의 규범을 어긴다. 혜원 또한 자신의 모든 것을 무너뜨릴 수 있는 윤리 도덕을 위반하기 시작한다.

세상의 규범에는 해야 하는 것, 하면 안 되는 것이 정해져 있다. 손 없는 소녀는 금기의 행동에 관심을 가지고 그 행동을 현실로 옮기는 것이 정말로 불가능한지 곰곰이 생각했다. 그리고 규범의 타당성이나 근거도 묻지 않고 무조건 행동의 지침으로 삼았던 내면의 금기를 극복한다. 외적인 것이 아닌 자신이 만든 규범과 자신의 욕구를 행동의 척도로 삼기 시작하는 것이다. 이렇게 되면 지금까지 죄라고 생각해온 것이 객관적으로 전혀 죄가 아니라는 새로운 경험을 할 수 있게 된다. 이런 과정을 거치지 않는다면 아버지의 낡은 규범의 세계에 계속 머무를 수밖에 없다.[289] 세상을 향해 자신을 주장하며 자신의 법칙을 만들기 시작한 여성은 상상 속에서뿐 아니라 실제 세계에서도 금지된 행동을 저지를 수 있는 용기를 내야만 한다.

혜원은 아버지의 법을 위반하러 선재의 집에 가서 아버지의 법이 규정한 남편에 대한 충성을 포기하고 금지된 행동을 저지른다. 사업 파트너와 같은 가부장적 마마보이 준형의 동거인으로 같은 목표를 위해 '빈 껍데기 화보 부부'로 사는 것과, 자신을 잊고 살아오다가 진정한 삶이 무엇인지 알게 해준 선재와의 사랑 중에 무엇이 더 윤리적인지 각성했기 때문이다. 혜원은 자신이 희생양이 되어주기를 바라는 서회장의 제안도 거부한다. 재벌의 금고지기이자 심부름꾼이었던 혜원의 거부는 아버지의 눈으로 볼 때는 반역이다. 그러나 그것은 '평생 그 집 개'로 살게 되었을지 모를 자신의 인생을 구원하는 탁월한 선택이었다. 강한 여

288 Storch, Maja, 앞의 책, 111쪽.

289 위의 책, 129쪽.

성이 싸워야 할 최대의 적은 외부 세계의 적이 아니라 자기 안에 숨은 적이다. 그래서 혜원은 서회장의 뜻을 전하며 감옥행을 종용하는 인겸에게 "내 마지막 상대가 누구라고 생각하세요?"라고 묻는 것이다. 강한 여성의 마지막 상대는 바로 자기 자신이다.

강한 아테나 여성 혜원은 아버지의 법을 위반할까 봐 무서워하는 내면의 그림자인 약한 소녀와 승부하기로 한다. 열등한 인격을 살리려면 도덕적 갈등을 느끼게 되며 많은 경우 도덕적 페르소나가 제시하는 사회적 금기를 깨뜨리게 된다. 그러나 자기 자신의 전체에 이르기 위해서는 심리적 모험을 용기 있게 감행해야 한다. 왜냐하면 오직 그림자를 살려서 체험함으로써 비로소 무의식의 열등한 인격이 분화되고 발전하여 의식에서 사용할 수 있는 기능으로 변하기 때문이다. 그림자는 오히려 자기실현의 좋은 밑거름이고 원료이며 모든 원형은 그림자를 가지고 있다.[290]

(6) 갑옷과 가면 벗기

아테나 여성이 어떤 일에 종사하면서 터득한 지혜는 든든한 갑옷이 된다. 갑옷은 전쟁터에서는 가장 훌륭한 역할을 해낼 수 있다. 그러나 갑옷은 여성적 감정과 부드러움을 차단할 위험이 크다는 단점이 있다.[291] 아테나는 갑옷 위에 아이기스라고 하는 방패막까지 덧입었다. 방패막에는 아테나의 힘의 상징인 메두사의 얼굴이 새겨져 있다. 메두사는 보는 사람을 돌로 만들어버린다. 공감 능력이 치명적일 정도로 부족해서 만사를 무미건조하게 만들어버리며 연약함이나 외로움을 전혀 보이지 않

290 이부영,『자기와 자기실현 : 하나의 경지, 하나가 되는 길』, 113쪽.
291 Murdock, Maureen, 앞의 책, 82쪽.

는 아테나의 상징이다. 아테나와 동일시하는 여성은 다양한 인간 감정의 강렬함으로부터 완전히 분리되어 있는 것처럼 보이며 언제나 감정을 조절하고 자제하는 모습을 보인다. 혜원은 영우의 마작패에 얻어맞으며 "배은망덕! 능구렁이! 불여우!" 소리를 듣지만 감정적 동요 없이 그 대가로 고유 업무 전결권과 아트센터 부대표 자리를 따낸다.

혜원은 정신적 긴장 속에서 육체도 메말라버린다. 선재가 자신을 '쉬게 해줄' 모텔을 찾는 것을 보고 도망 와서 목욕을 하며 '아마 자신이 없어서 도망쳤는지도 모르겠다'며 몸과 얼굴을 만지며 운다. 혜원은 친구 지수를 만나 속마음을 말한다.

S# 카페(밤)(6회)

혜원 : 뭔지 모르겠어. 몸뚱이는 여기저기 처지기 시작하구, 심장은 진작에 모래주머니가 돼버렸는데, (글썽) 인제 와서 그 시절에 못 해본 걸 기어이 찾아먹겠다는 심본지…… (눈물 한방울)

지수 : (냅킨 집어준다)

혜원 : (받아서 눈물 닦고, 찍어내고, 냅킨 접는다) 발악해봤자지 뭐. 내가 스무 살짜리를 어떻게 이겨.

지수 : 응?!

아테나 여성은 감정적으로 깊이 연루되는 것을 피하며 감정을 촉발시키는 음악이나 미술에도 감동받지 않는다.[292] 그러나 자신의 삶을 돌아보기 시작한 혜원은 평소답지 않게 눈물을 자주 쏟아낸다. 혜원은 젊은 시절 촉망받는 음악학도였지만 지금은 예술재단의 타락한 권력 쟁취에만 몰두해 있을 뿐 순수한 음악의 세계는 잊고 살았다. 하지만 자신의

---

292 Bolen, 『우리 속에 있는 여신들』, 112쪽.

스무 살을 연상케 하며 '끝까지 즐겨주는' 음악의 본질을 아는 선재를 통해 "무척 옛날 생각두 나구. 내가 떠나온 세계, 내가 하구 싶었던 거."를 서서히 기억해낸다. 혜원은 점차 마음이 흔들리고 '부끄럽고 서러운' 가짜의 삶에 직면하면서 결국 선재의 사랑을 받아들이기로 마음먹고 그를 찾아간다.

혜원이 선재의 '집'에 오기 전까지 중요한 사건이 연이어 발생한다. 바람둥이 서회장이 '품어준' 연변 아지매는 혜원을 결정적으로 개성화의 길에 들어서게 한다. 아지매는 서회장이 싫어서 도망쳤는데 혜원은 성숙의 압력으로 아지매를 돈 주고 떼어내려고 찾아갔다.

S# 허름한 카페(늦은 밤)(7회)

아지매 : 댁에 같은 사람들은 나를 어찌 볼지 모르지만, 나 이래봐도 모택동 주석이 대문호 루쉰을 기리기 위해 세운 학교 다녔고, 만 인민이 다 평등하다, 내가 내 주인이다, 그렇게 배운 사람이요. 안 할 말로 내 맘에 들믄 내 돈 주고도 함다. 사내가 돈 좀 있다고 해서 내 맘에 들지도 않는데 아양 떨고 하는 거, 그런 짓은 죽어도 못 한다 말입니다.

혜원 : (벙하니 듣다가 정신 차리고 미소. 반지를 집어넣으며) 무슨 말씀인지 알겠어요. 그런데, 저는 심부름하는 입장이라, 뭔가 확실한 답을, 다시 말해서, 앞으루 또 연락이 온다 해도 만나시지 않겠다는,

아지매 : 야!

혜원 : 네?

아지매 : 내가 싫어가지고 찼다지 않나, 엉?! 거기 대고 확답을 하라니, 최고 멋쟁이로 차려입고 앉아서는 남의 말은 영 귓등으로 듣나?!

혜원 : (밀리면 안 된다 싶어 새삼 미소) 저걸 받아주시면 확답으로 알겠습니다만,

아지매 : 뭐 이런 년이 다 있어.

–일어서며 혜원의 맥주잔 집어 끼얹는다.

–혜원, 흡……

아지매 : 왜 자꾸 같은 말 하게 만드나. 있는 놈들 심부름이나마 해서 먹고 산다믄 말귀 하나는 제대로 뚫려 있어야지! (간다)두 번 볼까 치가 다 떨리네.

가난하지만 '진짜'의 삶을 살아가는 아지매를 통해 혜원은 자신의 계급이 '중간 어디쯤'일 것이라고 생각했던 믿음이 무너지고 자신이 계급 피라미드의 가장 낮은 심부름꾼임을 깨닫고 망연자실한다. 다음 날 혜원은 장학금을 받으러 온 선재 앞에서 영우에게 천대를 당한다. 분개하는 선재에게 "세상 사는 이치 배운다고 생각해. 그깟 게 무슨 모욕이라구!"라고 말하면서도 무너져간다. 혜원은 홀로 앉아 하염없이 눈물을 흘리다가 끝내 크게 북받치며 소리내어 울며 '내게 이런 순간 오지 않을 줄 알았다. 나한테서 이렇게 부끄럽고 서러운 감정이 삐져나올 줄은'이라고 속말을 한다.

아테나 여성이 갑자기 약하고 어쩔 줄 모르는 모습을 보이기 시작할 때 누군가 자신의 눈물도 닦아주었으면 하고 바라지만 남에게 도움을 청하는 것은 강한 여성에게는 아직도 낯선 일이다. 영우의 노비 취급에 대해 선재와의 인터넷 대화창에서 "여신님이 노비에 지나지 않는 거를 보여준 거네."라고 막귀 혜원이 자조적으로 말하자 나천재 선재는 "심장 꺼내서 보여줘? 확 어디로 업구 튀어버릴까?"라고 답한다. 혜원이 '막귀 형'인지 모르는 선재는 "제가 가끔 가는 사이트가 있는데요, 거기 어떤 형이 그랬어요. 스펙 따위 필요 없구, 그냥 음악 즐기면서 살라구."라고 혜원에게 말한다. 선재의 말을 통해 자신이 했던 말을 다시 듣게 된 혜원은 진정한 마음의 소리를 듣지만 애써 외면한다. 그러나 퇴근길에 선재가 두고 간 집 열쇠가 든 옷을 보게 되고 선재 집에 가기로 마음먹는다. 이러한 사건의 연속은 드라마에서만 있는 일련의 우연이나 우연성의 남발이 아니다. 설화에서 집을 나온 손 없는 소녀는 배고픔과 피곤함으로 쓰러질 지경이었지만 누구도 자신을 도와줄 수 없었다. 의식적으로는 아무런 해결책을 찾지 못하며 영혼의 갈증을 해소해 줄 이가 없는 상황이다. 이때 천사가 나타나서 소녀를 왕의 정원에 들어갈 수 있도록 보호하고 도와준다. 누구도 예상치 못한 순간에 갑자기 하늘에서 무엇인가 뚝 떨어진 것처럼 보인다. 갑작스럽게 떠오른 아이디어, 즉흥적인 행동, 인생에 새 길을 열어주는 우연의 사건은 개성화 과정에서 일어나는 정신의 '초월적 기능'으로 해석된다.[293)]

이런 일은 이야기에서만이 아니라 인간의 마음에서 실제로 일어난다. 정신의 초월적 기능(transzendente Funktion)은 융 스스로 또 다른 사람들이 체험한 자기 조직적 현상을 개념화한 것이다. 쉽게 말해서 이성이 생각해낸 모든 해결책을 압도하는 새로운 관점의 변화가 일어나는 것이다.[294)] 이성적으로 합리적인 해결책이 없다는 사실이 간파될 경우 도저히 빠져나갈 수 없을 것 같은 상황에서 기적처럼 해결책을 만

293 Storch, Maja, 앞의 책, 118쪽 참조.

294 종교적으로 발하자면 기적에 비유할 수 있을 것이다. 초월적 기능은 과거 상태의 요인으로는 설명이 불가능한 새로운 것이 탄생하는 것 즉 창조 행위가 일어나는 것을 말한다. 정신의 초월적 기능은 무의식과 접촉하기 시작할 경우에 촉발된다. 분석심리학자 엘리 욍베르는 융 심리학은 '무엇이 일어나는지 그대로 오게 하라, 그 현상을 지켜보라, 그것에 직면하라'는 세 가지 동사로 요약될 수 있다고 한다. 우리 정신이 어려운 상황에 봉착한 것은 우리 의식이 어떻게 하려다가 그런 것이니 다시 무의식의 조정력에 맡겨야 한다는 것이다. 김성민, 『분석심리학과 기독교』, 42쪽.

'초월적'이라는 말은 결코 초감각적이고 신비한 의미가 아니라 심리적 기능을 뜻하며 의식적 내용과 무의식적 내용의 융합에 근거한 말이다. 초월적 기능은 대극적 요소인 의식과 무의식의 통합을 통하여 다른 제3의 관점으로 이행할 수 있게 한다. 이부영, 『분석심리학 : C.G. 융의 인간심성론』, 305쪽.

들어내는 인간 정신의 능력이다.[295] 혜원의 무의식은 초월적 기능을 통해 선재의 옷을 보고 제3의 이미지인 선재의 집을 떠오르게 했다. 이전까지 그녀의 삶과는 전혀 상관없는 이미지이지만 이것이 혜원을 개성화로 안내한다. 이처럼 인간의 개성화의 길은 예측 불가능하다고 볼 수 있다. 혜원은 선재의 열쇠[296]가 든 옷[297]을 들고 그의 집으로 간다. 그리고 선재의 옷을 입은 채[298] 그를 기다리고 마침내 하나가 된다.

아테나의 방패막과 갑옷은 벗을 수 있는 것이다.[299] 사랑, 고통, 예기치 않은 감정적 신체적 취약성은 그녀의 방패막이인 지성이라는 무기에 상처를 낸다. 어떤 계기가 되어 그것을 벗어버린다면 보호막은 사라지지만 마음으로부터 사람들에게 배우고 공유할 것이 있다는 것을 알

---

295 Storch, Maja, 앞의 책, 150쪽.

296 열쇠는 자기(Self)에 대한 접근을 허용한다는 상징이다. 이선재 캐릭터 분석에서 설명하기로 한다.

297 혜원은 선재에게 운전을 부탁했다가 열쇠가 든 옷을 두고 내린 선재를 피해 혼자 와 버린 적이 있다. 혜원은 화를 내면서 자기 집 문 앞에 옷만 내놓고 들어가 버린다. 옷은 곧 그 사람의 생활방식이나 태도를 말한다. 선재는 열쇠가 든 옷을 두고 가고, 혜원은 그것을 가지고 있다가 계속 돌려준다. 이것은 혜원이 선재의 옷을 입어야 악의 세계에서 탈출해 진정한 자기 자신으로 살아갈 수 있을 것이라는 상징적 메시지일 수 있다. 그것을 거부하는 혜원은 옷을 돌려주는 모습으로 표현된다.

298 여성이 남성 옷을 입는 것은 엘리아데의 견해에 따르면 의복 교환 의례의 일종으로 남녀 양성의 내재적인 성 결합 상태 즉 양성구유의 상태를 상징한다고 한다. 양성구유는 대극의 해소 방식을 표현한 것이며 무의식으로의 복귀와 관계가 있다. 혜원은 선재의 옷으로 갈아입음으로써 세속성, 물질성을 상징하는 일상적인 옷을 벗고 초경험적 세계로 들어가는 것이다. 무의식의 아니무스와 만나고 그것을 통해 자기(Self)로 향해 나아가 의식과 무의식의 합일을 추구하는 것이라고 해석된다. 이것은 혜원이 선재와 하나가 되고 싶다는 상징적 행동이다. 선재는 여행길에서도 혜원이 갈아입을 자신의 옷을 챙겨 간다. 김난주, 『융 심리학의 관점으로 본 한국 신화』, 집문당, 2007, 141, 281쪽 참조.

299 Bolen, 『우리 속에 있는 여신들』, 114쪽.

게 된다. 감정이 들어올 수 있게 마음의 문을 열어 고통, 슬픔, 사랑에 잠식당한 아테나는 다른 여성과 마찬가지로 방어할 도구가 없다. 그런 경험을 받아들일 때 이전에 보이지 않던 것이 눈에 들어오게 된다.

S# 옥상(새벽)(9회)

혜원(소리) : 니가 한 말이 생각나더라. 어깨가 빠지도록 연습하면서 라흐마니노프를, 파가니니를, 끝까지 즐겨주는 거…… 최고로 사랑해주는 거…… 그게 무슨 뜻인지 실감이 났어. 난 참 이상하게 살잖니…… 그래서 인제 나는, 니 집을, 너라는 애를…… 감히 사랑한단 말은 못 하겠어. 다만, 너한테 배워볼게.

누구보다 똑똑하고 냉정한 혜원이 윤리 도덕을 위반하며 스스로 선재를 찾아갔고 배워보겠다고 한다. 그리고 모든 것을 잃을 수도 있는 위험한 사랑을 시작하며 불의의 세계에서 '영원한 개'로 살아온 삶을 거부하기 시작한다.

(7) 잃어버린 여성성 찾기

아테나 여성은 대개 자신에게 맞는 남성을 고르며 야심을 채워줄 수 있는 남성을 고른다. 기준에 미달한 남성은 선택되지 못한다. 아테나의 결혼은 정열적 결합이 아닌 친구나 동료 관계의 성격을 띤다.[300] 감정적으로 남성과 일정 정도의 거리를 유지할 수 있을 때에만 파트너 관계가 유지되는 것은 처녀 여신들의 특성이기도 하다. 준형은 혜원의 야심을 채워줄 수 있는 남성은 아니지만 배경으로 삼기에 적당했기에 서로

300 Bolen, 『우리 속에 있는 여신들』, 105~106쪽.

의 성공을 위해 의기투합했다. 아테나 여성은 성애적이거나 애교를 부리거나 낭만적이지도 않고 성생활은 두 사람의 관계에서 협정 항목이거나 계산된 행위에 불과하다.[301] 사랑 없는 혜원 부부의 방에 놓인 두 개의 침대는 부부간에 내밀함이 없음을 말해준다.

혜원은 점점 높은 단계의 성취를 이루는 것으로 자아를 위로하며 공허감을 달랬다. 포상에 매혹되었지만 그래도 결코 충분치 않다는 느낌으로 바로 다음 목표를 향해 달려갔다. 생산성이라는 남성적 기준으로 자존감, 자기 인식, 자기 가치를 평가하면서 관계와 돌봄이라는 여성적 가치는 평가절하했다. 혜원은 물론 성숙, 영우 등 서한재단의 욕망추구형 여성 인물들은 모성을 세상에 없는 것으로 취급한다.[302] 누구도 어머니와 아이에 대해 이야기하지 않는다. 돌보고 위로해주는 여성성의 가치를 보여주는 유일한 여성은 혜원의 친구 지수이다. 지수는 조인서 교수와의 사이에 네 자녀를 두었으며 데메테르와 헤스티아 원형을 가졌다. 그러나 그런 지수조차도 혜원의 아테나적 성향과 성공을 '로망'이라며 부러워한다.

아테나는 제우스의 머리에서 나와 어머니를 모르고 아버지만 있다고 선언했다. 어머니를 부인하고 여성적인 것을 경멸하는 아테나는 극단적인 부정적 모성상을 지닌 여성 유형으로 모든 면에서 어머니와 닮지 않으려고 한다.[303] 아버지의 딸로서 살아온 아테나 여성으로서는 당연한 귀결이다. 〈내 남자의 여자〉의 화영과 마찬가지로 부정적 모성 콤플렉스를 가진 여성은 성생활, 임신, 출산, 양육 등 본능적 과정이 힘들

---

301 Bolen, 『우리 속에 있는 여신들』, 104~105쪽.

302 이사장인 한성숙은 권력지향적인 헤라 원형, 아트센터 대표인 서영우는 권력지향적인 아프로디테 원형을 가지고 있다. 둘 다 권력을 지키고 확장하기 위해 고군분투하며 대립한다.

303 실제 어머니라기보다는 모성 원형상을 뜻한다.

고 전반적으로 남성적 경향을 갖는다. 이런 유형은 객관적이고 냉정한 판단으로 남편의 좋은 조언자가 될 수 있고 자신의 남성적 야심 때문에 자신과 비슷한 남편을 성적인 영역을 넘어서 개인적인 차원에서 이해할 수가 있다.[304] 융의 이론대로라면 혜원과 같은 여성은 지적이고 객관적이므로 중요 위치에 앉을 수 있다. 역술가도 말하듯이 혜원은 "관이 네 갠데, 다 벼슬 관이에요. 남자보다 일이 늘 우선"인 여성이다. 여성적인 것과 남성적인 것의 드문 결합은 실용적인 면에서나 대인관계 모두에서 가치가 높아 매우 영향력 있는 인물이 될 수 있다.[305]

그러나 지친 아테나 여성 영웅에게는 그들의 아버지가 당연한 것으로 여겼던, 자신을 보살펴주는 누군가의 존재가 필요하다. 사랑과 힘을 주고 고충을 들어주고 전투에 지친 몸을 풀어주며 상실의 아픔을 어루만져줄 이가 필요하다. 강한 여성은 여성성과 관계 맺기를 원한다.[306] 아버지의 딸에 치우친 아테나 여성은 이제 어머니 여신의 원형을 기억해야 한다. 아테나의 어머니 메티스는 일과 심오한 지혜를 한데 어우러지게 하는 위대한 여신(Great Goddess)[307]의 후예였다. 그리스어 metis는

---

304 유정희, 앞의 논문, 11쪽. 혜원은 남편에게 좋은 조언자이자 든든한 배경이 되어주고 한 팀으로서 성공의 길을 함께 가는 듯이 보인다.

305 위의 논문, 11쪽.

306 Murdock, Maureen, 앞의 책, 127~128쪽.

307 세상에서 처음으로 생겨난 신은 모든 것을 말로 창조하는 야훼도, 번개를 휘두르는 제우스도 아니다. 최초의 신은 남신이 아니라 여신이었다. 김융희, 앞의 책, 232쪽.

『여신의 문명』에서 마리자 짐부타스는 유럽의 첫 문명은 위대한 여신을 섬기던 여신 숭배 문명인데 이것은 가부장제 확립 이전의 일이라고 했다. 이 문명은 계층이 분화되지 않은 만민 평등 사회였는데 말 타는 인도 유럽 민족들에게 침략을 당해 무너지고 만다. 침략자들은 가부장 중심의 이동성이 강하고 전쟁을 좋아하는 하늘의 숭배자들이었다. 여신 숭배의 흔적은 그리스 신화에도 담겨 있다. 그리스 신화는 땅의 여신 가이아에서 시작된다. 메티스가 제우스로

지혜로운 상담자, 실천적인 지혜를 의미한다. 메티스는 제우스의 성공을 도운 첫 번째 아내이다.[308] 볼린은 메티스는 모든 대극의 요소가 통합되어 직관과 지능, 경험과 성숙의 절묘한 조합을 실현하고 자비로움과 지혜를 겸비한 여신이라고 말한다.[309]

아테나가 가부장적 문화에 먹혀버린 여성적 가치를 새롭게 인식하고 메티스를 기억할 기회는 남성 스승이나 동료 혹은 제도의 원칙들에 대해 심각한 환멸을 경험한 후에나 얻을 수 있다.[310] 뼈저린 배신감과 환멸은 삶의 지반을 흔들고 이때가 진정한 여성적 지혜가 시작되는 때이다. 서회장은 혜원을 속죄양으로 내친다. 오랜 시간 간직한 꿈이 이루어질 가능성이 사라질 때 여성은 내면의 불을 잃게 된다.[311] 혜원은 뼈아픈 배반에 상처를 입고 비탄에 빠지고 예상치 않은 사랑 때문에 흔들리며 자신의 약함과 외로움을 깨닫는다. 고통스럽기는 하지만 아테나에게는 이런 시간이 필요하다. 이를 통해 내면을 성찰하고 감정을 받아들이면 전화위복이 될 수 있고 지난 일을 다른 시각으로 볼 수 있게 하기 때문이다. 마음이 열려야 삶이 변화하고 성장한다. 아테나의 지혜와 집중은 이제 다른 차원에서 찾아야 한다.[312]

상징되는 그리스 로마의 가부장제 뱃속으로 삼켜지기는 하지만 여신이 완전히 사라지지는 않았다. 여신이 거의 사라진 것은 기독교가 정치적 승리를 거두고 난 후의 일이다. Bolen, 『우리 속에 있는 지혜의 여신들』, 53~54쪽.

308 위의 책, 43쪽. 메티스는 제우스에게 자식들을 삼켜버린 아버지 크로노스에게 토하는 꿀물을 먹게 하라고 알려준다. 크로노스는 돌덩이 하나와 아들 둘, 딸 셋을 토해냈다. 그들이 포세이돈과 하데스, 헤스티아, 헤라, 데메테르이다.

309 위의 책, 60쪽.

310 Downing, Christine, "Dear Grey Eyes : A Revaluation of Pallas Athene", in *The Goddness*, New York: Crossroad, 1981, p.117, Bolen, 『우리 속에 있는 여신들』, 118쪽 재인용.

311 Murdock, Maureen, 앞의 책, 143쪽.

312 Bolen, 『우리 속에 있는 지혜의 여신들』, 223쪽.

아테나 여성이 메티스를 얻으면 권력을 잡거나 승리하고 싶다는 욕망 때문에 머리 아픈 일이 없어질 것이다. 그 권력이란 가부장제 가치를 수용하는 자아가 추구하는 목표이기 때문이다. 볼린은 아테나가 메티스를 알려면 삶에서 혼자 명상할 만한 공간을 찾아야 한다고 말한다. 야망이나 성취, 성공만으로는 충분치 않고 속도를 늦추게 하는 어떤 일이 삶에서 일어나야만 한다.[313] 혜원에게는 선재의 '집'이 명상의 장소요 선재와의 사랑이 혜원을 멈추게 하고 삶의 방향을 바꾸게 하는 사건이 된다. 혜원에게는 여성성과 분리되어 있는 남성적 목소리가 아니라 위대한 어머니에게 데려다줄 창조적인 남성이 필요하다. 그 남성을 통해 혜원은 위대한 어머니를 만남으로써 여성적 본성에서 분리된 상태에서 벗어나 치유될 수 있다.[314]

엠마 융(Emma Jung)은 여성이 아니무스를 의식화하여 자기실현을 하려면 무의식의 의식화에 앞서 먼저 여성으로서의 자긍심을 높이는 일이 시급하다고 강조했다. 여성이 먼저 여성의 실존을 당당히 받아들일 때 아니무스를 의식화할 수 있는 토대가 서는 것이다.[315] 혜원은 선재와 만나면서 마귀의 세계가 더 이상 자신의 인생에 도움이 되지 않는 '우주'라는 것을 깨닫고 마귀의 영토에서 '가출'을 실행한다. 머리로만 사는 대신 자신의 여성적 본성의 지혜와 통합을 시도한다.

2) 자주적인 백발백중의 궁수

사냥의 여신 아르테미스는 태어날 때부터 이미 성장한 모습이었다.

---

313 Bolen, 『우리 속에 있는 지혜의 여신들』, 59~60쪽.

314 Storch, Maja, 앞의 책, 163쪽. 부정적 아니무스를 벗어나 긍정적 아니무스를 의식화해야 한다는 의미이다.

315 이부영, 『자기와 자기실현 : 하나의 경지, 하나가 되는 길』, 147쪽.

아르테미스는 피 흘리는 동물들의 희생 제물을 받는 야성적인 여신이다. 잔인하고 냉혹한 측면을 지녔고 어떠한 목표물도 표적으로 삼아 명중시킬 수 있으며 자신이 중요하게 여기는 것에 강렬하게 집중할 수 있다. 목표까지 가는 동안 주변의 요구나 경쟁 때문에 어수선해지지 않으며 오히려 방해물이나 경쟁이 있을 때 디 자극이 되어 목표를 완수해낸다. 혜원은 처음에는 지위 상승을 목표로 삼아 하나씩 표적을 정복하며 앞으로 나아갔다. 그러나 선재를 사랑하게 되면서 자신의 인생을 돌아보게 되고, 부패한 서한재단의 희생양으로 전락하게 되자 표적의 방향을 바꾼다. 혜원은 달의 여신인 아르테미스의 차가운 통찰력과 자주성으로 인생의 참 가치를 찾아간다.

(1) 명사수의 바로 서기

아르테미스 원형은 자주적인 여성의 기질을 인격화한 것으로 선택한 영역에서 자신이 정한 목표를 향해 나아간다. 남성 없이도 완전함을 느낄 수 있으며 남성의 동의를 필요로 하지 않고 자신의 일과 이해에 따라 행동한다. 신화에서 아르테미스는 세 살 때 자기가 원하는 것이 무엇인지 정확하게 알고 제우스에게 청해서 얻어냈다.[316] 제우스는 활과 화살, 한 무리의 사냥개들과 같이 지낼 요정들, 숲 속을 뛰어다니는 데 불편하지 않을 짧은 겉옷과 영원히 처녀로 지낼 수 있게 해달라는 요구를 모두 들어주었다. 아르테미스는 자신이 원하는 것을 모두 가질 수 있으며[317] 어떤 남성의 권력에 의해서도 침해당하거나 억압받지 않았

316 Bolen, 『우리 속에 있는 지혜의 여신들』, 207쪽.

317 Kerenyi, C, "Leto, Apollon and Artemis", in *The Gods of the Greeks*, translated by Norman Cameron, New York: Thames & Hudson, 1979, Bolen, 『우리 속에 있

다. 남성이 자신의 삶의 중심이 되는 것을 허용하지 않는 것이다.

남편 준형은 혜원의 지지와 도움 없이는 아무것도 혼자 할 수 없는 남성이다. 반면 혜원은 모든 일을 스스로 이루었고 출세가도를 달린다. 혜원에게 부부간의 사랑이란 이차적 문제이며 아르테미스처럼 자신의 직업과 지금 하고 있는 일이 우선적으로 중요하다.[318] 아르테미스는 반드시 목표물의 과녁을 맞히는 백발백중의 궁수이다. 혜원은 피아니스트라는 목표가 좌절된 후 상류사회 진입과 음악계의 권력자가 되겠다는 새로운 목표를 향해 돌진했다. 밖에서 보기에는 보통 사람으로서는 할 수 없는 '치사하고 더러운' 일이 많지만 그런 일을 눈 하나 깜짝하지 않고 처리해내는 탁월한 능력을 보였다. 아르테미스 성향은 누구의 도움도 받지 않고 스스로의 능력으로 성공이라는 목표를 향해 달려갈 수 있다.

현대사회에서는 남성, 여성을 막론하고 누구나 외적인 성취를 칭송한다. 그러나 융은 현대 사회의 피상성을 경계하였다. 현대인들이 내면을 들여다보지 않고 바깥세상만 바라볼 때 외형적인 것을 얻을 수 있는지는 몰라도 내면은 더욱 비어갈 뿐이라는 것이다.[319] 그래서 우리는 내면의 이야기를 말해주는 신화와 그 표현 양식인 상징(symbol)에 관심을 기울여야 한다.[320] 〈밀회〉에는 상징적인 상황과 대사가 자주 등장한

는 여신들』, 60쪽 재인용. 제우스는 아르테미스에게 원하는 것은 무엇이든 가지게 될 것이라는 특권까지 주었다. 시인 칼리마쿠스는「아르테미스에게 바치는 노래」에서 다음과 같이 노래한다. "여신들이 아르테미스 같은 아이만 낳아준다면 질투심 많은 헤라의 분노가 무슨 걱정이랴? 아가야, 너는 네가 원하는 것은 모두 가지게 될 것이다."

318 Bolen,『우리 속에 있는 지혜의 여신들』, 72쪽.

319 김성민,「한국 그리스도인의 성격과 전일성의 회복」, 44쪽.

320 상징 symbol의 어원은 symbalon이다. 본래 하나로 되어 있는 물건을 두 사람이 헤어질 때 반으로 나눠 가졌다가 나중에 나눠진 부분을 맞춰보고 그것이 원래

다.[321] 상징은 신화적 원형의 표출이기에 주목할 필요가 있다. 상징은 인간의 직관을 일깨운다. 혜원의 화보 같은 삶의 방식이 과연 맞는지 제대로 살고 있는지를 묻고 있는 상징은 혜원의 발과 신발과 관련된 반복되는 설정에서 두드러진다.

혜원은 "심지어 발도 이뻐."라고 말하는 나천재(신재)와의 대화 후 자신의 발을 거울에 비추어 보며 빨간 매니큐어를 칠했다가 부질없다는 듯이 지운다. 또한 혜원의 굽 낮은 구두가 자주 보이고 스스로 "나는 주로 어디서나 주로 서 있고 때로는 구두를 신은 채 자는 사람이잖니."라고 말한다. 선재는 졸고 있는 혜원의 발에서 벗겨지려는 구두를 신겨 줄까 말까 망설이며 자기 집에 온 혜원의 신발을 소중히 다루어 방향을 바꾸어놓기도 하고, 현장을 잡으러 온 파파라치의 눈을 피하느라 신발을 감춰놓기도 한다. 발은 생이 근거하고 있는 것, 생의 방향, 방향 감

하나였음을 확인하는 물체이다. symbol은 본래 두 가지 의미를 하나의 이미지 속에서 제시할 수 있는 것을 말한다. 무의식적인 사실을 표현하는 데는 상징이 가장 좋은 언어가 된다. 상징은 의식이 미처 파악하지 못하고 있는 복합적인 사실들까지 그 속에 담아 표현할 수 있는 탁월한 능력이 있기 때문이다.

모든 상징에는 정동(emotion)이 담겨 있다. 상징은 하나의 사건을 관념으로 변형시키고 그 관념을 다시 이미지로 변형하기 때문에 그 이미지 속에는 거기에 본래 담겨 있는 사건들이 표출되고자 하는 무한한 정동이 담겨 있다. 상징이 이미지와 정동의 복합체이기 때문에 상징은 의미와 '힘'을 전달한다. 김성민, 『분석심리학과 기독교』, 188~192쪽. 사건과 관념, 이미지가 담겨 있는 상징인 십자가를 볼 때 우리가 느끼는 정동과 힘을 생각하면 된다.

321 방송 드라마는 시청각적 이미지로 입체적으로 전달하는 것이므로 비언어적 요소의 비중이 크다. 특히 효과적이고 인상적인 상징의 사용은 드라마의 분위기나 울림, 감동을 만드는 데 커다란 역할을 한다. 일상적 삶의 내용이나 감정을 상징으로 구축하여 표현하면 보다 감동적이고 깊이 있는 인생의 사건이나 감정으로 증폭시킬 수 있다. 김성희, 앞의 책, 248~249쪽. 〈밀회〉는 시청각적 상징, 공간, 제목이나 등장인물 이름, 대사, 반복, 드라마 전체의 상징을 매우 치밀하고 뛰어나게 구성한 작품이라고 평가할 수 있다.

각의 결핍을 새롭게 살펴보라고 요구하는 상징이다.[322] 혜원의 발과 신발이 자주 보이는 이유는 인생의 방향이 과연 제대로 가고 있는지에 대한 문제 제기이며 제대로 된 방향으로 바로 서야 한다는 의미를 전달하고 있다.[323] 발과 관련된 가장 인상적인 장면은 혜원이 준형과 함께 선재의 집에 처음 갔다가 발에 쥐 끈끈이가 들러붙는 사건이다. 준형은 쥐가 싫다며 나가버리고 없다.

S# 선재 방(2회)
혜원 : (좀 미안한) 뭐가 이렇게 아프니? 발바닥이 타는 거 같다?
선재 : 네, 그게 초강력이라 …(중략)…
–선재, 혜원의 한쪽 발을 쳐들어 끈끈이 판을 조심조심 분리하기 시작.
선재 : 엄청 아픕니다. 쪼끔만 참으세요.
혜원 : 야, 엄청 아픈데 쪼끔 참으라구?

---

322 발은 지성과 환상을 상징하는 머리와 반대편인 몸의 끝에 놓여 있다. 지식인들은 전형적으로 자신의 무의식이 지닌 본능적인 지혜를 동화시키는 데 어려움이 있지만 그럼에도 무의식이 제공하는 것을 절대적으로 필요로 한다. 그것이 없으면 균형을 잃게 된다. 머리만 크면 고꾸라진다. Ackroyd, Eric, 앞의 책, 215~216쪽.

상징이 표상하고 있는 일차적 의미와 그것에서 표상되는 이차적 의미 사이에는 반드시 어떤 관련성이나 동질성이 있어야 한다. 이를 유비(類比, analogy) 구조라고 한다. 상징은 그 사이에 아무런 논리적이고 반성적인 유추 작용 없이 '의미의 연관에 따라서' 비사변적인 방식으로 만들어진다. 그래서 상징은 언어적인 방식으로서는 도저히 나타낼 수 없는 삶의 깊고 성스러운 것들이나 무의식의 세계를 나타낼 수가 있다. 김성민, 『분석심리학과 기독교』, 189~190쪽.

323 준형과 영우에게도 신발과 관련된 장면이 있다. 준형은 음악회 날 조교가 얌전히 놓아준 자신의 구두를 투덜거리며 발로 차버린다. 영우는 혜원이 선재의 오디션을 처음 보던 날 도우미가 내어준 슬리퍼를 무시하고 신발을 신은 채로 음악실로 쳐들어간다. 이들의 발 또는 신발을 무시하는 태도는 선재가 혜원의 발과 신발을 소중하게 여기는 태도와 비교된다.

선재의 집에서는 '쥐'와 관련된 설정이 자주 등장한다. 쥐는 처음 보는 순간 소름이 끼친다. 쥐는 무의식에 담겨 있는 내용의 상징이다. 과거 어떤 때에 또는 나중에 죄책감으로 변형된 징벌에 대한 두려움을 야기하는, 그래서 억압을 당했던 정서나 본능적 충동들이다.[324] 혜원은 그것을 의식적인 삶 속에 받아들임으로써 거부된 부분을 원상복귀시킬 필요가 있다. 하멜른의 동화『피리 부는 사나이』[325]에서 쥐들을 없애버리는 것은 마을 사람들의 '자녀들'을 없애버리는 것이었다. 상징의 차원에서 보면 '자녀들'이란 우리의 성격 가운데 아이처럼 연약하고 계발되지 않았으며 우리가 할 수 있는 한 전적으로 양육하고 돌봐줘야 하는 부분이다. 혜원에게 죄책감과 징벌에 대한 두려움을 야기하는 것은 금지된 사랑인 불륜일 것이며, 억압당한 정서나 본능은 강한 남성적 여성인 혜원에게 결핍된 여성성과 사랑받고 싶고 사랑하고 싶은 본능일 것이다. 쥐를 보고 놀라듯이 무의식에 억압해놓은 소스라칠 만큼 놀랄 그것이 혜원이 가장 두렵지만 성장시켜야 할 부분이다. 그에 대한 선재의 촉구가 '끈끈이'[326]처럼 '발'에 '초강력'으로 달라붙어 혜원을 '엄청 아프게' 할 것이라는 상징적 대사라고 해석된다. 혜원은 전화번호를 묻는 선재에게 '니 선생은 강

---

324 Ackroyd, Eric, 앞의 책, 344쪽.

325 독일의 작은 도시 하멜른(Hameln)은 쥐가 많아서 골치였다. 마법의 피리 부는 사나이는 돈을 받기로 하고 쥐들을 끌고 강가로 가서 모두 물에 빠뜨려버린다. 문제가 해결되자 시장은 약속한 돈의 일부만 준 채 사나이를 내쫓는다. 얼마 후 피리 부는 사나이는 다시 나타나 피리를 불었고 이번에는 도시의 아이들이 하나둘 모여들기 시작했다. 사나이는 130명의 아이들을 데리고 도시를 떠나 외딴 동굴로 들어갔는데 그 후 피리 부는 사나이와 아이들은 다시 볼 수 없었다고 한다.

326 선재는 혜원에게 '질긴' 끈끈이처럼 달라붙어 절대 떨어지지 않으며 마귀 세계에서 벗어나라고 한다. 〈밀회〉의 많은 대사와 상황들이 이처럼 주제와 연관되어 촘촘하고 긴밀한 은유와 상징으로 표현되어 있다.

교수'라고 하지만 선재는 어눌하지만 분명하게 "아닌데요."라고 말한다.

S# 선재 거실(2회)
선재 : 왜냐믄요, 왜냐믄, (좀 더 쩔쩔매다가) 그건 그날, 선생님 첨 만나던 날 정해졌어요. 운명적으루.
혜원 : (픽 웃음) …(중략)…
선재 : 저는 그날 다시 태어난 거나 마찬가지예요. 제 영혼이, (멈칫. 이런 말 써도 되나 싶지만) 거듭난, 거죠.

선재는 혜원을 통해 거듭나지만 혜원에게 선재는 '운명적'으로 나타나서 혜원의 인생을 바꿔주게 된다. 혜원을 WHO로 입력해 누구인지 꿰뚫고 말겠다는 듯 '형형한 눈빛'의 선재가 그 역할을 담당하는 것이다. 선재는 "남은 생을 어떻게 살 거냐."고 집요하게 물으며 삶의 기반과 방향을 새롭게 바꾸라고 촉구한다. 혜원은 무의식의 초월적 기능의 작동으로 선재를 받아들이게 되어 이전의 낡은 삶을 버리고 다시 태어난다. 허위의식으로 가득 찬 악의 세계에서 탈출해 '인간'답게 살아가는 길을 택한다. '영혼이 거듭나' 스스로 구원하게 되는 것은 혜원 자신이다.

(2) 희생양의 거부와 복수

혜원은 상징적 아버지 서회장으로부터 희생양이 되라고 강요받는다.[327] 서회장은 "흉한 꼴 보이지 마라, 내가 아는 오혜원은 자발적으로 (출두)할 거다"라고 말한다. 혜원은 현대판 이피게니아(Iphigenia)를 연상시키는데 이는 남성적 탐색이 불러오는 영혼의 메마름을 가장 섬뜩

327 제우스의 견지에서 모든 사람은 소모품이다. Bolen, 『우리 속에 있는 남신들』, 91쪽.

하게 보여주는 신화이다. 아이스킬로스의『아가멤논』에서 아가멤논의 딸 이피게니아는 승리에 눈이 먼 아버지의 속임수에 빠져 트로이 전쟁의 제물로 바쳐진다. 어머니의 절규에도 불구하고 이피게니아는 희생양이 되는 것을 받아들인다. 그러나 죽음에 가까이 다가갔을 때 아르테미스에 의해 구원받는다. 희생될 순간 암사슴으로 바꿔쳐 구해 내어 이피게니아를 여신으로 만들어준다. 이 사건은 아르테미스가 가부장제에 의해 억압받고 가치가 전도된 여성적 가치를 구해내어 전통적으로 여성적이라고 판단되는 관계지향적이고 수용적이며 희생적인 태도를 인정한다는 뜻이 된다.[328] 아르테미스 여성인 혜원은 중대한 결정을 내려야 한다. 희생양이 되고 말 것인가, 구원자가 될 것인가. 이피게니아는 희생을 수용하지만 혜원은 희생양이 되는 것을 거부한다. 인겸에게 "왜 제가 당연히 응할 거라고 생각하시는지"라고 하며 "지금부터 시작이에요."라고 말한다.

혜원은 희생양이 되는 대신 가부장의 도덕적인 규범, 가치, 태도의 틀을 버리기로 한다. 외적으로 부과된 규범을 공공연하게 거절한다는 것은 자신의 삶에서 어떤 선택이나 결정에 대한 책임이 자신에게만 있다는 사실을 자각했기 때문이다. 자기 삶에서 유일한 권위자는 혜원 자신이다. 그동안 서한재단과 서회장 혹은 가부장적 가치와 사회적 관습이 혜원에게 권위를 행사하도록 했다면 그 권위를 부여하도록 결정한 사람은 바로 혜원이다. 누구에게든 권위를 허용할 수는 있다. 중요한 것은 그것이 옳은지 그른지를 결단하는 것은 바로 우리 자신이라는 사실이다. 혜원은 자신을 창조할 수 있고 자신의 행복이나 불행, 성공이나 실패 또한 창조할 수 있다. 어떤 것은 자신의 통제를 벗어나 있을지라도 그 '반응'은 언제나 자신의 통제 안에 있다. 혜원은 상류계급이 되

328 Bolen,『우리 속에 있는 여신들』, 83~84쪽.

겠다는 열망에 굴복했고 부패와 비리에 분노하지 않았다. 그러나 선재를 만나면서 자신의 파괴력을 인정하고 더 이상 자신이 정당하고 강력한 사람이 아니라는 것을 깨닫게 된다.

아르테미스는 도움을 청하는 이들은 재빨리 구해주지만 배반하거나 기분을 상하게 한 자에게는 가차 없이 대한다. 혜원은 온갖 충성을 다한 자신을 결정적 순간에 희생양으로 삼으려고 한 서회장, 한성숙, 김인겸 전무 누구도 용서하지 않기로 마음먹는다. 성숙이 다정한 척하며 "근데 너, 배 아프지 않을까? 김전무가 내 돈 다 먹는 꼴을 어떻게 볼려구?"라고 말하자 혜원은 "걱정 안 하셔두 돼요. 아무두 못 먹게 할 거니까. 미끼로만 쓰려구요. 제가 바라는 건 존중입니다."라고 사무적으로 말한다.

존중받지 못해온 혜원은 '개죽음' 대신 '자폭'을 선택한다. 돈과 권력은 이제 아무 의미가 없다. 목표로 하던 서한재단의 이사장 자리까지 오르지만 "이사장님 의자가, 저한테는 별로 어울리질 않네요."라고 말하며 권력에 대한 미련을 버리고 자신의 계획대로 일을 진행한다. 아르테미스의 분노와 아테나의 지략을 결합해 차분히 자폭을 실행하는 것이다. 아르테미스의 분노는 정확한 보복을 통해서만 삭여질 수 있다. 여기서 아르테미스의 후예 아탈란테가 칼리돈 왕국의 성난 멧돼지 사냥을 하는 모습이 연상된다. 아탈란테는 좀처럼 여성 영웅이 등장하지 않는 그리스 신화 최초의 여성 영웅이라고 할 수 있다. 갑옷보다 단단한 가죽을 가진 멧돼지는 이미 수많은 영웅들을 죽였다. 아탈란테는 성난 멧돼지를 수많은 남자들을 능가하는 뛰어난 실력으로 물리쳤다. 아주 가까이 달려올 때까지 기다려 정확히 조준한 후 멧돼지의 유일한 약점인 눈알을 창으로 찔러 죽인 것이다. 냉정하고 치밀하며 과녁에 집중하는 궁수인 혜원에게는 재벌가의 유능하고 머리 좋은 김인겸과 같은 법률가도 적수가 될 수 없었다.

아르테미스는 자신이 직접 신체적 고통, 의존성, 질투, 정서적 손실 등을 경험하기 전까지는 다른 사람의 고통에 공감하거나 자신도 상처받기 쉬운 인간이라는 사실을 깨닫지 못한다.[329] 아르테미스 혜원은 영우에게 뺨을 맞고 마작패로 얼굴과 온 몸을 다치는 신체적 고통을 당하며 믿었던 서회장에게도 배신당한다. 그러면서 선재의 여자 친구 다미를 질투하는가 하면 '백 퍼 진심'이라며 사랑한다고 '들이대는' 선재 앞에서 맥없이 눈물을 자주 보인다. 이런 경험을 통해 혜원은 자신이 갑옷을 두른 전사만으로는 살 수 없는 인간 여성임을 깨닫는다. 서회장 일가는 이뤄온 모든 것을 포기하는 혜원의 자폭을 이해하지 못한다. 그러나 모든 것을 버려야 모든 것을 얻을 수 있다. 혜원은 자폭이 아니라 자구책 즉 자신의 구원을 선택했다. 서한재단의 범죄 목록을 들고 검찰에 자진 출두한 혜원은 법정에 선다.

S# 법정(16회)
혜원 : 제가 주범이 아니라는 말로, 선처를 구할 생각도 없습니다. 제가 행한 모든 범법 행위는, 그 누구의 강요도 아니고, 오직 저의 선택이었습니다. 잘못된 거죠…….
…(중략)…
– 선재, 마지막 한마디를 기다린다.
혜원 : 저를 학대하고, 불쌍하게 만든 건 바로 저 자신이었습니다 …… 뿐만 아니라 제가 기억할 수도 없을 만큼 무수히, 많은 사람들한테 상처와 절망을 줬겠죠…… 그래서, 저는, 재판 결과에 승복하려고 합니다. 어떤 판결을 내려주시든 항소하지 않겠습니다…… 이상입니다.

아르테미스는 현실과 모멸감을 통해 교훈을 얻을 줄 안다. 깊게 성찰

329 Bolen, 『우리 속에 있는 지혜의 여신들』, 209쪽.

하는 능력을 갖추었기에 반성할 줄 알며 분노가 거센 만큼 가슴속 깊이 양심의 가책을 느끼는 특성이 있다.[330] 수치심을 안다는 것은 현명해질 수 있는 기회를 얻는 것이다. 혜원은 자신의 죄를 인정하고 변명하지 않는다. 속죄하고 자신을 구원한다.

아르테미스가 고도의 집중력을 발휘해 목표를 향해 명확히 화살을 쏘았듯이 혜원은 거짓과 가식, 돈에 얽힌 이기주의의 흙탕물 속을 빠져나와 진심과 존중의 세계로 자신을 구원한다. 희생양으로 전락할 순간에 불의와 비리의 견고한 성(城)에 치명적인 일격을 가하고 스스로 감옥으로 간다. 선택은 다른 누구도 아닌 혜원 자신의 중심에 근거를 둔 것이다. 혜원은 이것을 선재에게 '배웠다'. 자신이 생각하는 가장 진실된 길을 선택했기에 '쫄지 않고' 가장 자기다워질 수 있었다. 모든 것을 잃었지만 개성화의 길에서 진정한 자기와 만나게 된 혜원은 감옥 안에서 불면증 대신 '코를 골며' 단잠을 자고 참 자유를 느낀다. 잠을 자고 있다는 것은 진정한 자기(Self)와 하나가 되어 있으며 내적인 자각으로 인해 마음이 평화롭고 평온한 상태에 있음을 상징한다.[331] 감옥의 언니들은 '신입이 태평한 거 보기 싫다'며 가위를 든다.

S# 감옥 안. 밤.(16회)
언니1 : (이를 드러내며 웃음) 머리 좀 짤라줄려구.
혜원 : (눈빛 잠깐 심하게 흔들리지만, 곧 눈 감으며 웃음) 고마워, 언니들. 목만 따지 마.
언니1 : (머리칼 한 줌 쥐고 또 썩썩) 살고는 싶은가 보네.

---

330 Bolen, 『우리 속에 있는 지혜의 여신들』, 209, 214쪽. 연출자 안판석은 "혜원이 불의에 가담해 살아왔어도 그런 일말의 믿음 정도는 가질 수 있는 인물이기에 구제가 되는 것인지도 모른다."고 말한다. 조민준 · 유선주, 앞의 기사.

331 Ackroyd, Eric, 앞의 책, 330쪽.

혜원 : 그러엄, 발 뻗구 자는 맛이 아주 꿀맛이야.

언니2 : 허허허, 친구 먹잰다. (혜원 머리통 옆으로 돌린다)

언니1 : (가위질 계속) 어린 놈 건드린 벌이다. 내 아들이 딱 스무 살이야.

혜원 : (눈 조금 뜬다. 겁 안 나는 척) 이왕이면 삭발로 해줘…… (나는 바로 이런 걸 다 견딜 거거든?……)

이 장면에서 머리가 잘려나가는 가위질 소리가 한참 들린다. 자신을 옥죄던 마귀의 세계에서 해방됨을 뜻하는 청각적 표현이다.[332] 혜원은 감옥 안에 갇혀 있지만 역설적으로 진정한 자유를 느끼며 그것은 따뜻한 햇살을 받으며 감옥의 쇠울타리를 넘어 날아가는 민들레 씨앗의 장면으로 영상화된다.

아테나의 성숙을 위한 지혜가 어머니 메티스 여신을 기억해야 하는 것이라면 아르테미스의 성숙과 관련된 지혜와 가장 유사한 지혜 원형은 앞에서 누차 언급한 갈림길과 그믐달의 여신 헤카테이다.[333] 헤카테의 지혜 원형은 페르세포네, 데메테르, 헤라, 아르테미스 여성의 인생 단계에서 도움을 준다. 〈오르페우스 찬가〉에 따르면 헤카테는 페르시아의 아르테미스로 불린다.[334] 아르테미스는 자신과 삶을 바꾸거나 다른 사람의 삶에 영향을 미칠 수 있는 어떤 일을 도모하기 전 반드시 멈추어서 헤카테와 의논을 해야만 한다. 헤카테의 지혜는 행동보다는 관

---

332 김미라, 「멜로드라마 〈밀회〉의 코드 파괴와 그 함의—'불륜에 대한 재현 관습을 중심으로」, 『한국극예술연구』 제45집, 한국극예술연구회, 2014, 331쪽 참조.

333 그리스 신화에서 달의 단계를 인격화한 여신은 셋이다. 초승달의 여신 아르테미스, 만월의 여신 셀레네, 어두워진 그믐달의 여신 헤카테이다. Bolen, 『우리 속에 있는 지혜의 여신들』, 98쪽.

334 최혜영, 「헤카테 여신의 오리엔트적 기원」, 88쪽.

찰과 성찰이 먼저이며 자신의 관점을 가질 때 확보된다.[335] 헤카테는 우주의 영혼으로 인간과 신의 세계를 연결하여 인간의 영혼을 구원하는 역할을 하고 있다. 모든 것을 내려놓기로 마음먹은 혜원에게서 헤카테 여신을 볼 수 있다. 즉각적인 행동을 유보하고 서회장 일가의 움직임을 파악하며 검찰에 가져다줄 비리 목록을 준비하는 동안 서회장과 인겸은 전전긍긍한다. 결국 혜원은 자신이 진정한 승자이며 영우의 말대로 '진정 큰 여우'임을 보여준다.

3) 위험한 사랑에 빠진 예술가의 조련사

아테나와 아르테미스 원형의 혜원이 딜레마 상황에서 선택한 것은 사랑의 여신 아프로디테이다. 사랑에 빠진 사람은 아프로디테에 의해 자신에게 집중하고 자신을 받아들인다. 두 인격의 만남은 서로 다른 화학물질을 섞는 것과 같아서 둘 모두에게서 변화가 일어난다. 아프로디테는 창조의 여신이기도 하다. 창조는 가르칠 때도 일어난다. 혜원은 피아노 스승으로서 폐쇄적인 천재 이선재를 세상과 만나도록 길을 열어준다.

(1) 가부장제를 위협하는 사랑

아프로디테에게는 남편 헤파이스토스 외에 많은 애인이 있었다. 전쟁의 신 아레스와의 불륜 사건[336]은 그리스 신화 최대의 스캔들이다. 아

335 Bolen, 『우리 속에 있는 지혜의 여신들』, 216쪽.

336 헤파이스토스는 아내와 아레스를 거미줄처럼 미세하지만 찢어지지 않는 청동 그물에 걸려들게 해 남신들 앞에서 창피를 주었다. 포세이돈은 적당히 보상을 받고 둘을 풀어주라고 중재에 나섰고 만약 아레스가 물어주지 않으면 자신이 대신 물어주겠다고 했다. 헤파이스토스는 더 이상 고집 부리지 않고 불륜을 저

프로디테의 자유분방한 연애는 신화를 비롯해 여러 불륜 이야기의 원형이 되었다. 신화의 불륜 이야기 속에서 문제가 되는 경우는 항상 여성이다.[337] 아프로디테와 아레스는 물론 클리타임네스트라와 아이기스토스의 불륜, 트로이 전쟁을 유발한 헬레네와 파리스의 불륜이 예이다. 간통의 결과는 아프로디테 여신을 제외하고는 모든 여성에게 냉혹했다. 가부장 사회인 그리스 신화의 시대나 지금이나 남자의 간통은 눈감아줄 수 있다고 생각하는 반면 여자의 간통은 엄격한 도덕적 단죄의 대상이다. 여성의 성적 독립이 남성과 가부장제에 위협이 되기 때문이다. 법과 관습이 바뀌고 사회가 변화하고 있지만 지배 가치가 허용하는 범위 너머의 여성의 성애는 가장 엄단한 처벌을 받는다. 아프로디테 원형을 표현하는 일은 여전히 여성에게 위험하고 사회적 지탄의 대상이 된다.

여성이 한 관계를 끝내고 아프로디테처럼 다른 관계에 몰두할 때 가혹한 시련이 닥칠 수 있다. 혜원은 윤리 도덕을 입에 달고 살았던 여성이며 가부장제에서 유부녀의 불륜이 가져올 파국을 누구보다도 잘 알고 있다. 그럼에도 '지옥문이 열리는' 줄 알면서 선재와의 사랑을 선택한다. 자신을 통해 지위와 권력을 얻으려고 하는 파렴치한 남편을 떠나 외적 능력은 피아노 실력밖에 없어도 자신을 스승, 여성, 인간으로 사랑해주는 선재에게 간다.[338] 자신을 사랑해주는 이와 사랑에 빠지는 모

지른 남녀를 풀어주었다. 유재원, 『신화로 읽는 영화, 영화로 읽는 신화』, 까치글방, 2005, 216쪽.

337 남자들은 간통과 관계없는 것처럼 보이지만 문제 삼지 않을 뿐이다. 신화에서도 외도를 하는 쪽은 남자가 대부분이다. 제우스뿐만이 아니라 거의 대부분의 남성 신들이 한눈을 판다. 그런데도 언제나 여성의 간통만이 큰 문제로 부각된다. 김원익, 앞의 책, 255쪽.

338 가장 일상적인 가족 매체이자 안방 매체인 텔레비전의 멜로드라마가 '불륜' 소

든 여성은 그 순간 아프로디테 원형이 내면화된다. 평범한 여성이 사랑의 여신으로 화하고 매력적이며 관능적이며 원형적 여인이 된다. 선재는 혜원에게 오디션을 받고 난 후 막귀형(혜원)과의 채팅에서 '제대로 귀인을 만났고' '그분이 진정한 스승'이라고 말하며 여신인 혜원에게 '사로잡힌 영혼이 되었다'고 말한다. 슈베르트의 〈판타지아〉를 혜원과 함께 친 선재는 '절정 그 자체'였다고 하면서 "실제로 한다 해도 그 이상일 수는 없을 거야. 난 다 바쳤어, 여신한테. 여신님이 그걸 아실까?"라고 말한다.

혜원과 선재가 함께하는 연주는 성적인 교감을 보여주는 듯한 분위기로 영상화되어 있다.[339] 아프로디테의 마술이 시작되는 시점은 운명과 얽혀 있다. 아프로디테는 누구에게든 상대가 저항할 수 없게 만드는 존재였다. 선재가 혜원을 처음 본 것은 퀵 배달을 온 서한아트센터 연주회 무대 뒤에서였다. 선재는 우연히 혜원이 제자의 리허설을 해주는 모습을 보게 된다. 딴 세상처럼 보이는 '아득한 세계'의 '간절한' '고혹'이 혜원에 대한 인상이었다. 선재는 혜원이 왜 자신의 선생이어야 하는지 절절히 고백한다.

재를 다룰 경우 대개는 가부장제의 견고한 사회적 틀 안에서 가족과 모성에 대한 고정 관념을 공고히 하는 것을 넘지 못한다. 사회적으로 용인되지 않은 상대에 대한 애정의 부인, 좌절, 지연을 통해 감정에 호소하며 용인되지 않는 상대를 사랑하는 여성을 처벌하는 서사 전략의 구현이 일반적이었다. 그러나 사회의 가족, 성 문제에 대한 인식의 급변화 속에서 〈밀회〉는 유부녀의 파격적인 불륜 이야기가 받아들여질 것이라는 자신감이 있었기에 대중적 취향을 고려할 수밖에 없는 제작진이 이를 만들 수 있었고 호평을 받을 수 있었다. 김미라, 앞의 논문, 334쪽 참조.

339 〈밀회〉는 두 사람의 연주 장면을 통해 간접적으로 성애적 교감을 묘사한다. 선재가 유치장에서 나와 함께 피아노 연주를 한 후에도 선재는 "한 번 더 해요."라고 성애적 의미가 중첩된 표현을 하고 혜원은 "오늘은 여기까지."라고 답한다.

S# 선재 집(2회)

선재 : 저는 퀵 배달을 하기 땜에 매일 모르는 사람들을 만납니다. 단골두 있긴 하지만 거의 다 첨 보는 사람들이에요. 저랑 아무 상관두 없구 제가 누군지 관심두 없죠. 저두 관심 없구요. 그런데 선생님은, 제 연주를 더 듣겠다 그러셨구, 제가 어떤 놈인지 관찰하셨구, 어떻게 사냐구 물어보셨구, 저랑 같이 연주를 해주셨어요.

사랑은 진정한 관심과 배려에서 시작된다. 혜원은 의도하지 않았지만 닉네임 '나천재' 연주 동영상의 떨리는 손가락을 보고 '피아노로 개그하는' '미친놈이 아니라 아픈 놈'임을 알아봐주고 치료를 권했다. 선재의 막무가내 사랑에 대해 혜원은 '선생'으로 '어른 사람'으로서 막아보려고 하지만 효과가 없다. 선재는 "그냥 저 사랑하시믄 돼요. 밑질 거 없잖아요. 분명히 제가 더 사랑하는데."라고 말해 혜원의 웃음이 터지게 한다.

아테나 여성은 경력이 우선이고 일과 결혼해서 산다. 그러나 아프로디테가 활성화되면 경력보다 사랑을 더 중요하게 생각하게 된다. 아도니스에 대한 사랑에서도 알 수 있듯이 그의 아름다움에 먼저 반한 것은 아프로디테였다. 혜원은 선재의 피아노 연주를 처음 들은 날 '특급 칭찬'이라고 볼을 꼬집어주며 그의 인생을 바꿔주고는 "애 참, 심하게 이쁘네."[340]라고 혼잣말을 한다. 혜원은 머리와 이성으로는 있을 수 없는

340 선재를 칭할 때 가장 많이 사용되는 형용사가 '이쁘다'이다. 혜원은 성숙이 선재의 쌍꺼풀 수술 얘기를 하자 무심코 "걔 눈 이쁜데."라고 말한다. 이는 2000년대 이후 가장 주요한 문화 현상인 꽃미남의 등장과 관련이 있다. 꽃미남 신드롬은 여성이 자신의 성적 욕망을 드러내기 시작하며 남성을 성적 대상으로 적극 소비하고 있음을 잘 보여주는 예이다. 연하의 꽃미남 트렌드도 이에 맞물린다. 남승희는 『나는 미소년이 좋다』에서 여성이 독립적이 될 때 쾌락적인 미소년 애호 경향이 생겨난다고 했다. 이는 남성에게 힘과 지위, 경제력 대신 아름다움을 욕망하는 독립적인 여성들의 출현에서 비롯되며 남성을 대상화해서

사랑이지만 선재의 진심에 마음이 흔들리기 시작한다. 준형에게 거짓말을 하고 선재 집 앞에서 선재를 기다리고, 운전기사로 불러내며, 선재 집 아래층 식당에 가서 밥을 먹는다. 혜원은 선재의 연주 음악 파일을 들으며 자신의 스무 살이 떠올라 벅찬 마음에 무심코 "한번 안아줄게."라고 팔을 벌린다. 의식은 스승임을 강조하며 선재의 사랑을 막으려 했지만 무의식은 우연 같은 행동화를 일으킨다.[341] 선재는 이를 간파하고 "제가, 안아드릴게요."라고 하며 혜원에게 다가간다. 선재에게 혜원은 스승을 넘어서 자신의 '몸과 마음을 송두리째 다 바친' 여신이기 때문에 '벅차게 솟구쳐 오르는' 마음을 억누를 필요가 없다.

혜원의 금지된 사랑은 가부장제 사회의 윤리 도덕이 용인하지 않는 부도덕한 범죄이다.[342] 그래서 "세상에서 이건 죄악이고, 너한테 아주 해로운 일이고, 불륜…… 지혜롭게 잘 숨고, 네 집과 너 자신을 지켜줘."라고 부탁한다. 스무 살 차이가 나는 사제 간의 사랑, 그것도 여자가 연상이라는 것은 가부장제 사회에서 용납되기 어려운 추문(醜聞)이다. 선재는 남성중심사회가 만들어낸 매력의 젠더(gender)화를 거부하는 위험한 인물로 평가된다.[343] 우리 사회에서 여성의 매력은 젊음과 아름다움이고 남성의 매력은 부와 능력이다. 이런 사회에서 계급적 약자의 사랑은 혐오의 대상일 수밖에 없다. 혜원의 사회적 능력이 아무리

볼 수 있는 여성들의 사회적 세력화의 진전으로 볼 수 있다. 양성희, 『파워 콘텐츠 공식』, 커뮤니케이션북스, 2014, 74~80쪽. 영우는 권력과 돈으로 꽃미남 호스트를 사서 성적 쾌락을 누리는 여성으로 등장한다.

341 제자의 연주에 감격한 스승이 할 수 있는 행동이라기보다는 혜원의 무의식이 만들어낸 동시성적(synchronistic) 현상으로 해석할 수 있다. 이부영, 『분석심리학 : C.G. 융의 인간심성론』, 338~340쪽.

342 우리나라는 세계에서 거의 유일한 간통죄 존속 국가였으나 2015년 2월 26일 제정 62년 만에 폐지되었다.

343 정희진, 강연 〈밀회—이성애의 정치경제학〉, 딴지일보 벙커1, 2014. 9. 29.

대단하고 나이에 비해 젊어 보인다고 해도 마흔 살 유부녀는 여성적 매력과는 거리가 있다. 선재는 피아노 실력 말고는 부와 능력이 없는 하층계급이다. 이러한 사랑이란 '원조교제'이고 '카메라가 없어도 밖에서는 안아주지 못하는 불륜'이며 사회적 도덕적 지탄의 대상이 된다. 그럼에도 선재는 '머리두 섹시한' 혜원을 몸과 마음을 송두리째 다 바쳐 진정으로 사랑해주고, 혜원은 아무것도 없는 약자인 선재를 사랑한다. 이것은 확대하면 원시 시대의 '터부'에 버금갈 만한 사건이다. 프로이트에 따르면 원시인들의 터부는 인간이 강한 애착을 갖는 활동들에 대한 금지였다. 인류는 금지에도 불구하고 금지된 것을 하고자 하는 욕망을 그대로, 오히려 금지되었기 때문에 더 강렬한 욕망을 지니게 되었으며 금지 대상들에 대해 이중적 태도를 가지게 되었다. 범하고 싶기 때문에 그에 대해 두려움과 혐오를 갖는 것이다.[344)]

아테나가 아프로디테 여신에게 자리를 내어주는 순간 아테나 여성은 단단한 중심을 뿌리째 뒤흔드는 감정의 소용돌이에 휘말려 충격적으로 자신의 한계를 넘는다. 혜원과 선재의 첫 번째 정사 장면에서 혜원은 스무 살이나 어린 남성인 선재보다 자신이 '더 못할지도 모른다'고 말하며 흐느낀다. 자신의 몸에 대해 무관심한 채 남성적 여성으로 살아온 아테나 여성의 미숙한 섹슈얼리티를 그대로 보여주고 있다. 이 장면은 멜로드라마의 기존 관습을 파괴한 '사물 베드신'[345)]으로 불리며 화제

344 Freud, Sigmund,『토템과 금기』, 김현조 역, 경진사, 1993, 52쪽.

345 멜로드라마의 관습 중 하나인 과잉된 섹슈얼리티의 재현을 극도로 자제하고 가재도구들과 나란히 놓인 신발, 단정하게 벗어 옷걸이에 걸린 혜원의 옷 등을 무심하게 보여주는 은유적 상징적인 시각 요소, 절제된 대사를 통한 청각적 요소만으로 처리하였다. 〈밀회〉의 섹슈얼리티는 이처럼 시각적, 대사적 은유와 상징으로 표현된다. 선재에 대한 혜원의 사랑은 단순한 성애적 욕망이 아닌 자신의 잃어버린 청춘과 음악에 대한 좌절된 꿈을 되찾고자 하는 욕망의 표현이

가 되었다. 이제 혜원은 '연애 불구'[346]를 벗어나 아프로디테가 인도하는 금기의 강을 건넌다. "윤리 도덕이 괜히 있겠어?"라고 했던 혜원이 이제 자신이 수립한 원칙에 입각해 가부장제의 금기를 위반한다.

(2) 남성의 꿈을 키워주는 창조적 여성

아프로디테 원형에 의해 변화와 창조가 일어나는 관계는 사랑하는 남녀 사이만이 아니라 가르칠 때 혹은 부모 역할을 할 때도 나타난다. 한쪽의 잠재력이 나머지 한쪽의 기술이나 사랑과 결합하면서 고무될 때 사랑의 화학반응과 유사한 현상이 일어나는 것이다. 마치 중세 유럽의 연금술사들이 평범하거나 아직 개발되지 않은 금속을 연금술을 통해 황금으로 만들어내는 것과 같은 과정이다.[347] 레빈슨(Levinson)은 젊은 남성이 성인으로 입문하는 과도기에 특별한 여성은 그의 꿈을 실현하는 데 중요한 역할을 한다고 주장했다.[348] 살로메나 상드처럼 남성의 잠재력을 볼 수 있는 능력으로서 남성들의 꿈을 믿어주고 꿈을 이루도록 북돋워준다는 것이다.[349]

아프로디테는 피그말리온(Pygmalion)의 조각상을 갈라테이아라는 여

다. 외피로 보면 〈밀회〉가 이전의 불륜 드라마들보다 훨씬 파격적인 내용이지만 그럼에도 전작들에 비해 상대적으로 도덕적 지탄을 적게 받은 것은 사물 베드신과 같은 절제되고 상징적인 영상화 덕분이다. 김미라, 앞의 논문, 321쪽 참조.

346 적대적인 주변 인물들이 혜원의 연애를 비웃으며 붙인 별명이다.

347 Bolen, 『우리 속에 있는 지혜의 여신들』, 256쪽.

348 Levinson, Daniel J., *The Seasons Of a Man's Life*, New York: Ballantine, 1979, p.109, Bolen, 『우리 속에 있는 지혜의 여신들』, 246쪽 재인용.

349 루 살로메는 릴케, 니체, 프로이트의 특별한 여성이었고 조르주 상드는 쇼팽에게 영감을 준 여인이다.

인으로 환생시켜주기도 했다. 키프로스의 왕인 피그말리온은 이상적인 여성상을 상아로 조각한 조각가이다. 피그말리온 효과[350]는 모든 평범하고 계발되지 않은 것들이 아프로디테를 만나면 창조적인 연금술의 영향을 받아 황금으로 변하는 것을 말한다. 꿈을 키워주는 사람은 상대의 재능이나 잠재력이 명백하게 드러나기도 전에 미리 알아보고 그 꿈이 이루어질 때까지 지원한다.

혜원은 선재의 연주를 처음 듣고 잠재력을 알아보며 마치 자신의 스무 살이 떠오른 듯 기뻐한다. 친구 인서에게 "무척 옛날 생각두 나구 이렇게 말하믄 좀 웃길래나? 내가 떠나온 세계, 내가 하구 싶었던 거, 뭔 말인지 알겠지?"라고 말한다. 민학장 말대로 '확실한 자기 색깔'을 가진 선재의 연주는 "오실장 연주 관두기 직전에, 한창 물이 올랐을 때 그 거친 느낌. 은근히 야성적인 데가 있었잖아."라는 말처럼 혜원의 과거와 중첩된다. 혜원은 자신이 '우아한 노비'에 불과하지만 선재에게 "부자들 돈으루 먹구 살면서두 얼마든지 저 하구 싶은 거 할 수 있어." "음악이 갑이야." "너는 그 이상의 가치가 있으니까."라고 말해준다. 혜원은 젊은 시절 피아니스트의 삶이 좌절되고 영우에게 '빌붙어' 유학을 다녀온 후 지금까지 온갖 굴욕을 견디며 '시녀'로 살아왔다. 혜원은 순수했던 자신의 젊은 시절을 선재를 통해 보고 있다.

혜원은 인정받는 스타 조련사이다. 네 손으로 치는 슈베르트의 〈판타지아〉를 선재가 두 손으로 악보도 없이 기억을 더듬어 쳐내는 것을 보고 천재성을 발견한다. 선재는 혜원이 자신의 재능을 알아주기 전에는 스스로만 '나천재'였을 뿐이다. 혜원은 선재가 초등학교 때부터 써온 음

350 로버트 로젠탈(R. Rosenthal)은 교육에 관계된 심리적 현상으로 피그말리온 효과를 말했다. 이는 교사와 학생의 상호작용으로 학생의 성적이 향상되는 것을 말한다. 긍정적 기대가 상대방에게 미치는 영향력이 매우 크다는 의미이다.

악 연습 일기를 보고 감탄한다. "넌 될 거야. 갑자기 튀어나와 반짝 하구 사라질 게 아니거든? 사람들이 니 피아노 일기를 본다면, 그런 소리 절대 못할 거다."라며 용기를 준다. 자신만의 소우주인 어두운 옥탑방에서 살아온 선재는 혜원을 통해 세상 밖으로 나아갈 기회를 얻게 된다.[351]

〈밀회〉에서 음악과 관련해 중요한 소품으로 사용되는 것은 전설의 피아니스트 리흐테르의 회고록이다.[352] 선재는 어머니의 죽음 이후 모든 것을 포기하고 피아노를 처분하고 떠나버린다. 혜원은 리흐테르의 책을 보내 '돌아와라. 너는 내 가장 뛰어난 제자다'라는 마음을 전하고 선재의 '다 끊었던' 마음을 '흔들고' 선재는 혜원을 찾아와 첫 키스를 한다. 음악적 교감에서 시작된 관심과 사랑은 윤리와 도덕을 넘는 위험한 사랑으로 화한다. 아프로디테 원형은 윤리적인 경계를 무시한 채 둘의 관계를 끌고 갈 수도 있다. 피그말리온처럼 자신이 창조하는 대상과 사랑에 빠질 위험이 있다. 피그말리온 이야기를 영화로 만든 오드리 헵번 주연의 〈마이 페어 레이디〉의 히긴스 교수도 〈밀회〉의 혜원과 같은 인물이다. 아프로디테의 이런 성향은 창조하는 작업을 하거나 가르치는 직업의 여성들에게 위기를 초래할 수도 있다.[353] 우리는 흔히 무엇에

351 선재 덕에 '일진을 청산했다'는 다미는 "솔직히, 살면서 자기를 변하게 하는 사람 만나기가 쉽나? 나는 너한테 평생 보답해두 모자란다, 나한테는 얘밖에 없다, 그렇게 생각하구 보니까, 뭐 해줄 게 있어야지. 작정하구 좋아해주는 거밖에."라고 말하는데 이 대사는 선재가 혜원에 대해 가지는 마음일 수 있다. 〈밀회〉는 주변 캐릭터들의 일상적이고 무심해 보이는 대사와 행동을 주인공의 심리와 촘촘하게 연결해 드라마의 주제를 강화하고 있다.

352 스뱌토슬라프 리흐테르(Svyatoslav Rikhter)는 우크라이나 태생의 러시아의 전설적인 피아니스트로 특별한 스승 없이 독학으로 피아노를 쳤다. 선재는 어디에도 얽매이지 않는 천재적인 실력과 음악의 본질에 천착한 피아니스트라는 면에서 리흐테르와 닮은 점이 있다.

353 Bolen, 『우리 속에 있는 여신들』, 258쪽.

완전히 몰입할 때 그것과 사랑에 빠졌다고 말한다. 완전한 몰입과 강렬함은 창의적 작업을 행하는 과정에서 필수 덕목이며 그 과정에서 아프로디테는 사랑을 창조성으로 바꾸는 원천의 힘을 제공해준다.[354)]

4) 마음의 '집'의 주인

하이데거(Heidegger)는 '거주'란 내가 존재하는 방법 즉 인간이 땅 위에 존재하는 방법이라고 했다. 세계는 인간이 거주하는 집이다. 인간이 대지와 타협하며 거주하는 장소로 인지하였던 장소의 혼(spirit of place)은 드라마의 주제를 암시하는 중요한 요소로 작동할 수 있다.[355)] 혜원은 선재의 전화번호를 선재나 선재 집이 아닌 그냥 '집'으로 입력해놓는다. 선재의 집은 장소의 혼을 보여주는 곳이며 화로의 여신 헤스티아가 사는 곳으로 해석된다. 헤스티아는 사람들이 가족으로 서로 묶일 수 있도록 집안을 성스러운 장소로 만든다. 헤스티아의 신성한 불길은 빛과 온기를 주며 음식을 장만할 수 있는 불이다. 헤스티아는 가장 덜 알려진 여신이지만 여성에게 완전함과 본래의 모습을 유지하게 해주며 정말 의미 있는 것이 무엇인지 알게 함으로써 자신의 가치를 재발견할 수 있게

---

354 아프로디테의 남편은 대장장이 신 헤파이스토스이다. 선재는 헤파이스토스 남신 원형도 가지고 있다. 아프로디테와 헤파이스토스의 결합은 일과 미가 합해지면 창조적인 물건을 탄생시킬 수 있다는 의미이다.

355 Christian, Norberg-Schulz, 『장소의 혼』, 민경호 외 역, 태림문화사, 2001, 11~17쪽. 영상 스토리텔링이 이루어지는 드라마는 물질적인 것, 자연이나 건물 등 공간이나 장소가 차지하는 비중이 높아 바슐라르적 상상력이 발동하는 장르가 될 수 있다. 드라마의 배경이 되는 장소는 단순한 물질이 아니라 드라마의 주인공의 심리 상태나 주제를 반영하는 경우가 많다. 최혜실, 「한류 현상의 지속을 위한 작품 내적 연구 : 드라마의 스토리텔링 구조 분석, 『인문콘텐츠』 Vol.6, 2005, 23쪽.

해주는 여신이다. 혜원에게 선재의 '집'은 그냥 집이 아니라 '눈물이 나올 정도로' 심신의 평화를 주는 곳이다. 폭풍우와 태풍의 동물적 형태를 갖춘 적대적인 세계를 눈앞에 두고 우주적인 용맹으로 불러가는 곳, 우주와 용감하게 맞서는 데 하나의 도구가 되어 주는 마음의 '집'이다.[356)]

(1) 화로의 수호신이 사는 '집'

헤스티아는 화로의 수호신이다. 가정이나 신전의 둥근 화로에서 타오르는 불길은 헤스티아의 상징이다. 볼린은 그리스 여신 중 가장 중요한 여신 중 하나는 인격체도 아니고 조각이나 그림에서 볼 수 있는 육신을 가진 존재도 아닌 헤스티아라고 했다.[357)] 화로 중앙의 신성한 불길 속에 존재하는 헤스티아는 빛과 온기의 근원이다. 헤스티아는 아프로디테의 힘으로도 결코 유혹할 수 없는 여신이었다.[358)] 인간관계나 업적, 재산, 특권 혹은 권력에 애착심을 갖지 않으며 있는 그대로의 자기 모습에 충족감을 가지고 주변의 영향을 받지 않는다. 헤스티아의 초연함은 현명한 여성의 기질이며 다른 원형들이 과도할 때 진실함과 영적 통찰력을 주어 그 존재감을 느끼게 해준다.[359)] 이것은 통합과 내면의 지혜 원형으로서 진정한 자기 삶을 사는 여성 또는 남성에 대한 은유이

---

356 Bachelard, Gaston, 앞의 책, 166쪽 참조.

357 Bolen,『우리 속에 있는 지혜의 여신들』, 119쪽.
　헤스티아는 로마에서는 베스타로 불리며 널리 추앙받았다. 베스타의 신전을 지키는 여사제들은 성화를 수호했다. 올림픽 때 성화 채화 의식에 참여하는 여성들이 바로 베스타의 사제들이다.

358 Homer, "The Hymn to Aphrodite I," in *The Homeric Hymns*, trans. Charles Boer, rev. ed., Irving, TX : Spring, 1979, p.70, Bolen,『우리 속에 있는 여신들』, 120쪽 재인용.

359 Bolen,『우리 속에 있는 여신들』, 123~126쪽.

다. 〈밀회〉에서 헤스티아 원형을 보여주는 인물은 남성인 선재이며[360] 헤스티아의 장소는 선재의 집이다. 혜원은 성(城)처럼 크고 화려하지만 '직장과도 같은' 자신의 집[361] 대신 허름한 선재의 집을 맘에 들어 한다.

S# 회상. 선재 방(9회)
– 멍하니 서 있는 혜원. 젖은 우산과 열쇠를 쥔 채.
혜원 소리 : 불을 켜구, 하마터면 울 뻔했어. 이게 집이지…… 집이란 이런 거지…… 나는 어디서나 주로 서 있고, 때로는 구두를 신은 채 자는 사람이잖니…… 그 공간이 온전히 나한테 허락된 것 같았고, 너희 어머니께 감사했어. 그래서 내 맘대로 막 왔다 갔다 했어…….

혜원에게 선재의 집은 장소(place)라는 추상적인 위치 이상의 무엇을 의미한다. 집이나 건물은 자신의 상징이다.[362] 집은 태모(太母)의 보호자의 상징이며 세계의 중심이다. 움막과 오두막은 우주의 중심이며 우리들의 세계, 우주를 나타낸다.[363] 쿠퍼(Cooper)는 집은 고대인의 동굴과 같은 의미이며 동굴은 우주의 상징, 옴팔로스, 세계의 중심, 심장,

360 남성에게 남신 원형 외에 여신 원형이, 여성에게도 여신 원형 외에 남신 원형이 존재할 수 있다.

361 고급 주택가에 있는 현대적이고 잘 정돈된 혜원의 이층집은 서한재단의 소유이다. 겉은 화려하지만 부부간의 사랑이나 정서적 교감이 전혀 없는 차갑고 허위적인 공간이며 계단 밑에서 위로 비치는 조명은 괴기스럽기까지 하다. 혜원의 집은 세속적인 욕망 때문에 서회장 일가에게 저당잡힌 억압된 삶을 확인하는 공간이다.

362 Ackroyd, Eric, 앞의 책, 349쪽.

363 정남희 · 김갑숙, 「신화와 종교적 관점에서의 집–나무–사람 상징에 관한 연구」, 『美術治療硏究』 Vol.17 No.4, 2010, 1073쪽.

자기(Self)와 자아(ego)가 합일되는 곳이라고 했다.[364] 동굴은 신성과 인간성이 만나는 곳이기도 해서 죽었다가 소생한 신이나 구세주는 모두 동굴에서 태어난다.

혜원에게 선재의 집은 자궁과도 같은 편안함과 원초적 에너지를 품고 있는 곳이다. 바슐라르는 구약 성경의 요나가 물고기 뱃속에서 사흘 밤낮을 견딘 후에 다시 살아났다는 것에서 착안해 요나 콤플렉스를 주창했다. 그것은 우리가 어머니의 태반 속에 있을 때에 무의식 속에 형성된 이미지로서 우리들이 어떤 공간에 감싸이듯이 들어 있을 때에 안온함과 평화로움을 느낀다는 것이다.[365] 선재의 집은 동굴이나 움막 같은 느낌을 주며 고래 뱃속과도 유사한 상상력을 주는 곳이다. 고래의 뱃속은 부드럽고 따뜻하며 결코 공격을 받지 않는 안락함의 상징으로 모든 안식처에 대한 비유이다. 어머니의 뱃속은 태아에게 하나의 우주이며 가장 안전한 공간이다. 뱃속에 있을 때 느끼던 행복하고 따뜻했던 공간의 추억은 우리가 더 이상 기억할 수 없게 된 후에도 여전히 무의식 속에 남아서 편안하고 안전한 안식처의 이미지로 저장되어 있다. 안식처로서의 배(腹)는 점차 범위를 확대시켜 외부의 사물에서 이미지를 찾는데 그것이 바로 집, 동굴, 다락방 등이다. 선재의 집은 동굴과 다락방의 이미지를 통해 바슐라르의 물질적 상상력이 말하는 보호와 안락함이라는 가치를 보여주고 있다.

집은 인간을 새롭게 빚는다. 인간이 집을 위안과 내밀함의 공간, 내밀함을 응축하고 지켜줄 공간으로 여기자마자 집은 곧 인간적인 것으로 탈바꿈한다. 그래서 혜원의 무의식은 탐욕의 세계를 벗어나서 겉은 궁핍하며 '어둡고 위험하지만 비좁은 통로를 지나가는데도 여기를 지

---

364 정남희 · 김갑숙, 앞의 논문, 1073쪽.

365 Bachelard, Gaston, 앞의 책, 15쪽 참조.

나면 네 집에 들어간다는 게 참 좋을' 수 있는 것이다.[366] 혜원은 '가장 힘든 게 뭐냐'는 지수의 질문에도 "근데도 보고 싶다는 거. 걔네 집."이라고 '집'에 대해 말한다. 자기만의 장소, 그곳에 머물 시간에 대한 열망은 헤스티아 여신 원형에서 나온다.[367]

헤스티아의 공간에 들어설 때는 경쟁하거나 비교하려는 욕구를 문밖에 걸어두고 빈 마음이 된다.[368] 헤스티아는 갈등, 권력 싸움 등 신화에 많이 나오는 수많은 경쟁에 전혀 관여하지 않았다. 처녀 여신의 원형은 남을 기쁘게 하거나 사랑과 인정을 받으려는 욕구보다는 자기 내면의 가치에 따르려는 욕구에 따라 동기가 부여된다.[369] 혜원은 선재의 집의 '문'을 열고 들어감으로써 삶의 새로운 국면 전환 혹은 새로운 발전을 시작하게 된다. 문은 정신이 아직 탐구되지 않은 부분들을 의식적인 통제하에 두기 위해서 그 영역 안으로 들어가라는 권유를 상징한다. 예수는 '내가 문이니 누구든지 나를 통하여 들어가면 구원을 얻을 것'[370]이라고 했다. 기독교인에게 문이 제공할 수 있는 것은 구원, 치유, 온전성일 수 있다.[371] 혜원은 신전에 들어서듯이 '신발을 벗고' 문지방을 넘어서 선재 집으로 들어간다. '문지방'은 천상과 지하 두 공간을 분리시킨다. 새로운 생활 방식이나 마음 상태나 가치관을 발견하고 그 안으로

366 상징은 어떤 사실을 직접적으로 인식하게 해준다. 상징은 논리적, 사변적인 기능에서 온 것이 아니라 형상적, 비사변적인 정신 기능에서 온 것이다. 따라서 추리나 궁구(窮究)가 아닌 직관적, 즉각적 인식을 촉구한다. 김성민, 『분석심리학과 기독교』, 193쪽.

367 Bolen, 『우리 속에 있는 지혜의 여신들』, 125쪽.

368 위의 책, 122~124쪽.

369 위의 책, 121쪽.

370 대한성서공회, 『굿데이 성경』, 생명의말씀사, 2007, 신약 163쪽(요한복음 10장 9절).

371 Ackroyd, Eric, 앞의 책, 205~206쪽.

들어갈 예정이라는 것, 틀림없이 그렇게 될 것이라는 것, 자신의 무의식적 영역에 들어갈 필요가 있다는 것의 상징이다.[372]

화로는 세계의 중심과 동일시된다. 화롯불은 영혼의 집과 관련이 있으며 행위보다는 존재와 관련되어 있다. 혜원은 선재의 집에 오면 항상 배고픔을 느낀다. "너 잘 때 사발면 먹었다. 후룩거리면 너 깰까 봐 옥상에 나가서. 뭘 그렇게 맛있게 먹어본 게 얼마 만인지 몰라."라고 말한다. 혜원은 선재 집에 와서는 '걸신들린 듯이' '밥'을 먹는다. 검찰 출두를 앞두고도 홀로 집에 들어와서 반찬도 없이 고추장에 비벼 우걱우걱 밥을 먹는다. 평소 채소 몇 조각으로 먹는 둥 마는 둥 식욕 없이 살아가던 혜원이 '집'에 와서는 밥을 먹으며 불의한 세상과 맞설 에너지를 비축한다. 혜원이 혼자서 무심한 표정으로 밥을 먹는 모습은 척박하고 황폐했던 영혼의 허기를 상징적으로 보여준다.[373] 소박한 밥상은 레스토랑 스테이크의 화려함은 없어도 진짜 삶의 모습이고 함께 밥을 먹는다는 것은 말이 없이도 최상의 공감이 오가는 행위이다. 선재와 혜원은 여러 장면에서 마주 앉아 묵묵히 그러나 아주 맛있게 쩝쩝 소리를 내어가며 밥을 먹는다. 혜원은 헤스티아 여신의 집에서 자신의 삶을 되돌아보고 가난한 영혼을 부요하게 채우며 참된 자기(Self)와 조화를 이룰 때 찾아오는 직관을 깨우게 된다.

---

372 Ackroyd, Eric, 앞의 책, 206쪽.

373 상징은 자신을 초월해서 그것이 의미하는 하나의 실재를 지시할 뿐만 아니라 그 실재에 조응하는 인간의 영혼을 열어 보인다. 김성민, 『분석심리학과 기독교』, 193쪽. 밥이 주는 상징적 힘의 의미는 선재에게서도 나타난다. 선재는 친구들로부터 '위험한 세계'에 사는 '오혜원과 엮이지 말라'는 만류를 듣고 슬픈 채로 잠에서 깬 후 묵묵히 쌀을 씻어 밥을 짓는다. 그리고 '한술 가득 밥을 퍼서' 입에 넣는다. 그런 후 결단을 내려 자신이 받은 혜택을 모두 내려놓고 다른 길을 모색한다.

집은 몸과 세계 혹은 우주를 매개하는 공간이며 몸은 집을 통해 세계를 영토화한다. 집은 확장된 몸이며 동시에 소우주 즉 축소된 세계라는 의미도 갖는다.[374] 선재는 "청운동, 한남동이 무슨, 우주예요? 벗어나면 죽을까 봐? 산소 없을까 봐?"라고 하며 '당장 벗어나라'고 다그치지만 혜원이 자신의 집을 좋아한다는 것을 알고 "아무것도 묻지 않을게요. 그냥 옆에 있어드릴게요. 모텔방도 안 잡을게요. 저희 집으로 오시면 되잖아요. 선생님 저희 집 좋아하시지 않나요?"라고 말한다. 혜원의 화려해 보이는 집은 자아와 자기를 분열시키는 장소였지만 빈한하기 그지없는 선재의 집은 치유하고 회복시키며 자기를 찾을 수 있는 장소이다.[375] 혜원은 서회장의 영토에서 빠져나와 자신을 살리는 새로운 영토로 나아가게 된다.

헤스티아의 지혜를 얻은 여성은 자신을 완성시켜줄 대상이 바깥에 따로 있을 것이라는 욕구나 환상을 뛰어넘으며 그 자체로 평화롭다.[376] 혜원은 선재 집에서 자기 마음의 '집'을 짓는다. 마음의 집이 주는 에너지는 어떤 상황에 놓여 있든지 각각 본질적인 모습을 취하게 한다. 자신에게 초점을 둠으로써 상황의 본질을 파악하고 통찰력을 얻을 수 있으며 다양한 사건이 주는 일상의 혼돈 속에서도 명료함을 유지할 수 있다. 혜원은 '집'에서 '오로지 자신에게 집중'할 힘을 얻는다. 혼자서 '집'

374 정남희 · 김갑숙, 앞의 논문, 1075쪽.

375 상징은 변형의 기능이 있다. 한 편으로 변형된 것은 먼저 것보다 더 방대하고 높은 실재를 가리키게 되는데 인간의 초월성을 가리킬 수도 있다. 상징은 하나의 사건 전체를 담고 있으며 초월적인 것을 담고 있기 때문에 사람들을 변형시킨다. 현실의 좁은 합리성의 체계에 빠져서 한 발자국도 나아가지 못할 때 인간 현실의 복합적 상황을 보여주고 더 깊은 차원을 보여주어서 그 자신을 통합하고 더 깊은 삶의 차원으로 들어가게 해준다. 김성민, 『분석심리학과 기독교』, 194쪽.

376 Bolen, 『우리 속에 있는 지혜의 여신들』, 117쪽.

에 들어가 밥을 먹고 '잠'을 자고 힘을 얻어서 적들과 용감하게 맞서 싸우러 나간다.

(2) 자기 충족적 초연함과 안식의 '집'

헤스티아는 특정 이미지가 없다. 그러나 인간이 바치는 제물 중 가장 좋은 것을 받는다. 제우스는 헤스티아에게 모든 집의 중앙에 있을 권리를 부여했다. 가정이나 신전이나 헤스티아를 먼저 모시고 나서야 축성이 가능했다. 헤스티아의 화롯불은 집을 가정으로 바꾸고 건물을 신전으로 만든다. 헤스티아는 고대 그리스의 남신과 여신을 모시는 모든 신전에 있었다.

'화로'는 라틴어로 focus이다.[377] 내면의 초점, 마음의 집중을 뜻한다. 고요한 정점, 정신세계의 중앙이며 많은 이들이 자기(Self)로 생각하는 부분이다. 헤스티아의 장소는 행위에 의미를 주는 중심점이자 무질서와 혼란, 일상의 허덕임 속에서 우뚝 설 수 있는 기반을 마련해준다.[378] 그래서 선재는 "여기 제 집에 오니까, 막 자신이 생겨요. 왠지 떳떳하구, 제가 좀 괜찮은 놈 같기두 해요."라고 말할 수 있고 '어쨌거나 나는 성문 밖 내 집에서 나 자신으로 살아야 해. 아니라면 내가 뭘 하든 다 거짓일 거야. 사랑도 음악도'라는 생각을 할 수 있다. 선재의 옥탑방은 작으면서도 크고 더우면서도 시원하고 언제나 기운을 되찾게 하는 곳[379]이다. 내성적인 헤스티아는 자신의 관심에 전념하고 감정에 초연함으로써 주변 사람들에 대해 무관심할 수 있다. 선재의 관심은 혜원뿐이다. 선재는

377 Bolen, 『우리 속에 있는 지혜의 여신들』, 122쪽.

378 위의 책, 123쪽.

379 Bachelard, Gaston, 앞의 책, 118쪽 참조.

혜원의 고통과 상처를 알아가면서 서한음대 특례입학생으로서의 장학금과 권리를 모두 포기한다. 부모 없는 가난한 천재가 모든 것을 포기하지는 쉽지 않을 것이다. 그러나 선재는 본질이 아닌 것에 흔들리지 않는다. 초연함은 세 처녀 여신에게 모두 적용되는 것인데 헤스티아가 갖는 사기 충족감은 홀로 있을 때 찾아지는 고요한 평온함에서 온다.

헤스티아의 지혜는 소유욕이 없는 관대한 마음에서 우러나오는 용기이자 충만한 정신 또는 마음 한가운데 있는 고요한 지점과 관련이 있다. 혜원은 서회장 일가의 배신을 확인하고 조용히 '집'에 들어와 마음을 가다듬는다. 자신만만하게 "내가 이겨먹을 때까지, 숨 죽이구 잘 숨어 있어."라고 했던 혜원이 이제 다 빼앗기고 잃을 준비를 한다. 신화에 따르면 아폴론와 포세이돈은 둘 다 헤스티아를 탐하려 했지만 헤스티아는 굴하지 않고 영원한 처녀로 남겠다고 결심했다고 한다. 이는 지성과 감성이라는 두 힘도 헤스티아를 중심으로부터 끌어내는 데 실패했음을 뜻한다.[380] 헤스티아는 논리와 이성에도, 넘치는 감정에도 함몰되지 않고 초연함을 유지한다.[381] 남성이지만 헤스티아 원형을 가진 여성적 인물인 선재[382]는 '엄마의 잔소리를 많이 들어서 생활 습관이 몸에 뱄다.' 혼자 밥 해먹고 설거지하고 수세미까지 야무지게 빨아서 널며 이불 빨래까지 척척해내는 살림꾼이다. 어설퍼서 실수가 잦은 어머니를 돌보느라고 어려서부터 알아서 익힌 솜씨인지도 모른다. 인간이 전

380 Bolen, 『우리 속에 있는 지혜의 여신들』, 143쪽.

381 위의 책, 121쪽.

382 아버지가 없는 선재는 가부장적인 남성성은 배우지 못했고 남성 간의 가부장적 연대감도 느끼지 못한다. 선재가 본래 스승인 혜원의 남편 준형을 배신한 것은 일종의 아버지에 대한 배신이다. 선재는 남성의 계급 연대를 깨는 위험한 인물이라고 정희진은 주장한다. 정희진, 앞의 강연. 이선재 캐릭터에서 상세히 알아본다.

인적(全人的) 인격이 되려면 여성성과 남성성이 골고루 발달해야 한다. 선재가 가진 아니마는 헤스티아적인 것이다. 선재는 자신을 찾아온 혜원을 위해 정신없이 걸레질을 하고 바닥을 팔로 쓱쓱 닦아 앉을 자리를 마련해준다. 혜원은 울컥하며 목이 멘다.

S# 법정(16회)

혜원 : 저는 그 순간을 생생하게 기억합니다. (진술을 시작하고 나서 처음으로 희미하게 웃는다) 제 인생의 명장면이죠…… 난 생처음, 누군가, 온전히 저한테 헌신하는 순간이었습니다.

– 다들, 뭘까?

– 선재, 혼자서 조금 웃는다.

혜원 : 저를 위해 목숨을 내놓은 것도 아니고, 절절한 고백의 말을 해준 것도 아니었어요. 그 친구는, 그저 정신없이 걸레질을 했을 뿐입니다. 저라는 여자한테 깨끗한 앉을 자리를 만들어주려고 애쓴 거뿐이었는데…… 저는 그때 알았습니다. 제가 누구한테서도 그런 정성을 받아보지 못했다는 걸, 심지어 나란 인간은, 나 자신까지도 성공의 도구로만 여겼다는 걸…….

마음이 우러나 저절로 나오는 진정한 배려가 사랑이다. 선재는 전통적인 여성의 미덕인 돌봄노동의 가치를 구현한다. 혜원과의 갑작스런 여행길에도 혜원이 갈아입을 옷을 챙겨 가고 구겨진 이부자리 주름을 탁탁 펴가며 정성들여 깔아준다. 혜원은 내면에 결핍되어 있던 여성성을 선재의 헤스티아 원형을 통해 각성한다.

헤스티아는 어느 상황이나 장소, 어느 정신세계에나 스며들어 그곳을 신성한 곳으로 전환시키는 기운을 가지고 있다. 선재는 혜원의 정신세계에 파고들어 '당신은 누구인지? 어떻게 살 것인지?'를 집요하게 묻고 변화를 일으키는 존재이다.[383] 헤스티아는 자기 스스로 의미 있는 일을 하기 때문에 남들이 어떻게 생각하든지 흔들림이 없다. 선재는 혜원에 대한 사랑이 금기라고 생각하지 않는다. 사람은 누구든지 자유롭게 다른 사람을 사랑할 수 있다고 믿기 때문이다. 처음에는 선재도 "너무 좋아하면 다 들키지 않나요?", "저, 좀 비겁해두 끝까지 들키지 않을려구요. 제 여친이나 교수님한테."라고 했다. 하지만 '지구상에는 안전하게 숨을 데가 없음'을 깨닫는다. "들키지만 않으면 된다구 생각했던 거, 진짜 잘못이구요, 그래서 지금, 숨구 가리구 하는 건 더 큰 잘못이구요."라고 말하게 된다.

들키지 않고 숨기는 것은 페르소나에 충성하는 것이다. 자아, 비교, 비판, 과거와 미래에 관한 온갖 생각, 제 자신이나 다른 사람을 한 가지 정해진 방식으로만 바라보게 만드는 집착, 이 모든 헛된 것들은 평정한 마음을 가질 때 모두 떨어져 나간다.[384] 선재와 혜원은 불륜 현장을 잡아 희생양으로 만들려는 서회장과 인겸을 비웃기나 하듯이 오토바이를 타고 '들키러' 홍대 앞으로 나가서 활보한다. 선재는 일전을 앞둔 혜원에게 "쫄지 마세요."라고 하고 혜원은 "내 값은 내가, 니 값은 니가." 치르자고 한다.

헤스티아의 불은 변형의 신비를 가져다준다.[385] 어떤 관계나 상황에 변화를 직접 불러일으키는 일이나 말을 하지는 않지만 주변 사람들에게 미묘한 방식으로 영향을 끼쳐 변화시킨다. 헤스티아는 자체가 평온하므로 누군가를 벼랑에 내몰지 않는다. 가만히 있어도 한결같이 유지되는 헤스티아의 신묘한 분위기 속에 함께 들어가 있기만 해도 사람들

---

383 이선재 캐릭터가 가진 '메시아 원형'의 특성이다. 추후 설명하기로 한다.
384 Bolen, 『우리 속에 있는 지혜의 여신들』, 122쪽.
385 김융희, 앞의 책, 150쪽.

은 진정한 자신이 될 수 있다. 혜원은 선재를 만나면서 변화해간다. 선재의 진심과 사랑에 감격하고 본질이 아닌 것에 대해 성찰하게 된다. 그래서 세상의 윤리 도덕은 선재를 향한 사랑을 금기라고 하지만 무의식은 자꾸만 선재와 선재의 집을 향하는 것이다. 혜원은 선재의 집을 통해 마음의 중앙에 놓인 화롯불이 주는 고요함과 온기를 느끼고 어두운 내면에 빛을 밝혀간다.[386)]

헤스티아는 누군가가 있어야 완성되는 존재가 아니다. 헤스티아의 최고 단계는 다른 사람을 보살피려는 노력이나 어떤 특별한 관계나 특별한 사람을 원하는 마음이, 더 이상 자신의 삶의 중심을 차지하지 않을 때 온다.[387)] 혜원은 마음의 '집'의 주인인 선재에게서 헤스티아의 '기운'을 얻고 용맹하게 전투를 치르러 떠난다. 감옥에 갇힌 혜원은 면회 온 선재에게도 초연한 태도를 보인다.

S# 교도소 면회실(16회)

혜원 : 나 잊어두 돼. 너는 어쩌다 나한테 와서, 할 일을 다 했어. 사랑해줬고, 다 빼기게 해줬고…… 내 의지로는 절대 못 했을 거야…… 그래서 고마워. 그냥 떠나두 돼.

---

386 〈밀회〉의 영상 연출은 대본이 제시하는 범위를 넘어서 연출자의 창조력을 보여주고 있다. 혜원이 헤스티아 원형의 자기 충족적 지혜에 다가가는 모습은 혜원의 서재 책상에 놓인 '팔 없는 인형'을 통해 형상화되고 있다. 혜원이 가진 '손 없는 소녀' 원형을 연상하게 하는 인형에 비친 황금빛 조명은 혜원의 내면이 변화됨에 따라 점차 그 모습을 제대로 드러나게 한다. 처음에는 일부만 보이던 팔 없는 인형은 점점 더 모습을 드러내고, 혜원이 검찰 출두를 앞두고 비리가 가득 든 컴퓨터를 들고 새벽에 집을 나올 때는 완전한 모습을 드러내 보인다. 박혜정, 조용진, 강연 〈세상물정의 밀회학〉, 고양민우회, 2014. 9. 16~10. 7 참조. 인형에 비친 황금빛은 새로운 삶, 자기 갱신, 정신의 새로운 발견을 나타내는 상징일 수 있다. Ackroyd, Eric, 앞의 책, 138쪽.

387 Bolen, 『우리 속에 있는 지혜의 여신들』, 118쪽.

선재 : (웃음) 집 비워놓구 어딜 가요.
혜원 : (그런 거니?) …(중략)… (짐짓 삐죽) 그럼 그러든가.
선재 : (다시 웃음) 뭐 좀 이쁘기도 하니까.

떠나도 된다는 혜원의 말은 선재의 마음을 떠보려는 것이 아니다. 펄스(Perls)는 성숙한 자아가 사랑을 실천하는 방식은 자신이 원하는 삶을 살도록 서로 거리를 두고 바라보는 것이라고 했다.[388] 이는 헤스티아적인 초연함으로써 가능한 일이다.[389] 마지막 장면에서는 홀로 해외 콩쿠르를 떠나는 선재가 "다녀올게요."라고 문 닫고 나간 후의 빈집이 보인다. 지문에는 '선재가 곧 돌아와 혜원을 기다릴 이곳'이라고 쓰여 있다. 아무것도 없는 빈 곳에는 무엇인가 들어갈 여지가 있다. 헤스티아의 화로가 있는 마음의 집, 영혼의 집은 무한한 잠재력을 담고 있다. 무엇을 채울 것인가는 이 집의 주인인 혜원과 선재에게 달려 있다.

사람들 사이에서 뒤덮여서 살고 있을 때 우리의 정열과 통찰력은 일상 속에서 엷어져간다. 그러나 인생에서 어떤 가장 위험한 순간에 부딪히면 그때 그 사건들이 결국 각자의 영혼을 만들어내는 삶의 가장 핵심

---

388 펄스의 게슈탈트 기도문(Gestalt Prayer Segment)이 유명하다. "나는 나이고, 당신은 당신입니다. 나는 나의 일을 하고, 당신은 당신의 일을 합니다. 나는 당신의 기대에 부응하기 위해 이 세상에 살고 있는 것이 아닙니다. 당신이 이 세상을 살아가는 것도 나의 기대에 맞추기 위한 것이 아닙니다. 나는 나이고, 당신은 당신입니다. 우리가 서로를 발견한다면 그것은 아름다운 일. 만약 그렇지 못한다 해도 어쩔 수 없는 일."

389 혜원의 기본적인 삶의 태도가 아테나, 아르테미스 원형이라는 것을 주지하면 혜원의 솔직한 마음이라는 것을 짐작할 수 있다. 선재와의 연주에서도 "페달은 내가."라고 말하고, 영우의 너는 누구 편이냐는 물음에도 "나는 언제나 내 편이지.", 선재에게도 "내 값은 내가, 니 값은 니가." 치르자고 말했다. 혜원의 처녀 여신적 특성은 언제든지 혜원이 독립적 자주적 삶을 택할 수 있음을 예측하게 해준다.

적인 것이라는 것을 깨닫게 된다. 혜원은 핵심을 향해서 자신의 마음 안으로 들어갔고 가장 빛나는 곳에 도달했다. 그래서 자신이 이루어온 모든 것을 포기하고 선택한 것은 '남성의 사랑이라기보다는 자신의 행복'[390]이라고 말할 수 있다. 이것은 '추구'하는 행복이라기보다는 그 자체를 내려놓았을 때 저절로 내 손 안에 들어와서 나를 깨닫게 하는 행복일 것이다.

표 3 멜로드라마 여성 캐릭터의 신화 원형

원형	작품	이름	특징	세부 내용
영원한 소녀 : 코레	애인	윤여경 (황신혜)	자기애에 빠진 불안정한 소녀	(1) 납치당한 순진하고 비어 있는 소녀 (2) 유아적이고 의존적인 어머니의 딸 (3) 심약하고 모호한 여성 (4) 아버지의 딸, 영원한 소녀
			주체적 삶의 추구와 미완의 성숙	(1) 여성성의 자각과 성숙의 기회 (2) 납치된 포로의 죽음과 부활 (3) 갈림길의 지혜의 여신 (4) 프시케의 마지막 과제 '거절'
모성 과잉 아내 : 데메테르		이명애 (이응경)	완벽한 가족을 꿈꾸는 모성적 아내	(1) 모성과 돌봄의 여신 (2) '모성의 집' 의 주인
			자유롭고 성숙한 모성	

390 김공숙, 「제 1회 한국방송평론상 수상작품—가만히 보고, 깊이 보고, 사랑할 만한 '밀회'」, 『방송작가』, 한국방송작가협회, 2014년 3월호, 88쪽.

원형	작품	이름	특징	세부 내용
팜 파탈 요부 : 아프로디테	내 남자의 여자	이화영 (김희애)	유혹적인 정열의 화신	(1) 파괴적인 관능의 여신 (2) 어머니의 박해받는 딸 (3) 유부남을 유혹하는 애인 (4) 높이 나는 자, 여자 돈 주앙 (5) 매혹적인 여자 괴물 (6) 여성 주도적 사랑의 구현자
			차가운 달의 여신	(1) 달의 여신의 자매애 (2) 아탈란테의 금사과
분노한 착한 여자 : 헤라		김지수 (배종옥)	버림받은 결혼의 수호신	(1) 현모양처의 허상 (2) 버려진 아내, 버리는 아내 (3) 착한 아내의 분노 (4) 진실의 자각
			자기 세계의 주인	(1) 착한 여자의 자매애 (2) 프시케의 과제 완성
전략적 여전사 : 아테나	밀회	오혜원 (김희애)	강한 여성 안의 약한 소녀	(1) 가부장 권력의 수호자 (2) 능수능란한 교활한 지략가 (3) 가짜의 삶을 사는 노비 (4) 혹사당하는 강한 여성 (5) 손 없는 소녀 (6) 갑옷과 가면 벗기 (7) 잃어버린 여성성 찾기
			자주적인 백발백중의 궁수	(1) 명사수의 바로 서기 (2) 희생양의 거부와 복수
			위험한 사랑에 빠진 예술가의 조련사	(1) 가부장제를 위협하는 사랑 (2) 남성의 꿈을 키워주는 창조적 여성
			마음의 '집' 의 주인	(1) 화로의 수호신이 사는 '집' (2) 자기 충족적 초연함과 안식의 '집'

제4장

멜로드라마 남성 캐릭터의 신화 원형

본 장에서는 〈애인〉의 남성 주인공 정운오과 여경의 남편 김우혁, 〈내 남자의 여자〉의 주인공 홍준표, 〈밀회〉의 주인공 이선재와 대립자인 강준형 캐릭터의 신화 원형을 분석한다. 세 작품의 남성 캐릭터들은 가부장적 남성에서 현대로 올수록 유약한 남성 유형을 보여주고 있으며 성공한 남성의 원형인 아폴론 남신 원형이 많이 나타난다. 〈밀회〉의 이선재는 디오니소스 원형이 지배적인데 그동안의 멜로드라마 남성 캐릭터에서는 볼 수 없었던 메시아 원형의 소유자이며 여성적 가치의 구원자로서 양성성을 가진 이상적인 남성 캐릭터로 분석된다.

1. 영원한 소년 헤르메스형

〈애인〉의 남성 주인공 정운오(유동근 분)는 조경 건설 회사의 대표이자 건축사이다. 결혼 10년째이고 서울 근교의 전원주택에서 현모양처 아내 명애와의 사이에 두 아들을 두고 있다. 장난기 많고 유쾌한 성격으로 친구들과 시간을 자주 보내며 안정된 가정을 이루고 살아가는 남성이다. 그러나 우연히 만나 깊은 인상을 안겨준 여경을 사랑하게 되면서 가정은 균열되기 시작한다. 여경이 유부녀라는 것을 알고 단념했지만 사랑을 거두지 못하다가 결국 아내에게 쫓겨나 외국으로 떠날 결심을 하게 된다. 운오 캐릭터에 나다난 지배적 남신 원형은 헤르메스이다. 운오는 자신의 아니마 여성인 여경을 사랑하면서 디오니소스 원형이 활성화되며 아폴론과 제우스 원형의 도움을 받아 성장한다.

1) 자유로운 영혼의 안내자

운오는 가정과 일, 경제적 능력, 친구 관계 등 무엇 하나 외적으로는 문제가 없어 보인다. 그는 마초적인 남성성으로 적당히 여성들을 만나고 즐겨온 자유로운 영혼처럼 보인다. 그러나 항상 답답함을 느껴오다가 자신의 아니마 여성인 여경을 사랑하게 되면서 '인생의 함정'에 빠진다. 운오는 경계를 넘나드는 헤르메스 원형을 구현한다. 헤르메스(Hermes)[1]는 전령의 신으로서 영혼의 안내자, 전략가, 책략가, 여행가의 원형이다. 예기치 않은 것, 행운, 우연의 일치, 동시성의 신이며 저승길로 영혼을 인도하는 안내자이다. 운동선수, 도둑, 사업가의 수호신이고 남성들과 가장 우정이 돈독한 신이다. 날개 달린 신발로 어디든지 갈 수 있어 '양쪽에 다 능한 자'로 불리기도 한다.[2]

---

1 Hermes란 '돌무덤'을 뜻한다. 이 돌무덤은 고대에 길가에 흔히 있는 무덤을 표시하기도 했고, 나중에 '헤르마'라고 불리는 돌기둥은 그리스인들의 집 앞에 서 있거나 재산의 경계를 표시했다. Bolen, 『우리 속에 있는 남신들』, 226쪽.

2 Purdentius, *Contra Symmachunm*: Hugo Pahner의 「Die seelenheilende Blume(심혼을 치유하는 꽃)」, p.132, Jung, C.G., 『원형과 무의식』, 299쪽 재인용.

(1) 충동적인 영원한 소년

〈애인〉의 첫 장면은 운오가 놀이동산에서 자신의 아들이 여경의 흰 바지에 아이스크림을 묻히는 것을 목격하면서 시작된다. 여경은 괜찮다고 하면서 아이스크림을 털어내고 아무렇지도 않다는 듯이 카디건을 허리에 두른 후 가버린다.[3] 운오는 민소매 차림의 여경을 넋을 놓고 바라본다. 이어 운오의 아침 출근 모습이 행진곡과 함께 매우 코믹하게 그려진다. 운전을 하면서도 내내 핸들을 두드리며 노래를 부르고 경박할 정도로 유쾌한 모습이다.[4] 운오는 첫 장면에서도 아이스크림을 핥고 있고 막대 사탕을 먹는다. 여경이 유부녀인지 알고 난 후 정식 데이트에서도 아이스크림을 들고 있다. 성인 남성답지 않은 운오의 행동은 프로이트가 말하는 구강기적 행동에 해당되며 그가 헤르메스가 가진 특성인 소년(puer) 원형의 소유자임을 암시하는 행동이다. 여경과 데이트 약속을 한 후 매우 흥분하며 '젊고 예쁜 여자'에게 반한 청년처럼 '건수'를 올리겠다며 흥분돼 있다.[5] 여경을 사랑하게 되었을 때 '예전에는 이

---

3 두드러진 복식 행동은 인상과 판단에 미치는 영향이 매우 크다. 여경의 위아래 흰색의 옷은 코레 여성다운 것으로 젊음과 순수함, 맑음을 상징한다. Birren, Faber, 『색채심리』, 김화중 역, 東國出版社, 1995, 184~185쪽.

4 운오는 무척 들뜨는가 하면 쉽게 우울해하는 등 감정기복이 심하다. 남성들 사이에서 대체로 좋게 평가되는 원기왕성하고 세상의 모든 것을 다 가진 듯하고, 정열적이고, 반은 의식 통제가 안 되는 듯한 경우도 사실은 아니마에 사로잡힌 상태이다. 들뜬 무드(mood)는 암울한 무드만큼이나 위험하다. Johnson, Robert A., 『(신화로 읽는 남성성) He』, 고혜경 역, 동연, 2006, 63쪽.

5 윤선희, 「〈애인〉의 정신 분석학과 수용자의 주체 구성」, 황인성 · 원용진 편, 앞의 책, 203쪽. 친구 기철과 완벽한 남성적 공간인 헬스클럽 탈의실에서 남성적 유머와 음담패설 수준으로 "너는 매사에 따지니까 건수가 안 생기는 거야."라고 하며 미녀와의 데이트에 대한 기대감을 드러낸다. 전형적인 남성주의적 시각의 마초적 환상의 표현이다.

런 일은 없었다'는 말로 보아 이런 종류의 만남이 장난처럼 자주 있던 일이었다는 것을 알 수 있다. 운오는 데이트로 늦을 예정이면서 아내에게는 일 때문에 늦을 것이라고 천연덕스럽게 거짓말을 한다.

융에 따르면 소년 원형은 아들, 소년, 신, 영웅 등으로 나타나면서 한 사람이나 집난에게 활력을 주고 생명의 원천이 되고 생명을 되살리며 새로운 생명을 가져다준다. 그러나 모든 원형이 그렇듯이 한쪽으로만 치우치면 문제가 생긴다. 융 학파 분석가 힐만(Hillman)은 그것은 마치 태양을 향해 날아 올라가기만 했던 이카로스(Icaros)[6]처럼 땅에 발을 딛지 못하고 자꾸 위로 오르려고 하며 정신성이 부족해지는 문제라고 말한다. 호기심이 많아서 의미를 추구하면서 나아가지만 미숙하고 틀이 잡혀 있지 않아 과잉행동적이고 서두를 수 있다는 것이다.[7] 소년 원형이 부정적으로 작용할 때 '영원한 소년(puer aeternus)' 원형의 지배를 받는다. 그 특성은 비사회적인 개인주의이다. 자신을 특별한 존재로 생각하면서 사회에 적응하지 않으려는 것이다.

운오는 유부남에 회사 대표이면서도 별다른 죄책감 없이 여성들을 장난삼아 만나며 그것이 남자다운 행동이라고 생각한다. 여경을 만나기 전까지는 사랑이 동반되지 않은 장난 같은 감정이었기에 문제를 일으키지는 않았다. 이것은 경계를 넘나들며 어디든지 자유롭게 갈 수 있는 헤르메스 남성인 운오가 선택한 사소한 일탈 행동일 가능성이 크다.

6 다이달로스와 미노스의 여종 나우크라테의 아들이다. 미노스의 미궁(迷宮)을 만든 발명가 다이달로스는 새의 깃털과 밀랍으로 날개를 만들어 붙이고 아들 이카로스와 함께 하늘로 날아 탈출하였다. 이카로스는 새처럼 나는 것이 신기하여 하늘 높이 올라가지 말라는 아버지의 경고를 잊은 채 높이 날아올랐고 결국 날개를 붙인 밀랍이 태양열에 녹아 에게해에 떨어져 죽었다.

7 Hillman, J., *Senex and Puer*, Conneticut: Spring Publications, Inc, 2005, p.60, 김성민, 「한국 그리스도인의 성격과 전일성의 회복」, 29쪽 재인용.

신화 속에서 헤르메스 남신은 숱한 염문을 뿌렸다고 하는데 아프로디테 말고는 상대가 누구인지 상세하게 언급된 적이 없다. 경계를 넘나드는 것이 능숙한 헤르메스는 여성의 감정을 책임지지도 않고 충실하지도 않은 채 여성의 삶 속으로 들어갔다가 나오고 싶어 한다. 헤르메스에게 새로운 여성은 그저 탐험하고 즐길 새로운 영토와도 같다.

영원한 소년의 특성은 감정이 미숙하고 감상적인 태도를 갖는다는 것이다. 감정의 기복이 심하여 변덕을 부리고 잘 토라지며 우울과 감상에 잘 빠진다. 운오는 처음 여경과의 저녁 식사 자리에서 여경이 유부녀라는 것을 알고 노골적으로 실망하며 웨이터에게 화를 낸다. 친구들과의 모임에서는 즉흥적으로 머리로 수박을 깨는가 하면 다음 모임에서는 같은 요구를 하는 친구들에게 벌컥 화를 낸다. 직원에게 유머 있게 대하는 사장인가 하면 연애가 난관에 봉착하자 주말 근무를 지시하고 매우 거칠게 대한다. 여경을 만난다는 기대감에 들떠서 흥분한 채 신나게 스쿼시를 하다가 나중에 유부녀라는 사실을 알고는 운동이 시들해지기도 한다. 자신의 욕구대로 되면 진심으로 친절을 베풀지만 그렇지 못하면 타인은 안중에도 없는 자기중심적인 모습을 보여준다.

운오는 여경과 처음 호텔에 갔을 때 거부를 당하자 실망감을 그대로 드러내며 냉담하게 대하고 다음 날 여비서에게 애인과의 관계를 물으며 "좋아한다면 아무것도 망설이지 말고 사랑을 확인시켜줘."라고 말한다. 운오에게 사랑은 사회적 제약이나 도덕적 비난보다 우선하는 것이다.

S# 거리(9회)

여경 : 길 막고 사람들에게 물어봐요, 이게 잘한 짓인지.

운오 : 그래요, 길 막고 사람들한테 한번 물어봅시다. 자기 자신들한테 솔직해본 적 있냐고 한번 물어봅시다. 자신이 소중한

만큼 남 존중해본 적 있냐고 한번 물어봐요. 아무도 우리한
테 함부로 말할 수 없을 거예요.

운오는 자신이 감정에 충실한 것은 사회 질서보다 중요하고 그 자체로서 정당화될 수 있다는 혼자민의 도덕을 내세운다. 이런 모습은 헤르메스가 태어난 날 아폴론의 소를 흔적 없이 훔친 다음 구워 먹어버리고 소떼의 행방을 묻자 자기는 아무것도 모른다고 시치미를 떼는 모습과 비슷하다. 똑똑하고 야심만만한 헤르메스는 종종 인습적 규율을 벗어나 스스로를 신뢰하며 자신의 목적을 달성하고자 한다. 이때 그에게 별다른 죄책감은 없다.

(2) 질식당한, 어머니의 아들

운오는 여경과 첫 식사를 마친 후 '유부녀인데도' 집에 데려다준다. 차 안에는 분위기 있는 서정적인 팝송(If you're going to San Francisco)을 크게 틀어놓았다.

S# 운오의 차 안(2회)
운오 : 답답할 때는…… 서울을 떠나고 싶다 그 생각 자주 합니다.
여경 : 왜요?
운오 : 딱히 무엇 때문이라기보다도 그냥 답답할 때가 많아요. 상
식이 안 통하고 즐겁게 살려고 하면 더 힘들어지고.

헤르메스 남신은 지하 세계까지 어디든 갈 수 있는 날개 달린 신발을 신었다. 그러나 현실의 헤르메스 남성은 자유롭게 날지 못하고 답답함을 느끼며 살아가고 있다. 운오가 외적으로 이상적인 가정을 꾸미고 있

지만 답답하고 힘든 이유는 영원한 소년 원형의 헤르메스 남성이 가지는 모성 콤플렉스[8] 때문이다.

융에 의하면 영원한 아이는 어머니로부터 분리되지 못하여 남성성을 발달시키지 못하고 여성적인 삶을 살면서 부정적인 아니마로 인해 감정적으로 미숙하고 인간관계에서도 어려움을 많이 겪는 사람이다.[9] 폰 프란츠는 생텍쥐페리의『어린 왕자』에서 영원한 소년의 특성에 대해 언급하면서 '영원한 소년' 원형의 문제점은 모성 콤플렉스 때문이라고 주장한다.[10] 그들은 어머니와 함께 있었던 시절에서 떠나지 못하여 영원

---

8 어떤 사람이 어머니를 경험할 때 내면에 있는 모성 원형은 어머니에 대한 개인적 경험과 결합해 특정한 모성 콤플렉스를 만든다. 융은 콤플렉스란 정신적 체질이라고 했다. 개체에서 절대적으로 혹은 미리 정해진 것이기 때문이다. 그러므로 모든 콤플렉스들이 문제를 일으키는 것은 아니다. 유아기 때 특정한 상황에서 형성되어 감정적 색조가 강조된 콤플렉스로서 어떤 상황에서 감정이 작동하는 콤플렉스가 저절로 일어나서 자아가 속수무책으로 콤플렉스에 의해 움직일 때 문제가 된다. 콤플렉스가 사람들에게 정신적 체질이라면 콤플렉스는 한 사람의 삶에서 운명처럼 작용한다. 인간의 삶은 타고난 정신적 요소와 환경적 요인이 결합해서 형성된 콤플렉스들이 작용하여 결정되는 것이라고 할 수 있다. 그래서 잘못된 체질을 고치듯이 과거의 잘못된 환경 때문에 왜곡되어 있는 정신적 체질인 콤플렉스를 변화시켜야 좀 더 행복한 삶을 살 수 있는 것이다. 김성민,「콤플렉스와 정신병리—C.G. 융의 이론을 중심으로」,『신학과 실천』Vol.32, 2012, 432~433쪽.

9 운오가 자신의 남성성을 과시하고자 유부남임에도 여성들과 자주 만남을 가져왔다는 것도 모성 콤플렉스에서 기인한 것이다. 모성 콤플렉스의 남성은 크게 두 가지 유형인데 어머니로부터 벗어나기 위해 전통적인 남성상을 과보상하여 더 남성적으로 살려고 하거나, 여성성에 사로잡혀서 유약하고 수동적으로 산다. 운오는 두 가지 면을 다 가지고 있다. 영원한 아이의 성적인 문제인 돈 주앙(Don Juan)처럼 끊임없이 가벼운 바람을 피우고 삶으로서 자신의 남성성을 순간적으로나마 보상을 받지만 이것은 진정한 남성성이 아니다. 또 하나는 모성 콤플렉스의 대상인 아내 명애에게 사로잡혀서 고분고분하게 사는 것이다. 김성민,「한국 그리스도인의 성격과 전일성의 회복」, 106~107쪽 참고.

10 위의 논문, 28쪽.

히 '어머니의 아들'로 남아 있으려고 한다.

헤르메스는 아틀라스의 딸 마이아(Maia) 여신과 제우스 사이에서 태어났다. 어머니의 동굴에서 태어나자마자 수금을 발명하고 소를 훔치고 다시 어머니의 요람에 들어가 순진한 아기인 척했다. 호메로스의 〈헤르메스 찬가〉에 보면 잠시도 가만히 있지 못하는 헤르메스에게 마이아가 야단을 치지만 말을 듣지 않겠다고 말하며 '아무런 재능도 없고 기도도 받지 못한 것은 우리 둘뿐이잖아요!'라고 항변한다.[11] 마이아는 수줍음이 많고 내성적이며 소유욕이 없고 강한 살림꾼인 헤스티아 여신과 같은 유형이다. 한 군데 얽매이기 좋아하지 않는 헤르메스는 흔히 안정적이지 못한데 그렇기에 집은 어머니가 있고 자유롭게 드나드는 자유를 주는 곳이다. 헤르메스에게는 헤스티아적인 마이아 어머니가 가장 편하다.[12] 만약 소유욕이나 강한 애착을 표출하는 어머니라면 어머니 자신이 힘들 것이다. 특히 죄의식을 통해 아들을 묶어놓으려는 어머니는 대개 성공을 거두지 못한다. 헤르메스 남성은 나름 헌신적인 아들이고 어머니는 생애에서 가장 중요한 여성이다. 헤르메스는 어머니에 대한 이상적 상을 아니마로 간직하고 있다.

헤르메스와 마이아와의 관계는 운오와 모성적인 아내 명애와의 모습에서 드러난다. 명애는 운오에게 '사내아이'라고 부르며 시장을 보라고 심부름을 시킨다. 이때도 '아이들'의 아이스크림 한 통을 시킨다. 아이들, 아이스크림은 프로이트가 말한 구강기와 관련이 있다. 상징적 어머니인 명애와 분리되지 못한 운오는 아내의 명령에 별다른 저항 없이 따른다. 남성에게 아주 일상적으로 일어나는 혼동은 어머니와 아내가 겹치

---

11 Homer, "The Hymn to Hermes", The Homeric Hymns, Bolen, 『우리 속에 있는 남신들』, 241쪽 재인용.

12 운오의 아내 명애에게 헤스티아 원형이 발견됨은 앞에서 설명했다.

는 것이다. 이런 남성은 무의식적으로 아내가 동반자가 아닌 어머니 역할을 해주기를 기대하며 그 역할을 요구한다.[13] 명애는 마이아 여신처럼 운오의 행동도 통제한다. 운오가 서먹해진 친구의 집에 가기 싫다는데도 억지로 가게 하고 친구들 앞에서 화낸 것에 대해서도 사과하라고 조용히 강요한다. 싫다는데도 친구 부인의 패션쇼에 꼭 가야 한다고 하고 가족과의 제주도 여행 계획도 일방적으로 통고한다. 운오는 자기 마음에 안 들어도 반발하지 않는 순종적인 아들과 같은 모습을 보인다.

운오는 명애의 통제구역이 아닌 곳에서는 대화에 어려움을 겪지 않는다. 친구들과 특히 여경과는 자신의 속마음을 어려움 없이 잘 털어놓는다. 그러나 명애와는 대화다운 대화를 하지 못한다. 명애가 "당신, 나한테 할 말 없어요? 당신 나하고 얘기 좀 해요."라고 해도 대답을 회피하거나 형식적인 대답을 할 뿐이다. 여경을 만나는 것에 대한 죄책감 때문에 피한다고 볼 수 있으나 명애가 둘의 관계를 과장되게 해석할 때도 상황을 피하려고만 한다.

S# 거실(9회)
운오 : 나도 내가 어떻게 설명해야 할지 좋을지 모르겠어. 하지만 당신이 그렇게까지 괴로워할 일은 절대로 아냐.
…(중략)…
명애 : 어떻게? 당신 결혼한 사람이잖아. 나하고 같이 살고 있잖아. 나 아닌 다른 여자와의 그런 관계를 인정하라구요? 어떻게?
운오 : (한숨 쉬는) 그래, 미안해. 당신이 알아듣기 쉽게 내가 잘 설명하고 싶었는데. 좀 더 생각해봐. 그리고 우리 나중에 다시 얘기해봅시다.

13 Johnson, Robert A., 『(신화로 읽는 남성성) He』, 79쪽.

헤르메스는 전달자 원형으로 말(言)에 날개를 달게 해준다. 말하는 사람이 대강의 윤곽만 가지고도 경험에서 우러나온 알고 있는 내용을 자연스럽고 설득력 있게 전달해주는 원형이다. 그러나 모성 콤플렉스는 어머니의 아들의 원형을 강화시켜 헤르메스의 입을 닫게 한다. 헤르메스는 제우스의 총애받는 아들이다. 그러나 그것은 제우스 아버지의 입장이다. 원형적 부성상의 관점에서 보면 아들에게는 부재중이며 지배적인 아버지로 느껴졌을 수 있다. 제우스는 훔친 소떼를 감춘 곳이 어디인지 대라고 확고하고 근엄하게 명령했고 헤르메스는 군소리 없이 따랐다.[14] 〈애인〉은 결혼한 두 남녀의 사랑을 집중적으로 표현하고 주인공의 원가족(family of origin) 관계는 정확히 드러나지 않는다.[15] 운오가 모성 콤플렉스를 가지게 된 것은 운오의 원형적 부성상과 어린 시절 현실 아버지와의 관계 때문일 수 있다. 아이들은 동성(同性)의 부모와 올바른 관계를 수립해 성 역할을 제대로 학습할 때 올바른 성 정체성을 가지게 된다. 아들이 아버지의 부재, 방치, 유약, 무력함 등으로 인해 남성성을 학습하지 못하거나 아버지가 지배적 · 억압적일 경우 남성성을 제대로 확립하지 못하면 아들은 어머니로부터 분리되지 못하는 모성 콤플렉스를 가지게 된다.

운오는 어린 시절 힘없고 연약한 존재일 때 어머니로부터 받은 일방

14 Bolen, 『우리 속에 있는 남신들』, 242쪽.

15 여경과 명애는 어머니만이 잠깐 등장하고, 운오의 경우 부모에 대한 언급이 전혀 없으며, 우혁은 여경과의 대화 속에서 어머니가 시골에 살고 있다는 정도만 제시된다. 〈애인〉에서 부모 대신 사회도덕과 윤리를 말하거나 다양한 가족 형태와 부부 모습을 보여주는 것은 친구들이다. 운오의 가족은 가장 완벽한 가족의 모습을 보여준다. 여경 부부에게는 딸 하나만 있고 아들이 없어서 우혁이 아들을 바라고 있다. 기철 부부에게는 아이가 없고, 석곤과 승미는 재혼, 승미의 언니이자 여경의 친구인 승진은 이혼녀이다.

적이고 절대적이라고 느꼈던 보살핌으로부터 벗어나지 못하고 있다. 스타인버그(Steinberg)는 남성성의 문제에서 가장 중요한 것은 아들이 아버지로부터 공격성과 성(性)에 대한 규율을 배우는 것이라고 주장했다. 공격성은 자신을 주장할 때, 성은 다른 사람과 친밀성(intimacy)을 나누는 데 필요한 요소인데 그것을 자기 주도하에 생산적으로 사용하지 못할 때 문제에 빠진다.[16] 운오는 자기주장을 잘 못하며 여경을 사랑하기 전까지는 여성적 가치에 대해 남성주의적인 왜곡된 시각을 벗어나지 못했다.

헤르메스의 어머니 마이아 여신과 명애는 상통하는 부분이 있다. 명애는 정숙하고 살림 잘하며 조용히 집안을 지키는 자기 충족적인 여성이다. 그러나 모성성이 비대한 심리 유형을 가지고 있어서 헤르메스에게 자유를 주지 않는 강한 애착을 가진 어머니 성격이 강하다. 희생적 어머니와 라캉(J. Lacan)이 말하는 남근적 어머니의 성격을 동시에 지닌 명애는 운오에게는 아내라기보다 억압적인 어머니로 느껴진다. 이는 운오가 가진 아니마 원형의 부정적 작용 때문이다. 남성이 아니마와 어머니를 혼동하면 아니마에게 어머니의 역할을 기대하게 된다. 운오의 답답함은 무의식의 어머니로부터 독립하지 못한 것에서 기인한다.[17]

---

16 이런 남성은 자기주장을 하는 데 서투르고 다른 사람들을 제대로 통솔하지 못하여 위축된 삶을 살거나 여성들과의 관계를 피하면서 여성적인 것의 가치를 깎아내리거나 지배하려고만 해서 친밀한 관계를 맺지 못한다. 이런 남성은 사랑이 분화되지 못하여 친밀한 것은 모두 성적인 것으로 인식될 뿐 여성들과 진정한 관계를 맺지 못하는 것이다. 자연히 인간관계 전반에 어려움을 느끼고 관계보다는 힘에 의한 지배나 복종을 더 선호하게 된다. Steinberg, Warren, *Masculinity*, Boston : Shambhala, 1993, 김성민, 「한국 그리스도인의 성격과 전일성의 회복」, 33~34쪽 재인용.

17 Ackroyd, Eric, 앞의 책, 79쪽. 프로이트적으로 보면 어머니와의 근친상간의 두려움으로 거세공포증을 가지게 되는 오이디푸스 콤플렉스(Oedipus complex)

질식하게 하는 어머니의 영향권에서 벗어나는 방법은 운오의 무의식에 있는 아니마를 의식적인 자아 속에 통합시키는 것이다.

영원한 청년, 영원히 자라지 않는 소년 원형인 헤르메스 남성이 성장하는 길은 자신의 아프로디테가 되는 여성과 사랑에 빠지는 일을 통해서이나. 헤르메스는 남편이 있는 아프로디테를 사모했다. 아프로디테는 처음에는 헤르메스와 아무런 관계를 맺지 않았으나 제우스의 도움[18]으로 인연을 맺는다. 헤르메스에게 아프로디테는 하나의 도전일 필요가 있다. 사랑하지만 쉽게 가질 수 없는 여성, 그를 정서적으로 푹 빠져들게 만드는 사람일 필요가 있다. 운오에게는 여경이 바로 아니마 여성이다.[19] 아니마는 남성에게 생기를 북돋워주며 그의 가슴에 존재하는 생명의 샘이라 비유할 수 있다. 의식과 무의식을 통합하여 개성화를 이루고 자기실현에 이르려고 하는 것은 자연스러운 인간의 본성이다. 운오의 무의식은 명애의 아들이기를 거부하며 명애의 통제와 분노에도

로 볼 수 있다. 거세공포증이 답답함이라는 현상으로 나타나는 것이다. 운오는 무서운 어머니 앞에서 한없이 작아져버린 자신의 남성성을 억압하지 않고 남성성을 다시 확인시켜줄 어머니 아닌 여성을 갈구하게 된다. 김명혜, 앞의 글, 163쪽.

18 제우스는 헤르메스를 불쌍히 여겨 독수리를 보내 아프로디테가 목욕하고 있는 동안 황금 신발 한 짝을 훔쳐오게 했다. 그런 후 헤르메스가 애정의 표시로 신발을 다시 돌려주자 그녀는 그에게 반했다. 신화에서 신발이 짝이 맞는다는 것은 신화적 결혼 즉 이원적 세계의 합일을 뜻한다. 김융희, 앞의 책, 145쪽. 융은 아니마/아니무스를 신(神)적인 짝(Syzygine), 또는 남녀 신(神)의 짝에서 만난다고 하면서 중국 철학의 양(陽)과 음(陰)에 해당된다고 했다. Jung, C.G., 『원형과 무의식』, 178쪽.

19 아니마 유형 가운데 남성 안의 여성적 요소 가운데 삶에 내면의 동반자이자 영감을 주는 아리따운 처녀의 요소이다. 파르시팔의 블랑시 플레르, 돈키호테의 돌시네아, 단테의 베아트리체가 이에 속한다. Johnson, Robert, A., 『(신화로 읽는 남성성) He』, 77쪽.

자신의 억압된 남성성을 해방시켜줄 여성을 필요로 한다. 그것이 소년에서 성인으로 성장하는 길이기 때문이다.

(3) 영혼의 안내자

운오는 여경을 보고 한눈에 반해 먹고 있던 아이스크림을 집어던진다. 더 이상은 구강기 행동을 하지 않을 것이며 어머니의 아들로부터 벗어나겠다는 무의식적 행동으로 해석된다. 여경은 운오에게 '시원한' 존재이다. 첫 번째 데이트 장소는 놀이동산의 환풍구 앞이다. 환풍구는 바람을 통하게 하는 기구이지만 동시에 바람을 피운다는 연상 작용을 일으키는 사물일 수 있다. 명애로부터 분리되고 싶은 무의식적 욕망은 운오가 내쉬는 큰 숨으로 표현된다. 운오는 여경이 유부녀라는 것을 알고 단념하지만 제주도에서 다시 마주친 후 자전거를 타다가 숨이 차오른 채 여경에게 전화를 걸어 만나자고 하고, 채 답을 듣기도 전에 전화를 끊고 답답한 숨을 한꺼번에 크게 몰아서 내쉰다. 친구 기철에게 여경에 대한 첫인상을 "휘익 돌아서서 시원스럽게 걸어갔어. 엉덩이에 늘어뜨린 카디건을 나풀나풀하면서."라고 말하며 시원함과 바람(風)을 표현한다. 여경과 만났을 때에도 "우리 좀 걸을까요? 씩씩하고 시원하게." 라고 한다. 질식할 것 같은 강한 모성으로 자신을 억압하는 명애와는 달리 여경은 시원한 바람 같은 존재이다.

헤르메스는 의사소통자로서 남성적 요소와 여성적 요소가 결합하려고 애쓰는 신비롭고 심리적인 여행으로 영혼을 인도하기도 했다.[20] 인

20 Bolen, 『우리 속에 있는 남신들』, 230쪽. 헤르메스와 아프로디테의 아들 헤르마프로디토스가 양성구유의 신이라는 것을 기억할 필요가 있다. 헤르메스는 영혼의 인도자 psychopompos로 불린다. 이부영, 『분석심리학 : C.G. 융의 인간심

간의 외면과 내면의 통합을 인도하는 심리 소통사의 원형이다. 헤르메스는 수은 즉 사물 속에 숨어 있는 기질이자 모든 반대되는 것들을 통합하는 상징이다.[21] 금속이지만 액체이고 물질이지만 기운이고 독이지만 치료제인 것이 수은이다. 수은은 값비싼 금속에만 들러붙는데 은유적으로 보면 헤르메스는 영적(靈的)인 금을 발견하는 길을 보여주는 남신이다.[22] 운오는 여경에 대한 지극하고 헌신적 사랑을 보여줌으로써 여경이 가진 황금 즉 여경 자신의 여성성을 새롭게 발견하도록 해준다. 헤르메스는 지하 세계에 납치된 코레를 데리고 지상으로 올라가서 데메테르에게 데려다주었다. 운오와 여경은 헤르메스와 코레와의 관계와도 흡사하다. 여경은 어둡고 뭔지 모를 우울하고 답답한 삶에서 운오를 만나 다른 세계로 안내를 받고 변화의 전기를 맞게 된다.

영혼의 안내자로서의 헤르메스 원형은 행복을 좇으라고 충고하는 신이다. 운오에게도 여경과의 만남은 자신의 마음과 소통하며 내면의 황금을 발견해가는 과정이다. 헤르메스는 〈스타워즈〉에 나오는 요다 같은 현명하고 점잖은 노현자의 원형이기도 하다.[23] 진정한 자기의 모습을 알도록 도와주며 잠재력이 성장하고 온전해지도록 지원하는 개성화의 인도자이다. 내면의 인도자, 내면의 목소리인 헤르메스의 말에 귀를 기울일 때 진실을 인정하게 된다. 프로크루스테스가 침대 길이에 맞지 않는 것을 무엇이든지 잘라버렸다면 헤르메스는 단절된 우리 자신의 여러 부분을 다시 연결하는 일을 한다. 치유하고 온전하게 한다는 것은 잊고 있던 것을 기억해내는 일이다.[24]

성론』, 291쪽.

21 Bolen, 『우리 속에 있는 남신들』, 229쪽.

22 위의 책, 395쪽.

23 위의 책, 394쪽.

24 위의 책, 396쪽.

S# 운오의 차 안(2회)

운오 : 샌프란시스코에서 한 시간쯤 가면 말이에요, 커다란 붉은 나무가 그야말로 울창한 숲을 이루고 있는데 저는 답답하면 그 나무 생각을 해요.

여경 : 그러면 조금은 시원해지나요? …(중략)…

운오는 여경과 만나면서 과거 미국에서의 삶을 기억해낸다. 샌프란시스코는 운오의 이상적 공간으로 배경음악과 대사로 반복적으로 제시된다. 운오의 직업이 나무를 심는 조경 건축가라는 설정도 매우 흥미롭다. 여경이 결별을 통고한 후 다시 운오를 생각하게 되는 것도 나무를 보면서이다. 여경의 이벤트 행사 일은 끝나면 '허무하게 사라지는' 반면 운오는 '영원히 사라지지 않는 나무를 심는 일'을 한다. 수목(樹木)의 원형적 이미지는 우주의 조화, 성장, 생식과 재생식의 과정과 같은 우주의 삶, 끝없는 삶과 불멸을 상징한다.[25] 융은 나무 이미지의 양성적 성격을 강조하면서 나무를 리비도(libido)와 전체성(wholeness),[26] 모성 원형의 상징으로서 대극의 합일을 의미하는 것으로 해석했다. 연금술도 대극의 합일을 나무의 상징에서 본다. 자기의 세계에서 더 이상 편안하지 못하며 존재의 근거를 현재, 과거, 미래에서도 찾지 못하는 현대인의 무의식은 이 세계에 뿌리박고 있으면서도 하늘을 향해 성장하는 인

25 Guerin, Wilfred L.(ed.), *A Handbook of Critical Approaches to Literature*, Newyork : Harper & Row, 1979, pp.157~163, 이상우 · 이기한, 앞의 책, 238쪽 재인용.

26 인간은 태어나면서부터 전체성으로서의 온전한 정신을 가지고 태어난다. 그러나 살아가면서 여러 외부 환경과 내부 갈등, 스트레스 등으로 인해 정신은 균열된다. 전체성은 내면의 잠재된 가능성과 창의력을 온전히 계발한 인간의 궁극적인 목표이자 도달하고자 하는 이상이다. 자기의 실현은 곧 개성화의 과정이며 이를 통해 전체성이 실현된다. Hall, Calvin S., 앞의 책, 47~85쪽. 전체성은 완전성, 안정성, 통합성, 합일성, 전일성 등의 의미이다.

간을 의미하는 세계수(世界樹)의 상징에서 의미를 붙잡으려고 한다.[27)]

헤르메스 남성인 운오가 나무 조경가라는 것은 운오가 개성화를 추구하게 되는 인물이라는 점에서 합당한 설정이다. 헤르메스가 페르세포네를 데리고 지상으로 나왔듯이 헤르메스는 남성들 마음의 지하 세계에 묻혀 있는 억압된 여성성을 의식으로 인도하는 원형이다. 헤르메스의 일은 억압되어 있는 것을 발견하는 것뿐 아니라 문화적으로 매장되어온 원형을 부활시키는 것이다.[28)] 운오는 헤르메스적 충동과 가벼움, 모험 속에서 살아왔지만 추구해온 것은 마음 밑바닥의 것을 황금으로 변형시키는 연금술사의 꿈이라고 해석할 수 있다.[29)]

2) 영원한 소년의 성장

운오는 여경을 사랑하면서 디오니소스 원형이 활성화되고 소년에서 남성으로 성장한다. 술과 황홀경의 신 디오니소스는 헤르메스와 중요한 특성을 공유한다. 영원한 사춘기 소년 또는 청년으로 남으려고 하는 '어머니의 아들'의 속성이다. 디오니소스는 감정이 지닌 가장 고상한 부분과 가장 천박한 부분 즉 신비주의와 관능성을 함께 가지고 있다.

27 Jung, C.G., 『원형과 무의식』, 236쪽. 상징은 우리 영혼을 각성케 하는 원형적 이미지를 드러내고 내면적이며 무의식적인 실재를 표현하기 때문에 우리 삶의 실존적 가치를 드러내주며 삶의 진실을 계시한다.

28 Bolen, 『우리 속에 있는 남신들』, 396쪽.

29 연금술사는 경험의 의미(황금)를 찾으려고 하며 변형적 체험을 하려고 애쓴다. 융은 헤르메스의 이런 기질을 헤르메스의 로마식 이름을 따서 메르쿠리우스(Mercurius) 기질이라고 불렀다. 위의 책, 236쪽.

(1) 아니마의 투사와 낭만적 사랑

남성의 열정적 사랑은 디오니소스 원형의 활성화와 관계가 있다. 디오니소스가 활성화되면 연애 관계는 무아경에 빠지기 쉽다. 운오는 놀이동산에서 처음 본 여경을 잊지 못한다. 이성을 처음 만났을 때 눈에 불꽃이 튀고 운명적이라는 느낌이 들며 사랑에 빠지게 되는 것은 아니마 또는 아니무스의 투사(投射, projection)[30] 작용 때문이다.

운오는 여경 자체를 사랑하기보다는 운오 자신의 내면에 분리되어 통합되지 못한 아니마를 사랑하는 것이다. 첫눈에 반한 여성에게서 발견되는 아니마와 남성성의 만남은 황홀경 자체이지만 투사는 실제가 아니기에 허무할 수밖에 없다. 아이스크림처럼 달콤하지만 결국은 녹아서 허무해지는 것이 낭만적 사랑의 본질이다. 존슨은 현대인은 12세기에 등장한 낭만적 사랑 신화의 계승자라고 말한다.[31] 낭만적 사랑의 힘을 소개하는 트리스탄과 이졸데 신화[32]는 인류가 개인적인 방식으로 강렬하게 신을 체험하는 엄청난 가능성을 맛보게 해주었다. 그러나 트리스탄과 이졸데 신화는 신성(神性)을 다른 사람에게 투사했을 때 빠지

---

30 투사란 각자의 내면에 있는 무의식적인 요소를 바깥의 다른 사람이나 사물에 옮겨놓아 자신을 거울처럼 비추어 보게 되는 심리학제 기제이다. 이부영, 『아니마와 아니무스 : 남성 속의 여성, 여성 속의 남성』, 63쪽.

31 이부영, 『그림자 : 우리 마음속의 어두운 반려자』, 84~86쪽.

32 트리스탄과 이졸데는 서양 신화 가운데 가장 유명한 연인이다. 트리스탄은 삼촌의 아내가 될 이졸데와 사랑의 묘약으로 인해 사랑에 빠져 도망친 후 추방되어 흰 손의 이졸데와 결혼한다. 그러나 처음의 이졸데를 잊지 못하다가 죽게 되고 그 사실을 알게 된 이졸데도 그의 곁에서 죽는다. 존슨은 이들의 사랑을 낭만적 사랑 신화의 원형이라고 말한다. 이 신화는 그리스 신화의 비극적 사랑인 헤로와 레안드로스의 사랑, 피라모스와 티스베의 사랑에 뿌리를 두고 있으며 로미오와 줄리엣의 사랑 이야기로 이어진다. 김원익, 앞의 책, 101~110쪽.

는 함정이 무엇인지 말해준다. 낭만적 사랑의 귀착지는 죽음이다. 트리스탄과 이졸데는 죽음으로써 영원한 사랑을 완성한다. 상대방을 통해서 보는 신성의 이미지는 무아경에 빠지게 할 수는 있지만 인간적인 것과는 거리가 멀다.[33] 낭만적 사랑은 결핍된 아니마에 대한 지향이며 내면이 그리고 있는 신적 이미지를 상대방에게 투사하는 것이다. 결국 남성이 사랑을 느끼는 대상은 한 사람의 여성이 아닌 그 남성 인격의 일부이다. 운오는 아니마를 통해 인격의 전일성을 추구하고 있지만 온전한 자기실현을 하려면 아니마의 투사를 인정하고 그것을 의식화해야 한다.[34]

S# 카페(9회)
운오 : 우리 사이는 그런 상투적인 말로는 부족하잖아요. 여경 씨는 나한텐 뭐랄까 왜 그런 거 있잖아요. 말로는 설명할 수 없는 것. 설명을 한다고 해도 알아듣지 못할 거예요, 남들은.

운오는 실존적 개체로서의 여경이 아닌 무의식 안에 있는 자신의 아니마를 여경에게서 본다. 말로 설명할 수 없는 운명적인 사랑, 윤리와 관습으로는 용인될 수 없는 상대인데도 계속 만나게 되는 것은 무의식의 작용 때문이다. 운오는 무의식의 아니마를 자아로 끌어올려 의식화하여, 의식과 무의식을 합일시켜야 진정으로 성장할 수 있다.

운오의 여경에 대한 사랑이 어려운 현실적인 이유는 여경이 유부녀

33 이를 1만 볼트짜리 전력이 흐르는 것에 비유할 수 있다. 1만 볼트는 우리의 삶을 고양시켜주지만 그것을 지속적으로 견뎌낼 인간은 없다. 110볼트 혹은 220볼트 차원으로 내려와야 안정적이며 인간적인 것이다. Johnson, Robert A., 『당신의 그림자가 울고 있다』, 고혜경 역, 에코의서재, 2007, 86~87쪽 참조.

34 Ackroyd, Eric, 앞의 책, 78쪽 참조.

라는 사실이다. 〈애인〉 이전까지 불륜 드라마의 주된 설정은 유부남과 미혼 여성과의 사랑 혹은 불륜이었다. 미혼 여성은 누구에게도 속해 있지 않으므로 남성의 영역에 편입되기가 쉬웠지만 유부녀는 다르다. 가부장적 사회질서에서 강력한 금기는 '남의 아내를 탐하지 말라는 것'이다. 그리스 신화에서 아가멤논의 아내 클리타임네스트라와 간통한 아이기스토스는 오레스테스에게 살해당했다. 아버지의 법은 간통한 여성뿐 아니라 남성에게도 가혹한 것이다. 트리스탄과 이졸데의 사랑도 두 사람 모두의 죽음으로 끝났다. 가부장제 사회에서 결혼이라는 계약은 배우자와의 성관계를 독점해야 한다는 자본주의적 가족의 소유 개념을 가지고 있다.[35] 명애에게 운오의 성적 접촉 여부는 가족의 계약 관계를 유지할 것인가 파기할 것인가를 결정하는 기준이 되고 있다. 운오와 여경은 육체적 관계를 하지 않았다. 운오가 명애에게 변명하는 이유도 그 때문이다. 그러나 운오는 육체 관계를 하지 않았을 뿐 명애의 경고에도 여경을 도와주러 나가버리고 이후 집에서 쫓겨나게 된다.

운오는 자신의 일과 가족, 친구 관계 등 모든 것을 희생하고 여경을 보살핀다. 이 모습은 낭만적이고 순수한 사랑으로 부각된다. 그러나 운오의 순수한 사랑은 매우 파괴적이고 유아적이며 비현실적일 뿐 아니라 정신병리적인 형태를 띤다.[36] 연애의 열정은 일종의 병이고 이성을 빼앗아가고 의지력을 마비시키는 것이다.[37] 진정한 열정이 아니라 기분(mood)이기 때문이다. 아니마는 무드를 만들어내는데, 내면의 여성이 갑자기 닥쳐와서 남성은 그것에 완전히 사로잡히게 되는 것이다. 이

---

35 윤선희, 앞의 글, 213~214쪽. 자본주의적 가족주의 개념을 비판한 들뢰즈와 가타리의 주장이다.

36 위의 글, 204쪽.

37 Hauser, Arnold, 『개정판 문학과 예술의 사회사 1』, 백낙청 역, 창작과비평사, 1999, 284쪽.

것은 감정(feeling)과는 다르다. 감정은 가치를 부여하는 능력이지만 무드는 여성적인 측면에 사로잡혀 남성의 외적 생활이 파괴될 수도 있는 비이성적 요소에 압도되어 있는 상태를 의미한다. 무드에 사로잡히면 진정한 감정에 대한 능력은 자동적으로 상실되고 그 결과 관계가 단절되고 창의성이 사라진다.[38] 여경의 어머니 사망 후 여경의 심경 변화로 아니마 투사가 더 이상 지속되기 어려워지자 운오는 몹시 우울해한다. 여경은 "마리 아빠 사랑해요?"라는 운오의 마지막 질문에 그렇다고 대답한다. 결국 운오는 마음을 정리하고 미국으로 떠날 결심을 하고 여경의 친구 승진을 만나 속마음을 털어놓는다.

S# 카페(14회)

운오 : 만약에 여경 씨가 저를 만났던 기억도 흔적도 다 잊어버리고 아무 일 없던 것처럼 잘 지낸다면 오히려 전 못 견딜 겁니다. …(중략)… 사람 하나 깊이 좋아한 것 때문에 제가 이렇게 변할 수 있다니. 제가 생각할 때 어이없기도 하고……

그러나 무의식의 투사는 집요한 것이다. 운오는 승진을 통해 여경의 이혼 예정 소식을 듣고 여경을 찾아가 미국으로 떠나자고 제안하며 미국행 비행기 표를 주고 남은 시간 동안 선택해보라고 한다. 기철에게 "겁이 나. 또 너무 내가 끝까지 달려가는 게 아닌가 싶기도 하고. 내 인생에 이런 함정이 있을 줄 몰랐어."라고 말하면서도 투사를 중단하지 못한다. 투사는 내면의 무의식적 요소를 보게 하는 장점이 있지만 그럼에도 자신의 일부를 타인에게 투사하는 한 온전히 자신의 것으로 수용하기 어렵다는 문제가 있다. 상대 여성에게 아니마를 투사하는 낭만적

---

38 Johnson, Robert A., 『(신화로 읽는 남성성) He』, 56~57쪽.

사랑은 본래의 특성상 자아 본위적인 사랑으로 타락할 수밖에 없다.[39] 낭만적 사랑은 내가 누구를 좋아하느냐보다는 '나는 누구인가'와 더 관련된 문제이기 때문이다.

(2) 낭만적 사랑의 실패

운오가 미국으로 떠나기로 한 날 친구 석곤의 결혼식장에서 명애가 쓰러진다. 운오는 병원에서 명애의 세 번째 임신 사실을 알게 된다. 출발 시간은 다가오고 운오는 고민 끝에 미국행을 포기한다.

> S# 병실(16회)
> 운오 : 당신 자존심이 아무리 중요하고 내가 나를 찾는 게 아무리 급해도 이제 겨우 생겨난 애를 두고…… 우리한테 새로 주어진 숙제라고 생각합시다. 무사히 태어나서 자란다면 진수 경수처럼 우리를 또다시 기쁘게도 하고 아프게도 하겠지. 그애 앞에서 다른 것보다 중요한 게 뭐가 있겠어.
> – 눈물을 흘린다.

운오에게 여경에 대한 사랑은 운오 자신을 찾는 길이었다. 아니마인 여경을 통해 분열된 의식과 무의식의 통합을 이루는 자기실현을 지향한 과정이었던 것이다. 그러나 아니마의 투사가 계속되면 개성화로 가기보다 파국으로 이어진다. 운오의 사랑은 낭만적 사랑의 신화적 속성대로 지상에서는 맺어지지 못한다. 현실에서 운오는 아니마 투사를 포기할 수밖에 없게 된다. 대신 이제 그 경험을 바탕으로 투사를 거두고 자신의 남성성과 통합할 일이 남았다.

---

39 Johnson, Robert A., 『We : 로맨틱 러브에 대한 융 심리학적 이해』, 311쪽.

영원한 소년 원형인 헤르메스와 디오니소스는 공통적으로 두 남신의 도움을 받아야 성장할 수 있다. 형 아폴론과 아버지 제우스이다. 헤르메스의 경우 아폴론의 소를 훔쳐 먹고 딱 잡아뗐지만 아폴론은 속임수에 넘어가지 않았다.[40] 아폴론의 혜안은 헤르메스가 스스로를 합리화하며 도망치려고 하는 것을 막는다. 원칙에 입각해 일을 수행하며 윤리적인 가르침과 사리분별에 관여하는 아폴론의 도움을 받아 운오는 아버지로서의 책임감이라는 현실의 원칙을 각성한다. 주어진 세상일을 완수하기 위해서는 헤르메스의 습성을 제어할 필요가 있다. 제우스는 헤르메스에게 거짓말을 그만 두고 훔친 소를 되돌려주라고 할 수 있는 권위를 지녔다. 헤르메스는 제우스의 말을 들었다. 헤르메스 남성은 세상의 권위를 인정하고 기대되는 일을 해야 할 필요가 있다는 간섭을 받게 된다. 운오에게는 친구들이 가부장적 질서와 책임감을 강조하는 인물들로 묘사된다. 가부장제의 가치는 제우스와 아폴론의 가치이며 대개 그것은 헤르메스를 구슬러 도제로 삼는다.[41] 헤르메스는 영원한 소년인 철부지의 기질을 제우스의 명령으로 통제할 수 있었다.

디오니소스의 경우도 아폴론과 제우스와 긴밀하다. 아폴론은 디오

---

40 헤르메스는 아폴론의 소 떼를 발견하고 그중 50마리를 떼어놓고는 뒷걸음질 치게 해서 뒤쪽으로 몰아갔다. 그는 나뭇가지 모양의 신발을 신어 자기 흔적이 남지 않게 했다. 소떼를 몰아 숨길 만한 곳에 이르자 큰 불을 지피고 소 두 마리를 통째로 구웠다. 고기를 다 굽자 강에 신발을 던져버리고 재를 여기저기 뿌리고 자기 어머니의 동굴로 소리 없이 되돌아갔다. 소가 없어진 것을 안 아폴론은 반대 방향으로 나 있는 듯이 보이는 자국을 자세히 들여다보고는 속임수에 넘어가지 않았다. 헤르메스는 자기는 전혀 모른다고 아버지의 머리를 두고 맹세한다. 아폴론은 헤르메스를 숙달된 도둑같이 말하는 간교한 사기꾼이라고 불렀다. Homer, "The Hymn to Hermes", The Homeric Hymns, Bolen, 『우리 속에 있는 남신들』, 227~228쪽 재인용.

41 Bolen, 위의 책, 262쪽.

니소스를 위해서 자신의 델피(Delphi) 신전에 방을 마련해주어 겨울 석 달 동안 숭배와 의례를 받도록 해주었다. 분명한 사고와 현실을 명확히 보는 아폴론은 좌뇌를 쓴다. 디오니소스는 우뇌적인 영혼의 합일, 신비적인 명정, 무아경의 환상의 신이다. 디오니스의 열정적 사랑은 아폴론의 차가운 이성으로 식혀야 할 필요가 있다. 한편 제우스는 불에 타서 죽을 뻔한 디오니소스를 허벅지에 넣고 키워 태어나게 해 부성과 모성을 보여주었다.[42)]

미국행이 좌절되고 각자 자리로 돌아간 지 1년 후 운오의 집에 친구들이 모인다. 집안일만 하던 명애는 친구 아내들과 놀고 있고 운오가 아기를 재우고 있다. 운오는 명애의 임신과 딸의 출산을 통해 자신의 모성 콤플렉스를 극복한다. 정신분석학적으로 말하면 명애를 임신시켰다는 것은 운오가 자신의 남성성을 확인한 것이며 명애를 성적 대상으로 삼더라도 거세당하지 않는다는 것을 의미한다.[43)] 명애는 더 이상 운오를 억압하는 어머니일 수 없다. 운오는 소년에서 벗어나 남성성을 증명한 성인 남성이 되었기 때문이다. 운오는 여경에 대한 아니마 투사를 거두고 자신의 사랑을 딸에게 쏟아부으며 자상한 아버지 노릇을 한다.[44)] 여성성의 특성은 정신적인 관계 맺기로 나타난다. 운오는 딸의

---

42 메티스를 삼켜버린 험악한 아버지였던 제우스는 자신이 구해내 기른 아들 디오니소스와 같이 지내면서 변화를 겪는다. 볼린은 이는 제우스 원형의 변모이며 새로운 아버지 원형이 우리 문화에 출현했음을 설명해준다고 말한다. 20세기 말엽부터 남성은 여성의 출산 과정에 참여하며 일상생활에서 가족 성원과 긴밀한 유대를 가지고 가족이 첫째인 대지의 아버지로 변모하고 있다. 이는 구약의 하나님 야훼가 질투심 많고 복수심에 불타는 남신이었던 반면 신약의 하나님은 사랑이 넘치고 관대한 하나님으로 변화한 것으로도 설명할 수 있다. Bolen, 『우리 속에 있는 남신들』, 402~403쪽.

43 윤선희, 앞의 글, 168쪽.

44 위의 글, 168쪽. 운오는 딸을 예전과는 달리 자신이 직접 돌본다. 멜로드라마

아빠로서 관계성에 충실한 모습을 보인다. 이는 여성적 측면의 구현이며 성숙한 아니마의 모습이다. 운오는 이전의 장난기는 모두 사라지고 말수도 부쩍 적어진다.[45)]

S# 거실(16회)
–명애와 운오, 끌어안은 채 조용히 춤을 추고 있다.
명애 : 오늘 재밌었어요?
운오 : 지금이 더 재밌어.
명애 : 너무 애쓰지 말아요. 편안해요?
운오 : 물론. 그래서 당신한테 늘 고마운 거지.
명애 : 사랑한다는 말을 통 안 하네?
운오 : 그게 사랑한다는 거보다 더 큰 거야. 나한테는.
명애 : 알아요. 나도 당신한테 늘 고마워하니까.
운오 : 같이 살면서 서로에게 고마워하는 것 이상 다행스러운 게 어딨겠어. (안는다)

운오는 예전의 영원한 소년, 어머니의 아들이 아니다. 열정과 사랑을 분별하고 성숙한 인간적 사랑을 수용한 진정한 성인 남성이 되었다.

의 아버지상은 권위적이고 경직된 아버지였는데 최근에는 이처럼 친가족적이고 부드러운 아버지 이미지가 자주 등장하고 있다. 라캉식 해석은 딸을 여경의 대체물로 본다. 이렇게 본다면 분석심리학 입장에서는 여경에게 투사되었던 아니마의 대상을 딸에게 옮겨 투사하는 것이 된다. 이럴 경우 딸이 부성 콤플렉스를 가질 수 있다.

45 운오는 과거 감정 기복이 심했다. 운오의 차분함은 아니마의 유혹으로부터 어느 정도 자유로워졌음을 말해준다. Johnson, Robert A., 『(신화로 읽는 남성성) He』, 63쪽.

(3) 현실의 인간적 사랑

운오는 여경이 어머니의 입원으로 힘들어할 때 찾아가서 언덕의 노을을 보라고 하늘을 가리킨다. 그러고는 "하늘을 가져요. 잊지 말아요. 저기 저 하늘, 여경 씨 거라는 걸."이라고 말한다. 이 장면은 운오의 사랑이 현실의 사랑이 아닌 하늘에 가서 닿는 로맨스라는 의미를 함축하고 있다고 해석된다. 하늘의 상징은 도달하지 못한 자기(Self)이며 초월적인 것이다.[46] 그러나 인간적 차원의 사랑은 하늘의 로맨스의 경험과는 다르다. 디오니소스는 인간적 사랑을 나눈 남신이다. 인간 어머니를 두었고 인간 여성인 아리아드네와 결혼했다. 테세우스가 미궁을 빠져나올 수 있게 도왔지만 결국 버림받은 아리아드네를 디오니소스는 불쌍히 여겨 구해내고 결혼했다. 디오니소스는 아리아드네를 사랑하고 존중했으며 제우스는 디오니소스의 부탁을 받아들여 아리아드네에게 영원한 생명과 젊음을 주었다. 디오니소스는 이전까지의 비인격적 · 초인격적인 수많은 사랑[47]과는 달리 아리아드네와는 인간적인 사랑을 나누었다.

46 낭만적 사랑 신화의 현대적 구현인 영화 〈타이타닉〉의 마지막 시퀀스에서도 하늘이 등장한다. 여주인공 늙은 로즈는 과거 타이타닉 침몰 때 자신을 살리고 죽은 잭을 꿈속에서 만난다. 소박한 신부복 차림의 로즈는 잭과 키스하고 배 안의 사람들은 신성한 결혼에 박수를 보낸다. 카메라는 돔 모양의 천장과 하늘을 보여주고 흰색의 고결함이 화면을 가득 채운다. 로즈와 잭의 사랑이 천상에서 완성된다는 것의 상징이다. 〈애인〉의 '하늘'도 이와 유사한 상징으로 해석된다. 김공숙, 「텔레비전 드라마의 영웅서사구조분석—〈시크릿가든〉을 중심으로」, 고려대학교 석사학위 논문, 2013, 43쪽.

47 디오니소스는 여성들에게 둘러싸여 있었다. 어린 디오니소스의 이모들과 유모들, 광란 상태의 마이나데스(디오니소스를 추종하는 미친 여자들) 등 격앙된 여인들이다. Bolen, 『우리 속에 있는 남신들』, 345쪽.

〈애인〉은 운오의 낭만적 사랑의 실패를 1년 후 여경과의 재회를 통해 보상한다. 운오는 여경과 처음 대면했던 놀이동산에서 그녀와 다시 마주친다. 운오 옆에는 아이스크림 대신 어린 딸아이가 유모차에서 자고 있다. 운오는 보고 싶었다는 말 대신에 "만나서 정말 반가웠어요."라고 말한다. 그런 후 뒷모습을 보이며 돌아가는 여경을 바라보는 운오의 얼굴에 감격의 미소가 떠오른다. 여경이 자신이 선물한 머리핀을 꽂고 있는 것이다. 운오는 눈물을 글썽거린다.

멜로드라마에서 흔히 남성이 기억하는 이상화된 낭만적 사랑은 현실에서는 가정의 테두리를 깨트릴 수 있는 힘을 발휘하지 못하며 추억으로 남는다.[48] 두 사람의 재회와 여경의 머리핀은 현실이라기보다는 운오가 충족하고 싶은 판타지에 가까운 설정이다. 이는 아니마의 속성을 보여주는 상징적 설정이라고 해석된다. 아니마를 이성에게 투사한다는 것은 그 개체의 실존과는 상관없이 자기 마음대로 이상형을 만들어내는 것이다. 아니마의 속성이 판타지처럼 이상화되기 쉬우며 의식화가 어렵다는 의미를 전달해주고 있다.

이어지는 마지막 장면에서는 창작자의 주제 의식이 가장 확실히 드러난다. 운오와 여경의 짧은 재회 후 하늘이 보이는데 실내 놀이동산의 가장 위쪽 천장의 하늘에서 시작해 천천히 아래로 내려가 땅의 모습이 보여지고 사람들이 왔다 갔다 하는 모습이 개미처럼 작게 보인다. 이것은 낭만적 사랑보다 가치 있는 것은 땅에 발을 딛고 살아가는 인간적인 사랑이라는 것을 보여주는 상징적 이미지로 보인다. 상징의 차원에서 하늘이 도달하지 못한 초월적 영역이 자기(Self)라고 한다면 땅은 하늘에 도달하려고 애쓰며 살아가는 실재의 인간을 의미한다. 인간이 하늘에 도달하려면 땅에 굳건히 발을 디뎌야 한다. 하늘로 상징되는 이상적 영역에 도달하고

48 김훈순 · 김은영, 앞의 논문, 146쪽.

자 하지만 땅에 근거를 두어야 모든 잠재력을 발휘하여 무의식과 의식의 통합을 이루고 전체 정신에 도달할 수 있는 것이다.

운오는 여경과의 사랑을 이루지 못하고 현실 원칙에 근거해 가족에게 되돌아갔다. 그러나 경험을 통해 내면을 들여다보고 개성화의 길에 들어설 수 있었다. 인간은 미숙한 존재이기에 계속 마음 안의 미숙한 것을 찾아내고 깨달아야 한다. 남성의 경우 아니마의 분화와 통합을 통해서 육체적 낭만적 애욕의 수준에서 종교적으로 승화된 자비로운 사랑을 거쳐 지혜의 경지에 도달하는 것이 목표일 것이다.[49] 그것이 인격의 완성이며 진정한 성인(成人)이 되는 길이다. 운오는 사랑을 통해서 아니마와 대면하고 아니마를 의식화하여 변화했다. 인간적인 사랑은 상대방을 독립된 개인으로 보고 상대와 인간 대 인간의 관계를 맺으며 상대방의 총체성을 받아들이는 것이지 투사를 해서는 안 된다.[50] 있는 그대로 상대방을 봐야 한다. 진정한 사랑은 사랑으로 인해 사랑의 대상이 온전하고 충만한 삶을 살고 생의 기쁨을 누리는 것이 나 자신의 욕구보다 더 중요해지는 것이다. 그래서 운오는 사랑한다고는 안 해도 '서로에게 고마워하는 것 이상 다행스러운 것이 없다'고 하면서 인간적 사랑의 가치를 말할 수 있게 된 것이다.

2. 남성 우월주의자 제우스형

〈애인〉의 여주인공 여경의 남편 우혁(김병세 분)은 전통적인 남성중심적 사고방식의 소유자이다. 남자는 바깥일에서 능력을 인정받으면

49 이부영, 『아니마와 아니무스 : 남성 속의 여성, 여성 속의 남성』, 101~103쪽.
50 Johnson, Robert A., 『We : 로맨틱 러브에 대한 융 심리학적 이해』, 309쪽 참조.

가장으로서의 권위는 당연히 인정받아야 하는 것이라고 생각한다. 대기업 입사 후 '친구 하나 없이 앞만 보고 달려온' 결과 초고속 승진을 해 국장이 되었지만 더 큰 성공을 위해서 상사의 위험한 프로젝트에 가담한다. 일에 몰두하기에도 시간이 모자라는 우혁에게 아내 여경은 이혼을 요구한다. 우혁은 아내의 불만과 고통을 이해하지 못한다. 우혁은 남성 우월주의적인 가부장 남신 제우스의 원형과 가부장제 사회에서 출세하기 유리한 아폴론 원형을 구현하고 있다.

1) 가부장적 가치의 수호자

여성에 대한 우혁의 시각은 제우스 원형의 남성 우월주의적인 모습 그대로이다. 하늘을 지배하는 올림포스의 우두머리로 최고의 권력을 지닌 제우스는 벼락과 천둥의 신이기도 하다. 제우스는 하늘 위에서 지상을 널리 조망하며 나무보다 숲을 본다. 성공을 거둔 모든 통치자들이 그렇듯이 전략을 세우고 동맹을 맺어 티탄족을 물리치고 자신의 권력을 강화했다. 제우스의 가장 큰 특징은 남들에게 자기 의지를 강요할 수 있다는 것이다. 제우스 원형은 남성만의 것은 아니다. 권력 지향과 결정적 행동 능력을 가진 대처 영국 수상은 하늘의 세계가 전적으로 남성의 것이 아니라는 것을 보여줬다. 하늘은 정치력과 경제력을 가진 힘센 남성들의 세계이다. 통제력, 이성, 의지는 제우스 원형의 특징이다.

(1) 여성을 무시하는 남성 우월주의

〈애인〉에서 우혁이 처음 등장하는 장면은 퇴근 후 현관을 들어서는 모습이다. 여경의 절친한 직장 동료이자 친구인 승진이 아들과 함께 놀러와 있다. 평소보다 일찍 퇴근한 우혁은 현관 바닥에 무질서하게 뒤엉켜 있는 신발들을 발로 툭 쳐서 한쪽으로 밀어놓는다. 우혁을 보자 승진은 서둘러 가버린다. 우혁의 캐릭터 행동을 통해 평소 여경과 여경의 일, 주변 사람들에 대해 경시하는 우혁의 태도를 읽을 수 있다.

우혁은 독립성이 지나쳐 타인과 단절되어 사는 인물이다. 30대 남성이지만 보수적인 가부장적 사고를 가지고 있다. 아내가 남편에게 일방적으로 맞추는 것이 당연하고 여경에게도 그것을 요구한다. 우혁의 주변 인물은 여경과 딸 마리, 민이사뿐이며 부모와도 가깝지 않다. 여경이 시어머니가 한번 다녀가란다고 하자 자신은 바쁘니 여경에게 휴가를 내서 다녀오라고 한다.

S# 여경의 침실(1회)

여경 : 내가 어떻게? 내 일도 내가 스케줄 정해서 내 맘대로 하는 게 아닌데.

우혁 : 알아. 그것도 직업인데 열심히 해야지. 하지만 우선순위를 정해. 원칙을 깨지 말라고. 당신 일을 한다는 것 때문에 내가 사소한 가정사를 떠맡을 수 없잖아.

여경은 시간 조절이 어려운 이벤트 연출가이다. 그러나 여경의 일에 대한 배려는 전혀 없고 자신의 일만 중요하다. 우선순위와 원칙은 중요한 바깥일을 하는 가장에게 맞추는 것이 당연하다. 〈애인〉은 부부간의 민주적 소통에 관해 문제 제기를 하고 있다. 운오와 명애 부부와는 차원이 다르지만 우혁과 여경 사이에도 민주적 의사소통은 없다.

S# 여경의 침실(7회)

우혁 : 이번에 하는 일 잘되면 말야, 당신 그런 회사 뒷일 따윈 때려쳐도 될 거야.

여경 : 뒷일? 뒷일이라니?
우혁 : 거 다 뒤치다꺼리 아냐. 오너들 입맛 맞춰 머리 조아려가며 이리 뛰고 저리 뛰고 겨우 몇 푼 번다고 늦도록까지 돌아다니고. 이제 당신, 집안에 편안하게 들어앉아 나하고 아이들 뒷바라지만 해도 되게끔 만들어줄 거야.
여경 : 아이들?
우혁 : 형편만 되면 하나 더 낳지 뭐.
여경 : 마리 하나면 어때서 그래?
우혁 : 딸 하나 낳고 치울 거야?

우혁은 1990년대 우리 사회 가부장의 시각을 그대로 보여준다. 여성의 일은 자아 성취와는 무관하며 남편의 무능력을 상징하기 때문에 조건만 된다면 아무 때나 '때려쳐도 되는 회사 뒷일'이고, 자녀도 딸만으로는 안 되고 아들이 있어야 한다. 우혁은 여경의 옷차림[51)]에 대해서도 보수적 시각을 드러내며 민이사 부부와의 저녁식사도 상의 없이 마음대로 약속을 정해 통고한다. 그리고 일방적으로 여경을 불러내어 옷을 골라준다. 모두 틀에 박히고 구태의연한 스타일이라서 여경은 아무것도 사지 않는다. 우혁이 남성중심적으로 행동하고 여성의 일을 경시하며 독립적으로 자신의 일만을 추구하는 것은 남편의 역할을 경제적 공급자로 생각하는 것과 밀접한 관련이 있다.

51 운오와 첫 번째 데이트를 하고 온 날이다. 여경은 파란색 민소매 원피스를 입었다. 이것은 평소와는 다른 노출이 많은 차림새인데 신체 노출이 많은 의복의 착용은 착용자의 개방적인 성 태도와 행동을 반영하는 것으로 받아들여진다. 이 옷차림 때문에 여경은 우혁에게 "쉬운 여자로 보이는 거 원치 않아. 내 아내로서 어떻게 해야 하는지 잘 생각해봐."라는 타박을 듣게 된다. Birren, Faber, 앞의 책, 184~185쪽 참조.

S# 숲(6회)

–멀리 강이 보이고 우혁은 야외용 의자에, 여경은 그 옆에 쪼그리고 앉아 있다.

우혁 : (먼 곳을 보며) 내가 성공에 집착하는 게 당신이 보기엔 이상할 수도 있겠지. 하지만 이렇게 그대로 육십 그리고 칠십이 돼서 이뤄놓은 게 아무것도 없고 그리고 당신한테 마리한테 줄 게 아무것도 없다고 생각해봐. 그렇다면 내 인생이 너무 쓸쓸해지잖아. (여경의 손을 잡으며) 기다릴 수 있다면 기다려줘. 난 당신한테 많은 것을 주고 싶으니까.

제우스 원형은 가족을 부양하고 보호하며 자신만의 삶을 누릴 자격이 있다고 느낀다.[52] 우혁은 존경받는 가장이라면 충분한 경제적 능력이 가장 중요하다고 생각한다. 경제적으로 풍요로운 미래를 위해서 현재를 희생할 필요가 있다는 것이다. 그러나 여경에게 필요한 것은 미래가 아닌 현재의 정서적 관심과 배려이다. 우혁이 비장하게 말하는 위 장면의 영상 구성은 의미심장하다. 우혁과 여경의 권력과 정서적 관계를 파악할 수 있는 구도이다. 모처럼 가족과 함께 야외에 나가서 우혁은 제왕처럼 앉아서 앞만 보며 혼자말하듯이 말하고 있고 여경은 옆에 쪼그리고 앉아서 우혁을 올려다보며 이야기를 듣고 있다. 이 장면은 운오가 여경과 나란히 벤치에 앉아서 '사랑해요'라고 쓴 쪽지를 선물하거나 '하늘을 주고 싶다'고 말하는 장면과 대비된다.

제우스 남성은 아내나 어떤 여성 또는 친구와 평등한 관계를 맺는 것에 관심이 없다.[53] 감정을 논하는 것에 흥미가 없거나 익숙하지 않다. 여성이 자신의 기대에 맞추기를 바라며 그렇지 못하면 귀찮게 하지 않

52 Schmidt, Victoria, 앞의 책, 170쪽.

53 Bolen, 『우리 속에 있는 남신들』, 91쪽.

기를 바란다. 가부장제 사회에서 강조되고 인정받는 남성성의 특질은 융이 말한 로고스적 특징이다.[54] 로고스(logos)는 객관적인 것에 관심을 둔다. 융에 따르면 남성은 바깥 세상에 관심이 많아서 사회적 지위, 권위와 법, 명예를 중시하고 정치, 기업, 국가 또는 학문과 관계를 맺고자 하며 사고와 판단, 이념, 사상, 철학과 같은 추상적인 것을 추구하기 좋아한다. 목표를 세워 성취하는 데 초점이 맞추어지며 분별, 판단, 논리성을 중시한다. 로고스의 특성이 바로 우혁이 가치를 두는 남성성이다. 그러나 남성성이 치우치면 우혁처럼 친밀성을 나누는 데 문제가 생겨 여성적인 가치를 깎아내리거나 지배하려고만 하여 여성들과 긴밀한 관계를 맺지 못한다.[55] 그러다 보면 자연히 인간관계 전반에서 어려움을 느끼게 되고 관계보다는 힘에 의한 지배나 복종을 선호하게 된다. 여경은 어머니가 입원하자 같이 있어달라고 부탁하지만 우혁은 해외 출장을 포기하지 않는다.

S# 여경의 거실(10회)

우혁 : 알면서 왜 그렇게 신경 쓰게 만드나? 내가 집안일로 출장 못 간다고 하면 민이사나 회사에서 어떻게 생각하겠어?

여경 : 그래, 일 중요하지. 하지만 살아가면서 가정이 더 중요한 경우도 있는 거잖아. 어떻게 남들 기준에서만 살 수 있어?

우혁 : 이봐. 제발 나 좀 일에만 전념하게 해줘.

여경 : 당신 결혼을 왜 했어? 당신 원하는 성공 다 이룬 다음에 해도 됐지, 결혼 왜 했냐고!

결혼 생활을 통해 지속적으로 사랑을 확인하려고 하는 시대에는 그것이 없다면 결혼은 깨질 수도 있다. 사랑은 친밀성의 영역이다. 우혁

54 김성민, 「한국 그리스도인의 성격과 전일성의 회복」, 31쪽.

55 위의 논문, 33쪽.

에게 친밀성은 익숙치 않으며 이성적 사고와 경제적 능력, 집 바깥의 공적인 일에 신경을 쓰는 것이 남성적이라고 규정한다. 여경의 감성적이고 여린 여성성과는 반대의 남성성을 형성해나가려고 하는 것이다. 외동딸 마리의 생일 선물도 여경에게 맡겨버리며 아이 돌보기 같은 사소한 것은 전적으로 아내의 일로 치부한다. 일이 바빠서 딸에게는 관심을 쏟을 여유가 없어 한 번도 안아주거나 잠을 재워주는 일이 없다.

우혁은 전통적 남성성의 페르소나로 살아가며 직업을 자신과 지나치게 동일시한다. 정신의 전체 가운데 매우 피상적인 부분만을 발견하고 계발해온 인물이다. 인간이 직업에 의존하는 정도와 성격의 발달 정도는 반비례한다. 소홀히 한 부분은 조만간 반드시 반기를 들고 통제할 수 없고 용인할 수 없는 형태로 스스로를 표현할 것이다.[56] 우혁은 여경에게 일방적으로 이혼을 통고받고 위험한 프로젝트는 실패로 끝나고 만다. 우혁은 자신의 전부였던 회사를 그만둔다. 그리고 딸과 하루 동안 놀아주면서 자신의 삶을 돌아본다.

S# 카페(15회)

우혁 : 당신이 나한테 했던 말들 거의 틀리지 않아. 어제 하루 마리와 같이 지내면서 당황했어. 마리에 대해 아는 게 하나도 없어. 말만 아빠지. 모든 것이 내 계획이었고 나 자신을 위한 거지 정말로 당신을 위해 나를 헌신한다 그런 건 아니었던가 봐. 이혼해줄 게. 그동안 내 생각대로 사느라고 당신을 힘들고 외롭게 했단 걸 그렇게라도 보상해줄 수 있다면.

우혁은 여성적 가치인 관계성을 무시하고 살아왔음을 뒤늦게 반성한다. 성공지향적인 사람들은 대개 우혁이 살아온 삶과 같은 것을 가

---

56 Ackroyd, Eric, 앞의 책, 66쪽.

치 있다고 생각할 것이다. 그러나 융이 말하듯이 인생 후반기에는 그러한 가치가 정말 올바른 것인지 스스로에게 질문해야 한다. 지금 올바르게 가고 있는지, 생의 의미와 목적은 무엇인지 관심을 가져야 하는 것이다.[57]

(2) 미숙한 감정과 정서의 소유자

대부분의 제우스 남성은 구혼과 신혼 기간이 끝나면 결혼 생활이나 아내에게 별로 시간을 할애하지 않는다. 우혁이 "이게 다 나 혼자 잘 살려구 하는 일이야?" 라고 말하는 것처럼 일에 쏟는 모든 시간을 아내와 자식을 위한 것이라고 주장할지도 모른다. 과거 제우스 남성과 결혼한 대부분의 여성은 그의 결혼관을 받아들여야만 했다. 코레/페르세포네 여성인 여경도 우혁의 결혼관을 수용하고 살아왔다. 그러나 여성이 제우스의 결혼관을 거부하거나 헤라 원형을 따르지 않는다면 제우스식의 결혼 생활은 지속될 수 없다.[58]

우혁이 독특한 점은 여경의 내조를 원하지도 않는다는 점이다. 여경에게 원하는 것은 일상적 보살핌보다 감정적으로 신경 쓰이지 않게 하는 것이다. 우혁은 혼자서 옷을 찾아 입고 먹는 것도 거의 바깥에서 해결하며 가정에서 흔히 볼 수 있는 흐트러진 모습도 보이지 않는다. 그에게 가정은 사적 공간으로서의 기능을 전혀 하지 못하고 있다. 여경이 '저녁 먹었느냐'고 물어보면 '신경 쓸 거 없다'고 하거나 '먹었다'고 대답한다. 가족과 함께 다정하게 식사하는 일이 거의 없다. 우혁은 가족과 유대가 없는 반면 여경은 운오와는 의미 있는 식사를 여러 번 같이 한

---

57 Ackroyd, Eric, 앞의 책, 59쪽.

58 Bolen, 『우리 속에 있는 남신들』, 95쪽.

다. 우혁은 여경과의 대화도 거의 대부분 일을 하면서 등을 보인 채 한다. 누구에게도 의존하지 않는 완벽해 보이는 우혁에게는 비집고 들어갈 틈이 없다. 알아서 자신을 챙기는 것을 맞벌이 남편의 미덕으로 볼 수도 있으나 관계지향적이고 감성적인 코레 원형의 아내 여경에게는 외로움을 줄 수밖에 없다.

제우스 원형은 감정적으로 거리감이 있고 정서적으로 미성숙한 것이 특징이다. 남 앞에서 감정을 드러내기 두려워하며 살아온 제우스 원형은 왜곡된 감정 표현을 하거나 다른 사람들을 비난하고 업신여기는 일이 비일비재하다. 제우스 남성과 친해지고 정을 나누고 싶어 하는 아내는 절망에 빠진다. 제우스 남성은 일단 확실하게 관계를 맺었다고 생각하면 그다음에는 관계를 무시한다.[59] 관계를 유지하고 깊게 하기 위해서는 다른 원형들을 활성화할 필요가 있다. 이것은 관계지향적인 여신들이 가진 능력과 관련이 있다.

제우스 원형에게 감정을 드러낸다는 것은 곧 나약함을 의미한다.[60] 야심 찬 우혁은 여경이 자신의 감정을 나타낼 때마다 그런 감정은 사치이고 비현실적이라고 몰아세우며 대화를 단절시킨다. 파이어스톤(Firestone)은 남성은 성적, 정서적 필요를 창조적인 작업 프로젝트로 승화시키는 것을 배우지만 여성은 끊임없이 온정과 동의를 추구하며 정서적 유지를 위해 일방적인 방식으로 남성에게 계속 의지한다고 말한다. 그 결과 남성의 자립에는 명백한 정치적 우세를 부여하고 그것은 여성 억압에 기여하는 다양한 사회 구조를 영속시키도록 돕는다는 것이다.[61]

---

59 Bolen, 『우리 속에 있는 남신들』, 103쪽.

60 Schmidt, Victoria, 앞의 책, 172쪽.

61 Firestone, Shulamith, *The Dialectic of Sex*, New York Bantam, 1971, p.127, Donovan, Josephine, 『페미니즘 이론』, 김익두 · 이월영 역, 문예출판사, 1993, 274쪽 재인용.

여경은 무시를 당하면서도 우혁에게 끝없이 자신의 감정과 의견을 토로하지만 우혁은 냉담하다. 여경은 이혼 이야기를 꺼낸다.

> S# 여경의 침실(13회)
>
> 우혁 : 나하고 사는 게 힘든가? 내가 잘못한 게 뭐지?
>
> 여경 : 당신 하나도 잘못한 게 없어. 당신 곁에 있으면 내가 그냥 힘들어.
>
> 우혁 : 제발 그런 막연한 소리는 집어치워, 몇 번을 말해야 알아듣겠어. 모든 일에는 구체적인 이유가 있어야 돼. 난 그런 거 없인 아무 결정도 할 수 없어. 이제까지 나는 한순간도 감상에 빠진 적도 없고 시간을 낭비한 적도 없어. 당신이 가만히만 있어주면 내가 이룬 모든 것을 같이 누릴 수 있을 텐데 그렇게 확실한 걸 왜 싫다고 하는 거야?

제우스의 중년기는 나름대로 목표를 이루고 정상에 이르렀다는 것을 알게 되고 어느 정도 만족감을 느낄 때이다. 그러나 무시되었던 대인관계들이 극적으로 나타나 큰 감정적 난관을 맞는 시기가 될 수도 있다.[62] 친밀한 대인관계를 전혀 맺지 않아온 제우스의 아내는 그의 곁을 떠날 수도 있다. 제우스는 버림을 받고 한층 더 비참하고 초라해져서 고통 속에서 많은 교훈을 배우고 남은 인생을 재구성해야 할 필요에 놓이게 될지도 모른다. 우혁 또한 여경에게 이혼을 요구받고 버림받게 된다.

존슨은 현대인은 개성화와 영성을 다루는 성배 신화[63]의 계승자라고

---

62 Bolen, 『우리 속에 있는 남신들』, 97쪽.

63 성배란 예수가 최후의 만찬 때 사용한 포도주 잔으로 여겨지기도 하고 십자가형을 당했을 때 흘린 피를 담은 그릇이라고도 한다. 신비의 성배를 찾아서 중세 유럽 기사들은 모험을 떠났다. 존슨은 성배 신화는 남성이 자기 내면에 자리를 잡고 있는 신성한 여성인 '모성'과 조우하고 그것과 하나가 되는 성장의

했다. 성배 신화에 등장하는 어부(魚夫)왕은 제우스의 원형이라고 볼 수 있다.[64] 아물지 않는 그의 상처는 생식기 가까운 곳에 난 상처이다. 그런 위치에 난 상처는 본능과 열정의 표현에 영향을 미치고 성관계, 생식 능력, 창조력에 손상을 입힌다.[65] 이런 왕이 다스리는 곳은 당연히 황무지이다. 그런 상처를 가지고는 새로운 생명이 탄생할 수 없기 때문이다. 치유가 되려면 순진한 어릿광대가 제우스에게 들어가야 한다. 우혁은 민이사의 위험한 프로젝트에서 배신당하고 평소 그답지 않게 흐트러진 모습으로 눈물을 흘리며 지난 일을 후회하고 여경의 품에 안긴다.

2) 자기도취적 오만의 비극

우혁은 대기업 사상 최단 승진 기록을 세웠다. 아폴론 남성에게 출세는 별일이 아니지만 성공이 부르는 자기도취와 오만은 비극을 부른다. 아폴론 원형은 감정보다는 이성, 친밀감보다는 거리감, 주관적 직관보다는 객관적인 평가를 선호한다. 세상을 살아가는 데 크게 도움이 되는 속성이고 성공에 유리하지만 문제는 감정적으로 매우 냉혹할 수 있다는 것이다.

드라마라고 이해한다. Johnson, Robert A., 『(신화로 읽는 남성성) He』.

64 파르시팔(Percival)은 성배를 찾아 나선 후 성 안에 사는 똑똑하고 모자랄 것 없는 어부왕을 만났다. 어부왕은 젊어서 다친 허벅지에 상처가 나서 고통스러워하며 살고 있다. 파르시팔은 처음에는 올바른 질문을 던지지 못해 성배를 찾지 못하고 20년이 지나서야 어부왕을 다시 만나 올바른 질문을 던짐으로써 성배를 찾는다. 동시에 어부왕은 고통에서 해방되고 성은 활기를 되찾게 되었다. 자세한 내용은 이선재 캐릭터 분석에서 설명하기로 한다. 김융희, 앞의 책, 261~277쪽 참조.

65 Bolen, 『우리 속에 있는 남신들』, 107쪽.

(1) 성공을 추구하는 아버지의 아들

제우스가 가장 아끼는 아들인 아폴론은 명석하고 이성적이며 합리적인 냉정함으로 가부장제 사회에서 출세하는 데 유리한 대표적인 원형이다. 아폴론의 궁수적 기질은 의지, 기술, 기량을 필요로 하는데 이것은 논리적이며 객관적인 실재와 쉽게 연관을 맺는다. 아폴론 남성은 노력을 요구하는 현실적인 것들을 하나씩 차근차근 해나가고 결국 성공에 도달하며 그에 따른 인정받기를 좋아한다. 우혁은 '낙하산도 아니고 해외파 영입'도 아니었지만 공채로 초고속 승진했고 스스로도 매우 자랑스러워한다.

아폴론 남성이 일을 잘해내는 것은 쉬우며 계속해서 자신이 지향하는 목표를 도달하는 데 탁월한 능력을 발휘할 것이다. 그에게는 원형적인 친화력, 사랑받는 아들이 되고 싶은 바람, 세상에서 출세하는 데 도움을 줄 제우스 남성들의 인정을 이끌어내는 마음가짐이 있다.[66] 아폴론 원형은 조직에 잘 맞는 남성으로서 동년배들 사이에서는 지도적 역할을 하고 권위 있는 자리에 있는 남성들의 인정을 받으려고 애쓰며 지시를 잘 수행한다. 우혁이 민이사에게 보여주는 충성이 그 예이다. 그러나 정상의 자리에 오르거나 사업가로서 성공하지는 못한다. 제우스가 가진 권력을 끌어모으는 추진력, 비전, 결정력, 무자비함을 가지고 있지 못하기 때문이다. 아폴론은 가부장제에서 원형적인 아들이다. 정상에 오르려는 열망을 가지고 있지만 대개는 정상에 이르지 못하거나 권력을 강화하거나 권위를 확장하지 못해서 쫓겨나고 만다.[67]

66 Bolen, 『우리 속에 있는 남신들』, 202쪽. 우혁은 민이사에게 인정받아 그의 권유에 따라 프로젝트에 가담한다.

67 위의 책, 203~204쪽.

아폴론과 제우스의 관계는 우혁과 민이사의 관계로 상징화되어 나타난다. 제우스 원형의 민이사는 우혁에게 회사 몰래 다른 사업을 추진하자는 위험한 제안을 한다. 명석한 우혁은 위험하다고 말하지만 민이사는 "일을 도모하려면 무리가 따르게 마련이야. 모험하지 않고 얻는 게 뭐가 있겠나."라고 하며 '일생의 기회라는 게 자주 오는 게 아니라'고 설득한다. 성공에 대한 열망으로 정의롭지 않은 일에 가담할 수 있는 것은 아폴론의 성향보다는 우혁의 또 다른 성향인 제우스 원형과 관련이 있다고 보인다. 우혁은 여경에게 "내게 기회가 온 거 같아. 도약의 기회지. 사람은 일생 기회라는 게 자주 있는 게 아냐."라고 민이사의 말을 반복하며 프로젝트에 합류한다. 우혁은 총애받는 아들인 아폴론 남성으로서 '자신은 성취하고 말 것이며 자신은 성공할 만하다고 생각한다.'[68] 이는 자수성가한 사람들의 특징이기도 하다. 아폴론의 오만함은 스스로를 자기 한계를 모르는 사람으로 만들어서 어렵게 이뤄온 성공을 결국 실패하게 만든다.

S# 민이사실(13회)
민이사 : 왜? 초조한가? 이 일에 대해 가장 잘 알고 있는 사람은 바로 자네야. …(중략)…
우혁 : 저는 모든 걸 이사님 지시에 따랐습니다.
민이사 : 자네가 바본가? 아무 기대도 없이 그저 내 수족 노릇만 했던 건 아닐 텐데.

민이사가 그렇듯이 제우스 원형은 모든 사람을 소모품이라고 생각하는 속성이 있기에 자신들의 처지를 비관하는 남성들에게 일말의 동정심도 느끼지 않는다. 그것은 어리석거나 약하다는 신호이기 때문이

68 Bolen, 『우리 속에 있는 남신들』, 223쪽.

다.[69] 우혁은 자신의 실수를 깨닫는다. "감히 민 이사님처럼 돼보겠다고 한 게 실수였습니다. 전 이사님처럼 될 수 없다는 걸 최근에 깨달았고 그래서 다른 길을 가야겠다고 결론을 내린 겁니다."라고 말하며 회사를 그만둔다. 아폴론은 법과 질서의 옹호자 원형이다. 우혁은 성공에 대한 열망에 잠시 눈이 멀어 위험한 일에 가담했으나 아폴론의 이성으로 위법한 일에서 탈출을 시도한 것이라고 볼 수 있다.

어둠을 밝히고 무지를 일깨우는 아폴론의 빛의 힘은 넘치지도 모자라지도 않아야 한다. 목표를 달성하며 성공가도를 달려온 자신감이 넘치는 아폴론 남성은 때로 자신이 인간이라는 것을 잊어버리곤 한다. 볼린은 아폴론의 아들 파에톤(Phaeton)의 신화를 적절한 비유로 들고 있다.[70] 파에톤은 자신의 아버지가 아폴론이라는 말을 듣고 아폴론을 찾아가 무슨 소원이든 들어주겠다는 말에 하늘을 달리는 태양의 전차를 몰게 해달라고 한다. 위험한 일이었지만 고집을 피우자 아폴론은 허락했고 파에톤은 아버지의 왕관을 쓰고 전차에 올라 태양 궤도를 돌다가 궤도를 벗어나고 만다. 더구나 날뛰는 전차를 제어할 힘이나 경험이 없어서 태양의 타오르는 열기가 대지를 태우게 만든다. 놀란 제우스는 벼락을 내려 파에톤을 죽인다.

---

69 Bolen, 『우리 속에 있는 남신들』, 91쪽. 민이사가 보여주는 비정함은 평소 우혁이 여경에게 보여주는 태도와도 흡사하다. 우혁은 제우스의 방식으로 여경을 다그친다.

70 Bolen, 『우리 속에 있는 남신들』, 216~217쪽. '눈부신, 빛나는'이라는 뜻의 파에톤은 태양신 헬리오스와 바다의 님프 클리메네 사이에서 태어난 아들이라고 전해진다. 헬리오스는 종종 아폴론과 혼동되는데 이는 후대에 헬리오스의 신격이 아폴론과 동일시되었기 때문일 것이다. Bulfinch, Thomas, 『(벌핀치의) 그리스 로마 신화』, 이윤기 역, 창해, 2000, 175~190쪽. 벌핀치는 아폴론으로 기술하고 있는데 정확하게 하자면 헬리오스의 아들, '포이보스 헬리오스'가 옳다. 아폴론이 헬리오스의 뒤를 이어 태양신이 된 것은 훗날의 이야기이다.

우혁처럼 성공이 거듭될 때 사람들은 오만에 운명을 건다. 원하는 것이라면 무엇이든지 할 자격이 있고 해낼 능력이 있다고 생각하는 파에톤의 억지는 결국 자신을 죽게 만들었다. 이지적이고 감정이 없는 아폴론 남성은 길들여지기를 바라지 않으며 경쟁을 장려하고 권력 획득을 보상하는 가부장제 문화에서 살고 있다. 남자는 어떠해야 한다는 통념 속에서 실패 없이 자신의 목표를 성공적으로 달성해온 남성이라면 자기도취적이 되는 것은 정해진 이치이다. 우혁의 자기도취는 아폴론 남성이 지닌 이성과 합리주의를 마비시킨다.

(2) 버림받은 남성의 마지막 기회

아폴론은 아버지 제우스의 아들답게 감정적으로 냉혹하다. 미래를 위해서 살아가며 개인적 감정에 매달려 있기보다는 모든 것을 객관적으로 봄으로써 감정과 대인 관계의 문제점을 마치 딴 세상 사람처럼 넘겨버리는 어두운 면이 있다. 신화에서 아폴론은 북방 정토의 빛의 나라에 가서 얼마간 살다 오곤 했다.[71] 심리적으로 보면 아주 멀고 고립된 곳으로서 아폴론의 외톨이적 성향과 냉혹한 성격에 대한 상징이다. 합리적, 이성주의적인 아폴론은 본능적, 성적, 감성적 차원이 의식적으로 가장 덜 활성화한 측면이며 대개는 마음에 두지도 않는다. 우혁은 여경이 수차례 자신의 감정과 의견을 전달했음에도 심각하게 생각하지 않는다. 여경이

---

71 오토(Otto)에 따르면 아폴론이 태어났을 때 제우스는 북방 정토를 향해 달리는 백조가 끄는 마차를 주었다고 한다. 그 후 아폴론은 주기적으로 1년 중 얼마간은 이 축복받은 빛의 나라에 가서 지냈다. 이 빛의 세계는 하데스의 저승 세계와 유사한 성격을 가지고 있다. Otto, Walter F., *The Homeric Gods: The Spiritual Significance of Greek Religion*, translated by Moses Hades, Great Britain: Thames & Hudson, 1979, p.64, Bolen, 『우리 속에 있는 남신들』, 195쪽 재인용.

직장을 그만두겠다고 해도 마찬가지였다. "당신이 아무 문제 없다는데 자꾸 캐묻는 것도 우습고 당신 말대로 그럼 더 이상 나는 신경 안 쓸게. 회사를 그만두는 것도 당신 일이니까 알아서 해."라고 감정없이 말한다.

우혁의 말은 언뜻 들었을 때 합리적이고 논리정연하지만 여경이 바라는 감정의 깊이와 친밀함을 가지고 있지 못하다. 아폴론 원형은 감정을 남들의 고통으로부터 떨어뜨려놓으면서 자신의 감정을 건드리지 않는 경향을 가지고 있다.[72] 이런 이유로 아폴론은 훤칠한 외모에 지적이고 예술적인 면모를 갖추었음에도 실연을 많이 당했다. 다프네(Daphne)는 아폴론의 첫사랑이다. 에로스의 장난으로 아폴론은 다프네를 쫓아다니게 되었고 다프네는 도망을 다녔다. 아폴론이 따라잡으려 하자 다프네는 아버지인 강의 신에게 도와달라고 빌어서 월계수로 변한다. 아폴론은 다프네를 끝까지 쫓아가서 다프네를 월계수로 만들었다. 여성들이 아폴론으로부터 달아나는 이유는 아폴론이 여성을 소유하고 싶어 하는 물건 같은 느낌으로 대하기 때문이다.[73] 아폴론은 카산드라(Cassandra)[74]의 애인이 되는 조건으로 예언술을 가르쳐주었는데 카산드라가 약속을 지키지 않자 카산드라의 예언을 남들이 믿지 못하게 함으로써 보복을 한다. 카산드라는 트로이 전쟁의 수많은 비운을 미리 보고 예언했지만 그것을 믿기 어려운 나머지 미쳐버렸다. 아폴론은 사랑이란 자신이 제공할 수 있는 것의 대가로 주어지는 것이라고 잘못

72 Bolen, 『우리 속에 있는 남신들』, 192쪽.

73 위의 책, 207쪽.

74 카산드라는 트로이의 왕 프리아모스와 왕비 헤카베의 딸로 트로이의 멸망을 예언했다. 그러나 누구도 카산드라의 말에 주의를 기울이지 않았다. 결국 그녀의 예언대로 트로이는 함락되고 많은 사람들이 죽었다. 카산드라는 아가멤논의 차지가 되어 미케네로 끌려가게 되었다. 그러나 아가멤논의 부인인 클리타임네스트라에게 살해당한다.

생각했다.[75)]

우혁은 경제적인 성공을 위해 자신의 일을 열심히 하는 것이 여경에 대한 사랑이라고 생각했다. 그러나 아폴론 남성은 깊은 감정적 연계를 원하는 여성들에게 거절당하곤 했다. 우혁의 성실한 모습은 찬사나 존경은 이끌어낼 수 있지만 사랑이나 열정이 없다. 그것은 상대 여성이 바라는 것이 아니다. 아폴론 남성은 감정적으로 거리를 두면서 열정이 없는 결혼생활에서는 아주 편안하게 지낼 수 있지만 그것이 아내를 불행하게 만든다면 결혼의 지속 여부는 아내의 선택에 달려 있게 된다. 신화의 아폴론은 자신이 가진 감정적 거리와 소원함 때문에 여성들로부터 사랑을 얻지 못했다. 아폴론 남성이 자신을 일깨운 여성을 손에 놓은 뒤에 방치해둔다면 아폴론의 아이를 임신했다가 죽임을 당한 코로니스(Coronis)처럼 아폴론이 없을 때 부정을 저지를 수도 있다.[76)] 여경도 우혁이 아닌 다른 남성을 사랑하게 된다. 우혁은 승진으로부터 여경이 많이 외로워했다는 말을 듣고도 왜 아내가 힘들어했는지 이해하지 못한다.

S# 카페(14회)

우혁 : 저는 집사람이 제 상황을 이해해주길 바랐습니다. …(중략)… 그렇다고 해도 있는 힘을 다해 뛰지 않으면 결국 무능한 남편이 되는 것 아닙니까? 단지 그겁니까? 내가 바빠서

75 Bolen, 『우리 속에 있는 남신들』, 214쪽.

76 위의 책, 207쪽. 코로니스는 오르코메노스의 왕 플레기아스의 딸로 까마귀라는 뜻이다. 절세의 미인인 코로니스는 아폴론의 아이를 임신하게 되었는데 아폴론은 흰 까마귀에게 그녀를 감시하라고 했다. 까마귀는 코로니스가 이스키스와 간통하고 있다고 아폴론에게 보고했다. 아폴론은 화가 나서 흰 까마귀의 날개를 검게 만들고 코로니스를 죽여버렸으나 곧 후회했다. 아폴론은 태어나지 않은 그의 아들을 구했는데 그가 치료와 의술의 신인 아스클레피오스이다. 이경덕, 『(하룻밤에 읽는) 그리스 신화』, 중앙M&B , 2001, 97~99쪽.

같이 놀아주지 못한 것 그게 이윱니까?
승진 : 같이 놀자는 게 아니라 같이 살자는 거예요.
우혁 : 저는 아직도 잘 모르겠습니다. 제가 뭘 잘못했는지.

우혁은 가정을 희생하고 사회적으로 성공하면 자연히 가정에서의 성공도 따라오는 것으로 알고 있다. 친밀성의 공간인 가정의 중요성을 인식할 능력이 없는 것이다. 우혁은 성공 지상주의의 사회 분위기를 내면화하고 살아온 인물로 높은 자리에 앉고 싶어서 '남들 보면 미쳤다고 할 정도로 두 배, 세 배 아니 열 배 쯤 더' 일했고 그 결과 초고속 진급한 국장이 되었다. '친구 하나 없이 뼈를 갈아 바치듯이 인생을 몽땅 일에 투자'한 결과였다. 그러나 여유로운 시간에 가만히 앉아서 친밀함을 나누는 것을 시간과 노력의 낭비라고 여기며 살아온 우혁에게 남은 것은 없다.

S# 우혁의 회사(16회)
우혁 : 내가 잘못 짚은 거야. 내 인생을 몽땅 털어서 여기에 투자했는데 다 날린 거지. 그것 좀 나눠서 당신하고 마리한테 줬다면 이럴 때 아주 요긴하게 쓸 수 있을 텐데. 이 회사가 널 바치라는 유혹에 넘어가서 내 영혼, 내 그림자까지 다 줘버렸어. 그래서 난 빈털터리야. 당신한텐 사랑을 주고 싶어도 아무것도 아무것도 없으니까.

우혁은 자신을 돌아보지 않고 앞만 보고 달려간 것에 대해 회한 어린 탄식을 한다. 남성성은 경쟁력, 성취 등과 관계되어 권위, 규율, 강함, 공격성, 합리성, 과제지향성, 정신성, 숫기 등과 동일시되었다.[77] 우혁

77 Steinberg, Warren, Masculinity, p.14, 김성민, 「남성성의 결핍으로 인한 문제와

이 걸어온 길도 이렇게 규정된 남성성의 발현과 확신의 과정이었다. 융 심리학은 대극의 요소는 무엇이든 한 쪽으로 치우치면 문제가 생긴다고 했다. 우혁은 이제 내면의 여성성을 돌봐야 한다. 감수성과 친밀함, 이해력은 대부분 아니마의 영역이다. 무의식의 이성(異性)적 특성이 억압되지 않고 본래의 성적 특성과 조화를 이루며 발달해야 온전한 인격이 된다. 그렇지 않으면 의식과 무의식에 분열이 생겨 우혁처럼 삶이 왜곡된다. 회사를 그만두고 아무 데도 갈 곳이 없어진 우혁은 결국 회사의 자기 자리로 찾아가 절망해 앉아 있다. 우혁은 자신을 찾아온 여경에게 말한다.

S# 우혁의 회사(16회)

우혁 : 당신한테 이런 꼴 보이고 싶지 않았어. 당신 원하는 대로 편하게 해주고 그걸로 끝내고 싶었어. 헌데 당신이 지금 내 앞에 있잖아. 내 얘길 알아들을 수 있는 사람은 당신밖에 없는데 내가 어디다 대고 날 고백하나? 그렇게 초고속으로 살아오는 동안에 날 아는 친구 하나 만들지 못하고 이럴 때 찾아갈 곳 한 군데도 없이 결국 이 방 안으로 다시 기어들어왔어. 위험하다는 것도 알면서……

우혁은 여경이 '너무 늦어서 못 간다'고 하자 "가지 마, 이젠 안 돼."라고 나약한 모습으로 매달린다. 아폴론 남성이 합리적이고 논리적인 정신의 경계를 넘어서 성장하기 위해서는 디오니소스에게 제공해준 자신의 델피 신전을 기억할 필요가 있다. 분명한 사고와 현실을 볼 줄 아는 합리적 이성의 아폴론 남성은 '생각하기에 존재한다'고 말하는 인간이다. 디오니소스는 영혼의 합일, 신비적 명정, 무아경의 환상을 추구하

그 정신치료」, 110쪽 재인용.

는 남신이다. 아폴론 남성은 의식적으로 여성적 특성을 가진 디오니소스를 기억하며 무엇인가 즐기며 살아가야 할 필요가 있다. 그것을 통해서 내면에서 또는 감각적으로 기분이 좋아지는 것을 서서히 발견하는 것이다.[78]

여성성은 한 사람이 진체성을 이루는 데 매우 중요하다. 남성이니 여성 모두가 양성적인 조화와 균형을 이루면서 발달해야 한다. 우혁은 늦었지만 여경이 가진 여성적 감성과 포용의 가치를 깨닫고 용서를 빌었고 구제되었다. 아폴론 남성은 상실감에 괴로워하며 슬픔을 느껴볼 필요가 있다. 그때에서야 과거에 얼마나 거만하고 모르는 것이 많았는지 진정한 가치를 알아보지 못했는지 깨닫게 된다. 이성에 치우쳤던 우혁이 진정한 깨달음을 얻었다면 여경의 감성을 통해 회복을 시작할 수 있다. 성장한 아폴론은 여성적 감정의 의미를 긍정적으로 고려함으로써 아니마를 자유롭게 풀어주고 자신의 감정과 타인의 감정을 존중할 줄 알게 될 것이다.

3. 가부장의 아들 아폴론형

〈내 남자의 여자〉의 남성 주인공 홍준표[79](김상중 분)는 궤도를 벗어나 일탈을 꿈꾸는 남성이다. 부드럽고 말수 적고 논쟁을 싫어하며 거절에 약하고 우유부단해 보이지만 속 고집이 있는 준표의 그 고집이 결국

---

78 Bolen, 『우리 속에 있는 남신들』, 220~221쪽.

79 준표라는 이름을 거꾸로 하면 '표준'이라는 점이 흥미롭다. '표준'이라는 틀에 박힌 준표는 외도로 인해 '뒤집혀' 표준을 벗어나는 '준표'가 된다. 이는 '이름'의 상징 표현 기법에 해당된다. 김성희, 앞의 책, 254~255쪽 참조. 표준은 페르소나이고 페르소나가 깨져야 성장한다.

부모의 반대에도 지수와 결혼하게 했다. 그러나 평온하지만 지루한 일상 속에서 아내 친구 화영과 혼외 관계에 빠진다. 준표는 대학교수답게 이성적 논리적이지만 인생의 중요한 순간 우유부단하게 자기 자신을 방기함으로써 화영과 지수 모두에게 버림받는다. 준표의 우유부단함은 아폴론 원형인 가부장의 아들이 가지는 부성 · 모성 콤플렉스와 관련이 있다.

아폴론은 부모의 긍정적인 성공작이며 성취에 가치를 두는 문화에서 업적을 달성한 자의 원형이다. 아폴론 남성은 가문의 전통 계승이 기대되는 가부장제 문화에서 '맏아들'이 가지는 위치이다. 하지만 부모의 기대는 아폴론의 심리적인 어려움으로 이어질 수 있다. 준표를 지배하는 원형은 아폴론 남신이며 비합리적이고 감정적이며 여성적인 술과 황홀경, 연인의 남신인 디오니소스 원형도 가지고 있다.

1) 무서운 아버지의 유약한 아들

준표는 사료 제조 기업을 하는 홍회장의 외아들로서 아버지를 매우 두려워하며 아버지의 말이라면 꼼짝도 못 한다. 아버지는 매우 엄격한 가부장이고 원칙에 어긋나는 것을 용서하지 않는다. 준표의 외도를 알게 되자 '없는 자식 취급'을 하며 재산을 손자에게 상속해버린다. 제우스가 사용하는 번개는 처벌의 도구로서 아버지의 권위를 나타낸다. 아버지 자신은 옳고 그름의 원천이므로 틀릴 수가 없다.

(1) 가부장의 우유부단한 아들

아폴론은 순수하고 성스러우며 정화하는 태양의 신이다. 빛이 나며 지성, 의지, 정신을 가지며 명석하고 현명하다. 아폴론은 제우스의 가장 큰 총애를 받았으며 가장 극단적인 아버지의 옹호자였다. 비극 〈자비로운 여신들〉에서 어머니를 살해한 오레스테스를 변호한 것이 그 예이다. 아폴론은 애초부터 자기 생의 임무를 '나는 제우스의 정확한 뜻을 인간들에게 알려줄 것이다'[80]라고 밝힌 적이 있다. 볼린에 따르면 때로 아폴론은 아들이 자기의 분신이기를 바라는 자기애가 강한 부모를 두게 된다. 부모는 아폴론이 승리를 거둘 때는 기분이 좋아지지만 아들은 그만큼 아주 무거운 부담을 안게 된다. 아폴론은 부모의 조건적인 사랑을 얻기 위해 생산적이지 못한 걱정을 할 수도 있다. 원형적인 아폴론은 아들이기에 아버지가 도달한 정상에는 이르지 못한다. 아버지가 가진 비전, 결정력, 추진력이 없기 때문이다.

홍회장은 준표의 외도에 대해 "미쳐도 아주 드럽게 미친 놈이야. 그런 놈을 자식이라고 한심해서 내가 기가 막혀!"라고 말한다. 상대가 지수의 친구라는 사실을 알고 "그게 무슨 버러지만도 못한 짓거리들이야. 니들 버러지야? 지랭이야? 내가 죽었대도 오지 마. 발 끊어."라고 말한다. 홍회장은 과거 준표와 지수의 결혼도 반대했다. 그러나 고집을 꺾지 않고 결혼을 강행하자 8년이 지나서야 지수를 며느리로 받아들였을 정도로 엄하고 권위적이다. 홍회장은 자기가 사준 집이라고 아들 집을 아무 때나 드나들며 갑작스레 며느리와 아들을 호출하고 여행을 가자고 했다가 취소를 하는 등 제멋대로 행동한다. 가정의 군주로서 감정을 주체하지 않고 드러내는 그는 제우스 원형과 포세이돈 원형을 가진 아버지이다.[81]

80 Homer, "The Hymn to Delian Apollo", in *The Homeric Hymns*, translated by Charles Boer(Irving, TX: Spring Publications, 1979, p.157, Bolen, 『우리 속에 있는 남신들』, 200쪽 재인용.

81 바다의 신 포세이돈은 엄청난 파괴력을 지닌 사나운 파도가 넘실대듯이 합리성을 잊게 만드는 강렬한 감정의 아버지 원형이다. 제우스의 세계에서는 합리적인 아폴론이나 냉정한 아테나처럼 감정을 끝까지 잘 억누르게 되지만 포세

융은 아버지는 아이들과의 관계에서 도덕적 계명과 금지의 세계를 나타낸다고 했다. 아버지는 순수한 본능적인 것에 대적하는 기능을 가진 정신적 표상이며 이것이 아버지의 원형적 역할이다. 아버지는 외견상 억제되지 않는 본능의 삶을 살지만 본능을 위협하는 '법'의 살아 있는 체현이다.[82] 준표의 아버지는 준표를 '버러지' 취급하지만 정작 본인은 가정부를 집적거릴 정도로 손버릇이 좋지 않다. 그럼에도 어머니 황 여사는 "아버지 안 닮고 어디서 배운 버릇이야. 도대체 무슨 마음으로 집에서 나가 딴 데가 옷 벗구 자, 드럽게."라고 말한다. 아버지는 본능대로 살아도 용인되지만 아버지의 법은 아들의 본능을 위협하는 살아 있는 규제이다. 그래서 아버지는 아들에게 신경증적 공포의 대상이 된다. 준표가 위반한 것은 '가능한 조금만 즐겨라'라는 쾌락 원칙의 법을 어긴 것이다.[83] 조금만 즐겨야 할 원칙을 넘어섰기에 홍회장은 '미친놈' 취급을 하는 것이다.

홍회장처럼 아버지 자신이 부성 원형에 사로잡혀서 자신을 신(神)적인 존재로 높이게 되면 주어진 책무의 개인적인 차원을 넘어서게 된다. 그러면 아들에게 자신의 삶의 태도를 일방적으로 강요하거나 지나치게 간섭하고 엄하고 완고하며 심한 경우 폭력적일 정도로 권위주의적인 태도를 보이게 된다. 사회적으로 홍회장처럼 부를 축적하는 등 뛰어난 능력을 보인 아버지의 아들이 느끼는 아버지의 무게는 상상 이상의 것

이돈의 세계는 해일이나 홍수, 지진의 공포를 연상시키듯 감정의 억압이라는 방어기제를 돌파하도록 만든다. 아버지 원형으로서 포세이돈은 아내에게는 감정적인 모욕을 가하고 자식에게는 신체적인 폭력까지 행할 수 있다. Bolen, 『우리 속에 있는 남신들』, 109, 130쪽.

82 박신, 앞의 논문, 41~42쪽.

83 이택광, 앞의 책, 85쪽.

이다.[84] 아버지를 계승한다는 것은 자신이 가지고 있는 능력 이상의 것을 요구하는 것이며 그런 아버지가 존재한다는 것 자체가 힘겨운 삶의 조건이 된다.

이러한 부성 콤플렉스를 가진 아들은 자신이 충분히 잘하고 있음에도 아버지가 가지고 있는 위치로 인해 부담을 느끼고 오히려 정반대인 부정적인 방향으로 나아가기도 한다. 점잖고 샌님 같은 준표가 아내 친구와 외도를 하고 '조금만 즐기는 대신' 이혼까지 가게 되는 것이 예이다. 불륜에 빠져 두려워하면서 끌려가기는 했지만 결국 준표 내면의 무의식이 그렇게 되도록 만든 것이다. 이때 어떤 극단적인 경우가 아니더라도 사회적 기대치와 자신의 개인적 능력 사이의 부조화가 문제가 된다. 이 부조화는 외적인 부조화라기보다 내부에서의 부조화이다. 준표의 자아와 내부의 부성 원형상의 요구 사이의 불협화음이 문제가 되는 것이다. 현실의 아버지가 요구하지 않아도 무의식에 있는 '아버지'의 요구가 스스로를 압박하고[85] 그 압박은 아버지의 법의 준수가 아닌 오히려 부정적인 위반의 방향으로 나아가게 만든다.

준표가 가진 성격적 특징은 여성처럼 유약한 태도, 자신감 결여, 공격성과 야망과 탐구심의 억압, 도덕적 가치를 존중하지 않아서 책임감이 적은 것, 다른 사람들에 대한 의무감이 부족하다는 것이다. 이는 캐나다의 융 학파 분석가 코르노(Corneau)가 말한 아버지와 좋지 못한 관계를 가진 남성의 특징이다.[86] 준표는 부성 콤플렉스를 가지고 있는데 콤플렉스는 개체에 고유한 삶의 현상이며 꿈과 증상을 만들어내고 무의

84 박신, 앞의 논문, 55쪽.

85 위의 논문, 55쪽.

86 Corneau, Guy, *Absent Fathers, Lost Sons*, Boston: Shambhala, 1991, p.20, 김성민, 「남성성의 결핍으로 인한 문제와 그 정신치료」, 114쪽 재인용.

식의 정신적 구조를 결정한다.[87] 부성 콤플렉스는 단순히 개인의 역사에서 억압된 내용들로만 구성되어 있는 것이 아니라 부성 원형이 기초가 되며 그 내용은 아들인지 딸인지, 또 개인인지 집단인지에 따라 달라진다. 준표는 권위적인 아버지로부터 억압을 받았지만 그것만이 부성 콤플렉스의 원인은 아니며 개체 안에 있는 절대적으로 혹은 미리 정해진 부성 원형이 가부장제 사회에서 아들에게 기대되는 역할과 책임과 버무려져 부성 콤플렉스가 형성되는 것이다. 부성 콤플렉스를 가진 아들은 대개 아버지와의 부정적 관계로 인해 모성으로부터의 독립과 의식의 획득이라는 과제를 제대로 수행하지 못한다. 그로 인해 책임감의 부족, 대인관계와 사회적 활동에서의 부적응, 자신감의 결여를 보이게 된다. 그러면 무의식의 '보상 작용'으로 부성상은 원형적 성질을 띠게 된다.[88] 준표는 어머니 황여사로부터 아버지가 '네가 다시 합치지 않으면 한 푼도 안 주겠다'고 했다는 말을 듣고는 '마음대로 하라'고 한다.

S# 찻집(17회)

준표 : (눈물 돌아나며) 그게…… 그렇게까지 죽을 죄예요? (보며) 어쩌다가 그렇게 됐어요…… 그럴 수도 있더라구요. 이 세상에서 저만 그런 거 아니에요. 완벽하지 못해서 죄송해요. 그렇지만…… 다른 집에서도 외도한 아들한테 이렇게까지

87 김성민, 「남성성의 결핍으로 인한 문제와 그 정신치료」, 48쪽. 콤플렉스가 정신적 체질이라고 한 것은 그것이 개체에서 절대적으로 혹은 미리 정해진 것이기 때문이다. 그래서 잘못된 체질을 고치듯이 과거의 잘못된 환경 때문에 왜곡되어 있는 정신적 체질인 콤플렉스를 변화시켜야 좀 더 행복한 삶을 살 수 있는 것이다.

88 박신, 앞의 논문, 56쪽. 보상 작용은 무의식의 중요한 기능이다. 무의식은 의식에 결여된 것을 보충하는 역할을 하며 그럼으로써 개체의 정신적인 통합을 꾀한다. 융은 꿈의 가장 근본적인 기능을 의식에 대한 보상 기능이라고 말한다. 즉 억압된 무의식이 반발 작용을 하게 된다는 의미이다.

가혹하게 하나요?

황 : 그러게 눌 자리 보고 다릴 뻗었어야지. (안타까워서)

준표 : …… 안 들어가요. 지수도 저도…… 되돌릴 수 없어요. 상관 없어요…… 번번이 재산 갖고 협박하시는 거 정말 싫습니다…… 그거 없어도…… 살아요. 됐어요…….

아버지의 법을 위반한 아들이 소극적이기는 하지만 점차 자기주장을 펼치고 아버지 그늘에서 벗어나려는 저항의 태도를 보인다. 외도 사건을 통해 준표는 더 이상 총애받는 아들이기를 포기하는 듯이 보인다. 그러나 부성 콤플렉스는 준표를 결코 아버지로부터 벗어나지 못하게 한다. 이혼하면 자신은 아버지에게 '살아남을 방법이 없다'고 할 정도로 아버지에 대한 두려움이 여전히 크다.

S# 화영의 거실(17회)

화영 : 당신 이미 당신 아버지 자식 아니야. 세상에 어떤 아버지가 무슨 금치산자도 아닌 아들 건너뛰어 손자한테 몽땅 다 넘기는 법이 어딨어.

준표 : (주방에서 거실로 나오며) 아버지한테는 바로 내가 금치산자야. 처자식 버리고 뛰쳐나온 놈 재산 받을 자격 없다신대. …(중략)… 하자는 나한테 있는 거잖아…… 원인 제공은 내가 했어.

준표는 화영에게 "지수 못 버려. 가정 못 깨", "자식 대우 안 한다고 자식노릇 때려치워?"라고 말하며 아내와 자식도, 애인도 버리지 못한다. 아버지에게 '받는 거 아무것도 없어도' '아들 노릇 그만두고 애 엄마랑 애 내쫓고 이혼'한다고 말하지 못하는 남성이다. 그는 아들 노릇에서 벗어날 생각을 못 한다.

(2) 모성 의존적인 영원한 아이

아폴론 남신은 아르테미스가 태어난 후 나중에 태어난 쌍둥이이다. 레토는 헤라의 방해로 오랜 산고를 겪어야 했다.[89] 천신만고 끝에 아폴론이 태어났고 레토는 아들이 힘이 센 궁수였기에 행복해했다고 한다.[90] 레토는 아들이자 상주를 출산하는 데 성공했지만 호된 시련을 치르면서 지친 나머지 아폴론을 돌볼 수 없게 되었다. 그래서 아폴론은 어머니의 젖을 먹지 못했다.[91] 아폴론은 사랑을 몸으로 표현하지 못한 어머니를 가졌다. 젖먹이였을 때 대지의 어머니에게서 경험하는 어머니와 하나 되는 느낌을 받지 못한 것이다.

준표 또한 어머니의 사랑을 받지 못했다. 어머니 황여사는 우아한 귀부인처럼 보이지만 아내를 무시하는 홍회장 등쌀에 하루도 마음 편한 날이 없다. 부는 이루었으나 폭군과 다름없는 남편을 모시고 인고의 세월을 살아왔다. 준표는 "내키지 않는 결혼 하셔서 평생 아버지한테 휘둘리시느라 거의 우울증에 가깝던 우리 어머니…… 당신 자신하고 투쟁하느라 나한테는 별 관심도 애정도 없으셨어."라고 말한다. 어머니는 아들이 경험하는 최초의 이성이다. 그래서 아들의 아니마는 어머니와의 관계를 통해서 그 특징이 결정되는 경우가 있다.[92] 어려서는 딸 아

89 헤라는 온 세상의 육지(terra firma)로 하여금 레토에게 출산 장소를 제공하지 못하게 했다. 가까스로 찾은 델로스는 육지가 되기 전의 둥둥 떠다니는 섬이었기에 레토는 출산할 수 있었다.

90 Homer, "The Hymn to Delian Apollo", The Homeric Hymns, p.157, Bolen, 『우리 속에 있는 남신들』, 200쪽 재인용.

91 대신 아폴론은 예언의 신인 테미스가 사랑에 넘치는 신의 음식을 주었고 그 덕에 신탁을 내릴 수 있게 되었다. 위의 책, 200쪽.

92 이부영, 『자기와 자기실현 : 하나의 경지, 하나가 되는 길』, 142쪽.

들 구분 없이 어머니와 동일시하지만 아들은 성장하면서 아버지를 남성 모델로 삼아 자신의 성적 정체성을 긍정하고 어머니와 분리된다. 그러나 지배적이고 억압적인 아버지는 아들에게 긍정적인 영향을 줄 수 없고 아들은 어머니와 동일시했던 태도에서 벗어나지 못하게 된다. 그 결과 자신이 전통적인 남성과 무엇인지 맞지 않는다고 느끼면서 남성으로 발달하는 데 어려움을 겪는다. 심하면 남성성이 무의식 안으로 들어가게 된다.

준표는 엄마 젖을 먹지 못한 아폴론이 그렇듯이 원초적인 어머니의 사랑을 느껴보지 못한 남성일 수 있다. 그것이 애정 결핍의 준표를 더욱 어머니로부터 분리시키지 못하고 모성 콤플렉스를 유발하게 된 것이라고 볼 수 있다. 준표는 아버지의 심리적 부재로 인해 남성성의 결핍으로 고통받으면서 동시에 모성 콤플렉스로 인한 여성적 성향을 가지고 있다. 모성 콤플렉스에 사로잡힌 남성은 상징적으로 말하면 거세된 수컷이다. 그들은 어머니와 동일시해서 생긴 여성적 태도로 세상을 지극히 유약하고 수동적으로 살아간다.[93] 이러한 남성의 내면에는 발달하지 못한 남성성과 내면의 여성성인 아니마의 문제가 도사리고 있다.

〈애인〉의 운오와 마찬가지로 모성 콤플렉스로 인한 '영원한 소년' 원형은 어머니와 너무도 밀접한 관계로 살면서 자기애적 성향을 가지게 된다. 어른이 되어도 아니마가 모성과 습합되어 있거나 모성과의 유대관계가 제대로 해결되지 않은 남성의 경우 결혼 후에는 아내가 모성-아니마가 되어 모성 의존의 퇴행적 관계를 유지하게 된다. 모성 콤플렉

93 김성민, 「남성성의 결핍으로 인한 문제와 그 정신치료」, 112쪽. 반대로 남성적으로 살려고 하지만 실패하기도 한다. 보통 남성보다 더 거칠고 공격적으로 행동하지만 그것은 유약한 남성성을 보상하려는 반작용이다. 〈애인〉 운오의 마초적 성향이 그 예이다.

스는 준표로 하여금 지수를 통해 모성의존적 관계를 유지하게 한다. 지수는 '입에 혀처럼 굴면서 몸 바쳐 헌신한' 아내이고 '몸종'과 '숭배자'로 살아온 여성이다. 준표는 지수에게 "너무 익숙해서, 익숙하다 못해 당신이 당신이 아니라 나 자신인 것처럼 돼버려서 반복되는 일상의 권태로움에 빠졌던 거야."라고 변명한다.

준표는 자신과 지수를 심리적으로 분리하지 못할 정도로 심각한 모성의존 상태이다. 모성 콤플렉스의 남성은 '어떻게 되겠지' 하는 태도로 세상을 고지식하고 모자랄 정도로 순진하게 살면서 현실에 적극적으로 뛰어들지 않는다. 준표는 화영에 대해서도 태도가 모호하다. 불륜이 폭로되고 화영이 은수로부터 폭력을 당해 얼굴에 피멍이 들었어도 준표는 무책임한 반응이다. "기다리지 마. 미안해. 혼자 정리해. 어쩔 수 없어. 더 이상 괴롭히지 못하게, 그건 해볼게. 그렇지만 장담할 순 없으니까 일단 아무 데로나 옮겨 앉아."라고 말할 뿐이다. 준표는 소극적이고 결단하지 못하는 태도를 보인다. 화영에게 '가정을 깰 수는 없다'고 하면서도 "끝낼 수 있을까?"라고 자신 없게 말한다. 언제나 실패할 것에 대한 변명거리를 마련하면서 반쯤 유보된 채로 반응하는 것은 영원한 소년 원형을 가진 모성 콤플렉스 남성의 특징이다.

영원한 소년이 일으키는 또 하나의 문제점은 동성애적 성향을 가지게 되거나 바람둥이인 돈 주앙이 되는 것이다.[94] 여성들과 진정한 관계를 맺지 못하고 사랑을 성욕으로 대체하는 태도이다. 준표는 지수와 화해 여행을 가서도 화영에게 연락한다. 사실을 알게 된 지수는 혼자 가버리고 뒤늦게 화영이 찾아오자 준표는 당황한다.

94 김성민, 「한국 그리스도인의 성격과 전일성의 회복」, 28쪽. 상대 여성인 화영이 '하늘을 나는 자, 여자 돈 주앙'의 부성 콤플렉스 소유자임을 기억할 필요가 있다.

S# 객실(8회)

준표 : (지퍼 채우다가 주먹으로 가방 내리치며) 그래애! 그런데 그래도 지수 못 버려…… 지금 나 총 맞았어. 그래서 이 지경이야…… (지퍼 마저 채우며) 정신 차려야 해. 나는 돌아가야 해…… 돌아가야 한다구. (화영 돌아보며) 안아?…… 안고 싶지?…… 그래 안자…… 나도 안고 싶어…… 안자고…… 얼마든지 안을 수 있어 안고 싶어서 돌아버리겠어…… 이게 …… 정상이니?…… 나 정상이야?

인간에게 에로스는 억제할 수 있는 힘이 아니다. 열정은 불예측성, 충동성, 위험을 요구한다. 준표는 자기 통제력이 상실된 모습을 보여준다. 영원한 소년이 남아 있는 한 그의 삶은 고통에 빠진다. 삶에서 불가피한 고난이 두려워서 언제나 삶으로부터 도망치려고만 하기 때문이다. 준표는 화영에게도, 지수에게도 최선을 다하지 못한다. 열정 앞에서 무기력한 돈 주앙은 무의식적으로 언제나 어머니와 하나 되었던 상태를 그리워하며 그 상태가 재현되기를 기다린다. 따라서 환상 속에서 살기 쉽고 그 세계에서 벗어나지 못한 채 스스로 행동하지 않고 끌려다니면서도 '잘되겠지'라는 몽상적이고 무책임한 태도를 보인다. 준표의 아이와 같은 태도는 '밥'이 우선이라는 설정에서 적나라하게 드러난다. 화영과 살면서도 지수 집에 가서 밥을 얻어먹고 배가 '뽈록'해서 오는가 하면 화영 어머니가 준표 부모를 만나 위자료 흥정을 했다는 사실에 화영이 "챙피해 미치겠어"라고 하는데도 "괜찮아. 아무렇지도 않아."라고 말하며 '배고프다'면서 배달해온 '냉면이 불었다'고 투정한다.

남성에게는 모성과의 유대로부터 독립하는 과제가 자기실현에서 매우 중요하다. 모성 콤플렉스 즉 실제 모성보다 무의식의 모성상에 유착된 상태를 가진 남성이 여기에서 벗어나는 길은 이성과의 만남과 교류를 통해서이다. 준표는 부모에게 대항한 적이 거의 없지만 지수와의 결혼을 반대하자 고집을 피워 강행했었다. 화영과의 관계에서도 평소 그답지 않은 고집스러운 태도를 보이기도 한다. 준표는 지수와 함께 불려간 부모 앞에서 두려워하지 않고 말한다.

S# 거실(16회)
준표 : (차분하게) 실망시켜드려 죄송합니다. 그러나 이미 이 사람하고 합의하에 제가 따로 나간 거고 그 사람에 대한 책임도 있습니다…… 이 시점에서 아버지 개입하셔서 그 사람 처리하시는 거 제가 원치 않습니다…… 제 나이도 사십이 넘었습니다.

준표는 이전에 없던 거역을 한다. 지수가 "찍소리 못하고 아버님 하라는 대로 하겠습니다 그럼 정말 비겁한 인간이잖아. 사랑은 사랑이더라."라고 말하듯이 '사랑'은 준표를 영원한 소년에서 탈피할 수 있는 기회를 준다. 사랑을 하면 남성은 상대 여성에게서 자신의 아니마를 발견한다. 페르소나에 대응하는 아니마는 자아를 의식과 무의식의 총합인 전체 정신의 중심인 자기(Self)로 이끌어주는 인도자이다. 화학 용어를 빌리자면 두 가지 물질의 화합을 매개하는 촉매의 역할을 하는 것[95]이 바로 아니마이다. 결국 준표에게는 사랑이, 유약하기만 한 영원한 소년에서 벗어나게 하는 힘이 된다.

(3) 가까운 것의 거부

아폴론은 대개 고통과 갈등을 회피하고 남들의 고통을 멀리하며 자

95 이부영, 『자기와 자기실현 : 하나의 경지, 하나가 되는 길』, 135쪽.

기 감정을 건드리지 않으려고 한다. 오토는 아폴론은 너무 가까운 것은 무엇이든지 거부한다는 것이 가장 큰 특징이라고 했다. 거부하는 것은 사물에의 연루, 애수를 자아내는 시선, 영혼의 합일, 신비적인 명정, 무아경의 환상 등이다.[96] 아폴론은 궁수의 신답게 멀리서 지켜보고 행동하는 남성적인 태도의 원형이다. 『일리아드』에 따르면 아폴론은 트로이 전쟁에서 포세이돈의 결투 신청에도 하찮은 인간들을 위해 싸우지 않겠다면서 정중히 거절했고 화가 난 누이 아르테미스가 겁쟁이라고 놀렸어도 여전히 싸움에 말려들지 않았다. 객관적인 태도를 유지하느라 감정이 갈등하게 되면 물러나고 싸울 만한 일이 '못 되기 때문에' 떨어져 있는 자세를 취한다. 아폴론은 영웅들에게도 적대적이었다. 사제 피티아(Pythia)로 하여금 헤라클레스(Hercules)의 도와달라는 청을 거절하게 했고[97] 아킬레우스도 좋아하지 않아서 트로이 전쟁에서 파리스의 화살이 아킬레우스의 발꿈치를 꿰뚫어 죽게 만들기도 했다.[98] 아폴론 원형은 스스로는 신체적 위험을 피하며 관찰자가 되기 좋아한다.

감정적으로 깊이가 없고 멀리서 지켜보는 아폴론 남성의 특성은 연애를 할 때도 드러난다. 아폴론 남성은 애인이 별로 없고 쉽게 사랑에 빠지지 않는 편이다. 본능적이고 성적이며 감성적 차원은 아폴론 원형의 가장 덜 활성화된 측면이다. 이런 거리감 때문에 관계에 열정이 없

96 Otto, Walter F., *The Homeric Gods: The Spiritual Significance of Greek Religion*. Bolen, 『우리 속에 있는 남신들』, 183쪽 재인용.

97 병에 걸린 헤라클레스는 델피에 가서 어떻게 해야 병이 나을 수 있을지 신탁을 물었다. 하지만 아폴론의 명으로 피티아가 신탁을 내려주지 않자 화가 나서 피티아의 삼각대를 탈취해 자신의 신탁소를 만들려고 한다. 이를 저지하는 아폴론과 헤라클레스가 싸우자 제우스가 벼락을 던져 싸움을 중지시키고 헤라클레스에게 벌을 내린다.

98 Gerold, Dommermuth-Gudrich, 『(클라시커 50) 신화』, 안영찬 역, 해냄출판사, 2001, 126쪽.

다. 그러나 아폴론은 자신에게 가장 취약한 여성과의 사랑을 통해 고통과 갈등에 직면하고 타인의 감정과 연루되며 고통을 느끼며 성장하게 된다. 아폴론 남성은 독립적이고 경쟁심 많으며 매력적인 여성에게 끌리는데 이유는 자신과 보완적인 상대이기 때문이다. 준표에게는 화영이 그런 여성이다. 아폴론은 자신과 반대인 감정적이고 비합리적이며 비실재적이고 아폴론에게 별로 감명받지도 않는 여성, 매혹적이지만 욕구불만에 가득 차 있고 아폴론 자신이 통제하기에 어려운 여성에게 빠져든다. 신화에서 아폴론은 잘생기고 덕망 있고 믿음직한 남성으로 나오지만 아폴론이 사랑한 다프네, 카산드라, 시빌라(Sibylla), 마르페사(Marpessa)는 열정과 친밀감을 중요시한 여성들이었기에 아폴론은 이들에게 모두 거부당했다.[99]

아폴론을 버린 여성들의 공통점은 아폴론이 줄 수 있는 것보다 강렬하고 감정이 풍부하며 깊은 연계를 원한다는 것이다. 화영 또한 이런 부류에 속하는 아프로디테 여성이다. 아폴론 남성이 아프로디테 여성처럼 형식보다 실질을 원하고 지속적인 관계 유지보다 감정적 깊이를 바라는 여성과 결합하면 결혼 생활은 원만하지 못할 것이다. 아폴론은 거리감을 두기 때문에 열정적이고 격렬하고 순간을 중시하는 아프로디테와의 결합은 불행해지기 쉽다.[100]

---

99 시빌라는 아폴론이 준 예언 능력은 받아들였지만 애인이 되어주지는 않았다. 마르페사는 인간 이다스와 아폴론 남신의 사랑을 받았는데 자신이 나이가 들면 아폴론이 자신을 버릴 것이라고 하면서 이다스를 선택한다. Bolen, 『우리 속에 있는 남신들』, 213~214쪽. 가부장적 가치를 추구하는 남신은 여성적 가치의 폄하와 반여성적 이데올로기 조작으로 인해 사랑을 거부당한다. 차갑고 이지적인 아폴론에게 반하는 여성들은 없다. 제우스 또한 끊임없이 유혹하지만 거절당하기는 마찬가지이다. 김봉률 · 이재성, 「장르의 변천에 따른 고대 그리스 신화의 성의 정치학」, 『영미어문학』 No.81, 2006, 31쪽.

100 Bolen, 『우리 속에 있는 남신들』, 208~209쪽.

사랑은 모든 마음속 사슬을 끊어버리지만 결혼한 사람의 사랑의 권리는 허용되지 않는다. 금기의 사랑은 윤리와 규범, 타인에 대한 신의의 위반과 더불어 상대 배우자에게 돌이킬 수 없는 영혼의 상처를 입힌다. 그럼에도 아폴론은 아프로디테와 같은 여성과의 만남을 통해 고통과 좌절을 겪으며 성장할 기회를 얻는다. 자아가 조절하거나 소화시킬 수 없는 부분이 원형으로 구성된 집단 무의식의 층이다. 그것은 끊임없이 움직이고 있고 정신생활에 활력을 제공하는 에너지원이며 너무나 뜨겁다.[101] 준표의 아니마는 너무나 뜨거워서 의식의 자아가 그것을 통째로 소화시킬 수가 없다. 개인 무의식의 내용이 아닌 집단 무의식의 아니마 원형은 자아보다 힘이 세기 때문에 의식이 아니마를 통합하기보다는 아니마가 의식을 삼켜버리게 된다. 그 결과 자아와 아니마 원형을 동일시하는 결과가 생긴다. 준표는 화영에게 "미치겠다. 당신이 날 미치게 만들어. 날 미친놈이 되게 해."라고 말한다.

아니마는 본래 남성의 내부로부터 오는 어떤 영감, 창조적인 통찰을 갖도록 하는 예감, 개인적으로 배려하는 섬세한 정감을 갖게 하는 무의식의 기능이다.[102] 준표는 "당신이 없는 나는 생각할 수 없어. 가끔 한번씩 감당하기 어렵기도 하지만 당신은 내 영감이야. 학교에서 끝나고 당신한테 달려들어갈 때 내 마음을 당신이 알아야 해."라고 말한다.

아니마 아니무스는 흔히 여신과 남신상으로 표현된다. 아폴론 원형인 준표의 자아는 자신의 아니마 원형상의 하나인 아프로디테에게 사로잡혀서 그것을 화영에게 투사해 동일시하고 있다. 여신으로 표현되는 아니마 원형상은 의식을 초월하는 강력한 정동(情動, emotion)을 가

---

101 이부영, 『자기와 자기실현 : 하나의 경지, 하나가 되는 길』, 150쪽.
102 위의 책, 139쪽.

지고 있다.[103] 그러므로 이것들에 사로잡힌 준표의 자아는 전혀 충동을 통제할 수 없는 상태에 빠지고 의식하지 못하는 가운데 화영을 여신처럼 착각하고 있는 것이다.

아니마 혹은 아니무스의 투사는 자아 의식에 심각한 상처를 주지만 그 상처에도 불구하고 상처입음으로써 치유의 해결이 일어난다.[104] 사랑에 임하는 화영의 자세는 준표와 아주 다르다. 화영도 자신의 아니무스를 준표에게 맹목성과 광신적 태도로 투사했다. 그러나 사랑에 '목숨까지도 상관없는 올인'의 모험을 감행했기에 자신의 그린 준표가 '망상'이었음을 의식화하고 아니무스의 투사도 멈출 수 있었다. 반면 준표는 어디에도 '올인'하지 않았다. '상황에 밀려 끌려갔을 뿐 스스로 움직여서 한게' 없다. 자신의 문제를 아폴론이 그렇듯이 먼 거리에서 관찰만 했다.[105]

S# 화영의 거실(24회)

준표 : …… 당신…… 내가 찌질해서…… 실망시킨 거 사실이야…… (떼어놓고 보면서) 그런데…… 나는 당신이랑…… 늙어가는 꿈을 꿨었어…… 속았다지만…… 사랑했던 거 진실이야…… 부족했다면…… 내가 사랑하는 법을 몰랐던 걸 거야. 나는 당신을…… (하는데)

화영 : (준표 입을 한 손바닥으로 막아버린다)

103 이부영, 『자기와 자기실현 : 하나의 경지, 하나가 되는 길』, 150쪽 참조.

104 위의 책, 150쪽.

105 준표는 내내 상황에 떠밀린 채 주체성을 상실한 캐릭터로 인물화되고 있다. 이는 기존 멜로드라마가 그려온 낭만적 사랑 성취의 주도자로서 남성의 허상에 관한 혹은 이를 재현하는 여성 작가들의 '양가적' 태도에 관한 김수현 작가의 비난으로도 해석될 수 있다. 유진희, 「김수현 멜로드라마의 장르문법과 성 이데올로기 : 〈내 남자의 여자〉를 중심으로」, 『한국콘텐츠학회논문지』 Vol.9 No.11, 2009, 181쪽.

아폴론 남성은 자주 무의식적이거나 자기중심적으로 처신함으로써 타인의 감정을 상하게 한다. 화영은 사랑의 상처에도 불구하고 본연의 전체 정신에 근접하게 된 반면 준표는 뒤늦게야 자신의 잘못을 깨닫는다. 준표는 전처인 지수에게도 비난받는다.

S# 찻집(24회)
준표 : 나도 최선 다했어……
지수 : 뭐얼…… 엄청 비겁했지 뭐…… 이쪽저쪽 다 쥐고 아무것도 안 놓으려고…… 어느 한쪽도 분명하게 선택 안 했었어…….
(중략)
준표 : 그렇게 간단한 일이 아니었잖아…… 내가 정말 원하는 게 뭔지도 모르겠는 상태였는데 뭘…….

머리로만 살아가는 아폴론 원형의 아니마는 미숙하여 자신이 진정 원하는 것을 알지 못한다. 미숙한 아니마는 감정적 거리감으로 나타나며 준표의 경우처럼 온전한 마음의 선택을 어렵게 만든다.

(4) 법과 질서의 수호자

가부장의 총애받는 아들인 아폴론 남성에게 결혼은 문화와 문명의 본질적인 하나의 제도이며 자신의 세계와 전체 세계에 질서를 가져다주는 것이다. 아폴론 남성은 중년기에 접어들어 아폴론답지 않은 일탈과 사회적 금기를 파괴하는 경험을 하기도 한다. '아는 건 공부랑 가족밖에 없는 성실한' 준표가 인생에서 처음으로 혼외 관계를 가지게 되는 것이다. 이는 오래 동안 페르소나와 자아를 동일시한 자연스러운 결과일 수 있다. 내면과의 관계가 끊어져서 소외되었던 무의식의 열등한 인격들이 아우성을 치고 보상을 받으려고 하기 때문이다. 혼외 관계에서 아폴론은 아내보다 외도 대상인 여성에게 더 마음이 가며 자신이 성적으로 열정적이라는 것을 알기도 한다. 하지만 그 여성에게 아주 깊숙이 빠져 있고 성적으로 전에 없이 흥미롭고 만족스러운 혼외 관계를 갖는다고 하더라도 대개 결혼을 본래 상태로 유지하라는 안팎의 압력을 느끼게 된다. 준표는 화영에게 빠져 있으면서도 지수와 이혼할 생각이 '전혀' 없다. 지수에게 "우리 가정 파토내는 건 너지 내가 아냐. 나는 어떻게 해서든 마지막까지 지킬려고 노력했어. 이건 절대로 내가 원하는 일이 아냐."라고 말한다.

지수가 밀어붙이지 않았다면 준표는 결코 결혼을 청산하지 않았을 것이다. 볼린에 따르면 아폴론 남성은 법과 질서의 수호자라는 페르소나와 자아를 동일시하고 살아가기 때문에 여성을 조강지처와 그렇지 않은 부류로 나눈다.[106] 아폴론 남성은 아내, 가정, 자신의 일상생활로 돌아가기가 쉽고 정실부인이 아닌 자를 무시한다. 오죽하면 화영은 "당신은 단 한 번도 완전한 내 남자였던 적이 없었어. 당신은 나랑 살면서도 저쪽으로 연결된 끈 한 번도 놓지 않았어."라고 말한다.

준표는 화영과 사실혼 관계에 있으면서도 정식 결혼과 아이 갖는 것을 거부한다. 법과 질서의 수호자라는 페르소나를 가진 준표에게는 당연한 행동일 수 있다. 아폴론 원형은 감정적으로 냉랭해질 수 있으며 치졸한 짓을 할 수 있다.[107] 화영은 아이를 갖고 싶어서 애를 썼지만 준표는 몰래 정관수술을 해버렸다. 가부장제의 혈통은 특별한 경우가 아니면 정실부인의 아들을 통해서 이어진다. 사랑에 눈이 먼 준표도 아들

106 Bolen, 『우리 속에 있는 남신들』, 217~218쪽.

107 위의 책, 205쪽. 아폴론은 아르테미스에게 먼 표적을 맞혀보라고 했다. 그것은 누이의 연인인 오리온의 머리였는데 아폴론이 속인 것이다. 경쟁적인 아르테미스는 연인인지 모르고 쏘아서 오리온을 죽게 했다.

만은 따로 떼어서 생각할 수 없었다. 지수가 아들을 데리고 가겠다고 하자 "엄연한 홍씨 자손이니 나가려면 혼자 나가."라고 호통을 치고 아이를 낳겠다는 화영에게는 '인생 복잡하게 만들지 말라'면서 "경민이한테 그런 짓 못 해. 경민이 생각도 좀 해줘! 이복동생까지 만들어줘야겠어?"라고 말한다. 분노한 화영은 '섹스 파트너 이상도 이하도 아니었다'면서 '복원 수술로 증명해보라'고 하지만 대답하지 못한다. 준표는 가부장제 질서에 철저히 종속되어 있으면서 자신은 예외가 될 수 있을 것이라는 환상 속에서 역설적으로 가부장적 질서에 감금된 남성이다.[108]

S# 화영의 거실(21회)

화영 : 당신과 함께라면 죽을 수도 있었어…… 나한테 너무하지 않아?……

준표 : …… 병원에 갈게…….

화영 : 필요 없어. …(중략)….

준표 : 그래 낳자구. (일어나며)

화영 : 아니. 당신 같은 이기주의에 우유부단/여자 하나 제대로 사랑할 줄 모르는 비겁한 사람 자식 따위 낳고 싶지 않아…….

아폴론 남성은 자신의 가치 기준이 형성되는 머릿속에 파묻혀 살아가며 끝없이 계산을 한다. 화영은 준표의 실체를 깨닫고 더 이상 참아주지 않는다. "이게 당신이 내 문제에 대응하는 방식이야. 당신이 뭔데 날 이렇게 홀대해? 당신이 뭔데 날 무시해?"라며 분노한다. 아폴론 남성은 결과적으로 여성을 업신여기며 그로 인해 버림받는다. 사랑하는 사람과 나를 묶어주는 것은 믿음이다. 충성의 유대가 없이는 삶의 일상적인 분노에 사랑은 쉽게 찢어지고 말 것이다. 준표는 지수가 준 이혼

108 유진희, 「라깡을 통해 본 김수현 작가의 남성 주체 인식」, 48쪽.

서류를 1년 동안이나 몰래 숨겨두었다가 화영이 발견하고 다그치자 그때서야 이혼 신고를 하고 오지만 화영은 결단을 내린다.

S# 거실(24회)
준표 : 생각 바꿔. 이렇게 끝낼 수는 없어…….
화영 : 당신은 내 마음 바꿀 수 없어…… 만신창이로 조각난 자존심 전부 모아서 되찾았거든…….
준표 : …… (보며) 이렇게 끝내면 결국 우리는…… 욕정만으로 결론지어져…… 욕정 때문에 탈선했던 거에 지나지 않아.
화영 : 상관없어…… 다른 사람이 어떻게 생각하든 나만 아니면 그만이야…… 내가 했던 건 분명…… 사랑이었으니까…….

준표는 화영과의 관계가 상실될지도 모른다는 절박감보다는 여전히 자기 행동에 대한 객관적 평가만을 의식하고 있다. 아폴론 원형은 마음으로 최종적인 선택을 내려야 하는 순간에서도 자신이 어떻게 보일지가 더 중요하다. 아폴론 남성의 페르소나는 늘 자신에게 기대되는 것을 해내려는 경향으로 나타난다. 실제로 자신이 원하는 것인지 아닌지 의문을 품어보지도 않는다.

볼린은 아폴론 남성은 어린 시절부터 규칙을 잘 따른 덕분에 사랑과 인정을 받았기에 자기가 하고 싶어 하는 일을 하고 있는지, 자기가 아내를 사랑하고 있는지, 애인을 사랑하고 있는지에 대한 의문을 풀기까지 인생의 절반 이상의 시간이 걸린다고 말한다.[109] 아폴론에게 필요한 것은 모든 결정이 논리에 의해서만 이루어지는 것이 아니라는 사실을 깨닫는 것이다. 논리 대신 자기 마음을 좇고 사랑에 바탕을 둔 결정을 내릴 때 아폴론의 한계인 합리적인 세계를 넘어설 수 있게 된다. 그것

109 Bolen, 『우리 속에 있는 남신들』, 224쪽.

은 많은 고통이 필요하지만 전체 정신에 더욱 접근하게 되는 과정이다.

2) 비겁한 사랑의 희생자

아폴론 남성인 준표는 논리적 사고를 발달시켜온 이성적 · 합리적 인간으로 사고 능력 외에 다른 어떤 것이 의미를 부여할 수 있는지 잘 모른다. 그러던 준표가 사회적 규범을 파기하는 광기 어린 사랑에 빠져들어 개성화에 불을 지피게 된 것은 아폴론의 대극에 있는 디오니소스 원형 때문이다.

아폴론적 요소와 디오니소스적 요소는 그리스 신화가 우주 질서 속의 인간의 위치를 설명하는 양대 기본 개념이다.[110] 그리스 신화는 광대한 우주 속에서 제한된 인간 운명에 순종하고 주어진 분수를 지키려고 하는 자기 한정적인 아폴론적 요소와, 인간성의 운명적 한계를 대담하게 벗어나 인간 능력의 무한한 확대를 추구하는 자기 탈피적인 디오니소스적 요소 사이의 대립 관계 위에서 결정되고 있다. 그리스인들이 델피 신전에서 모순 관계에 있는 두 신을 숭배한 것은 인생의 대극적 요소를 결합, 공존, 통합시키려는 지혜로운 방법이었을 것이다. 융 심리학으로 보면 자아와 그림자를 통합하려는 지혜, 대극과 대극 합일로서의 자기, 전체 정신으로서의 자기를 실현하고자 하는 무의식적인 행위라고 볼 수 있다.

아폴론 남성이 성장하기 위해서는 내면의 디오니소스 원형을 활성화시킬 필요가 있다. 순간을 살아가고 감각, 느낌, 내면의 상상 또는 외적인 경험에 빠져드는 기회를 찾아야 한다. 준표에게는 바이크 타기와 사진 찍

---

110 양영수, 「한국 신화와 그리스 신화의 비교연구—제주도 신화를 중심으로」, 195쪽.

는 취미가 있다. 바이크의 속도감은 순간의 감각이며 사진이란 순간을 포착하는 것이다. 아폴론 남성인 준표에게 이런 취미가 있다는 것은 외면과 내면의 균형을 이루려고 하는 무의식적 선택이었을 것이다.

준표는 여성적 사유의 특징인 전체성, 통합성, 이미지, 직관력, 영감 등의 영역을 전유한 디오니소스의 도움으로 '불같은 사랑'을 했지만 어느 것에도 온전하게 자신을 던지지 못했다. 준표는 재결합하지 않겠다는 지수를 만나 "내가 얼마나 미련하고 모자랐는지 절절이 알아. 반성 많이 했어. 당신 이상의 와이프가 어디 있다구."라며 사과의 말을 한다.

그러나 준표가 진심으로 사과해야 할 대상은 그동안 돌보지 않고 방치해온 자신의 무의식이다. 원하든 원하지 않든 자신의 삶이 요구하는 과제를 외면하고 방기했다. 준표가 두 여성 모두에게 버려진 이유는 가장 자신답게 살아갈 수 있는 자기실현의 기회가 주어졌음에도 그 기회를 놓쳤기 때문이다.

4. 여자의 남자 디오니소스형

〈밀회〉의 남성 주인공 이선재(유아인 분)는 실업계 고등학교를 다니는 둥 마는 둥 하다가 고3인 채로 스무 살이 되었다. 홀어머니 밑에서 빚 갚느라 시작한 퀵서비스 배달 일을 2년째 하고 있다. 어려서 엄마가 일 나갈 때 문을 잠그고 나가는 바람에 혼자서 이웃이 버린 피아노를 '가지고 놀았다'. 그렇게 시작한 피아노 실력이 수준급이지만 스스로만 '나천재'이다. 우연히 인터넷에 올린 연주 동영상을 본 막귀형이 메시지를 보내오면서 혜원과 인연이 닿기 시작하지만 '막귀'가 누구인지 모른다. 선재는 퀵 배달 갔던 서한아트홀에서 조율해둔 피아노를 몰래 치게 되고 준형에게 걸려서 인생이 바뀌게 된다. '진정한 스승이자 영혼을 사로잡아 인생을 거듭나게 해준' 혜원을 만나게 된 것이다.

선재는 비범한 천재이면서 여성에게 사랑받고 필요한 사람이 되는 여자의 남자 디오니소스 원형, 창조적인 아프로디테 여신에 의해 예술가로 탄생되는 대장간의 신 헤파이스토스 원형, 악의 구렁텅이에 빠져 있는 여주인공을 구원해주는 남성 메시아 원형을 보여주고 있다. 선재 캐릭터의 가장 지배적인 원형은 디오니소스이다.

1) 여성적 가치의 구원자

남신, 원형, 남성으로서 디오니소스는 자연과 여성에 가깝다. 올림포스의 막내 신으로서 유일하게 인간을 어머니로 두었으며 죽었다가 부활했다. 디오니소스적인 것은 용솟음치는 감정, 약동하는 생명력, 부조화와 불균형의 긴장미, 혼돈 속의 새로운 창조 등 동적인 가치를 긍정한다. 선재는 틀에 박힌 피아노 연주를 거부하고 영감에 따라 음악을 즐기는 디오니소스적 성향을 보인다. 디오니소스 남성은 대부분의 남성이 여성과 나누지 못하는 깊은 우정을 여성과 나눌 수 있으며 여성의 성욕을 일깨워주고 여성의 인생에 들어가서 가정과 결혼 생활을 파경으로 몰아가기도 한다. 디오니소스는 여성의 성애적 경향과 감동을 불러일으키는 관능적인 남신으로서 격렬한 사랑을 하게 만들고 상대방과 극도로 가깝다는 느낌을 주는 원형이다.[111]

(1) 광기를 가진 음악 천재

디오니소스의 어머니 세멜레는 헤라의 계략으로 제우스의 벼락불에

111 Bolen, 『우리 속에 있는 남신들』, 375~376쪽.

불타서 죽는다. 디오니소스는 제우스의 허벅지에서 자라다가 태어난 후 세멜레의 언니 부부에게 보내져 여자아이로 키워졌다. 이를 질투한 헤라는 디오니소스의 양육자들을 미치게 만들었고 그들은 아이를 죽이려고 했다. 제우스는 디오니소스를 산양(山羊)으로 변신시켜서 니사산의 요정들에게 보냈고 그들은 디오니소스를 동굴에서 키웠다. 디오니소스라는 이름은 '두 번 태어난 자'라는 의미로 두 번이라는 뜻의 디오(dyo)와 태어난다는 뜻의 니소스(nysos)의 합성어이다.[112)]

디오니소스는 이집트를 거쳐 광대한 지역을 여행하면서 가는 곳마다 사람들에게 포도 재배법을 가르쳐주었다고 한다. 정신착란과 폭력은 늘 그를 따라다녔고 헤라 때문에 미쳐서 살인을 저질렀다고도 한다. 디오니소스가 인도로 돌아오자 키벨레 여신, 레아 여신 등 위대한 어머니 여신들이 그가 미친 상태에서 저지른 살인의 죄에서 정화시켜주었고 비법과 비의를 전수해 위대한 여신들의 사제로 만들었다.[113)] 디오니소스는 신화의 남성 세계에서 환영받지 못하는 갈등과 광란의 요소를 가지고 있다.

〈밀회〉에서 선재와 관련해 많이 사용되는 단어가 '미친'이다. 준형이 처음 나천재의 동영상을 보고 "미친놈 개그하나?"라고 하고 혜원은 선재의 떨리는 손가락을 보고서 "미친넘이 아니라 아픈 넘이네."라고 한다. 혜원은 선재의 연주를 처음 듣고는 "미친놈 혼자서."라고 말하고 선재 또한 "돌아버리겠어요." "그거 사람 미쳐요."라고 말한다. 선재는 무용학원 피아노 반주자에게 "이딴 거 맨날 들으믄 누구라두 미쳐!"라고 행패를 부리다가 유치장에 가고 리히테르 회고록 안에 '나는 미친놈이

---

112 유재원, 『그리스 신화의 세계 1 : 올림포스 신들』, 현대문학, 1998, 328쪽. 디오니소스는 어머니 세멜레에게서 한 번, 아버지 제우스의 넓적다리에서 '두 번 태어난 자'이다. 또한 성스러운 니소스(divine Nysus)에서 온 이름이라고도 한다. Bolen, 『우리 속에 있는 남신들』, 346쪽.

113 위의 책, 347쪽.

아니다. 정상이다. 그런데 어쩌면 미친놈이 되고 싶은 건지도 모른다' 에 밑줄을 그어 혜원에게 자신의 마음을 전달한다.

광기(Madness)는 디오니소스 종교의식의 핵심이며 강화된 정신적 힘의 체험이다. 디오니소스에게 휩싸일 때 사람들은 일상 세계의 개체로서의 정체성을 던져버리고 광기에 싸이게 되며 신이 되고 온전해지는 경지에 이르게 된다.[114] 선재가 혜원과 함께 〈판타지아〉 연주를 하면서 보여주는 음악적 교감의 모습은 신적 합일을 추구하는 듯한 디오니소스적 황홀경의 이미지를 구현해준다. 광기와 예언, 비합리성의 디오니소스는 포도주를 발명해 인간을 신산한 삶에서 벗어나게 하며 고통을 잊게 했다.

아폴론과는 달리 디오니소스는 어느 시기에나 대중의 신이었다. 디오니소스의 제의나 축제는 자유 시민뿐 아니라 노예들도 참여가 가능했으며 비극 공연 등을 통해 아테네 민주정의 꽃을 피우는 데 일조했다.[115] 디오니소스는 그리스 역사 속에서 여성적 사유의 특징인 전체성, 통합성, 이미지, 직관력, 영감 등을 남성적 사유로 전유(專有)하였다.[116] 디오니소스는 어떤 것으로도 결박되지 않고 어떤 감옥에도 가두어질 수 없는 자유로운 생명력과 해방의 상징으로 표현된다.[117] 선재는

114 김한, 「신인문학 시대를 위한 우리시대의 신화 읽기—디오뉘소스 살리기를 중심으로」, 『철학 · 사상 · 문화』 Vol.6, 2008, 30쪽.

115 김봉률 · 이재성, 앞의 논문, 33~35쪽. 디오니소스는 처음에는 올림포스의 신이 아니었지만 기원전 5세기에 이르러 아테네에서 디오니소스 신의 위상이 매우 강화됨에 따라 중요한 신으로 대두되었다.

116 위의 논문, 36쪽. 이 과정은 여성들이 배제되는 정치적 과정이다.

117 김한, 앞의 논문, 28쪽. 디오니소스는 여행길에 그를 핍박하는 자들을 놀라게 했는데 예를 들어 디오니소스를 감옥에 가두면 감옥 문이 저절로 열리고, 결박을 하면 밧줄이 스스로 풀어지는 일 등이다. 디오니소스는 언제나 자유로운 몸이 되어 그들 앞에 우뚝 서 있었다.

가난하고 앞이 보이지 않는 환경에서 스스로 피아노를 해방의 도구로 삼아 즐기며 살았다. 선재의 피아노는 누구에게 보여주기 위한 것이 아니라 스스로의 만족을 위한 것이다.

디오니소스에게 음악은 목표가 아니라 사랑하고 즐기는 것이다. '유튜브 들어가서, 잘하는 사람들 거 듣구, 따라 치던' 나천재는 혜원이 '박자를 쪼개가며' 레슨을 해주자 자신이 하고 싶은 음악에 대해서 말한다.

S# 연습실(밤)(8회)

선재 : 저는 그게 사랑이라구 생각해요. 끝까지 즐겨주는 거요. 이 곡두 그렇게 하구 싶어요. 비트 16, 32, 막 쪼개가면서 어깨 빠지게 연습하구, 변주 8번 스타카토 더럽게 맘에 안 들다가 어느 날 갑자기 뻥 뚫려서 기분 째지구, 그게 최고로 사랑해 주는 거죠. 라흐마니노프랑 파가니니가 얼마나 좋아하겠어요. 그게 장땡이잖아요. 먹이사슬이구 노비구 뭐구.

이런 선재의 연주를 클래식 음악을 모르는 친구 다미와 장호, 식당 주인 옥진 이모까지 반해서 듣는다. 선재가 말하는 음악의 본질은 격식을 따지는 대신 속박으로부터 벗어나는 자유로운 음악을 의미한다. 니체(Nietzsche)는 경시되던 디오니소스를 부활시켜 음악과 시(詩)를 연계시켰는데 니체에 이르러 디오니소스적 사유는 아폴론적 사유와 비교되며 확실하게 남성적으로 자리를 잡게 된다.[118] 디오니소스의 음악은 아폴론의 음악과는 차이가 있다. 도취된 영혼에서 나오는 꿈같은 것이며 신체의 경험으로 인지되는 것으로서 자신을 의식하지 않고 자연스럽게 반응하는 춤이자 음악이다. 반면 아폴론의 음악은 명료함과 순수함, 깨

118 김봉률 · 이재성, 앞의 논문, 39쪽.

끗한 선율, 고등수학과도 비슷한 순수성에 가치를 둔다.[119]

디오니소스는 음악을 연주하는 것처럼 연애를 한다.[120] 아르테미스나 아프로디테 여신을 따르며 희열을 얻던 여성들은 후대로 오면 디오니소스를 따르는 광기의 무리가 된다. 디오니소스는 무사이(Musai)[121] 여신을 대신해 예술의 신이 되었다. 인간의 상상력을 자극해 창조적 영감이 흘러나오게 하며 춤과 음악의 주인을 대표하는 신이 된 것이다. 또한 행운의 예감, 섬광 같은 순간적 통찰력, 직관적 지혜를 나타내기도 한다.[122]

슈미트(Schmidt)는 디오니소스 유형의 캐릭터에게 가장 큰 동기를 부여하는 것은 사랑과 소속감이라고 말한다. 삶에서 가장 중요한 것은 여성으로부터 사랑을 받고 그들에게 필요한 사람이 되는 것이다. 여성과 함께 있으면 결속된 느낌을 받으며 육체적 관계와 상관없이 많은 여성에게 동시에 무조건적인 사랑을 줄 수도 있다. 디오니소스의 본성과 감수성은 여성에게 매우 매력적으로 부각되며 여성의 내면에 숨겨진 고통과 욕구를 정확하게 파악하기도 한다.[123] 여자 친구 다미와의 관계, 혜원을 만나면서 혜원 내면의 고통과 욕구를 드러내게 하는 선재의 역할은 디오니소스의 특성과 부합한다.

---

119 Bolen, 『우리 속에 있는 남신들』, 193쪽. 아폴론의 노래는 목표를 향해 속도를 내며 날아가서 적중하는 노래이다. 분명하게 보이는 진리를 향해 직진으로 날아가며 영원의 현현으로서 마치 신이 음악을 통해 나타난 것과 흡사하다. 박자로 하모니를 이루는 바흐의 고전 음악이 대표적이다. 절제와 아름다움은 아폴론 음악의 정수이자 효과이며 그것은 사나운 것들을 모두 억제한다.

120 위의 책, 358쪽.

121 뮤즈(muse)를 고대 그리스인들은 무사(Musa)라고 불렀는데 이것의 복수형이 무사이(Musai)이다.

122 김봉률 · 이재성, 앞의 논문, 37쪽.

123 Schmidt, Victoria, 앞의 책, 145~146쪽.

볼린은 디오니소스를 대표하는 이미지 가운데 하나가 신동(神童)이라고 하면서 신동 원형은 인성과 신성을 동시에 갖춘 특이성을 나타낸다고 했다.[124] 만약 디오니소스 원형과 더불어 신동의 측면이 억압된다면 이 원형은 진정하지 못하다는 느낌, 중요한 어떤 것을 무시하거나 무의미한 생활을 영위하게 만드는 모호한 느낌이 들게 되면서 어려움이 생긴다. 혜원이 자신을 '우아한 노비'라고 자조적으로 말할 때 선재는 자신의 경험을 떠올린다.

S# 음악실(8회)[125]
막막하고 슬프다. 무장해제한 듯한 혜원 모습. 내가 알 수 없는 거대한 배후. 아가리. 어둠. 절망감. 해 질 녘에 오토바이를 타고 다리를 건널 때나, 지하철 역으로 꾸역꾸역 들어가는 인파를 보면서도 이 비슷한 걸 느끼곤 했는데……

'나천재'는 새벽부터 늦은 밤까지 이어지는 고단한 삶의 현장에서 희망 없이 살아갔다. 골방에 박혀 피아노를 치고 자신만의 음악 세계에 푹 빠져 사는 것이 유일한 낙이었다. 초등학교 시절부터 모차르트의 소나타가 '장조에서도 단조 느낌이 나고 단조에서도 장조 느낌이 난다'는 것을 알아낸 비범함이 있으나 누구도, 선재 자신도 '자신을 모르고' 살았다. 그러나 혜원에게 발탁되어 '나천재'가 아니라 진정한 천재의 면모를 보여준다. 쇼펜하우어(Schopenhauer)는 천재란 세계와 사물의 본질을 파악하는 자이며 주저 없이 본질로 접근하는 재능을 가진 자라고 했

124 Bolen, 『우리 속에 있는 남신들』, 350쪽.
125 선재의 속마음이 제시된 지문이다.

다.[126] 선재는 음악의 본질에 대해 명확히 파악하고 있으며 바흐의 평균율을 '악보에 그렇게 써 있는 것 같다'면서 페달을 밟지 않고 침으로써 자기만의 '해석'을 해낸다.

선재는 음악적인 천재만이 아니라 삶에 대한 태도와 행동의 측면에서 평범하지 않은 천재의 모습을 보여준다. 지기 눈으로 세상을 보고 자기 머리로 생각을 하고 자기 입으로 자기 말을 한다. 말투는 비록 어눌해도 말을 할 때 에두르지 않고 정곡을 찌른다. 쇼펜하우어의 천재에 대한 개념을 적용하자면 선재는 자신의 능력과 융통성을 가지고 자유롭게 활동할 수 있는 천재이다. 평범한 이들의 눈으로 볼 때는 이상해 보여도 남의 눈을 의식하지 않고 그래서 상투적이지 않으며 온전한 자기 자신이 될 수 있고 천재가 될 수 있다.[127]

(2) 어머니의 구출자

디오니소스가 그리스 후기 데메테르와 페르세포네를 대신해 부활을 상징하는 지신(地神)으로 그리스 신화에서 자리 잡게 된 것은 그가 죽음의 세력과도 싸워 이길 수 있었기 때문이다. 이러한 힘은 제우스보다도 더 위대했다고 평가할 수 있다.[128] 제우스의 허벅지에서 태어난 디오니소스는 어머니 세멜레를 한 번도 본 적이 없지만 어머니에 대한 그리움 때문에 어떤 위협에도 굴하지 않는 담대한 용기를 내어 지하 세계에서 어머니를 데려오기로 했다. 디오니소스는 어머니를 구출해 오기 위해

---

126 김진엽, 『미학』, 책세상, 2007, 229쪽.

127 조민준 · 유선주, 「〈밀회〉 안판석 PD "단 한 개의 음표, 단 하나의 손동작도 틀리지 않았다."」, 『맥스무비』, 2014. 5. 20.

128 김한, 앞의 논문, 29쪽.

목숨을 걸고 싸웠다. 제우스도 어쩔 수 없이 다른 신들의 동의를 얻어서 세멜레가 올림포스에서 함께 살도록 허락했다. 이로써 세멜레는 인간으로서는 최초로 신들과 함께 올림포스에 올라가서 살게 되었다.[129)]

이 신화는 '어머니의 아들'로서의 디오니소스의 모습을 보여준다. 융은 소년 원형은 무의식에 있는 초월적이고 영적인 능력과 관계되는 정신 요소로서 신화에서는 디오니소스나 아티스 같은 소년 신(child God)으로 나타난다고 주장했다.[130)] 남성이 이 원형과 동일시하면 어머니이자 애인이 될 수 있는 여성을 이상화한다. 디오니소스는 자신이 모성적 세계와 연결되어 있다고 느끼며 전통적으로 여성적인 일로 간주되는 남을 돌보는 일이나 집안일에 관심을 가짐으로써 모성 본능을 드러낸다.[131)] 디오니소스 남성은 여성에게 모성애를 불러일으키며 여성은 그를 돌보게 된다. 앞서 분석한 드라마들의 어머니와 아들 유형의 남성 캐릭터들의 경우 모성 콤플렉스를 가진 어머니의 아들 즉 '영원한 소년'의 특성을 많이 가졌다. 모성 콤플렉스는 남성성이 위축되어 어머니 혹은 아내에 대해 왜곡된 태도로 드러나는 것인데 이는 소년 원형이 부정적으로 작용했을 때이다.

그러나 선재의 경우는 소년 원형의 긍정적 측면이 부각되고 있다. 소년 원형은 아들, 소년, 신, 영웅 등으로 나타나면서 한 사람의 삶이나 집

---

129 Bolen,『우리 속에 있는 남신들』, 348쪽. 디오니소스가 구출해 결혼한 인간 여성 아리아드네처럼 인간 세멜레도 처음에는 달, 대지와 관련된 여성으로 숭배되었다. 디오니소스는 소멸해가는 초창기 여신들을 대표하는 여성들을 여느 남신들처럼 지배하거나 강간하는 대신 구출해내고 되살려놓은 유일한 남신이다.

130 김성민,「한국 그리스도인의 성격과 전일성의 회복」, 27쪽.

131 Bolen,『우리 속에 있는 남신들』, 353쪽. 선재 또한 집안일과 돌봄 노동에 익숙하다. 오혜원의 분석에서 서술했다.

단에 활력을 주고 새로운 생명을 가져온다.[132] 소년 원형의 반대편에 있는 것은 노인(Senex) 원형이다. 노인 원형의 대표적인 특성은 법과 질서라고 말할 수 있다. 소년 원형이 새싹처럼 자연에 새로운 기운을 붓고 자라게 하는 것이라면 노인 원형은 씨가 열매를 맺게 하고 거두어들이는 것이다. 소년이 분출, 도약, 활력이라면 노인은 안정, 절제, 정돈의 표상이다. 노인 원형은 분출된 생명력을 틀 안에 넣어서 완성되게 하는 것이다.[133] 대극적인 요소는 긴장 관계 속에서 서로의 약점을 보완해야 한다. 선재는 소년 원형과 노인 원형의 통합이 이루어진 캐릭터이다.[134] 소년의 활력과 노인의 안정이 조화를 이루고 있다. '쌩까시나요', '장땡이잖아요'와 같은 말을 하는 그 또래의 평범한 청년인가 하면 혜원이 '배우는' 멘토로서 노현자 원형이 제시할 만한 삶의 진리를 전달한다.

S# 사랑방 앞 데크(12회)
– 에어컨 파이프, 흉물스럽다.
혜원 : 참 무신경해…… 저런 게 다 눈에 안 보이나 봐……
선재 : (조금 웃음) 저희 집은 저거보다 백 배 더한데. …(중략)… 저것두 역사죠. 과정이구…… 다 그런 눈으루 보시믄 되잖아요.
…(중략)…
혜원 : 알았어. 고만 좀 가르쳐.
선재 : (웃음) 제가 뭘 가르쳐요. 오혜원한테.
혜원 : 계속 그러구 있잖아. 아까부터, 아니 전에두 자주,
선재 : 그럼 배우시든가.

---

132 김성민, 「한국 그리스도인의 성격과 전일성의 회복」, 27쪽.

133 힐만은 노인 원형은 로마의 농업 신 새턴(Saturn), 그리스의 시간의 신 크로노스(Kronos)로 인격화된다고 주장했다. 김성민, 「한국 그리스도인의 성격과 전일성의 회복」, 29쪽.

134 반대로 강준형에게서는 노인 원형과 소년 원형의 분열된 성격이 발견된다. 추후 설명하기로 한다.

천하의 혜원을 '가르치는' 선재 캐릭터의 역할은 치밀한 영상 이미지와 대사로 처리된다. 드라마 초반부 선재의 노현자 원형의 특성은 혜원과 처음으로 단 둘이 '집'에 들어갈 때 의미심장하게 제시된다.

S# 계단 입구(밤)(6회)
선재 : 어둡구 위험해요. 선생님한테는.
혜원 : (철계단 돌아보고는) 너 잘 따라갈게.
– 철계단 앞.
선재 : (난간) 이거 좀 더러운데, 그래두 잡으세요. …(중략)…

S# 선재 집 문 앞(밤)
– 선재, 손이 떨려서 열쇠 구멍 조준이 안 된다. 혜원이 핸드폰 불빛 비춰준다. …(중략)…

S# 선재 집
– 꽉 짠 걸레와 수건을 양손에 나누어 들고 나오는 선재. 수건을 혜원에게 건넨다.
선재 : 손, 닦으세요.
혜원 : (얼결에 받는다)

선재에게 가는 길은 아버지의 법으로 볼 때는 '어둡고 위험한' 길이지만 혜원은 선재를 '따른다'. 선재가 문을 여는 '열쇠'의 상징은 무의식이 진정한 자기(Self)에 대한 접근을 허용하고 있거나 더욱 겸허하게는 어떤 문제에 대한 해답을 제공하고 있다는 신호이다. 삶 속에서 실현하거나 사용하지 않은 어떤 역량이 발휘될 수 있는 기회가 제공되고 있다는 의미이다. '열쇠를 가진 자'[135]인 노인은 지혜의 원천 즉 내면에 존재하

---

135 〈애인〉의 윤여경 캐릭터의 개성화에서는 '열쇠를 가진 자' 헤카테 여신이 이 역

는 깊은 원천을 상징한다. 그를 따라가야만 모든 비밀들, 숙명, 진정한 자기를 찾을 수 있을 것이다.'[136] 이는 혜원이 선재를 통해 자신의 깊은 내면과 만나 진정한 자기를 찾는 기회를 얻게 될 것이라는 설정이다. '손 닦으라'는 대사는 '더러운' 상류계급의 노비로서 더러운 것을 붙잡고 살아가는 혜원이 결국 선재 집에서 손을 닦고 다시 태어나게 될 것이라는 의미로 읽힌다.[137] 그 해답을 수건을 건네는 지혜자 선재가 가지고 있다. 그래서 혜원은 선재를 향해 '영어 독일어 잘 못해도 한없이 총명한 선재'라고 부르고 "너한테 배워볼게."라고 말하는 것이다.

디오니소스가 올림포스에서 자기 자리를 잡기 전에 해낸 마지막 일은 신인(神人)의 임무였다. 저승에 가 있는 인간 어머니를 구출하기로 마음먹고 저승 가는 깊은 연못으로 뛰어 들어간 디오니소스는 하데스의 어둠의 집에서 어머니를 구하고 이승을 거쳐 올림포스산으로 데려갔다. 융 심리학자 노이만은 이로써 디오니소스는 신동과 사춘기 소년을 넘어 신인이 되었다고 말한다.[138] 신인은 양성성이 겸비된 자웅동체의 아들이며 저승의 위험을 견뎌내고 자신과의 싸움에서 이겨 자아를 단련시킨 인물이라는 것이다. 신화에서 디오니소스는 자신에게 무시무시한 힘을 행사하는 어머니 헤라에 대한 공포를 극복했다.[139] 인간 어

할을 했다.

136 Ackroyd, Eric, 앞의 책, 298쪽.

137 혜원은 선재의 친구들에게도 혐오의 대상이다. 다미가 "너 드러운 물들까 겁나서. 초록은 동색, 그런 말 들어봤냐? 그 아줌마두 똑같애."라고 말하자 선재는 "(더 버럭) 알어! 그치만 기회를 줘야 할 거 아냐! 내가 좋아서, 나 사랑해서, 인제 그만 드럽구 싶다는데!"라고 북받쳐서 말한다.(13회)

138 Bolen, 『우리 속에 있는 남신들』, 379쪽.

139 세멜레는 헤라의 계략으로 제우스의 벼락불에 타 죽었다. 헤라는 디오니소스를 죽이려고 했다. 디오니소스와 헤라가 나타내는 가치 충돌을 고려하면 당연한 행동이다. 위의 책, 356~358쪽.

머니를 다른 어떤 여성만큼이나 사랑할 수 있게 되었을 때 그는 인간 어머니를 구해낼 수 있었고 소년 자아는 신인(神人) 자아로 성장했다. 디오니소스 원형의 선재는 어둠의 세계에 살고 있는 자신의 상징적 어머니 혜원을 사랑해 두려움을 극복하고 그녀를 구출한다.

(3) 혁명적 오이디푸스

한국 멜로드라마에서 스무 살 청년과 마흔 살 유부녀와의의 사랑은 지금까지 없었던 가장 강력한 불륜의 설정이라고 할 수 있다. 선재는 금기의 영역에 있는 혜원에 대한 사랑을 숨기지 않는다. '선생님 앞에서 재롱이나 떠는 어린애'가 아닌 선재는 혜원을 '안아주고' 사랑하는 여성에게 가지는 육체적 욕망을 숨기지 않는다. 선재의 '언젠가는 같이 자기를 바라지만', '짐승이니까', '몸으루 기억해야지' 등의 대사는 여성의 성애를 촉발하는 디오니소스적인 대사로서 정성주 작가가 말하듯이 '사랑의 육체성'을 표현하고 있다.[140]

---

140 이 같은 디오니소스적인 대사들은 모자(母子) 관계를 불식시키고 연인 관계임을 강조하려는 전략에서 사용된 것이라고 생각된다. 정성주는 〈밀회〉에서 '사랑의 육체성'이 매우 중요했다고 말한다.

"여주인공의 상대역이던 청년에 대해서 제가 좀 특별한 경험을 했어요. 뭐냐면 이게 까딱 잘못하면 나이 마흔 살 여자 스무 살 남자 이러면 이게 여자가 그 유사 엄마가 되기가 쉬워요. 그런 느낌을 줄 수 있어요. 그런데 그러면 이거는 연애가 쉽지가 않아요. 모자 근친, 이런 거가 막 연상이 되고 그러지 않나요? 〈밀회〉는 그 여자의 화보 같은 인생을 붕괴시키는 게 목표였기 때문에 사랑의 육체성은 굉장히 중요했어요. 그래서 육체적으로 사랑을 해야만 되는 거예요. 어떤 마흔 먹은 여자가 아주 노련한 여자가 키스도 한 번 안 해보고 그냥 숨결 몇 번 스친 것만으로 자기 인생 행로를 수정을 하겠습니까? 그거는 저는 17세기 소설에서만 가능하다고 생각하고 그때도 아마 다른 방식으로 다 했을 거예요 아마. 그런데 어쨌든 이 육체성이 너무나 중요했기 때문에 이 청년을 그리는 거

S# 혜원 집의 손님 방(5회)

선재 : (조심스럽고 서툴지만 분명한 어조) 선생님은 제가 젤 힘들 때, 저 자신이 완전 극혐이라 죽구 싶을 때, 저더러 다시 피아노 치라 그러셨구, 제 마음이 흔들리는 걸 읽어주셨잖아요.

혜원 : (얘 정말 연습했나, 웬 말을 이렇게)

선재 : 그거 부지하게 쩠어요. 남사는 그럴 때 키스해요.

〈밀회〉는 근친상간적인 불륜 소재를 통해 인류 역사에 뿌리 깊이 박혀 있는 가부장제와 남성 우월주의에 대해 문제를 제기한다. 선재와 혜원의 사랑과 관련해 떠오르는 신화적 사건은 아프로디테의 저주의 희생자인 파이드라와 의붓아들 히폴리투스(Hippolytus)이다. 히폴리투스는 아르테미스만을 섬겨 아프로디테의 미움을 받았다. 아프로디테는 앙갚음으로 파이드라가 히폴리투스를 사랑하게 만들었다. 히폴리투스는 사랑을 거부했고 창피를 당한 파이드라는 히폴리투스가 자신을 강간하려 했다는 거짓 모함의 유서를 남기고 자살해버렸다. 히폴리투스는 아버지 테세우스의 부탁을 받은 포세이돈에 의해 죽임을 당했다. 이 신화는 실제 이루어지지도 않은 근친상간조차 비극적으로 끝난다는 것을 말해준다.

선재의 어머니는 입시 오디션 날 손난로가 없다고 투덜거리는 선재를 위해 나갔다가 교통사고로 사망한다. 이것은 연상 여성과의 사랑을 다루는 드라마에서 감정이입의 방해 요소를 제거한다는 실리적 목적이 있는 설정이지만 원형적인 의미가 있는 사건이다. 낳아준 생모를 죽임으로써 폐쇄적이었던 자신을 세상으로 이끌어줄 사회적 어머니로서

는, 이 청년의 캐릭터는 조금 더 복잡했어요. 이 여인을 엄마로 생각해서는 안 된다." 정성주, 〈TV 드라마 특강〉, 한국방송작가협회 교육원, 2015. 9. 19.

혜원을 받아들이는 계기가 되는 것이다.[141] 혜원은 선재를 새롭게 태어나게 해준 제2의 어머니 역할을 하게 된다. 중요한 것은 선재의 상징적 어머니이자 연인이 될 혜원이 스무 살 연상이라는 사실이다. 정성주 작가의 우려에도 불구하고 스무 살 차이의 사랑은 신화적으로 어머니와의 성애를 의미한다.[142] 처음 선재를 제자로 삼은 사람은 혜원의 남편 준형이다. 선재는 상징적 아버지 격인 준형을 배신하고 상징적 어머니인 혜원과 결합한다. 이는 오이디푸스 콤플렉스의 변용으로 볼 수 있다. 오이디푸스는 아버지인 줄 모르고 아버지를 죽이고 어머니인 줄 모르고 어머니와 결혼했다.[143] 그리고 모든 사실을 알게 되자 죄책감에

141 선재의 "저는 그날 다시 태어난 거나 마찬가지예요. 제 영혼이, 거듭난, 거죠" 라는 대사를 복기해볼 필요가 있다. 선재의 생모를 상징하는 색은 노란색이다. 늘 노란 옷을 입고 있으며 선재의 집에도 노란 수건이 걸려 있다. 생모가 죽고 다시 집에 돌아온 선재가 혜원에게 내민 수건의 색도 노란색이다. 선재가 혜원을 오토바이에 태우고 갈 때 박스의 색깔도 역시 노랑이다. (다미를 태울 때는 파란색) 선재는 다미를 태울 때는 칸막이를 세우고 태우지만 혜원에게는 등받이만을 세워주고 칸막이를 세우지 않는다. 생모의 노란색은 혜원과의 사이가 깊어지면서 점차 사라지다가 나중에는 완전히 자취를 감춘다. 박혜정 · 조용진, 앞의 강연 참조.

142 정희진, 앞의 강연.

143 이건우는 보편적 신화소로서 주권 여신에 대해 주목한다. 켈트 신화의 전통에서 여신은 백성에게 승리와 번영을 가져다주기 위해 왕과 잠자리를 함께하는 땅의 여신인데 이것은 그리스 신화 전통에서도 보편적으로 나타난다. 시련의 극복을 통해 잃어버린 주권을 회복하는 내용을 지닌 영웅담의 경우 그 잠재적 동인은 주권 여신의 신화소이다. 메데이아 덕분에 이아손이 영웅이 되고 아리아드네 덕분에 테세우스가 영웅이 되는 것을 보면 모두 적대국 공주가 그들 남성을 선택했기 때문이다. 남성주의의 색채가 강하게 남아 있던 그리스 로마 신화에서조차 왕권의 승계는 반드시 아버지에서 아들로 이어지지 않았다. 그 예가 오디세우스의 아내 페넬로페를 두고 벌이는 구혼자들의 각축이며 극단적인 예가 오이디푸스이다. 오이디푸스는 어머니와 결혼한 것이 아니라 피정복국의 여왕과의 결혼을 통해 정복자로서 피정복국의 주권을 인수한 것일 뿐이다. 주

자기 눈을 찌르고 어머니 이오카스테(Iocaste)는 자살한다. 아버지의 여자를 탐해서는 안 된다는 아버지의 법을 어긴 결과는 여성과 남성 모두의 죽음과 그와 유사한 처벌을 받는 것이다.

그러나 선재는 상징적 아버지의 아내라는 것을 '알면서도' 혜원을 사랑하고 죄책감을 갖지 않으며 혜원의 남자가 된다. 더욱이 비난받아 마땅할 불륜 남녀의 사랑이 정당성을 얻어 시청자들은 〈밀회〉를 '지켜주고 싶은 드라마'[144]로 만들고 남녀 주인공은 해피엔딩이라는 파격적 결말을 맞는다.[145] 에코(Eco)는 『글쓰기의 유혹(*Sugli Specchi*)』에서 '작가는 대중이 원하는 것이 아니라 원해야 하는 것을 쓴다'[146]고 했다. 신화에 바탕에 둔 문학은 때로 당대 사회에서 쟁점이 되고 있으면서도 노골적으로 다루기에는 예민한 시의성 있는 문제들을 우회적으로 접근하여 검열을 피할 수 있는 안전장치의 역할을 하기도 한다.[147] 〈밀회〉 또한

권 여신의 개념은 세계 보편적인 신화소이다. 오늘날 텔레비전 드라마의 공통된 주제인 결혼 지상주의도 주권 여신 신화소의 흔적일 수 있다. 드라마의 남성 주인공들은 많은 경우 부와 명예를 버리고 순수한 사랑을 선택하기도 하는데 그것은 바로 주권 여신이라는 보편적 신화소가 사랑이라는 이름으로 혹은 결혼이라는 제도로 우리에게 내면화되었다는 증거일 수 있다. 이건우, 「보편적 신화소로서의 주권여신」, 『人文論叢』 Vol.49, 2003.

144 당시 인터넷과 미디어에서 가장 많이 회자된 말이 '지켜주고 싶은 드라마'였다. 시청자들은 이들의 불륜을 지켜주고도 싶고, 둘 사이를 눈치챈 준형으로부터 언제 발각이 될까 조마조마한 마음에 〈밀회〉에 대해 이렇게 불렀다.

145 〈밀회〉는 정신적인 감정 교류만 하다가 결국 각자 자기 자리로 돌아간 〈애인〉, 시작부터 불륜의 본질에 대해서 파고들었지만 결국 세 남녀가 각각 흩어지는 쓸쓸한 비극으로 마무리된 〈내 남자의 여자〉 등과는 차원이 다르다. 이전 멜로드라마는 견고한 가부장제에 반항을 시도해 결국 균열을 내는 수준에 그쳤지만 〈밀회〉는 신화적 근친상간을 설정했음에도 해피엔딩이 되고 이러한 결말에 대해 시청자들은 열광했다.

146 Eco, Umberto, 『글쓰기의 유혹』, 조형준 역, 새물결, 2005.

147 송기정, 「외디푸스 신화의 재창조 : 식수의 Le Nom d'Oedipe를 중심으로」, 『佛

예외가 아니다. 작가는 역사적인 우화를 통해 현재의 위기와 불안을 반투명의 상태로 여과시키면서 자신의 목소리를 전달한다. 그 목소리는 가부장제 이데올로기가 결코 처음부터 있던 자연스러운 것이 아니라는 사실이다. 〈밀회〉는 오이디푸스적 불륜 소재를 통해 하나의 상식으로 받아들여져 왜?라는 의문조차 제기되지 않는 가부장제에 대해 대중이 한 번쯤 심각하게 재고를 '원해야 한다'고 문제 제기를 하고 있다.

다시 여성주의 작가인 엘렌 식수를 기억할 필요가 있다. 식수는 서양 신화를 남성적 시각에서 구축된 이데올로기의 산물로 규정하고 신화의 의미를 전복해 해체적인 독해를 시도한다.[148] 식수는 남성들이 가하는 억압의 밑바닥에는 여성의 욕망에 대한 두려움이 존재한다고 하면서 여성적 글쓰기를 제안했다. 글쓰기는 변화의 가능성 그 자체이고 전복적 사상의 디딤돌 역할을 할 수 있는 공간이라는 것이다.[149] 식수는 오페라극 〈오이디푸스의 이름(*Le Nom d'Oedipe*) : 금지된 몸의 노래〉를 통해 오이디푸스 신화를 새롭게 창조하고 있다. 오이디푸스는 여러 신화들 가운데에서도 20세기에 들어와 가장 큰 변용을 겪으며 작가들에 의해 가장 혁신적인 모습으로 재탄생되어온 신화이다. 식수는 〈오이디푸

語佛文學硏究』 Vol.52, 2002, 276쪽.

148 송기정, 앞의 논문, 278쪽. 식수는 신화에 교묘히 위장된 가부장제, 남성 우월주의, 여성 폄하와 멸시의 주제를 밖으로 들춰내어 서양 신화들이란 남성들이 구축한 나르시시즘적 시나리오라는 것을 고발하고 당연하게 굳어져버린 부정적인 여성성의 인식을 전복시키고 있다.

149 위의 논문, 280~282쪽. 식수가 말하는 새로운 언어는 아버지의 법에 의해 규정되고 문법화한 언어가 아닌 어머니의 언어이다. 여성적 글쓰기란 몸의 진리를 드러내는 글쓰기이며 무의식의, 토해내고 분출하고 내치는 글쓰기이다. 여성적 글쓰기의 또 다른 특징은 양성성이다. 남성과 여성이 성적 차이의 관점이 아닌 상호적으로 교환하고 뒤섞이면서 상대방의 차이를 수용하고 서로를 받아들여 서로를 더욱 풍요롭게 하는 의미에서의 양성성이다.

스의 이름〉에서 근친상간을 범한 어머니 이오카스테에게 목소리를 부여해 자신의 태도로 말하고 자신의 욕망을 거리낌 없이 이야기하는 현대의 여성으로 표현하고 있다.

이오카스테는 오이디푸스로 하여금 운명을 거부하라고 설득한다. 그녀는 과거를 부정하며 현재만을 살고자 한다. 아들의 출생도, 남편의 살해도, 신탁도, 그녀에게는 존재하지 않는다. 존재하는 것은 오로지 항상 다시 시작하는 현재이며 오이디푸스와의 첫사랑의 순간만이 존재한다. 이들에게는 운명을 감내하는 인간적 고뇌도 자신의 행위에 대한 죄의식도 없다. 이오카스테는 죽지만 그것은 죄의식에 따른 자살이 아니라 아들의 사랑을 잃게 된 것에 대한 회한의 죽음이며 사랑의 애절함으로 인한 생명의 소진이다. 식수의 오이디푸스는 스스로를 처벌하지 않는다. 스스로 눈을 찌르지도 않으며 어머니의 사랑을 받아들인다. 이오카스테는 죽지만 그녀의 죽음 후 돌아온 오이디푸스와 함께 탄생 이전의 통합을 이루며 새로운 존재로 태어난다. 이것은 아버지의 법이 지배하는 세상에 대한 총체적인 전복이다.

식수의 작품에서 오이디푸스도 처음에는 다른 남성들처럼 영광과 명예를 소중히 여겼다. 오이디푸스 콤플렉스는 아들이 아버지를 살해한 후 아버지를 내면화해 찬미함으로써 생긴다. 이 아버지는 죽은 후에야 힘을 발휘하는 상징적 아버지, 이름으로 존재하는 아버지이다.[150] 아버지의 이름은 근친상간을 금기시한다. 라캉은 아버지의 금지가 없는 둘만의 폐쇄적인 관계를 정신병의 세계로 정의했다. 그러나 식수는 그것은 남근 중심적 사고라고 비판하면서 라캉이 말한 폐쇄적인 세계를 역설적으로 열린 세계이자 자유로운 세계로 창조한다.[151] 창조는 아버지

---

150 송기정, 앞의 논문, 287쪽.

151 위의 논문, 288쪽.

의 이름에 대한 거부를 통해서 이루어진다. 신화가 말하는 근친상간의 금기, 아버지의 법에 대한 거부는 사회적 억압에 대한 거부를 은유한다.[152] 식수는 이를 통해서 사회의 지배 가치와 권위를 넘어서는 인간의 한없는 가능성을 표현하는 자유의 승리를 노래하고 있다.

식수의 작품에서는 이오카스테가 주도적인 캐릭터로 등장하지만 〈밀회〉에서는 오이디푸스 원형인 선재가 아버지의 이름을 거부하는 어머니와의 사랑을 주도한다. 선재에게는 아버지의 법, 아버지의 이름이 중요하지 않다. 선재에게 시급한 것은 사랑하는 여인의 구원뿐이다.

S# 공사장(11회)

선재 : 제가 피아노 쳐서 나라 구해요? 그거 한다고 이런 걸 모른척 한다면 그게 사람이에요? 기생충이지? …(중략)… 그냥 당장 벗어나요. 나 오늘 그 말 할려구 불러냈어요. 좋은 집, 좋은 차, 그런 거 다 포기하랠라구,

혜원 : 연습 중이야.

선재 : 연습이 뭐 필요해요. 연습 전혀 없이 키스했고, 잤고, 정신 못 차리게 사랑하는데.

혜원 : (재밌어. 니 말투)

선재 : 그럼 편지 써놓구 가출해야죠! 청운동, 한남동이 무슨, 우주예요? 벗어나면 죽을까 봐? 산소 없을까 봐?

혜원 : (웃음) 말 참, 겁나 섹시하네.

선재는 그리스 신화의 오이디푸스 콤플렉스를 해체했음은 물론 식수 작품에서의 오이디푸스도 넘어선다. 가부장제와 남성 우월주의가 가지는 견고한 남성적 연대를 깨뜨리는 혁명적 캐릭터인 것이다.[153] 디오니

---

152 송기정, 앞의 논문, 294쪽 참조.

153 정희진, 앞의 강연. 한편 최지은은 대부분의 창작물이 닿지 못하는 그 경지에

소스 원형은 여성이 자기 내면의 강한 반대 세력과 화해하지 못해 일어나는 심리적 분열이나 정신적 시련을 촉발시킨다. 두 개의 반대되는 경향이 교차하는 지점에 있게 되는 상황은 디오니소스 남성에게 나타나는 공통된 역경이다. 이 역경은 오이디푸스적인 죄의식에서 기인한다. 식수의 오이디푸스도 죄의식으로 인해 멈칫했다. 그러나 선재는 아버지의 이름 밑에서 '지혜롭게 숨기란 불가능'하다는 것을 깨닫고 마음이 시키는 대로 행동한다. 이 주도성이야말로 식수의 오이디푸스를 넘어서는 지점이다. 이오카스테에게 중요한 것은 순간이었다. 과거도 미래도 중요하지 않았다. 디오니소스의 관심 또한 방법을 수반하는 어떤 목표에 있는 것이 아니라 순간에 있다.[154] 일련의 사건에 대응하는 사람들 사이에서 디오니소스는 자기 내면에서 일어나는 대로 움직인다. 디오니소스는 격렬하면서도 자연스럽게 음악이나 연인과 하나가 된다. 식수는 이오카스테와 오이디푸스의 사랑의 향연에서, 이름은 무의미하며 오로지 몸짓만이 있을 뿐이라고 했는데 디오니소스 원형을 구현하는 선재의 혜원에 대한 사랑도 그와 동일하다.

(4) 가슴 가진 남자

오늘날 혜원과 같은 아테나나 아르테미스적인 여성 영웅이 원하는 것은 그들의 아버지가 원했고 또 당연한 것으로 여겼던 자신을 보살펴 주는 누군가의 존재이다. 사랑과 힘을 주고 고충을 들어주며 전투에 지

지금 〈밀회〉가 있다고 하면서 정성주 작가는 어둡고 위험한 세계의 창조자라고 평가한다. 최지은, 「〈밀회〉③ 정성주, 위험한 세계의 창조자」, 『ize』, 2014. 4. 8.

154 Bolen, 『우리 속에 있는 남신들』, 358쪽. 이러한 특징은 아프로디테와 상통한다. 아프로디테 원형이 발현된 혜원은 들킬 위험에도 불구하고 선재의 오토바이 뒤에 타고 달리며 '왜 참아야 돼?'라고 생각하며 선재의 집으로 가자고 한다.

친 몸을 풀어주고 성공을 인정해주며 상실의 아픔을 어루만져주는 누군가가 필요하다. 여성 영웅은 여성성과 관계 맺기를 원하며 자신의 남성적 본성과 자신의 관계를 긍정적으로 발전시킨다.[155] 선재는 혜원 내면의 긍정적인 아니무스를 구현하는 인물로 수용적이고 심판하지 않는 태도로서 혜원의 창조적 노력을 지지한다. 레너드는 여성의 상상 속에서 존재하는 내면의 긍정적인 남성을 '가슴을 가진 남자'라고 부른다. 이 남자는 분노, 친밀감, 사랑을 두려워하지 않으면서 자상하고 따뜻하고 강하다.[156] 가슴 가진 남자는 진실로 여성을 위해 화를 내고 울어줄 수 있는 사람이다. 영우에게 폭력을 당하고 선재 앞에서 모욕을 당한 혜원은 채팅 메시지를 통해 나천재의 위로를 받게 된다.

S# 혜원 사무실(8회)
-책상 앞 혜원, 기운 없이 머리 빗다가 엎드리는데, 쪽지 도착. 눈물 말라붙은 얼굴.
선재 소리 : 한마디로 너무 비참해. 내 여자가 이상한 사람한테 모욕을 당하고, 알 수 없는 일로, 얼굴에, 손에 상처가 막 생겨 있는데도 내가 아무것도 할 수 없다면, 내가 사랑한다는 게 무슨 의미가 있어?

무의식은 혼자서 개성화를 수행할 수 없다. 개성화의 성공 여부는 의식의 협조 여부에 달려 있다. 이 과정에서 강한 자아가 필요하다.'[157] 그러나 여성은 단순히 강한 자아나 남성성이 아니라 가슴을 가진 남자인

---

155 Murdock, Maureen, 앞의 책, 128쪽.

156 Leonard, L.S., The Wounded Woman 'Healing the Father-Daughter Relationship', pp.113~114. Murdock, Maureen, 앞의 책, 698쪽 재인용.

157 위의 책, 296쪽.

내면의 긍정적 아니무스와 관계를 맺을 필요가 있다. 선재는 혜원의 지친 자아를 치유하고 혜원의 심오한 여성적 지혜를 회복할 수 있도록 연민과 강인함으로 혜원을 돕는다.[158] 선재는 혜원의 개성화의 여정에서 혜원을 지지해주는 안내자로서 역할을 다 하고 있다. 남성의 창조적 재능은 선재에게서도 볼 수 있듯이 남성 내면의 여성적 능력과 직접적으로 연관돼 있다. 남성의 천재성이란 바로 아니마의 생산 능력을 말하는 것이다. 이 창의적인 능력에 형태와 구조를 주어 외부 세계에 드러내는 것이 그의 남성성이다.[159] 괴테는 말년에 걸작 『파우스트』를 완성하는데 결론은 '남성의 직분은 여성을 위해 봉사하는 것이다'라는 것이다. 종결 글귀는 '영원한 여성이 남성을 앞으로 나아가게 만든다'[160]이다. 이 표현은 내면의 여성 즉 아니마에 관한 언급이다.[161]

선재의 도움으로 혜원은 완전한 존재가 되기 위해 오랜 삶의 방식을 버리고 새롭게 태어날 기회를 얻는다. 거듭남, 다시 태어남, 새로운 존재로의 변신에서 다시 한 번 떠오르는 인물은 애벌레에서 변신한 나비를 뜻하는 프시케이다. 프시케는 아프로디테의 마지막 과제인 아름다움의 비법이 담긴 상자를 들고 오다가 호기심에 못 이겨 상자를 연다. 안에 있던 것은 '잠'이었다. 프시케는 순간 죽음과 같은 잠에 빠지지만

158 Murdock, Maureen, 앞의 책, 296쪽.

159 Johnson, Robert A., 『(신화로 읽는 남성성) He』, 58쪽.

160 영문으로 옮기면 The Eternal Femine draws us onward.

161 Johnson, Robert A., 앞의 책, 59쪽.
〈밀회〉에는 또 한 사람의 가슴 가진 남자가 등장한다. 혜원의 절친한 친구인 조인서 교수이다. 혜원은 인서 지수 부부와 친형제와도 같은 의리가 있다. 선재는 답답한 마음에 인서를 찾아간다. 인서는 "많이 속상하구나.", "다 말구, 딱 한 가지만 말해봐."라고 하며 끈기 있게 선재의 이야기를 들어줄 뿐이다. 상대방의 마음을 읽어주고 질문해주는 것이 '가슴 가진 남자'의 중요한 역할이다. 공감 능력은 남성의 긍정적 아니마와 관련이 있다.

에로스는 프시케를 구출해 여신이 되게 한다. 에로스는 개미, 탑 등으로 자유자재로 변신하며 프시케가 과제를 수행할 수 있도록 도와주었다.

에로스는 프시케 내면의 긍정적인 남성 안내자인 아니무스이다. 선재가 혜원에게 그 역할을 한다. 존슨은 여성이 자율성을 찾는 과정에서 내면의 남성이 가장 중요하다고 강조한다. 이것은 프시케에게는 장난꾸러기 에로스 소년이 배우자로서 자격을 갖춘 성인 남성으로 변화하는, 여성 안의 아니무스가 성장하는 과정이다. 혜원은 선재를 통해서 부정적인 아니무스를 극복하고 긍정적 아니무스를 분화시켜 자율성을 찾아간다.[162] 신화에서 모든 성취는 프시케의 노고와 에로스의 협력으로 이루어졌고 그 결과 에로스는 프시케를 구했다. 에로스와 프시케는 결혼하여 기쁨(Joy)이라는 이름의 딸을 얻었다. 프시케는 시련을 견디며 완전히 달라졌다. 더는 낭만적 사랑이라는 마법의 주문 속에서 살지 않게 되었고 스스로 고통을 이겨내고 여신이 되었다. 동등한 존재로서 에로스와 결혼해 참된 사랑을 이룬 것이다.

에로스가 프시케의 과제 수행을 돕는 과정은 에로스도 강해지고 치유를 받는 과정이다. 선재도 혜원을 통해 성장한다. "모르는 척, 눈 감구 있으면 다 알아서 하실 거다, 그런 맘이 좀 있었어요."라고 말하던 선재는 그런 모호하고 무책임한 태도로는 아무것도 해결될 수 없음을 깨닫고 '자신이 할 수 있는 일'을 해나간다. 혜원도 생각지 못한 연습실 감시 카메라를 차단시켜달라고 요청하고, "제발 자기를 불쌍하게 만들지 마세요. 불쌍한 여자랑은 키스 못 해요."라고 말하며 혜원의 변화를 촉구하고 스스로 학교를 그만둔다. '사회성 빵점'이었던 폐쇄적인 성격의 선재가 음대의 루저 동료들과 함께 생전 처음으로 소박한 오중주를 함으로써 타인과 소통하고 협력해나가는 법을 터득한다. 에로스 선재

162 Johnson, Robert A., 『(신화로 읽는 여성성) She』, 69쪽.

는 어두운 세계로 떨어진 프시케 혜원을 구출해 그녀 자신의 삶에서 진정한 여신의 자리에 오르게 하는 '가슴 가진 남자'이자 혜원에 의해 '거듭나' 부활하는 디오니소스가 된다.

2) 상처 입은 내성적인 장인(匠人)

선재는 홀로 피아노 실력을 연마한 장인의 특성을 가진 예술가이자 내성적이고 상처받은 아들이라는 측면에서 헤파이스토스 원형을 구현하고 있다. 헤파이스토스는 기능적이면서도 아름다운 물건을 창조하는 장인의 신이다. 선재는 장인은 아니지만 자신의 뛰어난 재주를 활용해 자기만의 해석을 해내는 창조적인 연주를 한다. 헤파이스토스는 올림포스 최고의 부모를 가졌지만 제우스와 헤라는 그를 박대했다. 선재는 아버지 없이 가난한 홀어머니 밑에서 자랐으며 어머니마저 일찍 세상을 뜨고 홀로 남겨진다.

(1) 박대받은 장인(匠人)

헤파이스토스의 출생과 관련해 헤라가 혼자 낳았다는 설, 기형의 발을 가지고 태어나 올림포스에서 던져졌다는 설, 헤라와 부부싸움을 하다가 화가 난 제우스가 어머니 편을 든 헤파이스토스를 집어던져버렸다는 설 등 이야기가 분분하다. 그는 제우스의 박대당한 아들로 땅 밑에 자리한 대장간에서 혼자 일을 하며 가부장제에서 인정받지 못하는 속성을 가지고 있다. 내향적이고 집요한 헤파이스토스 원형은 억압된 분노를 창조적인 작업으로 승화하지만 지나치게 내성적이고 대인 관계가 원만하지 못해 친구가 거의 없다. 퀵서비스 맨 이선재는 늘 사람들과 만나고 물건을 전달해주는 일을 하지만 소통하지 않는(못하는) 인간이다. 친구는 다미와 장호 '딱 둘뿐'이다. 마치 동굴과도 같은 자신의 방에서 피아노를 유일한 낙으로 삼고 살아간다. 이곳은 컴컴한 굴속에 있는 헤파이스토스의 대장간을 연상시킨다. 불을 이용해 쇠 담금질을 했던 헤파이스토스처럼 선재는 유튜브를 통해 유명 피아니스트들의 연주를 섭렵했다. 달걀판으로 방음을 한 옹색한 방이지만 자신이 소화한 피아노곡의 사제 악보들을 책장 한 가득 빽빽이 채울 정도로 실력을 쌓는다. 헤파이스토스는 자신만의 공간인 대장간에서 혼자 일하기를 좋아해 대장간의 불과 도구들로써 원재료를 아름다운 물건으로 바꾸어놓았다. 끊임없이 무엇인가를 만들고 발명한 헤파이스토스처럼 선재는 자신의 예술적 감수성을 담금질해왔다.

헤파이스토스 원형은 자기 느낌에 관해 말하거나 드러내지 않는다. 헤파이스토스의 불은 땅 아래 뜨거워진 중심부의 불길로서 땅속 깊은 곳에서 치솟는 화산의 용암이다. 표현될 때까지는 숨겨져 있는 욕정의 불길, 붙들고는 있지만 풀죽어 있는 분노, 몸속에서 꿈틀거리고 느껴지는 아름다움에 대한 열정이다. 대장간은 깊이 느끼고 있는 것을 자기 밖에 있는 어떤 것으로 변형시키거나 풀어내는 작업을 하는 곳이다. 헤파이스토스 원형이 활성화되면 남성은 손에 넣을 수 없는 여성 또는 불필요한 사랑이 용광로의 불을 지필 수 있다.[163] 아주 내성적인 사람에게는 속 깊은 곳에 있는 이런 감정들이 예기치 않게 튀어나올 수도 있다. 선재가 '쩔쩔매면서도' 자기 선생은 준형이 아니라 혜원이라고 말하는 장면을 떠올리면 된다.

볼린에 따르면 특권을 가질 수 없는 노동자 계급을 떠오르게 하는 헤파이스토스 남성은 사회에서 출세하지 못하게 될 것임을 십대의 나이에 깨닫고 분노를 쌓아가게 된다고 한다. 헤파이스토스는 올림포스 최

163 Bolen, 『우리 속에 있는 남신들』, 307쪽.

고의 권세를 가진 부모를 두었음에도 버림받았고 올림포스에서 유일하게 일하는 남신이 되었다. 헤파이스토스 남성은 제우스처럼 부재하거나 냉랭한 아버지의 '아비 없는 아들'[164]로 또 헤라처럼 자기중심적이고 자기도취적인 어머니로 인해 부모 없이 자란다.[165] 선재는 아버지가 없으며 어머니는 '맨날 디치구, 사기당하구' 오히려 어린 아들이 보호해줘야 할 대상이었다. 아버지 없는 선재는 어머니의 사망으로 완전히 고아가 된다.

헤파이스토스는 부모에게 버림받았기 때문에 분노와 우울증이 숨어있을 수 있다. 그래서 장애를 가진 상처입은 예술가와 작가 등의 원형이다.[166] 헤파이스토스의 신체장애는 부모가 준 감정의 상처와 떼놓고 생각할 수 없지만 지체장애인이 되고 버림받았기에 치유의 방도로서 일하고 싶은 본능의 원형이 된 것이다. 선재 또한 희망 없는 현실에서 유일한 위로와 돌파구로서 우연히 가지게 된 피아노를 택했고 결과적으로 천재성을 연마하는 계기가 되었다. 기형적인 발로 인해서 뒤뚱거리는 헤파이스토스는 자신이 아름다울 수 없었기에 아름다운 것들을 만들었다. 그의 발은 마음대로 움직여주지 않았지만 그가 만든 것은 완벽하게 움직였다.[167] 박대와 상처는 창조력의 어버이가 되었다. 헤파이

164 아버지 없는 아들이라는 의미에서 '바람의 아이'로 불리기도 했다. 장영란, 『그리스 신화』, 79쪽.

165 Bolen, 『우리 속에 있는 남신들』, 335쪽.

166 위의 책, 307~308쪽.

167 헤파이스토스는 올림포스 신들을 위해 궁전을 건립했으며 제우스의 벼락과 왕권을 만들었고 아폴론을 위해서는 날개 달린 전차를, 아폴론과 아르테미스를 위해서는 활을, 데메테르에게는 낫을, 아테나에게는 무기를, 아킬레우스에게는 갑옷과 투구를, 하르모니아에게는 결혼 목걸이를 만들어주었다. 그는 판도라를 창조했으며 금으로 된 아리따운 하녀도 만들었다. 하녀는 말하는 로봇처럼 모든 것을 능숙하게 해낼 수 있었다. 위의 책, 304쪽.

스토스는 부모에게는 버림받았지만 바다의 여신 테티스와 에우리노메에 의해 구조되어 열아홉 살까지 양육되어 창조성을 발휘할 수 있게 되었다.[168] 스무 살(만 열아홉)의 선재는 고아가 되었지만 혜원을 통해 재능을 발휘하게 된다.

(2) 헤파이스토스의 여성

볼린은 헤파이스토스 남성에게 여성은 애증의 관계에 있다고 말한다.[169] 여성은 매우 중요하면서도 동시에 믿지 못할 사람일 수도 있고 헤파이스토스를 길들이거나 망치는 힘을 가지고 있기도 하다. 그의 인생에서 권력을 쥔 중요한 사람은 여성인 경우가 많으며 그것은 어머니, 교사, 상사, 예술가의 스승 등이다. 헤파이스토스가 자신의 깊이와 예민한 감수성을 알아차리고 상상력을 불러일으킬 수 있는 여성을 만난다면 인생이 바뀔 수 있다. 혜원에게 '처음 만난 날 운명적으로 정해졌다'고 하는 것은 이러한 맥락에서 해석될 수 있다. 길든 짧든 여성의 관계는 헤파이스토스의 내부에서 수년 동안 혹은 아마도 영원히 살아 있을 것이다. 그러나 대부분의 헤파이스토스 남성들은 여성과 관계 맺기를 어려워한다. 그것은 격렬하며 내성적인 성격 탓이며 그로 인해 스스로 쉽게 고통을 받기 때문이다.

헤파이스토스의 행동은 어색하기 짝이 없으며 파티와 같은 사교 모임에 나가는 데 익숙하지 않다. 선재는 기자 앞에서, 혜원 부부의 파티

---

168 제우스는 헤파이스토스를 집어던졌는데 렘노스라는 섬에 떨어져서 지체장애인이 되었다고 한다. 헤파이스토스는 두 바다 요정에 의해 구조되어 자랐고 그곳에서 장인의 일을 배워 양어머니들에게 아름다운 보석을 만들어주었다고 한다. Bolen, 『우리 속에 있는 남신들』, 303쪽.

169 위의 책, 320쪽.

에서, 학교에서 헤파이스토스 남성의 비사교적인 모습을 그대로 보여준다. 자기 분야에서는 일인자이며 따를 자가 없지만 자기 분야가 아닌 일에는 어쩔 줄 몰라 한다. 일상의 관계를 잘 맺을 수 없고 그런 탓에 평범한 여성이 아닌 특별한 여성에게 강렬한 감정을 갖게 된다. 선재는 혜원을 처음 봤을 때를 회상하며 "그때는 오혜원이 아니라, 그냥 딴 세상 사람이었어요. 너무 멀구 아득했죠."라고 말한다. 그런 여성이 헤파이스토스의 영혼 깊은 곳에서 나오는 창조적인 작업을 하도록 움직일 수 있다.

헤파이스토스와 깊은 관련이 있는 두 여신의 원형을 혜원이 모두 가지고 있다는 것은 흥미롭다. 헤파이스토스의 아내는 아프로디테이다. 아프로디테와의 사이에는 자식이 없었지만 대신 장인의 기술과 미의 결합은 아름다운 물건들을 탄생시켰다. 헤파이스토스는 일에서뿐 아니라 인간관계에서도 미와 사랑에 빠진다. 미는 그가 가지고 싶어 하는 부분이다. 헤파이스토스는 만나는 사람에게 전적으로 집중할 수 있는 능력을 지닌 아프로디테를 아주 매력적으로 느낀다. 매료당한 헤파이스토스 남성은 자신의 성격대로 집요하게 반응한다. 혜원이 "너 왜 이렇게 질겨? 니 감정이, 얼마나 위험한지 몰라?"라고 하지만 선재는 꿈쩍도 하지 않는다. 혜원에게 발현된 아프로디테는 헤파이스토스 선재를 사로잡았고 선재는 고집스러운 구애 끝에 혜원의 사랑을 얻게 돼 그 앞에서 "겁나 섹시해요."라고 말할 수 있게 되었다.

헤파이스토스와 아프로디테 사이에 정열적인 연결이 이루어지면 감정의 불꽃이 일어나고 그것은 작업으로 승화하게 된다. 아프로디테는 헤파이스토스의 작업에 영감을 불어넣어주고 감정을 자극해 재능을 풍요롭게 발휘할 수 있게 해준다. 혜원은 선재의 연주를 처음 듣고 '한 번 더 듣고 싶다'고 하며 눈물을 흘렸다. 아프로디테는 헤파이스토스의 작품을 매력적으로 느끼며 헤파이스토스는 아프로디테 여성에게 신적 이

미지를 투사해 자신의 여신으로 삼는다.[170)]

헤파이스토스 남성은 격렬하면서도 내성적이다. 속으로 무슨 생각을 하는지 남들이 알기 힘들거나 그 자신도 자기 감정을 직접적으로 드러내기 힘들어한다. 부글부글 끓는 화산은 고도로 창조적인 생산을 가능하게 하기도 한다. 만약 아프로디테가 다른 사람에게 관심을 돌리면 내면에는 분노, 열등감, 상실감과 두려움이 불붙을 수도 있다. 혜원과 준형의 화보 부부 행세에 질투와 연민이 폭발한 선재의 〈작은 별 변주곡〉은 마치 터지기 직전의 화산과도 같다. 내성적이고 창조적인 헤파이스토스의 강렬함은 아프로디테를 감정적으로 사로잡고 그의 성실함은 아프로디테가 필요로 하는 안정감을 부여한다. 선재의 변치 않는 사랑은 혜원의 남은 삶을 바꾼다.

헤파이스토스와 관련된 또 하나의 중요한 여신 원형은 아테나이다. 신화에서 헤파이스토스는 아테나를 겁탈하려다가 땅에 정액을 떨어뜨려 아들 에릭토니오스(Erichthonios)가 태어났다. 헤파이스토스는 지성, 단호함, 아름다움을 갖춘 여성에게 충성스러운 마음에서 우러난 찬사를 보내며 매력을 느낀다. 선재는 혜원을 처음 만나고 와서 '막귀형'에게 "검색 함 해봐봐. 스펙이 장난 아냐. 근데 더 죽이는 건 카리스마. 그런 인종 처음 봐. 무섭구 화끈하구 재밌는데 열라 우아해. 나 완전 멘붕."이라고 말한다.

헤파이스토스 남성은 아테나 여성으로 하여금 자신에게 힘을 행사하게 만들 수도 있다. 사물의 이치를 아는 아테나의 지혜는 성공적인 전략을 세우는 야전사령관과 같은 역할을 한다. 천을 짜듯이 마음속에 디자인한 형상을 한 줄 한 줄 짜나갈 수 있다. 현대의 아테나들은 전투 대신 탁월한 사업 계획을 통해 승리한다. 아테나 원형의 스타 조련사인

170 Bolen, 『우리 속에 있는 남신들』, 324~325쪽.

혜원은 선재를 발탁하고 부자들 돈으로 독주회 기회를 만들어주며 해외 콩쿠르에 나갈 만큼의 실력으로 성장시킨다. 헤파이스토스는 아테나를 통해 작품을 만들어내는 방법을 알게 된다. 헤파이스토스 남성이 성공하려면 아테나의 도움이 필요하다.[171] 아테나는 남성의 창작을 독려하거나 경세적 성취의 길을 찾게 하는 역할을 잘 해낼 수 있다. 아테나는 올림포스 신 가운데 가장 명석한 머리를 가졌으며 상황을 아주 잘 평가한다. 헤파이스토스에게는 자신의 인격적 안녕을 보살피고 창조적 영감의 원천이 되며 사교술을 가르치고 남들에게 자신의 작업을 설명해줄 여성이 필요하다. 헤파이스토스 남성인 선재의 성장에는 카리스마 넘치는 아테나와 동시에 창조적 스승인 아프로디테를 구현하는 '여신님' 혜원의 도움이 결정적일 수 있다. 선재는 '혼자는 유학 안 간다'면서 혜원이 '더러운 거 상대하면서 만들어준 기회'를 놓치지 않는다. "여기저기, 훌륭하다구 소문난 선생들한테, 이멜이랑 동영상 보냈어요. 난 이만큼 치는 사람이구, 이런 여자랑 같이 공부하구 싶은데, 받아 줄 수 있냐", "협주곡 디브이디랑 오디션 동영상, 한남동 돈으루 만든 거, 잘 써먹어야죠."라고 말해 혜원을 '벙'하게 만든다.

선재는 음반을 외국 학교에 보내 혜원과 함께 '상금 타서 발라버릴'[172] 계획을 한다. "부자들 돈은 그렇게 뺏는 거라면서요."라고 말하는 선재는 주어진 기회를 자신에게 유리하게 이용할 줄 아는 아테나에게 그 방법을 배웠다. '무구'하기만 한 선재도 고난을 겪으며 성장한 것이다.

헤파이스토스는 대개 남성들과 친밀함을 느끼지 못한다. 준형은 재능 있는 선재 덕에 힘을 길러서 음대 학장이 되려고 안달을 했다. 그러나 선재는 준형을 좋아하지 않는데 꼭 혜원의 남편이어서만이 아니다.

---

171 Bolen, 『우리 속에 있는 남신들』, 325쪽.

172 '발라버린다'는 말은 도망간다는 뜻의 은어이다.

헤파이스토스는 권위적인 위치에 있는 남성에게 특별히 어려움을 갖는 경우가 많다.[173] 그것은 아버지, 교사, 상관 등이다. 어떤 남성도 그가 원하지 않는 일을 하도록 움직이게 할 수 없다.[174] 선재를 발굴한 준형도 선재를 마음대로 하지 못한다. 헤파이스토스는 남들의 기준대로 살아가지도 않으며 남들이 정해놓은 외부 요구에도 영향을 받지 않는다. 이것은 디오니소스 원형과도 통하는 속성이다.[175] 이런 점 때문에 헤파이스토스는 권위주의적인 사람에게 복종하지 않거나 무례하게 행동하는 것처럼 보이고 피상적인 모임 등에서 이방인이 된다.

아주 내성적인 헤파이스토스라도 대개는 자기 인생에서 의미 있는 사람을 만나게 된다. 선재는 자기만의 세계에 푹 파묻혀 있는 은둔자의 원형인 저승의 신 하데스의 특성도 보인다. 천성적으로 혼자 있는 것을 좋아하고 남의 눈에 띄지 않거나 성가심을 받기 싫어하는 성향이다. 선재의 하데스 원형은 혜원에게 주관적 가치에 따른 선택을 촉구하며 내면의 소리에 귀 기울이라고 하는 '조언자'의 역할을 한다.[176] 선재가 가진 다분히 자폐적인 성격, 많은 사람보다 한두 명만의 친구를 가진 점, 여성에 대해 주관적인 내적 체험을 통해 깊은 영향을 받는 점, 외톨이, 열등감, 페르소나가 없는 보이지 않는 남자라는 특징은 하데스의 속성이다.[177] 그러나 선재는 하데스보다는 아프로디테 혜원이 선택한 창조적 남신 헤파이스토스의 특성이 더 부각된다. 편안하게 은둔해 있기만 하는 하데스와는 달리 헤파이스토스는 감정적으로 영향을 미친 사람들을

173 Bolen, 『우리 속에 있는 남신들』, 321~322쪽.

174 위의 책, 269쪽.

175 디오니소스는 금 옥좌에 묶인 헤라를 풀어주도록 헤파이스토스에게 술을 먹여 달랬고 목적을 달성했다.

176 Bolen, 『우리 속에 있는 남신들』, 153쪽.

177 위의 책, 151~169쪽.

깊이 느끼고 강하게 반응하는 특징이 있다.

3) 부활한 구원의 메시아

우리 개개인은 모든 인류 전체를 대표한다. 『탈무드』에는 한 사람을 구원하면 세상을 구원하는 것이라는 말이 있다. 선재는 혜원 한 사람을 구원함으로써 세상을 구원한 셈이다.[178] 선재는 양성성의 전형을 보여주는 남성 메시아(Messiah)[179] 원형을 구현한다. 남성 메시아는 사랑과 깨우침으로 가는 길을 설파하고 보여준다.

(1) 자기(Self)로의 인도자

〈밀회〉는 진실과 거짓을 대비하며 혜원의 삶이 '가짜'라는 것을 다각도로 보여준다. 혜원은 가짜의 본질과 자신의 계급적 한계를 가장 정확하게 알고 있지만 욕망으로 인해 스스로 '마귀'에게 저당 잡힌 채 살아가는 모순된 인간이다. "세상 이치 배운다구 생각해."라고 말할 때의 세상 이치는 진리와는 거리가 먼 가짜이다. 그러다가 진짜를 만난다. 혜원의 고급 외제차와 성과 같은 집, 화보 남편 준형은 모두 허위이고 선재의 낡은 오토바이, 허름한 집, 선재가 진짜이다. 가짜는 진짜를 만날

---

178 조민준, 〈밀회〉 안판석 PD 인터뷰 "최고의 리얼리티가 최고의 판타지를 만든다", 맥스무비, 2014. 5. 6.

179 헤브라이어의 māša(기름을 붓다)의 명사형 masiah(기름 부음을 받은 자). 이 단어를 그리스어로 옮기면 Christos가 된다. 즉 '그리스도'의 어원이 된 말이다. 메시아의 역할은 하나님과 이스라엘 사이의 선택-계약 관계에서 그 중간에 다리를 놓는 것으로, 영(靈)을 받은 자, 신(神)의 의사를 전달하는 자, 죄를 씻는 제사의 희생제물 공여자, 재판장, 새 생명을 통치하는 자 등의 의미가 있다.

때 그 모습이 백일하에 드러난다. 상류층의 천박한 밀회가 수없이 이루어지는 〈밀회〉에서 혜원은 진짜와 '밀회'하면서 위태롭게 누려온 가짜의 삶 대신 삶의 본질을 직면하고 진실된 삶으로 구원받을 기회를 얻는다.[180] 모든 것을 빼앗겨서 외적으로는 몰락을 자초한 듯이 보이지만 가장 자기다운 진정한 본성을 되찾아가는 것이다.

융은 개개인이 타고난 원형적 잠재력을 온전히 성취해 삶을 진정으로 의미 있게 만드는 것을 개성화라고 했다. 이 말은 한 사람이 진정으로 자신이 누구인가를 발견하는 자기(Self) 즉 참 나의 실현이다. 성경에서 요나가 고래 뱃속에 들어가는 이미지, 지하 세계로의 여정 혹은 삶과 죽음, 성공과 몰락의 드라마 등으로 표현된다. 개성화는 진리를 찾아가는 과정이다. 진리는 '진짜'이며 '진심'을 다할 때 가까이 갈 수 있는 것이다. 인간 정신의 흐름은 모두 '자기'를 향해서 나아간다. 자기는 모든 것을 통합한 가장 전체적인 완전한 요소라는 뜻에서 인간 정신의 깊은 곳에 있는 '신적(神的) 본성'이다. 융은 무의식에는 신적인 인간이 있는데 그것은 인간이 아닌 모습으로 인간 정신이 가장 깊은 곳에 유폐되어 있으며, 잘 보호되어 있으면서 추상적인 상징으로 나타난다고 했다.[181] 기독교적으로 말하면 인간이 집단 무의식 안에 있는 원형인 자기를 실현할 때 하나님이 내려준 가장 그다운 모습을 실현하게 되는 것이라고 할 수 있다. 내면적인 통합을 이루는 것은 결코 개인적이거나 이기적인 것이 아니라 오히려 그 영역에 있는 어떤 최고의 실재를 실현

---

180 선재는 말버릇처럼 '아 진짜'라고 말한다. 선재는 혜원을 무의식으로 안내하는 내면의 안내자라는 측면에서 헤르메스 원형도 가지고 있다. 영화 〈스타워즈〉의 요다와 같은 인물형인데 그는 루크 스카이워커가 자신의 공포를 다스리고 환상에 사로잡히지 않도록 도왔던 현명하고 점잖은 노인이다. 이러한 특징은 선재가 가진 노인 원형의 측면과 맞닿아 있다.

181 김성민, 『분석심리학과 기독교』, 72쪽.

하는 것이다.[182] 그 실현이 세상을 구원할 수 있다.

해밀턴(Hamilton)은 디오니소스 신의 신비한 특징은 인간으로 하여금 신에 가까이 가게 하는 것이 아니라 신 안으로 들어가 하나 됨으로써 인간 자신이 신이 되는 체험을 하게 하는 힘을 보여주는 것이라고 했다.[183] 이는 포도주를 마시는 행위를 통해 구현되는데 디오니소스의 피와 심장인 포도주를 마시는 것은 신의 본질을 마신다는 의미이다.[184] 그리스의 디오니소스 축제의 정신 또한 영원한 생명력의 예찬이며 죽음조차 꺾을 수 없는 생명의 승리를 구가하는 것이다. 디오니소스 신앙은 점차 그리스도교에 흡수되었다.[185] 흡수가 자연스럽게 일어날 수 있었던 것은 양자 간의 유사성 때문이다.[186] 디오니소스와 예수는 어머니의 승천,[187] 죽임을 당한 후의 부활, 생명을 주기 위해서 몸이 찢긴 점,[188] 겨울에 축제와 성탄절을 지낸다는 점, 포도주가 예수의 살과 피를 의미하는 영성체로서 하나님과 하나 됨을 뜻한다는 점에서 유사하다. 디오니소스와 십자가 처형을 받은 예수 그리스도는 죽음의 고통을 겪고 부활한 신의 아들이라는 점에서 역할이 동일하며 둘 다 죽음을 이겨내고 다시 태어나는 영원한 생명과 부활을 말해준다는 공통점이 있다.

---

182 김성민, 『분석심리학과 기독교』, 73쪽.

183 Hamilton, Edith, *Mythology: Timeless Tales of Gods Heroes*, New York: New American Library, 1969, p.60, 김한, 앞의 논문, 29쪽 재인용.

184 유재원, 『그리스 신화의 세계 1 : 올림포스 신들』, 328쪽.

185 위의 책, 350쪽.

186 김한, 앞의 논문, 32쪽.

187 융에 따르면 세멜레의 천상 여행은 성처녀의 승천을 앞질러 보여준 예이고 세멜레의 아들은 죽음과 동시에 부활하는 신이다. Jung, C.G., 『원형과 무의식』, 233쪽.

188 이 내용은 오르페우스교에서 중요한 자리를 차지했다. 어린 디오니소스가 질투심에 불타는 두 명의 티탄에게 갈기갈기 찢겨져 먹혔으나 아테나가 그의 심장을 구했다는 이야기가 전해진다. Bolen, 『우리 속에 있는 남신들』, 349쪽.

예수는 '참 나'를 실현한 신의 아들이다. 슈미트에 따르면 메시아 캐릭터는 삶 전체가 하나의 목표를 위해서 존재하며 그 하나의 목표는 다른 사람들의 삶에 영향을 주는 것이라고 말한다. 메시아는 권위에 대해 의문을 제기하며 어떤 대가를 치르더라도 자신의 믿음을 당당히 주장할 수 있다.[189] 선을 위하여 기꺼이 자신을 내려놓을 수 있고 물질에 대한 소유욕도 내려놓는다. 선재라는 이름은『화엄경』에 구도자로 등장하는 선재동자(善財童子)[190]의 이름을 연상시키며 선재는 혹은 善在일 수도 있다. 혜원으로 하여금 '영혼이 다시 태어나게 한' 선재도 처음에는 자신의 미약함에 절망하고 망설였다. 하지만 혜원을 악의 세계에서 빠져나오게 하는 길이 자신의 삶의 이유임을 깨닫고 곧바로 일어나 그것을 찾아 나선다. 혜원을 오토바이에 태우고 "저를 꽉 잡으세요. 안 그럼 떨어져요."라고 말한다. 혜원은 '부활'한 구원의 메시아 원형인 선재를 꼭 붙잡아야만 악의 세계의 나락으로 떨어지지 않을 것이라는 중의적 대사라고 해석된다.

남성 메시아는 자신의 성장보다는 다른 인물의 성장을 돕는다.[191] 선재는 강한 추진력으로 혜원을 구원하려는 목표를 향해 나아가고 그 목

189 이하 Schmidt, Victoria, 앞의 책, 153~157쪽 참조. 남성 메시아는 세상에 존재하는 불평등에 대한 지식을 직접 경험을 통해 얻지는 않았지만 차별받는 상황을 보다 빨리 깨닫고 사람들 사이에 조화와 일치를 만들어내는 데 관심을 가진다. 자신에 대한 건강한 자아상과 결코 죽지 않는 강한 내적인 힘을 가지고 있다. 영혼의 치유를 우위에 놓으며 자신이 신과 결부되어 있다는 사실을 알지 못할 수도 있지만 그는 사실상 신과 결부되어 있다. 어려움에 처했을 때 문제를 하나의 전체로 바라볼 줄 아는 능력을 지니며 결코 함부로 결론 내리는 법이 없고 일상의 쑥덕공론이나 사건에 개입하는 일도 없다.

190 선재동자는『화엄경』입법계품에 나오는 구도자의 이름이다. 53명의 선지식(善知識)을 찾아 천하를 역방(歷訪)하다가 마지막으로 보현보살을 만나서 그의 십대원(十大願)을 듣는다. 그 공덕으로 아미타불의 국토에 왕생하여 입법계(入法界)의 큰 뜻을 이루었다고 한다.

191 Schmidt, Victoria, 앞의 책, 156쪽.

표를 위해 자신을 기꺼이 희생시킬 수 있는 자이다. 선재는 자신의 뜻이 진지하게 전달되지 못할까 봐 걱정하고 혜원이 인겸과 같은 그릇된 길을 걷고 있는 자로 인해 다시 타락의 길로 빠질까봐 두려워한다. 그러나 끝내 심령이 가난한 혜원의 몸과 영혼을 부요하게 하고, 부패와 위선의 세계에 포로로 잡힌 노비의 삶으로부터 자유롭게 하며, 진실에 귀를 막고 살아온 '막귀'의 귀를 열게 하고, 제도, 지배적 가치, 윤리 도덕의 억압으로부터 자유롭게 하는데 결정적 역할을 한다.[192]

목표 의식이 매우 강한 남성 메시아는 끝내 목표를 달성하지만 다른 사람들 눈에는 '미친놈'이 될 수 있다. 그것은 신과 결탁한 그를 부러워하고 시샘한 결과이다. 예수가 하나님과 결탁했을 때 성직자 바리새인들은 예수를 십자가에 못 박았다. 융은 하나님, 예수, 부처 등 인간이 생각할 수 있는 신적인 에너지가 우리 안에 강력한 에너지를 품은 채 숨어 있으며 그것은 상징으로 표상된다고 했다.[193] 우리는 〈밀회〉를 통해 '미친놈'인 선재에 의해 혜원의 세상이 구원되는 것을 본다. 그 방법은 사랑이다. 사랑의 본질은 견고했던 세계가 부서지고, 단단해 보였던 내가 흔들리고 변하게 만드는 것이다.[194]

(2) 올바른 질문을 해주는 자

구원은 항상 가능성이 가장 희박해 보이는 장소에서 일어난다는 것

---

192 대한성서공회, 앞의 책, 누가복음 4:18~19 참조. 예수는 기름 부음을 받은 자이고 제자의 발을 씻어주었다. 메시아 원형의 선재도 혜원의 발에 쥐 끈끈이가 붙었을 때 '콩기름'으로 끈끈이를 떼어주었고, 혜원의 발을 씻어주려고 했다.

193 김성민, 『분석심리학과 기독교』, 72쪽.

194 상징은 하나의 사건 전체를 담고 있으며 초월적인 것을 담고 있기 때문에 사람들을 변형시킨다. 위의 책, 194쪽.

을 세계의 신화는 되풀이하여 말하고 있다.[195] 예수가 태어난 베들레헴의 말구유, 목수의 아들, 나귀를 타고 온 죄인과 세리(稅吏)의 친구라는 사실이 대표적일 것이다. 선재 또한 허름하고 가난한 옥탑방 출신이며 '책도 안 읽는' 고교 휴학생이다. 그러나 지적이고 고도로 문화 혜택을 받고 있는 혜원의 상처입은 여성성은 선재와 같은 '가슴 가진 남자'를 통해서 치유된다.

선재와 혜원은 성배[196]를 찾아 떠나간 파르시팔(Percival)[197]과 어부왕을 연상시킨다. 성에 사는 어부왕은 젊어서 다친 허벅지에 상처가 나서 고통스러워하며 살다가 파르시팔의 연민 어린 질문 하나로 고통에서 해방되어 치유된다. 그 질문은 "어디가 아프세요?"이다.[198] 우리는 스스로가 균형을 잃었다는 사실을 깨닫지 못하고 있다. 고통받고 있는 어떤 측면을 누군가가 인식하고 연민을 느껴 질문해줄 때까지 그 고통은 치유되지 못할 것이다.[199] 선재는 남성적 가치에 상처 받은 어부왕 혜원에게 올바른 질문을 던져 어부왕을 고통에서 해방시켜준 파르시팔이다.

195 Johnson, Robert A., 『(신화로 읽는 남성성) He』, 29쪽.

196 Murdock, Maureen, 앞의 책, 288쪽. 성배는 우리 모두가 누릴 수 있는 '신성하고 창조적인 여성적 원리'의 상징이다.

197 구원의 영웅에게는 아버지가 없다. 신화에서 세상의 끝이라고 할 수 있는 웨일스에서 태어난 순진한 바보 파르시팔 또한 작고 허름한 오두막에서 가난하고 외롭게 성장했다. 어머니의 이름은 '가슴에 사무치는 슬픔'이다. Johnson, Robert A., 앞의 책.

198 위의 책, 29쪽. 존슨은 이 질문이 '이 성배는 누구를 위해 존재하는가?'라고 썼는데, 김융희는 '어디가 아프세요?'라고 하고(김융희, 앞의 책, 273쪽), 모린 머독은 '무엇이 그대를 아프게 합니까?'라고 서술했다(Murdock, Maureen, 앞의 책, 288쪽). 이 책에서는 김융희의 견해를 따르기로 한다.

199 Murdock, Maureen, 앞의 책, 288쪽.

S# 공방 작업실(13회)

선재 : 도대체 뭘 바라구 20대를 그렇게 한스럽게 보냈는지.

혜원 : 생계 때문두 아니구, 무슨 지고한 가치를 위해서두 아니구, 오직 상류사회 사람이 되구 싶다, 그거 하나로 이를 악물었지.

선재 : (말이 안 돼. 이해 못 해) …(중략)… 요즘은 평균 수명 길어져서 100살 넘게두 산다는데, 정말 재수 없으면 지금부터 60년두 더, 사랑 없이 살아야 돼요. 그럴 자신 있으면 맘대로 하시든가요.

혜원 : 그만해라. …(중략)…

–선재, 훌쩍 일어서고, 혜원, 북받쳐 삐죽거린다. 눈물이 떨어진다.

혜원 : 너는 어쩜 그렇게 말을 얄밉게 하니?

선재 : 더 할 수두 있어요.

혜원 : (눈물이 철철)

선재 : (우시던가)

혜원 : 달래주지 마. 안아주지두 마.

선재 : 안 해요, 그런 거.

–혜원, 울고, 선재는 벽을 보며 서 있지만, 같이 운다.

메시아 원형은 의지가 너무 강해서 알리기 힘들고 어려운 얘기라도 진실을 말하며 사람들의 성장을 위해 자신의 능력의 한계를 넘어서도록 밀어붙이기도 한다.[200] 이를 통해 스스로를 구원의 길에 나서게 하는 것이다. 선재의 질문에 혜원은 '인생의 대차대조표'가 눈앞에 펼쳐졌다. 계급 상승과 욕망이라는 마귀의 우주에서 혜원을 구원한 것은 결국 '사랑'이고, 사랑을 담은 질문이었다. 오늘날 남성은 물론 남성적 가치를 추구하는 여성에게 세상은 어떤 대가를 치르더라도 그저 전진하

200 Schmidt, Victoria, 앞의 책, 157쪽.

라고 말한다. 세상에 퍼져 있는 남자다움의 신화는 어떤 것도 충분하지 않다고 느끼게 만든다. 허벅지를 다친 어부왕은 남성적 본성이 상처를 입었다는 것을 말해준다. 그러나 상처나 고통은 나쁜 것이 아니다. 행복한 추락은 숭고한 구원을 위한 경구이다.[201] 그것이 있기에 구원으로 나아갈 수 있고 치유될 수 있다.

'파르시팔'은 '중간을 꿰뚫음'이라는 뜻을 가진 pierce a val에서 온 이름이다.[202] 파르시팔은 정곡을 찌르는 자이며 중간을 꿰뚫는 것은 창이자 말(言)이다. 상처는 정곡을 찌르는 올바른 말에 의해 치유될 수 있다.

S# 공방 작업실(13회)

혜원 : 웃기지? 고작 그거 땜에 청춘을 다 써버렸냐, 그러구 싶지?

선재 : 웃겨요. 엄청 웃겨요. 그런데두 아직은 아냐, 기다려봐, 그런다는 게.

혜원 : 너, 내가 아무것두 아니라면, 아트센터 부대표두 아니구, 시간 들여 돈 들여 가꾸지두 않구, 그래두 좋아할 거야?

선재 : 저는 잡초라 그런 거 안 따져요. 제 핑계 대지 마시구, 선생님 인생이나 생각하세요.

선재의 말은 상처를 쑤시는 너무도 아픈 창이다. 혜원은 헛된 명예와 일시에 사라져버릴 성공을 위해서 자신의 모든 것을 바치며 수단 방법을 가리지 않고 몰입했다. 그러나 향방 없는 달리기는 헛수고이고 인생을 허비하는 것이다. 인생은 단 한 번뿐이기에 자신의 인생에 대해 올

---

201 Oh Happy Fall that was the occasion for so sublime a redemption. 가톨릭 미사의 "오! 복된 탓이여, 너로서 위대한 구세주를 얻게 되었도다." Johnson, Robert A., 『(신화로 읽는 남성성) He』, 18쪽.

202 김융희, 앞의 책, 270쪽.

바르게 질문해야 한다. 올바른 질문이란 가슴에서 우러나오는 마음을 울리는 질문이다. 다른 이의 가슴을 관통하는 질문은 인간을 하나의 끈으로 연결시키고 순간 우리는 다른 존재로 변형된다.[203] 살아가는 동안 여러 번 많은 실패를 경험하지만 인생을 진실하고 온전하게 탐색하기 위해서는 의식이 필요하다. 완벽이나 좋은 점수가 요구되는 것이 아니라 정곡을 찌르는 질문이 필요하다.[204]

중요한 것은 파르시팔은 질문을 던지기만 한다는 사실이다. 대답은 필요 없다. 올바른 질문을 던지자마자 어부왕의 상처는 회복되었다. 우리는 해답이 없는 수수께끼를 풀어보려고 애쓰면서 자신의 지적 능력에 한계를 느끼고 낙담할 필요가 없다. 자아의 목표는 의미가 제대로 내포된 질문을 정확하게 던지는 데에 있지 그 대답까지 알 필요는 없다는 사실을 기억해야 한다. 질문을 제대로 던지면 답은 이미 찾은 것과 같기 때문이다.[205] 혜원은 선재의 질문을 받고 더할 수 없이 아프고 고통스러웠다. '그렇게 사느라고 잃어버린 것들, 생각하기도 두렵고, 인정하기도 싫었던 것들이' 다시 혜원 자신에게 물었기 때문이다. '남은 생을 어떻게 살 거냐'라고. 제대로 된 질문의 답은 명확했다. 혜원은 힘을 내어 음습한 재벌 일가를 '이겨먹고' 스스로 감옥에 간다.

〈밀회〉의 마지막 회에는 선재가 모차르트의 론도 A단조 피아노 연주 장면이 나온다. 음악과 함께 혜원이 감옥 마당 안에서 철창 밖 하늘과 민들레 홀씨를 바라보며 미소를 짓는 모습이 영상화되고 선재는 피아노를 치며 독백한다.

---

203 김융희, 앞의 책, 273쪽.

204 Johnson, Robert A.,『(신화로 읽는 남성성) He』, 106쪽.

205 위의 책, 116쪽.

S# 선재 집(16회)

선재 소리 : 론도 '에이 단조'.[206] 이 곡을 치면서 하루를 시작해요. 햇빛이 나건, 비가 오건, 기분이 좋건 울적하건, 매일 그 날의 얘기를 들려줘요. 또 그게 다 인생이라고 말해요. 모짜르트의 비밀이죠…… 나직하지만 체념이 절대 아니에요 …(중략)… 가만히 봐봐, 깊이 보고, 사랑해봐, 그러잖아요…… 아, 이 곡은, 치는 게 아니라, 만지는 거래요 …(중략)… 나는 매일 당신을 그렇게 만져요…… 언제나! 겁나 섹시한 당신.

모차르트 음악의 비밀처럼 장조 속에 단조가 있고 단조 속에 장조가 있는 것이 인생이다. 발바닥에 달라붙은 쥐 끈끈이처럼 '아픈데 너무 웃기고', 검찰 출두 상황에서도 미장원에 들러 매만졌지만 결국 감옥에서 '쥐' 파먹은 것처럼 잘려진 머리처럼 비극 속에 희극이, 희극 속에 비극이 있는 것이 인생이다. 인생의 본질은 맑거나 흐리거나 다채롭고 굴곡 많은 삶 속에서도 우리는 본연의 자기다움을 잃지 않고 살아가야 한다는 것이다. 평온하고 초연하게, 융의 말대로라면 의식 안의 자아와 무의식 안의 자기가 일치해 전인(全人)을 이루는 것이 바로 삶의 목표이다. 그러기 위해서는 가만히 깊이 자신의 내면을 탐색해야 한다.

혜원과 준형처럼 상류계급이 되겠다는 목표 하나로 피로에 찌들어 사는 사람들은 내면을 깊이 들여다볼 시간이 없다. 그러는 동안 진정한 자기다움, '참 나'는 실종된다. 행복(happiness)이란 단어는 '그냥 일

---

206 라단조(A Minor)는 다장조(C Major)와 같은 조표를 가진 나란한조(병행조)이다. 슬픔과 기쁨은 결국 한 몸이라는 의미로 해석할 수 있을 것이다. 김공숙, 앞의 평론, 87쪽. 선재의 피아노 일기에도 모차르트 소나타에 대해서 "(엄마가) 듣고 나서 이상하다고 하신다. 명랑한데 왜 슬프냐고 하신다. 나도 그렇다. 장조에서도 단조 느낌이 난다. 단조에서도 장조 느낌이 난다."는 내용이 있었다.

어나다(to happen)'라는 동사에서 유래했다. 행복은 만들어내는 것이 아니라 저절로 내면에서 피어나는 것이다. 행복은 추구하는 것이 아니라 정신의 구심점을 외부의 삶보다 더 큰 어떤 것으로 이동시키다 보면 그 결과 저절로 자연스럽게 얻는 것이다.[207] 매일 자신의 내면을 '깊이 들여다보고 사랑하고 만질 때' 집기 어려워 보이는 성배와 사랑스러운 나 자신이 항상 내 안에 있다는 것을 알게 된다. '스스로를 불쌍하게 만들지 말고' 사랑해주는 것이 성배를 거머쥘 수 있는 비결이다.

5. 출세 지상주의자 아폴론형

강준형(박혁권 분)은 혜원과 결혼 생활 12년째이다. 혜원과 선후배 사이이며 아내의 인맥 덕에 서한음대 피아노과 교수가 되었다. 권력과 출세욕이 대단하지만 능력이 부족한 그는 영우가 사귀던 남자 중의 한 명이었으나 버려졌고 혜원과는 '사랑해서 하는 결혼이라 치고' 결혼했다.[208] 부부라기보다는 '한 팀'이며 파트너라는 의식이 강하다. 혜원이 재능 있는 제자들을 모두 인서에게 보내는 것 같아서 불만이 많던 중 천운이 찾아왔다. 천재성이 엿보이는 퀵 배달맨 이선재가 몰래 피아노를 치다 자신에게 걸린 것이다.

준형은 남들 앞에서 보이는 모습을 중요시하는 화보형 남편이며 출세욕에 가득 찬 철부지이지만 준형이라는 이름에서 연상되는 단어가 표'준형'이듯이 겉으로 볼 때는 법과 질서, 규범을 준수하는 신사로 보

---

207 Johnson, Robert A., 『(신화로 읽는 남성성) He』, 64, 118쪽.

208 Bolen, 『우리 속에 있는 여신들』, 104쪽. 볼린에 따르면 아테나 여성은 대개 자신에게 맞는 남성을 고른다. 한 남성을 정해놓고 교묘한 전략을 써서 가장 적절한 순간에 결혼 얘기를 꺼낸다.

인다. 준형은 아폴론 남신 원형을 보여주고 있으며 사건의 전개 속에서도 큰 변화를 겪지 않는 정적이고 평면적이며 상상의 여지가 별로 없는 닫힌 캐릭터이다. 노인과 소년 원형의 부정적 측면이 결합된 유형이다.

1) 강한 여성의 이기적인 남편

준형과 혜원의 부부 관계는 아폴론 남성과 아테나 여성이 결합했을 때의 전형을 보여준다. 아폴론 남성과 아테나 여성은 도시의 맞벌이 부부에서 많이 볼 수 있으며 부부가 모두 직업이 있다. 결혼 생활은 둘 모두에게 아주 잘 맞으며 각자는 상대방 일정을 맞추고 집 안을 '사무실처럼' 잘 꾸려나간다.[209] 아테나 아내의 경우 어떤 여신 유형보다 결혼 생활과 직업을 잘 병행할 수 있다. 혜원은 아이만 없을 뿐 직업과 가정 생활, 남편의 외조 등을 무리 없이 잘 병행하는 것처럼 보인다. 아버지의 총애받는 자식인 아폴론은 기본적으로 가부장적 사고방식을 가지고 있으며 아테나 아내는 전통적인 역할을 받아들인다. 혜원은 늦게 귀가해도 준형의 차 심부름을 해준다. 혜원의 장 꾸러미를 보고도 그냥 들어가는 준형에게 지수가 타박을 할 정도이다. 아테나 여성은 남편에게 똑같이 집안일을 나누자는 주장을 하지 않는다. 아테나 아내인 혜원은 꼼꼼하게 일을 처리하고 실용적이어서 어떻게 생활하고 지출했는지 모두 알고 있다. 준형이 간통의 물증을 찾으려다가 혜원의 차에서 잘 정리되어 묶여진 주유비 영수증을 발견하는 것을 보면 혜원의 꼼꼼한 평소 생활 태도를 알 수 있다.

준형과 혜원은 부부라기보다는 '동지애'로 살아간다. 준형은 아내 덕에 교수가 되기는 했지만 자신에 대해 적극적으로 신경 써주지 않아서 불

209 Bolen, 『우리 속에 있는 남신들』, 208쪽.

만이다. 음악제에 조인서가 제자와 출연하는 것에 대해 혜원에게 "왜 그 눔만 지 제자랑 출연하냐고! 나는 제자 없냐? 나 언젠가 한번은 이 얘기 꼭 할려구 했는데 말이야, 우리 부부 맞니? 한 팀 맞어?"라고 투정한다.

준형은 혜원에 대해 '한 팀'이라는 표현을 가장 많이 쓴다. 아테나 여성과 아폴론 남성의 결혼은 서로 도움을 받을 수 있는 동료와도 같다.[210] 혜원은 준형에 대해 정확히 판단하고 있으며 부부는 나름대로 서로 조화를 이룬다. 혜원은 준형의 협력자이며 준형의 진급에 대해 절대적인 영향력을 행사한다. 아킬레우스가 상관인 아가멤논에 대해서 분노에 차서 칼을 빼들려고 할 때 아테나 여신은 현명하게 아킬레우스의 감정에 치우친 행동을 제지했다. 혜원 또한 준형에게 나서거나 물러설 때를 코치한다.

아폴론 남편과 아테나 아내는 어떤 사안이나 일에 대해서는 대개 활발하게 대화를 나누지만 자신의 감정에 대한 대화는 거의 없다. 혜원과 준형은 침실의 두 개의 침대가 말해주듯이 사랑 없는 쇼윈도 부부이고 긴밀한 성애는 없다. 둘 다 사고에 가치를 두고 살아가며 목표지향적이라는 공통점이 있다. 준형은 입시 비리 공모에 일말의 양심의 가책 없이 참여한다. 그리고 자신의 영향력을 높이기 위해 가능성 있는 제자를 물색하던 중 연주회 날 우연히 걸린 선재를 혜원에게 보내 오디션을 받게 한다. 좋은 제자야말로 자신을 높은 자리에 올려줄 힘이 될 것이기 때문이다. "나 지금 나름 초조하거든? 혜원이가 그넘 연주 들어보구, 이거 물건 돼, 그렇게 말해주기만 바라구 있어. 나두 괜찮은 애 하나 키우구 싶어서. 무슨무슨 커넥션, 이런 거 말구, 교수 강준형, 그거 한번 제대루 해보구 싶어서."라고 말한다. 그러나 실상은 '조인서 때문에 학장 후보 밀려날까 겁나서' 초조한 것이다.

---

210 Bolen, 『우리 속에 있는 남신들』, 106쪽.

아폴론 남성은 일을 가장 사랑하며 일이 존재의 이유이다.[211] 준형은 자신의 경력에 관심이 많으며 존경받기를 바란다. 그래서 '힘을 써서 선재를 확실하게 자기 거'로 만들고 싶어 한다. 선재를 통해 경쟁자인 인서와 충분히 대결해볼 수 있다고 생각하기 때문이다. 노력에 대해 인정받기를 원하며 뽐내기 좋아하는 아폴론에게 경쟁은 새로운 것을 시도하게 내모는 원동력이자 능력을 펼칠 기회이기 때문에 절대 놓칠 수 없다. 일이 소중하기 때문에 그는 성공을 향한 승진의 줄을 타기 위해 어떤 것이라도 할 것이다.[212]

S# 레스토랑(밤)(14회)
준형 : 음악가는 음악만 해야 되나? 그게 순수한 거야? 이 나라 예술 정책 입안자들, 몰라두 너무 몰라. 대체 우리가 언제까지 그런 무지한 행정가들 손에 끌려다녀야 하냐고…… 폴란드의 파데레프스키, 그 사람 봐. 피아니스트 출신으로 총리까지 했잖아. 인제 한국 음악계에도 그런 사람 나올 때가 됐어.
혜원 : (작게 웃음) 원대하다.

아폴론과 아테나 부부는 점점 더 많은 시간과 에너지를 각자의 분리된 생활에 쏟게 되는데 이러면 관계의 형태는 지속되지만 감정적 간격은 커진다. 감정적으로 멀어짐에 따라 아내가 바람을 피우게 되는 경우가 있고 겉보기에 멀쩡하던 번듯한 결혼 생활이 깨지기도 한다. 자신과 같은 목표를 가진 줄 알았던 아테나 여성인 혜원이 선재와 바람을 피우고 준형을 배신하게 되는 것이다. 혜원을 소유해야 살 수 있는 것이 준형의 운명이다. 준형의 목표는 일단 음대 학장이다. 서한재단에서 승승

211 Schmidt, Victoria, 앞의 책, 108~109쪽.
212 위의 책, 110쪽.

장구하고 있는 혜원이 힘써주지 않으면 그 자리에 오르기 힘들다는 것을 알고 있다. "강교수야 뭐가 걱정이야? 와이프 뒤에 가만히 서 있음 되지?"라는 비아냥을 듣지만 그런 아내를 둔 것도 자산이기 때문에 활용 가치가 있다. 준형은 자신의 출세가 걸린 혜원이기에 선재와의 불륜을 알고도 눈을 질끈 감으며 '이선재가 내게 날개를 달아줄 때까지 참아준다'고 마음먹는다. 그러나 선재의 독주회 날 연주회를 마치고 혜원과 선재가 사라지자 현장을 잡으려고 연주회장을 샅샅이 뒤지기 시작한다. 그러나 더 절박한 일이 터진다. 서한재단의 비리 사건으로 검찰이 출동한 것이다. 준형은 현장을 잡을 수 있었음에도 "오혜원! 빨리 한남동 가! 검찰에서 나왔대! 당신 찾는대! 제발 가!"라고 울먹이며 소리친다. 혜원이 '아내'라기보다는 자신의 출세줄을 쥐고 있는 유능한 팀원임을 확인시켜주는 장면이다.

아폴론 남성인 준형은 겉모습을 중시한다. 밑바탕을 이루고 있는 것이 무엇인지에는 관심이 없다. '남들 눈이 목숨만큼 중요'하기에 혜원이 영우에게 맞고 들어왔어도 '누가 보믄 부부 싸움 하다 맞은 줄' 알까 봐서 걱정이고 아내의 불륜을 알면서도 분노보다는 계산을 하며 남의 시선과 평판만 의식한다. 준형은 혜원에게 "난 절대 이혼 같은 거 안 해. 있을 수도 없는 일이야. 4대째 크리스천 집안 아니니. 어머니는 지금두 전미 한인교회 연합 예배 때마다 찬양 인도하셔."라고 말한다.

이혼은 남들 눈에 보이는 자신과 가족을 위해서는 물론 경력에 흠집이 갈 뿐만 아니라 혜원을 놓치면 자기 손해이기 때문에 안 되는 일이다. 능력 있는 혜원을 붙잡고 싶지만 혜원이 모든 죄를 짊어지고 적시에 검찰에 들어가줘야 '순교자' 대접을 받는다는데 버티고 있자 혜원을 만나서 희생양이 되라고 종용한다. 결국 보스인 민학장이 시키는 대로 간통죄 고소권을 가진 자신이 나선다. "만에 하나, 실형 살게 된다 해도 나 기다릴 수 있어. 선재 잘 돌봐줄 거구, 그놈이 원하면 유학도 보내줄 수 있어. 근데 그게 다, 내가 힘이 있어야 가능해요. 안 할 말로 내가 당신, 그걸로(간통죄) 고소하면 선재는 어떻게 되겠어. 그 이쁜 놈이 순식간에 상간, 그런 더러운 굴레를 쓰게 된다고."라고 협박한다.

준형은 지문에 써 있듯이 '오혜원의 남편으로 살면서 얻은 게 훨씬 더 많기 때문에 잔머리를 굴려서 혜원을 어떻게 구워삶을까'가 고민이다. 혜원은 자신에게 '껍데기'와 '허당'에 불과하고 일종의 사업 파트너이기 때문에 자신의 이익에 따라 행동하는 것이 맞다. 간통죄 고소는 혜원의 사회적 생명을 빼앗을 수도 있는 치명적인 일이지만 자신과는 관계없다. 준형은 혜원에 대해 어떤 인간적 의리도 없어 보인다. 법적 권리 내에서 행해지는 잔인한 성미는 아폴론 남신의 특징이다. 아폴론은 음악경연대회에서 자신에게 도전한 플루트 연주자 마르시아스와 맞서 승리한 후 마르시아스를 산 채로 가죽을 벗겼다.[213] 카산드라에게도 예언의 능력을 주었으되 아무도 그 예언을 믿지 못하게 함으로써 창조적이되 잔인한 벌을 주었다. 혜원은 "당신두 나두 미쳤다. 아직은 그래두 명색이 부분데, 어떻게 이런 말을 아무렇지두 않게 주고받겠니."라고 하면서 "이왕 미친 거, 쪼끔만 더 기다려봐. 원하는 걸 얻을래믄 참을 줄도 알아야지."라고 말한다.

준형은 자신의 생사여탈권을 쥐고 있는 민학장에게 밉보이면 '죽을지도 몰라' 결국 간통죄 고소를 실행한다. 아폴론 남성은 나이 많은 남

213 신화에서 아폴론은 심판이고 심사위원인 데다 수금을 거꾸로 든 채 연주할 수 있었다. 마르시아스는 플루트를 그렇게 연주할 수 없었기에 아폴론은 자신을 승자로 판정했다. 대회 협정은 승자가 패자에게 하고 싶은 대로 할 수 있다는 것이었다. 아폴론의 잔인한 성미는 자신이 남들에 의해 창피를 당하고 지배를 당한 적이 있으나 이제 공격자와 동일시하게 되었을 때 나타나는 아폴론 남성의 비열한 면이 될 수 있다. 경쟁자에게 자비는커녕 냉혹하게 대한다. Bolen, 『우리 속에 있는 남신들』, 215쪽.

성들을 우러러보며 그들과 맺는 관계에 가치를 둔다.[214] 아폴론 남성은 자신이 경력에 도움 되는 사람들만 관계하는 것처럼 보여 위선자라고 평가되기도 하지만 다른 사람 시선에는 관심이 없고[215] 성공이 가장 중요하다. 그럼에도 이미지는 항상 점잖고 바르게 보여야 하기에 마음에 안 드는 신재에게도 '힘들 때 신앙을 가져보라'고 점잖게 충고를 한다. 그러나 아폴론 남성은 남의 처지를 상상할 수 없다.[216] 선재 어머니가 사고로 죽고 선재가 군대를 간다고 하니 연민보다는 '인생 그렇게 꼬이는 애들은 어차피 안 된다'고 말하며 "그런 환경에서 자란 애를 언제 봐봤어야지."라는 말에서 알 수 있듯이 열정과 사랑, 동정심이 없다. 남들이 처한 상황, 성, 인성, 지적인 능력을 고려하지 않은 채 출세하지 못한 남들 탓을 하는 것이다. 아폴론 남성은 자신이 정말 괜찮은 사람이며 모든 일은 다른 사람들의 잘못으로 일어난 일이라고 생각한다.[217]

결국 준형과 혜원은 이혼하고 파트너십은 끝났다. 준형은 검찰이 왔을 때도 '저 여자의 비리와 전혀 상관이 없다'고 하며 '성경 말씀대로' 기회를 여러 번 줬는데 결국 이혼을 하게 됐으니 귀책 사유를 가진 혜원이 위자료를 내야 한다고 말한다.

S# 혜원의 침실(15회)
혜원 : (담담) 해야지. 내가 할 수 있는 한도 내에서. (파우더 룸으로) …(중략)…
준형 : 말 겨우 그렇게밖에 못 해? 니가 가진 걸 다 줘두 모자라지!

214 Bolen, 『우리 속에 있는 남신들』, 206쪽. 〈애인〉의 우혁도 불의한 민이사에게 복종했다.
215 Schmidt, Victoria, 앞의 책, 111쪽.
216 Bolen, 『우리 속에 있는 남신들』, 233쪽.
217 Schmidt, Victoria, 앞의 책, 115쪽.

그런 식으루 나오면 나, 소송해야 돼!

혜원 : 강준형 씨,

준형 : (멈칫)

혜원 : 작년 한 해 동안 당신 옷이랑 구두 값만 3천만 원 썼어. 결혼 해서 지금까지 쭉 그렇게 살아왔는데, 무슨 돈이 있겠어.

준형은 옷과 관련된 에피소드가 많다. 연주회 날 선재가 피아노를 몰래 치다가 걸렸을 때 선재에게 자기 옷을 입혀서 밖으로 내보냈다. 선재가 공익근무 중에 사고를 쳐서 다시 데려왔을 때도 자신의 옷을 입힌다.[218] 인간은 사회적 관계나 장소에 따라 옷을 바꿔 입으며 그에 맞는 의식과 행동을 취하게 된다. 옷의 상징은 특별히 세상 사람들에게 보여지는 자신의 이미지와 관련해 자신에 대한 감정이 어떠한지를 나타내주는 것이다. 옷은 의식의 상태나 자아의 태도와 관계된다. 준형은 백화점에서 전문 쇼퍼(shoper)의 도움까지 받아 가며 수천만 원을 써가며 옷을 산다.

우리는 어떤 지위가 바뀌었을 때 옷을 갈아입었다, 옷을 벗었다라고 말한다. 이때 옷은 그 사람의 페르소나에 해당된다. 페르소나는 그 사람 고유의 자아가 아니라 사람들이 만들어준 것이다. 진정한 내가 아니라 타인이 보는 나, 타인의 시선으로 보는 나이다. 나의 가면들에 맞추어 살다 보면 정작 고유의 '나'는 상실되고 인간에게 가장 중요한 정신

218 선재는 전부 세 번 준형의 옷을 입는데 그때마다 무척 불편해하고 자기 옷으로 갈아입고 싶어 한다. 선재에게 준형의 옷은 맞지 않는 페르소나인 것이다. 다르게 보면 준형이 자기 옷을 선재에게 입혔다는 것은 선재가 혜원의 짝인 준형의 역할을 대체하게 될 것이라는 암시적 행동일 수 있다. 혜원은 선재가 준형 옷을 입은 것을 보고 "얘 좀 봐, 당신 옷이 아주 딱 맞어."라고 말한다. 옷을 갈아입는 것은 생활양식이나 태도의 변화를 나타내며 페르소나를 바꾸거나 새로운 사람이 되는 것을 상징한다. Ackroyd, Eric, 앞의 책, 302쪽.

인 내면세계와의 관계가 끊어질 위험에 처하게 된다. 준형은 페르소나에 집착하는 인간형이다. 겉모습에 가치를 두는 습관과 질서의 산물이며 특별히 애정을 갖고 있지 않지만 위신 있는 직업과 권력, 그럴듯한 인맥 등 버리기에는 너무도 아까운 것이 많은 인물이다.[219] 하지만 준형처럼 페르소나에 지나치게 집중하면 성격의 불균형을 초래한다. 특히 인생 후반기에는 내적 긴장이나 갈등을 일으키기 쉬워지기 때문에 페르소나가 철가면이 되어서는 안 된다.[220]

준형은 출세에 집착한다. 일은 출세의 수단일 뿐이다. 아폴론은 소년 때부터 아주 무거운 부담을 가지고 있다. 부모의 조건적 사랑을 얻기 위해서 주어진 일을 모두 잘 해내야 하고 이겨야 했기 때문이다. 그런 경향이 두드러지다 보니 자신이 실제로 그것을 하고 싶은지 아닌지 의문을 품어볼 기회가 없었다.[221] 어린 시절부터 규칙을 잘 따른 덕에 사랑과 인정을 받아왔기 때문에 표면적인 규칙을 받아들이는 데 별 어려움이 없다. 문제는 자신이 진정으로 원하는 것이 무엇인지 의문을 품기까지 시간이 오래 걸린다는 것이다. 아폴론 남성은 설사 슬럼프에 빠져도 격

---

219 Bolen, 『우리 속에 있는 남신들』, 211쪽.

220 Ackroyd, Eric, 앞의 책, 66쪽. 철가면 하면 떠오르는 캐릭터는 영화 〈스타워즈〉의 다스 베이더이다. 가부장 남성의 상징인 그는 권력과 지위를 손에 넣는 것이 자기의 삶이 되어버린, 인간적인 모습을 잃어 가는 남성의 이미지이며 가부장제의 어두운 면이다. 철가면은 그의 정체성이자 갑옷이며 생명을 유지하는 데 필요한 것이다. 다스 베이더의 본모습은 철가면 속에 숨어 있다. 그는 너무나 많이 다쳐서 철가면을 벗을 수 없다. 페르소나는 세상을 살아가는 데 필요한 가면이기는 하지만 철가면처럼 두꺼워지거나 벗으면 생명이 위험해질 정도라면 이미 그 자신은 사라지고 없는 것과 같다. 이런 남성에게는 중요한 개인적 삶이라고는 없다. 그들은 페르소나와 자신의 지위로 버틴다. 친밀한 감정적 연계 따위는 없으며 감정적으로 공허하기에 더욱더 권력과 지위에 매달리고 이것이 없으면 살아갈 수가 없다. Bolen, 『우리 속에 있는 남신들』, 382쪽.

221 Bolen, 『우리 속에 있는 남신들』, 224쪽.

렬한 동요보다는 잠자코 있으면서 불만에 가득 차서 만성 우울증에 걸린 채로 버틸 것이다. 준형도 지속적으로 수면제 처방을 받고 있다.

원형적 아들인 아폴론은 아버지 제우스와 달리 혹시 정상의 자리에 올라도 권위를 확장하지 못해 쫓겨난다. 비영웅적이며 신체적 위험을 피하는 겁쟁이이기 때문이다. 혼돈이나 소란 상태를 견디지 못하며 음악에서뿐 아니라 행동에서도 불협화음을 내는 선율이나 정열적인 열정 상태를 거북해한다. 대신 박자와 템포 등 규칙과 법칙을 통해 형식과 질서를 만들어낸다. 이는 디오니소스와는 정반대의 성격이다. 아폴론은 늘 이기려는 욕구, 우수성을 과시해야 한다는 욕구로 인해 친구를 죽이기도 했다. 아폴론은 히아킨토스를 사랑했다. 에로스는 둘을 동성애 관계에 빠지게 만들었는데 아폴론이 던진 원반이 히아킨토스를 스쳐가 죽이는 바람에 끝이 났다. 아폴론은 이겨야겠다는 순간적인 경쟁심과 목표 때문에 애인을 죽게 만들었다.[222)]

준형의 계획은 서한재단 일가가 원하는 대로 혜원을 감옥에 보낸 다음 자신이 음대 학장이 되는 것이 목표였을 것이다. 그러나 자신이 진정 원하는지 원하지 않는지도 모르고 공로를 과시해야 한다는 생각에 혜원과 서재를 '죽이는' 간통죄 고소라는 '치사한' 방법을 선택하고 만다. 결과는 그의 편이 아니었다. 고소당한 혜원과 선재의 처벌은 혜원과 인겸의 거래로서 없던 일이 되어버리고 준형은 원하지 않는 이혼남이 된다. 선재까지 학교를 그만두어버린다. 준형은 이기려고 했지만 결국 선재에게 '밀려' '참패'를 당하고 만다.

S# 준형 방(16회)
– 준형, 뭔지 모르게 비참해서 더 화가 난다. 그런데 화를 낼 데가

222 Bolen, 『우리 속에 있는 남신들』, 207쪽

없다. 왜 나를 모셔가지 않지? 왜 나를 존경하지 않나. 못된 것들, 나만 정서 박약이야?
– 팔꿈치 괴고 두 손으로 얼굴 가린 채 앉아 있는 준형. 지독한 소외감. 열패감. 내가 어째볼 수 없는 저 분위기.

자기도취적인 아폴론은 감정적으로 외톨이이다. 그는 겸손을 배울 필요가 있다. 아테나나 아르테미스의 파괴적 성향을 보이는 메두사 유형의 여성은 그에게 굴욕감을 안겨주어 겸손함을 배우게 할 것이다. 바로 혜원이다. 그녀는 아폴론 남성의 삶을 혼돈과 불확실성의 상태로 완전히 뒤집어놓을 수 있다. 아폴론은 상실감을 통해 괴로워하고 슬픔을 느껴봐야 자신이 얼마나 거만했고 모르는 것이 많았으며 진가를 인정하지 못했는지 알게 된다. 아폴론은 실패한 적이 거의 없었기에 만약 실패하면 대안이 없을 것이다. 다른 원형이 활성화되지 않고는 구제 불능이다.

2) 불혹을 넘긴 고루한 철부지

준형은 밖에서는 점잖은 피아노과 교수이지만 집 안에서는 떼를 쓰고 혜원 아니면 아무것도 못 하는 '찌질이'이다. 그래서 남들의 놀림감이 되지만 '시끄러운 것들'이라고 하면서 신경 쓰지 않는다. 불혹을 넘겼어도 정서 연령은 '중2' 수준이며 오로지 자신밖에 모른다. 계약 결혼이기는 하지만 명색이 아내인데 간통죄 고소를 두고 흥정을 하며 간통 현장을 덮칠 수 있는 상황에서도 자신의 미래를 위해서 참는다. 준형은 소유욕이 너무도 커서 분노가 필요할 때도 분노할 줄 모르는 사람이다.

아폴론 원형의 준형이 가진 부성 콤플렉스와 모성 콤플렉스에 대해서는 재론할 필요가 없으나 준형 캐릭터의 가장 큰 특징은 노골적으로 어린아이와 같은 인격을 드러낸다는 것이다. 앞서 분석한 캐릭터들에서도

'영원한 소년' 원형은 다양한 변용이 있었다. 영원한 소년 푸에르 에테르누스(Puer Aeternus)는 원래 고대의 소년 신 이름이다.[223] 융은 어른이 되지 않는 영원한 아이를 아들과 어머니의 관계를 설명하는 데 사용한다. 아이가 어른이 되기 위해서는 일찍 죽어야 한다. 이 말은 모성적 세계에서 어머니의 기생물로 생명을 유지하던 삶에서 인격적인 죽음을 겪어야 한다는 뜻이다. 그렇지 않으면 아들은 자기 고유의 삶을 살지 못하고 오로지 어머니에 의지해 살면서 유아적 의존 관계에 머물러 있을 수밖에 없다. 상징적 의미로 보면 어머니에게 삼켜져버렸기 때문이다.

영원한 아이는 힘과 에너지로서 언제나 상상력 속에 존재해왔다. 이것은 우리 안에 있는 본질적이고 창조적인 부분이며 변치 않는 젊음의 이미지이다. 그러나 어머니로부터 해방되지 못해 지속적인 의존 관계에 있는 젊은이는 미숙하고 틀이 잡혀 있지 않아서 과잉 행동을 하고 서두를 수 있다.[224] 폰 프란츠에 의하면 생텍쥐페리의 『어린 왕자』가 전하고 있는 의미는 어린 왕자는 삶이라는 드라마로부터 도피하여 결코 어른이 되지 못하여 삶 자체를 위협하는 존재일 수 있다는 것이다. 어린 왕자의 부정적 모습은 퇴행적으로는 유치증(幼稚症, infantilism)으로 나타난다.[225]

S# 혜원 집 주방(4회)
– 기사 제목과 사진. '쇼팽 콩쿨 최초 한국인 심사위원 나오나. 서한 음대 조인서 교수 후보군에'

223 고혜영, 「어린 왕자 연구—영원한 아이」, 『동화와 번역』 Vol.25, 2013, 17쪽.

224 von Franz, Marie-Louise, *The problem of the Puer Aeternus*, Totonto, Inner City Books, 2000, 고혜영, 앞의 논문, 36쪽.

225 위의 논문, 30~31쪽. 다른 사물이나 사람에게 책임을 전가함으로써 자기 만족을 느끼는 현상.

준형 : 당신 알구 있었지?!
혜원 : (커피잔 놓아주고 준형 어깨 쓰담쓰담)열 받지 마.
준형 : (토스트를 던지며 일어선다)또 뒤통수야, 또!
혜원 : (물러서며 나, 참)아직 결정된 것두 아닌데…….
준형 : 거명이 된 것 자체가 기분 나쁘지! 내가 꼭 이렇게 알아야 돼? 당신 도대체 누구랑 사니! 이선재 일만 해두 그래. 당신이 좀만 신경 썼으믄 잡아 둘 수 있었어! 걔가 조인서 밑에 있었으믄 그렇게 손놓구 냅두진 않았을 거다. 내 말 틀려?

준형은 자신의 실력이 모자라는 것을 인정하지 않고 대우를 제대로 받지 못하고 있다고 착각한다. 현실 감각이 떨어지는 이유는 아폴론의 뽐내기 좋아하는 자아도취적 성향이 소년 원형과 결합되었기 때문으로 보인다. 준형은 소년 원형과 노인 원형의 부정적 특성을 모두 가지고 있다. 노인 원형의 부정적 특성을 보이는 제우스의 아버지 크로노스는 아들에게 자리를 빼앗길까 봐 아내가 아이를 낳기만 하면 삼켜버린 무서운 아버지 신이다. 노인 원형의 부정적 측면은 새로운 것이 나타나면 집어 삼키면서 과거의 황금기로 돌아가려고 하는 것이다. 힐만에 따르면 노인 의식은 법, 제도, 체계, 습관을 숭상하며 가부장적 견고성 속에서 사는 것이다.[226] 늙은 왕은 그전에 아무리 잘 다스렸을지라도 때가 되면 새로운 왕에게 양위해야 한다. 소년 원형과 노인 원형은 대극의 합일을 이루어서 서로의 약점을 보완시켜야 하는데 그렇지 못하면 문제를 일으킨다. 노인 원형이 소년 원형을 감염시키면 소년의 미숙한 특성이 견고하게 되고, 소년 원형이 노인 원형을 감염시키면 노인의 규범은 유치하게 된다. 이런 사람의 행동은 소년의 부정적 특성, 노인의 부

---

226 Hillman, J., *Senex and Puer*, pp.16~21. 김성민, 「한국 그리스도인의 성격과 전일성의 회복」, 29~30쪽 재인용.

정적 특성이 번갈아 나타나서 우스워지고 사회 적응에도 어려움을 겪게 된다.

준형은 철부지 소년의 정서를 가져 미숙함을 드러내지만 그 사실을 인식조차 못 한다. 노인 원형이 소년 원형을 감염시킨 상황이다. 소년 원형과 노인 원형이 분열되어 있을 경우 가장 문제는 영적 혼돈에 빠져서 점술이나 심령술 등 미신적인 것에 탐닉한다. 또한 영원한 것과 일시적인 것을 혼동하여 율법이나 규범을 절대시하면서 가족이나 직업 의무에 몰두해 자신의 운명을 피하려고 한다.[227] '4대째 크리스천'인 준형은 혜원과 선재의 불륜을 알게 되자 아이러니하게도 역술가와 상담하고 잠을 못 이룬다. '믿어야 할지 말아야 할지' 모르겠지만 역술가가 "부인의 성정을 믿으세요. 남편이 좋아서라기보다, 성격상 절대 그런 일 없습니다. 관이 네 갠데, 다 벼슬 관이예요…… 남자보다 일이 늘 우선이죠. 뭣보다 이 친구, 절대 어디 보내지 마세요. 여기 이 넘치는 기운이 모든 걸 다 막아 주구, 교수님께 아주 큰 도약의 발판이 돼요. 몇 계단 껑충 뛰는 거지."라는 말을 듣고 둘의 관계를 알면서도 모른 척한다. 본질적인 것보다 형식적인 것에 집착하여 더 탐욕적으로 되는 이런 유형은 모든 것을 이분법적으로 갈라놓으면서 선택을 강요하고 자기와 다른 사람을 공격한다. 감정적으로 미숙하여 안정되지 못하고 어떤 열정에 불타올랐다가도 금방 식어버리기도 한다. 그의 열정은 정서 깊은 곳에서 나오는 것이 아니기 때문이다. 전인적 인격이란 소년 원형에서 비롯되는 새로움, 활력, 창조성이 노인 원형의 성숙한 틀 안에 들어가서 질서 있게 배열되어 원숙한 태도를 지니면서도 언제나 새롭게 변환되었을 때 실현될 수 있다. 다른 사람들을 따뜻하게 품어주고 공감하지

---

227 김성민, 「한국 그리스도인의 성격과 전일성의 회복」, 30쪽.

만 정신성을 잃지 않고 올바른 가치를 실현시켜나가는 인격[228]은 소년과 노인 두 원형이 조화를 이루었을 때 획득될 수 있는 것이다.

준형이 가진 또 하나의 심리적 문제점은 남성성과 여성성이 부정적으로 작용하고 있다는 것이다. 준형은 감정적으로 불안하고 변덕스러우며 감상적이다. 융에 따르면 인간은 남성성과 여성성이 올바른 관계에 있지 못할 때 서로가 서로에게 부정적인 작용을 하게 된다. 변덕스럽고 짜증을 많이 내는 것은 아니마가 미숙하여 감정이나 관계 기능에 문제를 일으키기 때문이다.[229] 준형은 남성적인 로고스 원리도 마비되어 자기주장을 못하고 결정을 내리지 못해 우물쭈물한다. 상황이 어떻게 돌아가는지 판단이 잘 안 되고 '잔머리를 굴리다 보니' '줄이 헷갈리기도' 한다. 결국 민학장이 시키는 대로 남의 손에 끌려다니면서 메마르고 경직된 사람이 되기도 한다.

이렇게 되면 내면에 자연스러운 생명력이 흘러나오지 못하고 얼어붙은 삶이 된다. 이때 이들을 붙잡는 것은 권력의지이다.[230] 남성성과 여성성의 부정적 측면이 결합된 이런 유형은 스스로 분열되어 있다는 사실을 감지하고 무의식중에 자기 자신을 지키기 위해서 다른 사람들을 지배하려고 한다. 그래서 사람들과 진정한 관계를 맺지 못하고 자기 의견만 주장하며 여러 문제를 일으키게 된다. 준형은 자신이 기분 나쁘다고 제자들에게 '쓰레기들아!'라고 하는가 하면 조교를 종 부리듯이 함부로 대하고 심술을 부린다. 주변에 그를 진정으로 사랑해주는 사람은 없다. 감수성, 친밀감, 이해력이라는 아니마의 긍정적인 특성이 계발되지

---

228 김성민, 「한국 그리스도인의 성격과 전일성의 회복」, 36~37쪽. 이선재는 소년 원형과 노인 원형이 조화를 이룬 캐릭터이다.

229 위의 논문, 35~36쪽.

230 위의 논문, 36쪽. 바꾸어 말하면 혜원도 마찬가지였다. 남성성과 여성성의 부정적 측면이 결합되어 성마른 성공지향주의자로 살았다.

않아서 그것이 무의식적이거나 부정적인 자기중심적 태도로 나타난다. 혜원이 영우에게 얻어맞고 들어왔어도 준형은 '팀원'에게 위로할 줄을 모른다.

S# 거실(7회)

혜원 : 남이 보면, 누가 들으면…… 그게 중요하지 당신은 …(중략)… 이게 지금, 당신한테 위로 대신 야유나 받을 일이야? 이만큼 사는 대가루, 던지구 때리믄 얻어맞아야 하는 게?

준형 : 누가 시켰냐?! 너두 명품 걸치구 부자들, 셀럽들 상대하면서 이거저거 다 누리구 싶어 자청한 거지! 싫으믄 관두든가!

혜원 : (허) 그래. 관두지 뭐. 이 집! 내 일! 당신 교수 자리! 다 토해 내구 아무것두 없던 20대루 돌아가지 뭐. 그럴 수만 있다믄 나두 좋겠어. (들어간다)

준형 : 너나 돌아가!

울라노프(Ulanov)에 따르면 관계 맺기란 단순히 환경적 지리적으로 가까이 있어 접촉하는 것이 아니라 의식적 의도적으로 접촉하고 그 대상과 하나가 되려는 성향이다.[231] 준형은 긍정적 아니마를 가지지 못해서 부정적인 측면인 불안, 짜증, 변덕이 나타난다. 볼린은 아폴론에게 아니마 문제가 있음을 지적했다. 그것은 아폴론이 태어나자마자 어머니와 떨어져 몸으로 사랑을 표현받지 못했기 때문이라고 했다. 어머니와 하나 되는 느낌을 받지 못한 아폴론에게 필요한 것은 진정한 사랑이다. 융은 사랑이 없는 곳에서 권력이 빈자리를 채운다고 했다. 일단 권

---

231 Ulanov, A., *The Feminine in Jungian Psychology and in Christian Theology*, Evanstan, Ⅱ, Northwestern University Predd, 1971, 김성민, 「한국 그리스도인의 성격과 전일성의 회복」, 34쪽 재인용.

력이 남성 또는 여성의 마음속을 지배하게 되면 개인의 선택은 지위 획득과 권력의 유지와 확대, 관리를 위해 이루어진다. 이 점은 준형과 혜원 모두에게 동일했다. 권력의 선택은 사랑 그 자체나 사랑을 행하는 기쁨, 누군가에 대한 사랑, 저절로 생겨난 사랑 등과는 거리가 있다.

아들에게 화를 내거나 두려워한 아버지 우라노스나 크로노스 그리고 지혜의 여신 메티스를 삼켜버린 제우스까지, 이런 남성 인물은 오래 동안 난공불락의 권력을 지녀왔다. 사랑이 넘치는 아들 유형인 예수와 같은 메시아 원형이 등장하기는 했지만 가부장제라는 근본 구조를 바꾸지는 못했다.[232] 가부장인 제우스의 벼락이 문화의 통치 원리이며 우리의 안전을 보장한다고 여겨 남들로부터의 고립을 당연하게 여기는 한 세상의 운명은 바꾸기 어려울 것이다. 벼락은 지상의 생명을 파괴하지 않고는 이용될 수 없다는 것을 알아야 한다.

우리 삶은 수많은 선택들의 조합이다. 선택은 원칙과 관련이 있다. 어떤 원칙을 두고 선택했느냐에 따라서 진정으로 좋아하고 참다운 의미가 있는 것을 고를 수 있게 된다. 아폴론 남성은 사랑에 바탕을 둔 결정을 내릴 때 자신을 제한하는 페르소나와 자아를 동일시해온 상태에서 벗어날 수 있다. 계산이 아닌 자기 마음을 좇아 합리적인 세계의 경계를 넘어야만 감정적 냉랭함에서 벗어날 수 있다. 준형은 집단이 만들어준 가치인 출세와 성공지향적인 삶만 고집하는 철가면을 벗고 '끝까지 즐겨주는 것이 최고로 사랑해주는 것'이라는 사실과 그것이 음악이고 인생이라는 것을 알아야 할 필요가 있다.

232 Bolen, 『우리 속에 있는 남신들』, 407~408쪽.

표 4 멜로드라마 남성 캐릭터의 신화 원형

원형	작품	이름	특징	세부 내용
영원한 소년 : 헤르메스	애인	정운오 (유동근)	자유로운 영혼의 안내자	(1) 충동적인 영원한 소년 (2) 질식당한, 어머니의 아들 (3) 영혼의 안내자
			영원한 소년의 성장	(1) 아니마의 투사와 낭만적 사랑 (2) 낭만적 사랑의 실패 (3) 현실의 인간적 사랑
남성 우월 주의자 : 제우스		김우혁 (김병세)	가부장적 가치의 수호자	(1) 여성을 무시하는 남성 우월주의 (2) 미숙한 감정과 정서의 소유자
			자기도취적 오만과 비극	(1) 성공을 추구하는 아버지의 아들 (2) 버림받은 남성의 마지막 기회
가부장의 아들 : 아폴론	내 남자의 여자	홍준표 (김상중)	무서운 아버지의 유약한 아들	(1) 가부장의 우유부단한 아들 (2) 모성의존적인 영원한 아이 (3) 가까운 것의 거부 (4) 법과 질서의 수호자
			비겁한 사랑의 희생자	
여자의 남자 : 디오니소스	밀회	이선재 (유아인)	여성적 가치의 구원자	(1) 광기를 가진 음악 천재 (2) 어머니의 구출자 (3) 혁명적 오이디푸스 (4) 가슴 가진 남자
			상처입은 내성적인 장인(匠人)	(1) 박대받은 장인(匠人) (2) 헤파이스토스의 여성
			부활한 구원의 메시아	(1) 자기(Self)로의 인도자 (2) 올바른 질문을 해주는 자
출세 지상 주의자 : 아폴론		강준형 (박혁권)	강한 여성의 이기적인 남편	
			불혹을 넘긴 고루한 철부지	

제5장

멜로드라마 캐릭터 신화 원형의 변화

원형(Archetype)은 다른 같은 종류의 것을 만들어낼 수 있는 근본 모델이자, 인류가 가지는 가장 보편적인 공감대의 뿌리이다. 멜로드라마는 가장 대중성을 추구하는 장르 중 하나이기 때문에 더욱 그 원형을 외면할 수 없다. 멜로드라마 캐릭터의 독창성도 보편적인 원형적 특성 속에서 발휘되었을 때 시청자의 폭넓은 호응과 감동을 일으켜서 가치를 인정받을 수 있다.

본 장에서는 멜로드라마 캐릭터의 신화 원형의 변화가 지니는 의미를 살펴본다. 멜로드라마는 유형화된 인물과 사건의 극적인 전개에 의존하는 것이 특징이다. 이는 시청자를 손쉽게 끌어들이기 위해서인데 유형화된 인물이라고 하여 항상 틀에 박힌 캐릭터들이 나와서 상투적인 행동만을 보여준다면 대중은 외면할 것이다. 예측되는 관습 속에서도 끊임없는 변주를 보여주기 때문에 시청자들은 캐릭터에 감정을 이입하고 몰입할 수 있다. 멜로드라마 캐릭터의 신화 원형이 시대적 화두와 대중의 사회 문화적 관심사를 어떻게 소화해서 반영하고 있으며 그 의미는 무엇인지 알아본다.

1. 전통적 여성 캐릭터의 주체화

우리의 멜로드라마가 전통적으로 선호하는 여성 캐릭터는 순종적인 아내, 여성스러운 연인, 전통적인 외유내강의 여성의 미덕을 내면화한 어머니 등 한마디로 '착한 여성'[1]이다. 멜로 장르는 타 장르에 비해 전형적인 여성상이 재현된다. 이것은 가부장제가 선호하는 전통적 여성상인 그리스 신화의 상처받은 여신 코레/페르세포네, 데메테르, 헤라 원형의 특성이다. 이들 전통적 여신 원형의 캐릭터들은 현대로 올수록 점차 퇴조 경향을 보인다.

1) 독립을 꿈꾸는 영원한 소녀

과거에는 '기혼 여성'의 성적 욕망이나 낭만적 사랑에 대한 욕망은 가족제도를 파괴하고 전형적인 남녀 관계를 전복시키는 위험한 것으로 간주 되었다. 그 결과 아예 불륜 소재의 유형에서 제외되었다. 그러나 여성들의 취업률 증가와 가정과 사회에서의 여성 발언권의 강화, 자유연애와 낭만적 사랑 담론의 확산, 성에 대한 쾌락 추구가 허용되어가는 현실에서 기혼 여성의 불륜은 멜로드라마의 단골 소재로 등장한 지 오래이다. 특히 1990년대를 기점으로 기혼 여성의 불륜 이야기가 부각되고 있다. 이러한 변화는 우리 사회가 기혼 여성도 모성만이 아닌 낭만

1 낭만적 사랑의 서사구조는 착한 여성 즉 남성을 위해서 희생하는 여성에 대한 선호와 미화를 통해서 사랑을 왜곡한다. 여성은 착한 여성을 내면화하여 낭만적 사랑의 준거 틀로 삼게 된다. 결과적으로 멜로드라마가 주도하는 이성애적 낭만적 서사는 여성의 섹슈얼리티를 통제하고 여성의 억압을 영속시키는 이데올로기 장치이다. 하윤금, 「멜로드라마의 이성애적 서사구조에 대한 해석—〈청춘의 덫〉을 중심으로」, 『한국언론학연구』 창간호, 1999.

적 사랑의 주체가 될 수 있다는 사실을 인식하기 시작했기 때문이다.

이전까지 불륜 드라마의 주체는 경제적 여유와 포용력을 갖춘 남성이었고 그 대상은 20대의 미혼 여성이었다. 그러나 〈애인〉의 여성 주인공인 윤여경은 30대 기혼녀로서 불륜이 아닌 사랑의 주체로 등장한다. 이로 인해 일부일처제와 가부장제를 내세우며 바람난 유부녀를 일차적 비난의 대상으로 하는 보수주의의 거대한 반격을 받아 두 차례의 방송 경고는 물론 드라마의 줄거리까지 변화[2]하게 만들었다.

'영원한 소녀 코레' 원형을 가진 여성 주인공 윤여경은 신화에 상응하듯이 의존적이고 관계지향적인 성격으로 강한 가부장적 남성인 우혁과 결혼했지만 일밖에 모르고 가정에 무관심한 남편으로 인해 정서적 결핍감을 가지고 있다. 코레에게 결혼이 납치이고 죽음이었듯이 여경의 결혼 생활도 유사하다. 코레 원형은 모성 콤플렉스로 인해 자기애에 빠진 불안정한 소녀의 특성을 가지고 있고 순응적이지만 모호한 거짓말을 하거나 의존적인 태도를 보인다. 위축된 여성성을 가진 '영원한 소녀'는 모성으로부터 분리되지 못한 문제를 가진 '어머니의 아들'의 아니마 투사를 자주 받게 된다. 운오가 바로 그런 남성이다. 운오는 여경에게 지극한 사랑과 배려를 해줌으로써 결핍감을 메워주고 여경 자신이 어머니와의 지나친 동일시로 인해 위축되었던 여성성을 활성화할 수 있게 한다. 그러나 운오에 대한 사랑을 받아들이는 것은 상징적 아버지가 정한 법을 위반하는 것이다. 코레 여성의 부성 콤플렉스를 가진 여경은 내면화된 가부장적 지배 가치를 위반하지도 못하고 운오에 대한 사랑도 거부하지 못하는 모호한 태도를 보인다.

그러나 코레가 어머니 데메테르와 분리되어 성장의 기회를 잡았듯이 여경은 현실 어머니의 사망을 계기로 페르세포네로 성숙할 기회를 맞

---

2 정준영, 「〈애인〉, 30대, 1990년대」, 황인성 · 원용진 편, 앞의 책, 71쪽.

는다. 코레가 유괴와 납치, 강간이라는 시련을 겪고 지상 세계로 나가서 어머니를 만나고 명계(冥界)의 여왕 페르세포네가 되었듯이 여경은 사랑을 통해 성숙하고 독립적인 여성인 페르세포네로 성장의 길을 가게 된다. 여경은 운오와의 사랑을 통해 자신의 내면을 들여다보고 납치된 포로에서 벗어나기 위해 이혼을 요구한다. 이는 신화적으로는 죽음을 겪고 부활하는 것을 뜻하며 심리적으로는 무시하고 지냈던 무의식의 요소를 의식화하여 온전한 자기 자신이 되는 '개성화'의 과정이다. 여기서 중요한 역할을 하는 것이 갈림길에서 직관과 지혜를 발휘하는 헤카테 여신이다. 여경은 바깥일에만 몰두하는 우혁에게 더 이상 애정을 요구하지 않고 탈의존적인 독립적인 삶을 계획한다.

여경에게 중요한 것은 새로운 사랑의 완성보다는 자신의 독립이었다. 여경은 운오에게 가지 않았다. 그러나 그것은 완전한 독립을 원해서라기보다는 이혼의 원인 제공자인 남성과의 결합에 대한 타인의 시선이 두려웠기 때문일 수 있다. 코레는 문제를 일으키거나 비난받는 것을 두려워하는데 두려움을 극복하지 않는다면 페르세포네로의 진정한 성장은 없다. 운오는 미국행을 제안하고 여경은 다시 한 번 자신이 진정으로 가장 원하는 것이 무엇인지 헤카테의 지혜를 구한다. 그리고 마녀가 될지도 모를 두려움을 이겨내고 동행을 결단한다. 이는 코레가 하데스의 석류를 먹고 페르세포네가 되는 것과 같은 상황이다.

하지만 여경은 남편의 실종과 비행기 출발 시각이 일치되는 동시성의 행동화로 인해 결국 떠나지 못한다. 프시케에게 아프로디테가 제시한 마지막 과제인 '거절'을 수행하지 못하고 우혁을 원망하며 남게 되는 것이다. 이로써 영원한 소녀의 자기주장과 독립의 기회는 소멸되고 성숙은 미완성으로 끝난다. 여경은 자기답게 살고 싶은 개성화의 욕구와 의지가 있었으나 우혁에 대한 연민을 거두지 못하고 주어진 기회를 놓친다. 그러나 좌절과 후회 대신 결과를 긍정적으로 수용하면 그것도 가치가 있는 성장이다. 1년 후 놀이동산에 온 여경은 운오가 선물한 머리핀을 꽂고 있다. 머리핀은 영원성, 진정한 자기(Self)의 상징이다. 자신의 무의식을 외면하지 않고 돌보며 진실과 대면하는 것을 두려워하지 않는다면 여경은 다시 성장할 가능성이 있다.

1990년대 중반은 이혼과 가족 형태의 변화가 본격적으로 시작된 시기로 불륜은 쉽게 볼 수 있는 현상이었고 이로 인해 가족의 해체가 심화되었다.[3] 〈애인〉은 사람들 사이에 이미 광범위하게 퍼져 있던 이야기들에 기대어 만들어진 드라마였기에 관심의 대상이 되었다. 여경은 전통적인 여성 캐릭터의 시대적 변화상을 보여준다. 코레 원형의 여경 캐릭터는 운오와의 사랑을 통해 페르세포네로 변모할 기회를 얻는다. 전통적 여성 캐릭터의 수동성을 떨쳐버리기 시작한 것이다. 멜로드라마 여성 캐릭터 가운데 기혼 여성이 자신이 원하는 삶을 위해 자기주장을 펼치며 욕망을 추구하고 그것이 설득력 있게 받아들여진 예는 그때까지는 없었다.[4] 결국 가족 이데올로기 속으로 복귀하여 완전한 페르세포네로의 변신이 미완성으로 끝나는 결말이었지만 여경은 전통적 여성에서 탈피해 능동적이고 주체적인 삶을 추구하는 여성 캐릭터의 변모

---

3 황지희, 앞의 기사.

4 2000년부터 2007년까지 지상파 3사의 드라마에 나타난 모성 재현의 서사 전략을 보면 가부장제가 지정한 남편 외의 남성을 욕망한 여성은 처벌을 당연시하거나 '회개와 용서' 전략을 사용하고 있다. 이로써 남편과는 달리 아내의 욕망은 어떤 경우에도 가부장제 안에 머물러야 함을 강조하고 있다. 홍지아, 「TV 드라마에 나타난 모성재현의 서사전략과 상징적 경계의 구축」, 『한국방송학보』 제23권 6호, 한국방송학회, 2009, 284~323쪽. 그러나 〈애인〉은 1996년 드라마임에도 바람피운 여경이 처벌받거나 회개하지 않는다. 오히려 회개는 아내와 가정생활을 방기한 남편 우혁이 한다. 또한 여경은 딸을 데리고 이혼하려 했으나 운오와 미국행을 결심할 때 딸을 친구에게 맡기고 떠날 생각을 한다. 여경에게 모성은 절대적인 것이 아니다. 여경은 기존 멜로드라마의 불륜의 재현 관습을 파기하는 진보적인 여성 캐릭터이다.

상을 제시했다는 점에서 의미가 있다.

2) 모성적 아내의 자기 발견

〈애인〉의 이명애는 가부장제에서 칭송받는 자기희생적인 아내이자 어머니로서 데메테르 원형이다. 명애는 집안 살림부터 가족까지 완벽하게 돌보며 모든 것이 자신의 통제 아래 있다는 심리적 만족감을 느끼고 있으나 남편 운오와의 진정한 소통은 없다. 명애는 '모성 비대' 유형의 모성 콤플렉스와 모성의 부정적 측면인 '무서운 어머니' 원형이 발현되어 있다. 운오는 나이 든 큰아들에 지나지 않으며 명애의 명령이 싫어도 반항하지 못하는 아들과도 같다. 모성이 비대한 '어머니 같은 여성'의 짝은 대개 '아들 같은 연인'이다.

자기희생적 모성을 발휘하는 명애와 같은 여성 캐릭터는 한국의 멜로드라마에서 오랫동안 가장 이상적인 여성상의 하나로 간주되어왔다. 그러나 자기 충족적으로 희생하는 모성의 맹점은 모든 것을 상대방에게 쏟아부었는데 상대방은 그것을 몰라준다는 데에 있다. 명애는 완벽한 가족 이미지의 상징처럼 보이는 '집'에 큰 애착을 가지고 있다. 명애는 남편의 외도로 인해 이상적인 가족이 붕괴되었다고 분노하며 남편을 내쫓는다. 이것은 순종형 여성이 표출할 수 없었던 분노의 여신 원형의 발현이다. 명애는 가부장 제도가 선호하는 착하고 칭찬 받는 희생적인 아내의 페르소나를 깨뜨린다. 운오를 퇴출하고 이혼을 결단하는 파격적인 행동은 자기실현을 향한 첫걸음으로서 폐쇄되고 치우친 모성이 남편의 배신에서 촉발되어 균형을 잡기 시작했다는 의미이다.

1년 후 명애는 딸의 엄마가 되었지만 모성에 집착하지 않고 자유롭다. 자신만을 위한 시간을 보내며 여성성을 드러내는 옷을 주문한다. 남편이 예전과는 달라졌지만 최선을 다한다는 것을 인정하며 자신이 더 중요하다고 말한다. 명애는 운오의 외도 사건을 통해 무의식적 본능에 충실한 희생적이고 비대한 모성에서 탈피해 개성화의 방향으로 나아간다. 이상적인 아내와 어머니라는 페르소나의 틀을 벗고 자기다운 모습으로 살아가는 성숙한 데메테르로 변모한다. 명애는 아이를 이유로 떠나지 않은 운오를 받아들임으로써 가족 이데올로기 복원이라는 멜로드라마의 관습을 재현한다. 하지만 낭만적 사랑의 이상과 결혼 제도의 모순을 깨닫고 더 이상 희생적 모성과 완벽한 가족에 집착하지 않는다. 모성과잉의 부작용을 겪은 데메테르 여성이 아프로디테적인 여성성을 추구하고 헤스티아의 긍정적인 측면을 진정한 자기 충족을 위해 활성화하는 것이다. 멜로드라마의 모성적 아내가 소극적이지만 지배 가치에 저항하고 자신에게 충실하며 독립성을 누리는 변화된 모습으로 그려지고 있다. 이는 여성이 어머니라는 역할이 주어진 순간부터 성적 매력이나 욕구, 충동 같은 개인적 측면은 무시되고 오로지 어머니라는 가족 관계에서만 위치 지어진 과거 멜로드라마와는 달라진 점이다.

3) 현모양처의 주인 되기

2007년 〈내 남자의 여자〉에서도 전통적 여성 캐릭터는 여전히 이상적 현모양처의 표상으로 칭송받는다. 김지수는 전통적 여성을 대표하는 결혼의 여신 헤라 원형이다. 착한 아내인 지수는 남편의 직장, 일, 사회생활을 아내의 가사노동, 가정생활보다 더 중요하고 가치 있게 여기며 그런 역할 구분은 당연하고 그것을 지키는 것이 여성의 의무라고 생각한다. 헤라는 가부장 제도의 가치와 미덕을 내면화하고 가장 적극적으로 실천해 보이는 원형이다. 헤라 여신은 제우스의 끝없는 외도로 고통을 받았는데 천사표 아내인 지수 또한 철석같이 믿었던 준표의 배신으로 인생의 위기를 맞는다.

지수는 준표의 외도로 죽음과도 같은 고통을 겪고 더 이상 착한 여자이기를 거부한다. 상실의 고통을 준 준표를 원망하고 분노하지만 착한 아내의 페르소나로 모든 것을 남편 위주로 살아온 자신이 더 문제였음을 깨닫는다. 지수는 버림받음을 통해 진정한 자기다운 삶이 무엇인지 알아간다. 껍데기 아내로 살아가는 대신 준표를 내쫓고 이혼하며 능동적으로 헤라 원형을 청산한다. 준표와 아들보다 자기 자신을 위해 가부장제가 규정한 착한 여자의 삶을 배반한다. 지수의 행동은 결혼 제도와 가족 이데올로기의 바탕에 깔려 있는 계승, 부권, 위계질서를 해체시킨다. 강력한 권위에 맞서 분노하고 대항하는 세크메트, 칼리, 이난나 등 분노의 여신 원형은 지수에게 분노를 참지 않고 표출하도록 도와준다.

진실을 똑바로 보게 하는 지혜의 인물은 아버지 용덕이다. 자비의 관음, 노현자 원형을 구현하는 용덕은 지수 자신이 본연의 모습을 볼 수 있도록 도와준다. 지수는 착한 여자에서 벗어나 아내나 어머니만이 아닌 한 인간으로서의 가치를 스스로 찾아야만 한다는 것을 깨닫는다. 이는 처녀 여신인 아르테미스 원형의 활성화와 관계가 있다. 아르테미스는 독립적인 여성의 영혼을 인격화한 것으로 자매애와 자립심이 특징이다. 지수는 불륜의 가해자인 화영과 자매애를 보여주고, 남편과의 재결합 또는 자신을 흠모하는 젊은 남성과의 새 출발에 대한 주변의 압력을 거부하고 경제적 독립과 자주적 삶을 선택한다. 관계지향적 여성들의 심리적 성숙에 필요한 프시케 신화의 네 번째 '거절하기'의 과제까지 모두 완수하는 것이다. 가부장제에 순응하며 남성의 권력과 권위에 도전하거나 위협이 되지 않는 탈권력화된 여성으로 살아온 지수가 이제 권력을 쥐고 자기 인생의 주인이 된다.

그동안 불륜 소재 멜로드라마들이 답습해왔던 재현 관습은 우리 사회의 절대적 가치라고 할 수 있는 이상적인 가족 판타지와 모성 신화가 공모하여 가부장제가 선호하는 결혼 제도와 가족 제도를 수호하는 것이었다. 그러나 지수는 〈애인〉의 명애처럼 쫓아낸 남편을 다시 받아들이지 않고 이혼함으로써 가족 판타지를 재현하지 않으며 여성의 삶과 욕망을 어머니라는 이유로 억압하는 모성 신화도 거부한다. 오히려 화영과 반목하지 않고 자매애를 나눔으로써 가부장 체제의 고통받는 여성들의 한숨과 절망, 로망과 욕망을 그대로 전달해주는 한편 가부장제 사회가 얼마나 비인간적이고 허위의식적 통념으로 가득 차 있는지를 보여준다. 또한 지수처럼 착하고 탐욕 없이 산다고 해서 궁극적인 행복을 보장받는 것도 아니라는 냉소적인 시각도 보여줌으로써 멜로드라마의 장르 관습인 권선징악의 결말도 파기한다.

지수는 주인공이 아닌 대립자 역할을 맡고 있다. 멜로드라마의 여성 대립자 인물은 과거에는 자기주장이 강한 여성이거나 화려한 치장형 여성이 대부분이었다. 이것은 남성을 중심으로 두 여성의 대비를 다루는 삼각관계를 통해 '선택과 배제'의 미디어 전략을 취한 결과이다.[5] 그러나 호적법 개정, 포스트페미니즘 텍스트의 유입, 신자유주의 경제체제로의 변화가 이루어진 2005년 이후 여성 대립자 유형에 큰 변화가 온다. 여성 대립자가 온순한 성격, 순수한 여성적 외모, 보수적인 성 의식, 타인과의 관계에서 의존적 성향을 많이 보이는 등 전통적인 여성상

5 여성적 외모의 여성과 양성적 이미지의 말괄량이 여성형이 동시에 한 남성을 좋아할 경우 양성적 특성을 지닌 여성은 부정적으로 그려지지는 않지만 여성적 매력의 결핍으로 인하여 남성의 친구일 뿐 사랑을 얻는 데 실패한다. 반면 가부장적 미덕을 지닌 여성적 외모의 여성은 남성으로부터 선택을 받아 가부장적 질서로 편입하게 된다. 김훈순 · 김명혜, 앞의 논문, 19~26쪽. 또한 치장형의 여성적 외모는 주인공을 괴롭히는 연적으로 설정됨으로서 이 시대가 여성의 꾸민 아름다움보다는 타고난 아름다움을 우위의 가치로 여기고 있음을 보여준다. 홍지아, 「TV드라마를 통해 재현된 여성의 몸 담론」, 이화여자대학교 박사학위 논문, 2009.

을 따르고 있는 것이다.[6] 이러한 변화는 우리 사회의 인식이 전통적인 여성상에 대해 다소 부정적이 되었다는 함의이다. 지수 캐릭터와 같은 온순한 성격과 수수한 여성적 외모는 이제 개성 없는 여성으로 취급된다. 또한 남성에게 의존적인 무능력한 여성으로 인식되어 부정적으로 받아들여지고 있다.

불륜 소재 멜로드라마 캐릭터들은 가부장제의 성 이데올로기와 결탁해 일정한 재현 관습과 관행을 고수하며 규범적 캐릭터로 기능해온 것이 사실이다. 규범적 캐릭터를 대표하는 것이 관계의존적인 상처받기 쉬운 여신의 원형이다. 영원한 소녀 코레형 윤여경, 모성 과잉 아내 데메테르형 이명애, 착한 여자 헤라형 김지수는 가부장제 사회가 선호하는 착한 딸, 순종형 아내, 자기희생적 어머니, 효부형 며느리 등 전통적인 여성 원형이다. 하지만 불륜에 맞닥뜨리며 주체적인 성격의 아르테미스, 헤스티아, 아프로디테 원형이 활성화된다. 본래의 지배적 원형에서 새로운 원형으로의 변모는 처음 원형의 다양한 심리적 문제점을 해결하고 가장 자기다워지는 개성화의 과정을 보여주는 것이다. 이는 전통적 여성 캐릭터가 주어진 틀을 벗어나 욕망의 주체로 변해가는 과정이기도 하다.

2. 욕망 추구형 여성 캐릭터의 부상

현대로 올수록 전통적 여성이 가지는 원형적 특성인 수동성은 퇴조

---

6 이화정, 「멜로드라마에 나타나는 여성 대립자 유형의 변화(1992년부터 2011년까지)」, 『한국콘텐츠학회논문지』 Vol.12 No.10, 2012, 59~61쪽. 이전까지 이런 전통적인 여성의 특성은 여성 주인공이 가지는 성향이었다.

하고 욕망에 충실한 여성 캐릭터가 부상하고 있다. 이는 여성의 경제활동 참여율 증가 등 사회 진출 확대와 그로 인한 결혼 및 가족에 대한 가치관의 변화와 밀접한 관련이 있다. 전문 직업을 가지고 독립적이며 자유분방한 여성 캐릭터, 전통적으로 남성의 영역으로 인식된 공적 영역에 진출해 남성을 능가하는 실력으로 권력과 명예를 추구하는 여성 캐릭터가 등장했다. 이런 여성 캐릭터의 특성은 적극성, 능동성, 진취성, 사회적 지위의 향상[7]으로 표현되며 원형적으로는 내면적 욕망을 추구하는 자율적인 여신 캐릭터의 부상으로 설명된다. 욕망에 충실한 아프로디테 원형, 아테나, 아르테미스, 헤스티아 등 처녀 여신 원형이 지닌 자주성과 독립성, 자기 충족성을 지닌 비전통적 여신 원형의 캐릭터들은 누구에게도 의존하지 않는 욕망의 주체로서의 특징을 드러낸다.

1) 성적 욕망에 충실한 자기주장적 요부

멜로드라마가 선호하는 유형의 인물은 가부장 제도에 순응하는 대가를 다양한 방법으로 보상받는다. 사랑하는 사람과의 결혼, 화목한 가정, 자식의 성공과 효도 등이다. 멜로드라마는 온유한 순종형 여성 주변에 자기주장이 강한 요부형을 배치함으로써 선호 유형을 부각시켜왔다. 요부형 연인이나 자기주장형 아내는 매우 부정적으로 그려진다. 갈등의 원인 제공자로서 대부분 자신의 권력 확보를 위해 투쟁하지만 사랑하는 사람과의 이별, 가정 파탄, 자식과의 반목, 경제적 파산, 질병 등 결과적으로 처벌을 받는 형태로 표현되어왔다.[8]

---

7 정기현, 「한국 텔레비전 광고에 나타난 젠더 표상의 변화에 관한 연구」, 『미디어, 젠더&문화』 제8권, 2007.

8 김명혜 · 김훈순, 앞의 논문.

2000년대 이후 IMF로 인한 실업자의 양산과 가장(家長)의 실직은 가정의 위기와 해체와 함께 여성이 가정 경제의 책임자 역할을 맡게 했다. 이런 현실 속에서 여성의 자유와 권리가 확장되었고 호적법 개정 이후 여성의 사회 참여율은 더욱 높아져 2005년 12월 말 현재 여성의 경제활동 참가율은 50.1%를 기록했다. 이러한 사회적 변화는 멜로드라마 캐릭터의 전형적 구도를 깨뜨렸다.

〈내 남자의 여자〉의 팜 파탈 요부 이화영은 과거에는 멜로드라마의 주인공에서 배제되었던 인물형이다. 강한 성격, 개성적 외모, 독립성으로 인해 남주인공을 위협하는 유형이 이제는 여성 대립자가 아닌 여성 주인공으로서 등장하게 된 것이다.

화영은 절친한 친구의 남편과 불륜에 빠져 가정을 파괴하는 악녀 캐릭터이다. 자기중심적, 자기 주도적이며 주체적인 의식을 가지고 욕망을 추구하는 그리스 신화의 사랑과 미, 관능과 정열의 여신 아프로디테 원형이다. 화영은 찰나적 쾌락에 몰두하며 즉흥적으로 살아간다. 사랑을 얻기 위한 자신의 행동이 초래할 결과를 생각하지 않는다. 화영의 무의식은 우연을 가장한 불륜의 사랑을 저지름으로써 자매와도 같은 지수의 가정을 파괴시킨다. 지수는 화영이 외면해온 자신의 '그림자' 원형이다.

화영은 어머니의 박해받는 딸로 부정적인 모성 콤플렉스를 가지고 있다. 지배적인 어머니는 화영의 모성성을 위축시키며 에로스를 과도하게 증가시켜 '유혹하는 애인' 유형의 모성 콤플렉스를 유발한다. 이런 유형은 기혼 남성에게 관심을 가지고 그의 부부 관계를 깨뜨린다. 모성 콤플렉스를 가진 준표와 같은 남성은 화영과 같은 유형의 여성에게 푹 빠진다. 하지만 이런 유형은 모성 본능이 없기 때문에 진정한 관계를 맺지 못한다. 남성을 충동적으로 유혹하여 도덕적 갈등을 야기하지만 목표가 달성되면 남성은 버림받고 대체된다. 화영은 부성 콤플렉스도 가지고 있다. '하늘을 나는 자, 여자 돈 주앙' 유형이다. 자유롭게 희박한 공기 속으로 날아오르는 모험을 감행하는 이런 여성은 경계를 알지 못하고 규칙과 질서를 자유롭게 위반한다. 이런 유형의 부성 콤플렉스는 끊임없이 새로운 상징적 아버지를 찾아 헤매게 하며 과도한 의존과 심리적 종속을 초래한다.

화영은 준표와 결합한 후 전통적인 완전한 가정을 꾸리고 싶어 한다. 그러나 강한 자기주장형 아내의 특성을 가진 화영은 준표의 허위의식과 거짓된 행동에 절망하고 자신은 착하고 순종적인 여성이 될 수 없음을 깨닫고 자발적으로 떠난다. 여기에는 차가운 달의 여신인 독립적인 아르테미스 원형이 관여한다. 화영이 준표를 버리고 떠나는 결말은 아프로디테 원형이 지배적인 모성 콤플렉스의 여성으로서는 개연성 있는 결말이다. 화영은 김수현 작가가 일관적으로 표출해온 자기구현적 여성 캐릭터로 평가된다. 가부장제에 순치되지 않으며 가정이라는 환상에서 벗어난 인물이다.

과거 멜로드라마에서 사랑과 권력의 주도권이 남성에게 있었다면 2005년 이후에는 여성 주도적으로 관계가 역전[9]되는 경향을 보인다. 화영은 여성 주도적 사랑의 구현자로서 그리스 신화의 아리아드네, 메데이아 등과 같은 선상에 있다. 이 여성들은 지배 체제를 거부하고 사랑 자체의 가치를 높이 두고 모험을 감행하지만 자멸하거나 폭력의 길을 택했다. 화영은 그리스 신화의 여성과는 다르다. 화영의 여성 주도적 사랑은 우리나라 제주 무속 신화의 여신들에게서 원형을 찾아볼 수 있다. 자청비, 가믄장아기, 서수암의 딸, 원강아미, 백주또 등은 현대 여성이 봐도 놀라울 정도로 능동적이고 대담한 애정 표현을 하며 남성의 배신에도 강인한 생명력을 보인다. 악녀 캐릭터라는 측면에서 화영

9 정숙, 앞의 책, 124쪽.

은 노일제대귀일의 딸과도 닮아 있다. 화영은 한국 신화의 많은 여성 주인공들이 가진 당당하고 주체적인 모습을 보인다.

화영은 목표지향적이며 차가운 성격의 소유자라는 면에서 아르테미스 원형도 구현한다. 수많은 난관 속에서도 자신의 모든 것을 던져 사랑을 쟁취하지만 준표의 신뢰할 수 없는 태도에 깨끗하게 돌아선다. 화영에게 사랑은 '절대적'이었으나 사랑이 좌절되자 미련 없이 자신의 갈 길을 떠나간다. 여성은 더 이상 영원한 낭만적 사랑에 갇힌 존재가 아닌 것이다.[10] 과거 멜로드라마에서는 낭만적 사랑이 좌절되면 비극성이 극대화되면서 사랑의 절대성이 강조되었지만 그것과는 차이가 있다. 또한 화영은 지수에게 친밀감과 연대감의 자매애를 드러냄으로써 이전의 멜로드라마에는 없던 모습을 보여준다.

아르테미스가 성장하기 위해서는 아프로디테의 도움이 있어야 한다. 아탈란테가 스스로 남성에게 져서 사랑을 선택했듯이 화영은 준표와의 사랑을 통해 성숙의 기회를 잡았다. 하지만 준표의 우유부단한 태도와 지수처럼 살고 싶어 한 자신의 그림자의 투사로 인해 사랑은 실패한다.

화영은 한국 멜로드라마의 두드러지는 가부장적 서사 전략의 하나인 탈성화(脫性化, desexualization) 전략을 파기한 여성 주인공 캐릭터로서 주목된다. 오랫동안 우리의 멜로드라마에서는 여성이 성적 주체성을

---

10 2007년 〈내 남자의 여자〉의 화영의 태도는 시대를 앞서는 진보된 여성 캐릭터의 모습을 보여준다. 2008년부터 2012년까지 흥행 10위권 안에 든 대표적 멜로영화가 보여주는 서사적 변주의 특징은 낭만적 사랑의 영원성 약화, 사랑이 좌절될 때 남녀 주인공들이 현실에 충실하며 앞으로 나아간다는 것, 여성이 낭만적 사랑에 연연해하지 않는다는 점이다. 정사강 · 김훈순, 「한국 멜로영화의 낭만적 사랑에 대한 서사적 실험과 장르 관습」, 『기호학연구』 제43집, 2015, 255~258쪽.

전혀 확보하지 못했다. 이는 미국의 소프 오페라와는 다른 양상이다.[11] 소프 오페라에서는 성적 매력을 적극 이용해 남주인공을 유혹하고 조종하는 연인으로서의 여성이 자주 등장한다.[12] 하지만 우리의 멜로드라마에서의 남성의 연인은 성적 매력을 앞세운 유혹자라기보다는 낭만적 감정의 소유자 정도로만 그려지며 성적인 표현 또한 제약이 많았다. 탈성화 전략은 연인뿐 아니라 아내, 어머니, 사회인으로서의 이미지 속에서도 발견된다. 예를 들어 여성은 어머니라는 역할이 주어진 순간부터 성적 매력이나 욕구, 충동 같은 개인적 측면은 전혀 상상할 수 없고 오직 어머니라는 가족 관계 속에서만 위치가 지어진다. 한국의 유교 전통이 여성을 성적으로 억압해 여성이 자신의 성(性)을 무기로 권력을 쟁취하지 못하도록 억압의 기제로 작용하기 때문이다. 따라서 남녀 간의 사랑도 육체적으로 표현되기보다는 〈애인〉의 경우처럼 정신적인 사랑으로 승화시켰다.

그러나 화영은 자신의 육체적 욕망을 거리낌 없이 표현한다. 욕망에 충실하며 관계를 주도하고 사회 관습과 통념에 도전한다. 가부장적 가치관의 사회에서 순종하지 않는 여성들은 역사적, 문화적으로 무시되었다. 그러나 화영은 멜로드라마에서 소외되어온 여자 괴물 원형을 파괴적이면서 창조적인 새로운 캐릭터로 재생시킨다. 화영은 가부장제에 포획되지 않는 복잡한 여성이다. 시청자들은 불륜이라는 금지를 넘어섬으로써 금지의 명령 뒤에 숨어 있는 쾌락을 추구하는 화영을 통해 불륜 드라마가 전하는 실체를 상세하게 이해하게 된다.[13] 〈내 남자의 여자〉는 불륜을 '운명적 사랑'이라는 말로 치장하지 않음으로써 역설적으

11 김명혜 · 김훈순, 앞의 논문, 238~239쪽.

12 위의 논문, 239쪽.

13 이택광, 앞의 책, 284쪽.

로 '사랑'과 '욕망' 그리고 '가족'의 문제를 객관화시키고 있다.[14]

오늘날의 시대정신은 모순이 두드러지는 새로운 종류의 인물형을 탐색한다. 시청자들은 더 이상 단순한 형태의 인물에 대해 매력을 느끼지 못한다.[15] 〈내 남자의 여자〉는 악녀라고 해도 공감과 연민이 느껴지도록 표현했다. 모든 인간은 악인도 선인도 될 수 있다. 인간이 인간을 단죄할 권리는 없으며 악행을 저지르는 인간이 있기는 하지만 그럴 수밖에 없었던 원인이 있다. 화영 캐릭터의 이해할 수 없는 이상 성격은 화영이 가진 인격의 원형과 콤플렉스에서 기인한 것이었기에 인간적인 이해와 동정이 뒤따를 수 있다. 드라마는 친구 남편과의 불륜이라는 자극적인 소재에도 불구하고 캐릭터에 대한 집요한 심리 추적을 통해 삶에 대한 깊은 통찰과 인간 내면의 외로움을 냉철히 파고들었다.[16]

〈내 남자의 여자〉의 성공 요인은 무엇보다 이화영이라는 캐릭터의 매력에 있다.[17] 화영은 낭만적 사랑의 완성 대신 스스로 준표를 버리고 비극적 종결을 맞음으로써 멜로드라마의 관습을 재현한다. 그럼에도 뚜렷한 가해자도 피해자도 없는 설정을 통해 완전한 악인만이 아닌 한 인간으로서의 뚜렷한 자신의 목소리를 내고 있다. 멜로드라마의 장르 속성이 일차적으로 체제 유지와 균형에 기여하고 있는 반면 끊임없이 균형을 깨고 새로운 진보를 위해 나아가는 속성이 있다는 것을 이처

---

14 윤석진, 「'뻔뻔한' 그녀(들)의 사랑, 그러나 불륜」, 『미디어투데이』, 2007. 4. 17.

15 김용수, 앞의 책, 234쪽.

16 〈내 남자의 여자〉는 '불륜 판타지'들이 쏟아지는 가운데 불륜에 뒤따르는 삶의 문제와 고통을 리얼하게 보여줬으며(양성희, 「김수현 드라마의 힘」, 『중앙일보』, 2007. 6. 21), 불륜을 동화적으로 묘사한 〈애인〉류의 판타지 드라마가 아닌 사람과 삶의 단면 묘사에 치중한 심리 드라마(전영선, 「'금지된 사랑의 팬터지' 대리만족?」, 『문화일보』, 2007. 6. 16)로 평가되었다. 최고 시청률 36.8%로 그해 SBS 전체 프로그램 중 최고의 시청률을 기록했다.

17 윤석진 외, 『드라마 성공요인 분석』, 한국콘텐츠진흥원, 2010, 193쪽.

럼 시대 흐름에 따른 캐릭터의 변화를 통해서도 읽을 수 있다. 화영과 같은 욕망 추구형 여성은 이후 생산되는 수많은 막장 드라마의 여성 주인공 캐릭터의 형성에 영향을 주었다.

2) 권력과 사랑을 추구하는 여전사

2005년부터 2012년까지 멜로드라마의 여성 주인공의 캐릭터 변화 추이를 보면 30대 이상의 연령이 증가했고, 사회적 신분 수준의 향상과 자기 주도적으로 문제를 해결하는 여성이 증가된 것으로 나타난다.[18] 〈밀회〉의 오혜원 캐릭터 또한 이러한 시대적 분위기에서 탄생했다. 혜원은 결혼 12년차의 40세 여성이며 불륜 상대인 이선재와의 나이 차이는 스무 살이다. 지금까지 불륜 드라마의 남녀 주인공으로서는 극단적으로 나이 차이가 많으며 게다가 상대는 신분이나 배경이 보잘것없는 하층계급이다. 이런 조건에서 혜원은 주도적으로 자신의 욕망을 추구해간다.

오늘날은 사회적 성공을 꿈꾸는 여성들이 인정받는 아테나 혹은 아르테미스 여신의 시대이다. 여성은 이제 자신이 원하는 일을 하면서 동시에 사회적 인정도 받을 수 있게 되었다. 혜원은 뛰어난 전략적 사고와 행동으로 목표를 향해 달려왔다. 자신감과 열정이 넘치며 사회적 성공을 이루어낸 욕심 많고 재능 있는 이른바 알파 걸(α girl)[19]이다. 이러한 강한 여성이 가지는 심리적 문제점은 내면에 약한 소녀가 살고 있다

---

18 이화정, 「멜로장르 TV드라마에 나타나는 여성 주인공의 전형성(1992년부터 2012년까지)」.

19 하버드대 댄 킨들런(Dan Kindlon) 교수가 알파 걸이라는 개념을 처음 사용했다. 알파 걸은 섹스와 남녀 역할, 의존과 독립, 지배와 복종 같은 전통적인 사회구조들에 연연하지 않는다. 김원익, 앞의 책, 66~68쪽.

는 것이다.

혜원은 상류계급이 되어 권력과 명예를 얻겠다는 목표를 향해 달려가는 신자본주의 피로사회를 표상하는 인물이다. 아테나의 지략을 교활하고 능숙하게 활용해 이 시대 여성들의 로망이자 화보에 나옴직한 배경을 가지게 되었다. 그러나 이것은 외적인 허상에 불과하다. 혜원은 허위의식으로 가득 찬 타락하고 부패한 세계에서 심신이 혹사당하는 피폐한 삶을 살고 있다. 그럼에도 자신을 돌아보지 않고 권력과 성공을 향한 욕망의 끈을 붙잡고 달려간다.

'연애 불구' 혜원에게 이선재가 나타나면서 삶은 완전한 전환을 요구받는다. '아버지의 딸', '손 없는 소녀'의 원형에서 탈피해 현격한 연령과 사회적 지위 차이에도 불구하고 도덕적으로 있을 수 없는 사랑에 빠지게 되는 것이다. 혜원은 여성성의 가치를 각성하며 악의 세계로부터 탈출을 재촉하는 선재에게 '배워보겠다'고 한다. 이것은 아테나가 잃어버린 어머니 메티스 여신 원형을 회복하겠다는 다짐이다. 혜원은 아르테미스의 목표지향적이고 잔인한 궁수 기질과 아테나 원형의 전략을 활용해 서회장의 제물이 되는 대신 스스로를 구원하여 자유로운 삶을 살게 된다. 이 과정에서 긍정적 아니무스 원형인 '가슴 가진 남자'이자 구원자 '메시아' 원형인 선재의 역할이 중요하다. 더러운 세계에서 빠져나와 삶의 방향을 바꾸고 새롭게 거듭난 삶을 살게 되는 과정은 쥐 끈끈이, 발과 신발, 옷 등 다양한 상징적 사물로 제시된다. 중의적이고 은유적인 대사와 상황, 소품 등이 동원되어 원형적 상황을 현대적으로 재현하고 있는 것이다.[20]

---

20 〈내 남자의 여자〉의 화영이 노골적인 성적 욕망을 표출하는 성적 욕망의 주체로서 표현된 것과는 차이가 있다. 화영과 준표는 40대의 중년 남녀의 사랑인 반면 〈밀회〉는 40대 유부녀와 스무 살 청년의 사랑이다. 때문에 노골적인 성애

지배 가치의 윤리 도덕을 준수해온 혜원은 선재를 사랑하게 되면서 아프로디테 원형의 지배를 받는다. 가난한 피아노 천재를 발굴해 키워내는 예술가의 조련사 역할과 더불어 아버지의 법 대신 자신의 원칙에 따라 행동함으로써 가부장제를 위협하는 위험한 사랑을 하게 되는 것이다. 혜원은 사랑 없이도 유지되는 결혼 제도와 거짓 삶에 대해 문제를 제기한다. 이는 멜로드라마가 답습해온 재현 관습에 대한 도전이다.

혜원이 거대한 악의 무리들과 혼자 싸워서 이길 수 있었던 것은 화로의 수호신 헤스티아가 머무는 선재의 '집'에서 힘을 얻었기 때문이다. 혜원은 헤스티아의 집에서 밥을 먹고 단잠을 자며 에너지를 얻어 서회장의 우주에서 탈출을 시도한다. 〈애인〉의 명애와 〈내 남자의 여자〉의 지수에게서도 보았듯이 멜로드라마에서 '집'은 결혼으로 맺어진 가족 판타지의 표상이었다. 그러나 혜원 부부의 집은 세속적인 욕망으로 인한 허위적이고 억압된 삶을 확인하는 공간이다. 화려한 혜원의 집은 남루한 선재의 집과 비교되면서 오히려 가부장적 가족 이데올로기를 전복하는 장소로 활용된다. 혜원은 직장 같은 집을 벗어나 어머니의 자궁과도 같은 '집'으로 가서 원초적 에너지를 얻어 가면의 삶, 삭막한 경쟁과 비인간적인 남성적 가치를 추구해온 갑옷을 '벗는다.' 속죄한 혜원은 사방이 막힌 감옥에서 역설적으로 진정한 자유를 맛보고 선재에게조차 연연하지 않는 초연한 모습을 보인다.

혜원의 사랑은 처음에는 선재의 구애로 시작되었으나 욕망의 응시 대상은 선재이다. 혜원은 제 발로 선재를 찾아가 첫날밤을 지낸다. 이전까지의 불륜 소재 드라마는 불륜의 당사자인 여성이나 피해자 여성 모두가 가부장제 틀 안에서 타자화되었다. 주체적인 사랑을 추구해간

묘사를 통한 사회적, 도덕적 지탄을 피해 가기 위한 절충과 타협책으로 일상 대화에서 성적인 암시를 주는 중의적 대사를 사용한 것이다.

〈내 남자의 여자〉의 화영도 결과적으로 부정적 결말을 맞았다는 측면에서 멜로드라마의 도식적 결말을 피해가지 못했다. 그러나 혜원은 선재를 통해 더러운 권력의 노비의 삶을 스스로 포기함으로써 진정한 자기 삶의 주체로 다시 태어나고 영혼이 구원 받는다. 선재와의 사랑을 들키러 대로변에서 키스하고 간통죄로 잡혀간 경찰서에서 친구들에게 남편과의 이혼을 공표한다. 음악에 대한 진정한 사랑을 되찾음은 물론 선재도 잃지 않음으로써 해피엔딩을 맞는다.

〈밀회〉는 멜로드라마의 장르 관습인 가족의 복원도 없으며 가부장제가 용인하지 않는 사랑에 대한 처벌도 없다. 보수적 시각으로 볼 때 〈밀회〉는 '위험한' 드라마이다. 그럼에도 미디어는 우리 사회의 가족제도와 성 담론, 여성 섹슈얼리티의 급격한 변화에 대한 인식을 감지하고 이에 부응함으로써 새로운 것을 원하는 시청자의 호기심과 욕구를 만족시켜 호응을 얻을 수 있었다. 혜원은 불륜 소재 멜로드라마의 재현 관습을 위반한 새로운 여성 캐릭터로서 아테나와 아르테미스의 원형적 특성이 아프로디테와 헤스티아로 창조적으로 변용되었음이 확인된다.

여성의 공적 영역으로의 진출이 확대되는 경향은 〈애인〉의 여성 캐릭터들에서부터 감지할 수 있다. 여성들은 모두 직업을 가지고 있다. 운오의 아내 명애 또한 '프로'주부로서의 역할을 하고 있다. 이는 우리 사회에서 부각되기 시작한 새로운 여성상의 등장과 여성들의 사회적 진출의 증가 추세에 부응하는 경향이었다고 판단된다. 그러나 1990년대의 드라마는 전문 직종에 종사하는 여성들의 성공 과정과 노력을 생략한 채 그 결과만을 보여주고 있다. 또한 여성들이 자신의 전문성을 유지하고 발전시키기 위해서 고민한다거나 어려움을 겪는 모습도 거의 볼 수 없어서 일종의 '구색 맞추기 전략'[21]으로 여성의 직업이 활용되었

21 김명혜 · 김훈순, 앞의 논문, 231, 237쪽 참조.

다. 여경은 10년 이상 일한 이벤트 피디 일을 가정에 충실하겠다고 하며 그만두겠다고 한다. 그러나 2005년 이후 여성의 사회적 지위와 제반 여건이 좋아지면서 화영처럼 성형외과 전문의가 멜로드라마의 여성 주인공으로 등장한다. 하지만 이 또한 동일한 서사 전략의 연장선상에 있다는 평가를 벗어나기 어렵다. 화영조차 의사라는 명예는 선호하지만 가운을 다시 입고 싶지 않겠다고 말한다. 이때까지만 해도 여성들은 자신의 직업과 일에 대한 애착을 크게 드러내지 않았다. 반면 혜원은 자신의 직업과 일에서의 성공과 높은 지위를 얻기 위해 영혼까지 송두리째 저당 잡힌 모습으로 나타난다. 이는 〈애인〉에서 가정을 외면하고 성공과 출세를 위해 내달리는 여경의 남편 우혁과 흡사한 모습이다.

여성들은 오늘날 다양한 공적 영역에서 권력에 가까이 가는 데 성공했다. 최대의 수혜자는 혜원과 같은 아테나 원형의 여성이다. 그러나 남성과 같아지고 싶어서 스스로를 몰아치는 과정에서 여성 본연의 삶은 사라지고 만다. 초기 여성학은 생물학적 차이가 성차별의 기원이라고 주장했고 그다음 세대의 여성학은 사회구조의 문제에 천착하여 기회의 평등을 만들어냈다. 하지만 그 평등은 여성들로 하여금 결과적으로 남자다움이라는 갑옷을 입도록 부추겼다. 이제는 여성 자신이 진정으로 무엇을 원하는지 인식하는 '자율적 여성'에 대한 고민이 필요한 시대이다. 잃어버린 여성적 가치의 재발견과 구원의 과정을 〈밀회〉는 오혜원이라는 유능한 전문직 여성의 몰락과 재생을 통해 보여준다. 〈밀회〉는 권력 욕망을 추구하는 혜원이 무너지고 새롭게 태어나는 과정을 모자 관계를 연상케 하는 남성과의 불륜이라는 원형적 모티프, 여신 원형의 다양한 변용을 통해 성공적으로 표현하고 있다.

2014년 30대 여성의 경제활동 참가율은 57%로 사상 최고를 기록했다.[22] 원인은 늦은 결혼과 저출산 등이 복합적으로 작용한 것으로 보인다. 학력과 경제 능력을 갖춘 여성이 늘어나면서 여성은 높은 사회적 지위를 차지하게 되었다. 그 배경에 남성 못지않은 권력과 명예의 욕망을 추구하는 여성의 증가가 있음을 부인할 수 없을 것이다. 멜로드라마의 욕망 추구형 여성 캐릭터의 부상은 이러한 현실을 반영하는 시대적 변화에 대한 조응이다. 혜원과 같은 장르 규범을 파괴하는 캐릭터의 등장은 멜로드라마의 재현 관습에 변형을 일으키는 창조적 원동력으로 작용할 가능성이 높다.

3. 가부장적 남성 캐릭터의 퇴조

남성들은 자신의 실제 아버지가 어떻든 상관없이 제우스 원형의 가치 기준이 널리 스며 있는 가부장제 문화에서 살고 있다. 우리 사회에서 남성성(Mascuilnity)[23]은 남녀의 명확한 분리와 남성 우위가 강조되는 남존여비식 사상이 지배적인 농경사회적 특성과, 남성에게 가족의 부양을 책임지는 가장으로서의 역할을 강조하는 산업사회적 특성이 혼재해왔다. 멜로드라마의 남성상은 전통적인 가부장적 남성 캐릭터가 점차 퇴조하고 있으며 현대로 올수록 유약한 캐릭터로 변화되고 있다.

22 「골드미스 증가에 일하는 30대 여성 '사상 최고'」, 『경향신문』, 2014. 5. 27.

23 타고난 생물학적 성보다는 사회적 성 역할인 젠더에 기반을 둔 개념이다. 남자로 태어났어도 저절로 남성다워지는 것이 아닌 사회화 과정을 통해 남성다워지는 것이다. 따라서 남성성이란 특정한 사회와 문화에 따라 조금씩 다르며 특정 사회 내에서도 고정되어 있는 것이 아니라 변화하는 것이다.

1) 가부장적 남성 캐릭터의 주변(周邊)화

우리나라는 유교적 전통에 기인한 남성 우월적인 사고방식을 가진 전통적 남성상이 오래 동안 존재해오고 있다. 산업사회에 이르러서는 자기 분야에서 성공하여 명성을 얻거나 직업이나 일에 전념하는 남성, 사회적인 성공과 가정에서의 책임을 동시에 해내는 남성이 이상적 남성상으로 여겨졌다.[24)]

고정된 성 역할은 드라마에도 반영된다. 대체로 남성은 씩씩하고 용감하며 의지가 강하고 희생을 두려워하지 않으며 전통의 가치를 중시하는 인물로 묘사되는 경향이 강하다. 방송 초창기부터 2000년대 초반까지 드라마에 표현된 남성들의 특성은 긍정적이라기보다는 부정적인 모습으로 강조된 측면이 많다. 대부분 극단적이고 권위적이며 폭력과 불륜을 정당화하는 가정파괴범의 모습이거나 가부장제와 남성 우월주의로 여성을 비하하고 억압하는 모습이다. 이런 남성의 모습은 권위적이고 무서운 가장, 자신의 가치관을 고집하고 강요하는 남편, 간섭과 잔소리를 하며 모든 결정권을 가지는 남자, 자녀와 아내를 사랑하지만 표현하지 않으며 다정하지 못한 남자, 여성(아내, 딸)을 억압하며 부당한 대우를 하는 남자, 자신의 외도를 남성이라는 이유로 정당화하는 남자 등으로 요약된다.[25)]

24 이귀옥 · 이원정, 「남성성의 다중화와 여성화 : 1996년부터 2002년까지의 남성 잡지 광고 내용 분석」, 『광고학 연구』 제15권 5호, 한국광고학회, 2004. 12, 265쪽.

25 박부진, 「한국현대가족에서의 가부장의 지위」, 『여성 · 가족생활연구논총』 제7집, 명지대학교, 2002, 14~15쪽. 반면 이상적인 가부장적 남성의 모습은 강인함과 경제적 능력을 겸비하고 건강하며 독립적인 인격체로 정의된다. 박나경, 「한국 텔레비전 드라마에 나타난 남성상 연구 : 현대 멜로드라마의 남성상 왜곡 현상 고찰」, 중앙대학교 석사학위 논문, 2006, 24~25쪽.

1990년대까지만 해도 우리 사회의 남성 정체성은 남성성의 확인에 기초를 두고 있어 완전한 남자가 되려면 남자다워야 했다. 강력한 가부장 제도가 남성성과 여성성의 차이를 어느 다른 문화에서보다도 강조해온 결과이다.[26] 〈애인〉의 김우혁은 남성 우월주의자인 제우스 원형과 이 시대 성공하는 남성의 표상인 아폴론 원형을 구현하고 있다. 제우스 원형은 여성과 남성의 역할을 철저히 구분한다. 책임감, 합리성, 자제력, 결단력 등 남성다움을 드러내지만 여성 보호적 태도보다는 자기중심적이며 여성을 남성의 당연한 조력자로 여긴다. 우혁은 가정을 희생하고 사회적으로 성공하면 자연히 가정에서의 성공도 따라오는 것으로 알고 있다. 공과 사를 나누는 이런 관습적 태도는 오늘날의 시대적 가치와는 부딪힐 수밖에 없다. 현대사회는 사적인 친밀함의 영역인 사랑이나 가정이 공적 영역만큼 또는 그 이상으로 중요하다. 현대사회의 인간 활동은 인간 행위에 대한 성찰을 바탕으로 이루어진다. 성찰에 의해 이루어진 자기 판단과 감정이 매우 중요해진 이 시대는 결혼 생활을 통해 지속적으로 사랑을 확인하려고 하며 만약 그것이 없다면 결혼은 깨질 수도 있다.

우혁은 미숙한 감정과 정서를 가진 남성으로서 감성적인 아내의 고통을 이해하지 못한다. 치우친 남성성의 페르소나로 살아간다. 여성적인 가치를 깎아내리거나 지배하려고만 하여 누구와도 친밀한 관계를 맺지 못한다. 여성의 일은 여성의 성취와는 무관하며 조건만 된다면 아무 때나 '때려쳐도 되는 회사 뒷일'이고 자녀도 아들이 있어야 한다고 생각한다. 남성 우월주의적인 우혁의 모습은 가부장 원형인 제우스의 재현이다.

---

26 이수연, 「텔레비전 드라마의 즐거움 : 남성 시청자와 모래시계」, 『韓國 言論學報』 No.34, 1995, 148쪽.

우혁에게 결혼이란 문화와 문명에 본질적인 하나의 제도이고 질서를 가져다주는 것이다. 아내를 여성으로 보기보다는 부부로서 어떻게 보일까를 생각한다. 이러한 태도는 〈내 남자의 여자〉의 준표와 〈밀회〉의 준형에게도 공통적으로 나타난다. 모두 성공지향적인 가부장의 아들인 아폴론 원형의 영향이다. 이들은 결혼의 본질을 깨닫지 못하고 그 겉모습만이 전부라고 생각한다. 특히 우혁은 전통적 남성성의 페르소나로 살아가며 직업을 자신과 지나치게 동일시하는 인물이다. 표적을 겨냥하고 명중시키듯이 목표를 세우고 이루어나가기 위해 어떤 일을 해야 하는지 아는 것은 아폴론 남성에게 어려운 일이 아니다. 그러나 아폴론 원형의 자기도취적 오만은 자신의 전부였던 일에서도 배반당하고 실패하게 만든다. 우혁은 내면의 여성성인 아니마를 돌봐야 한다. 감수성과 친밀함, 이해력은 대부분 아니마의 영역이다. 우혁은 뒤늦게야 자신이 무시해온 관계성의 가치를 깨닫고 여경을 붙잡는다.

멜로드라마 남성 캐릭터의 강한 의지와 전통적 가치를 중시하는 경향은 2000년대 이후까지도 계속되고 있으나[27] 급격한 가족 체제의 변화 속에서 뚜렷했던 남녀 성 역할의 구분이 점차 모호해지고[28] 가부장적인 전통적 남성 캐릭터는 주변(周邊)화 경향을 띠게 되었다. 강인하고 공사(公私)를 냉정하게 구분하며 남성 우월적 사고를 지닌 전통적 남성 캐릭터는 점차 극적 재미를 위해 왜곡되고 희화화되며 가볍게 표현되고 있는 상황이다.[29]

---

27 박부진, 앞의 논문, 14~15쪽.

28 이화정, 「멜로드라마에 나타난 남성상 유형의 변화(1992~2012)」, 『한국콘텐츠학회논문지』, Vol.13 No.7, 2013.

29 박나경, 앞의 논문, 46쪽.

2) 남성 캐릭터의 유약(柔弱)화

〈애인〉의 남성 주인공 정운오는 전통적인 가부장적 남성상에서 벗어난 당시로서는 참신한 남성 캐릭터이다. 아버지로서 가족 성원으로 참여해 봉사하고 향수를 사용하고 옷차림에도 신경을 쓰는 등 외모를 가꾸며 자유와 여유로운 생활을 즐기는 모습[30]은 30대 중년판 트렌디 드라마를 표방한 〈애인〉의 남성 주인공으로 적절한 설정이다. 새로운 남성상은 남자는 반드시 강해야 하며 승자가 되어야 한다는 사고에서 벗어나 있다. 전통적으로 '남성이 절대 해서는 안 되는 것'으로 인식되어 온 감정을 드러내거나 울기, 드러내놓고 로맨틱하거나 감수성을 표현하는 행동을 한다.[31] 운오는 보다 자유롭고 경계를 넘나드는 헤르메스 남성으로서 '영원한 소년'의 모습을 보여준다. 원형적 모성상으로부터 분리되지 못한 채 아내 명애에게 모성 콤플렉스를 가지고 있으며 명애는 운오를 아들처럼 통제해 숨 막힐 듯한 답답함을 준다.

운오는 여경과 '사랑'하게 되면서 모성 콤플렉스로부터 탈출하기 시작한다. '영원한 소년'과 '영원한 소녀'의 낭만적 사랑은 서로의 아니마와 아니무스의 투사 작용으로 일어난다. 운오는 디오니소스 원형을 활성화하여 자신의 아프로디테인 여경과 사랑에 빠지고 위축된 남성성을

30 이귀옥 · 이원정, 앞의 논문, 265쪽.

31 알렉(Alreck)은 미국에서의 성 역할 인식 척도 조사를 통해 '남자다운 남자의 금지사항'을 요약했다. 이외에 매력적 여성과 성적 기회 거절하기, 아이들 보살피는 책임지기, 성적으로 수동적 태도 보이기, 데이트할 때 여자가 주도하도록 하기, 화장품 사용하기, 빨래 청소 같은 여자일 하기 등이 있다. Alreck, P. L., "Commentary: A new formula for gendering products and brands", *Journal of Product and Brand Management*, 3(1), 6~18쪽, 이귀옥 · 이원정, 앞의 논문, 260쪽 재인용.

회복하여 성장할 기회를 얻는다. 그러나 예상치 않았던 아내의 임신으로 인해 사랑은 좌절되고 가족에게 돌아간다. 합법적 결혼 제도 밖에서의 낭만적 사랑은 결국 수용되지 못하고[32] 각자 가정으로 돌아가는 비극적 결말로 처리됨으로써 멜로드라마의 장르 관습을 반복한다. 상대방에게 신성(神性)을 투사하는 낭만적 사랑은 항상 비극으로 끝난다. 그것은 낭만적 사랑의 절대성과 영원성을 더욱 극적으로 강조하는 것이 된다. 사랑이 좌절된 남성의 기억 속의 이상화된 낭만적 사랑은 현실에서는 가정의 테두리를 깨트릴 수 있는 힘을 발휘하지 못하는 추억으로만 남아 남성의 판타지를 충족시키는 역할을 한다. 운오는 1년 후 사랑의 정표와도 같은 머리핀을 꽂고 있는 여경을 만남으로써 그 판타지를 충족한다.

1990년대까지만 해도 멜로드라마에서 여성을 두려워하며 상처받고 눈물을 쏟는 유약한 남성 주인공은 쉽게 찾아보기 힘든 캐릭터였다. 남성 캐릭터의 유약화는 호주제 폐지 등 사회 분위기가 달라진 2005년 이후 더욱 다양하고 입체적으로 표현된다. 높아지는 이혼율로 인한 가족해체[33], 유교적 권위의 약화, 전통적 여성상의 소멸 및 여성의 사회적 · 경제적 능력의 향상과 신세대적 사고방식이 가치판단의 기준으로 떠올랐다. 이런 배경에서 나약하거나 중성적이며 모호한 이미지를 풍기고 우유부단하거나 의지력이 부족한 남성이 대거 증가하게 되었다.[34]

멜로드라마에 새롭게 등장한 유약한 남성 유형은 〈내 남자의 여자〉의 홍준표처럼 타인에게 의존적이며 문제가 닥치면 해결하려는 대신

32 김훈순 · 김은영, 앞의 논문, 135쪽.

33 2006년에는 결혼한 4쌍 중 1쌍이 이혼했고, 2014년에는 대략 결혼한 3쌍 중 1쌍이 이혼하는 것으로 나타났다.『세계일보』, 2015. 5. 28.

34 박나경, 앞의 논문, 46쪽.

수동적으로 끌려다닌다. 전통적 여성이 가지는 특성인 의존심이 강하고, 수동적이며, 성실하지 않은 모습이다. 남성과 여성 고유의 전통적인 생각도 많이 사라지고 성 역할에 대한 생각도 자리바꿈을 하고 있다. 이런 남성 주인공들은 억척스럽고 적극적인 여성 주인공을 만나 책임감과 배려를 갖춘 남성으로 변해가지만 준표처럼 변화하지 않는 우유부단한 캐릭터는 결국 버려진다. 유약한 남성 캐릭터인 운오와 준표는 영원한 소년의 모성 콤플렉스를 공유하고 있다. 준표는 모성 의존이 심각해 소극적이고 결단하지 못하는 모습을 보인다. 모성 분리가 제대로 되지 않아 결혼 후에 아내가 모성-아니마가 되어 모성의존의 퇴행적 관계를 유지해왔다.

아폴론 원형인 준표의 경우 '무서운 아버지의 우유부단한 아들'의 부성 콤플렉스도 가지고 있다. 홍회장은 격노하는 아버지 포세이돈 원형의 소유자이다. 아버지의 경직성에서 벗어나려는 준표의 무의식적 욕구는 아버지의 법을 거스르는 외도로 나타난다. 준표는 화영에게 빠짐으로써 아폴론 원형의 질서에서 벗어나 디오니소스의 일탈과 충동을 활성화한다. 준표는 발달하지 못한 미숙한 아니마 때문에 돈 주앙과도 같은 색정적인 환상에 빠진다. 아니마가 자아를 유혹해 외부의 대상에게 투사되어 강박적으로 상대 여성에게 집착하게 만드는 것이다. 투사에는 목적이 있다. 투사됨으로써 무의식의 콤플렉스를 의식화할 기회가 주어지기 때문이다.[35] 모성 콤플렉스로 인해 미처 발달하지 못한 준표의 남성성은 열정적인 사랑을 통해 아니마를 인식하게 되고, 혼란과 고통을 통해서 자아는 내면 깊숙이에 있는 자기(Self)에게 다가갈 기회를 얻는다.

준표를 지배하는 아폴론 원형은 견고하다. 아폴론 남성은 여성에게

---

35 이부영, 『자기와 자기실현 : 하나의 경지, 하나가 되는 길』, 127쪽.

감정적으로 거리감을 두며 법과 질서의 수호자로서 정실부인 아닌 자를 무시한다. 외도를 해도 기존의 결혼을 유지하고 싶어 한다. 준표는 두 여자 사이를 오가며 무엇 하나 책임 있는 주체적인 선택을 하지 못한다. 결국 지수와도 이혼하고 화영으로부터는 '아주아주 비겁한 사랑'으로 비난받으며 혼자 남겨진다. 준표는 화영과의 불같은 사랑을 통해 개성화의 기회를 얻었으나 어느 것에도 온전하고 성실하게 자신을 던지지 못함으로써 자기실현에 실패해 아폴론 원형이 가진 한계를 벗어나지 못한다. 준표는 작가가 이 시대의 상징적 가부장제 질서의 균열을 감지하고 만들어낸 캐릭터라고 평가된다.

〈밀회〉의 강준형은 유약한 남성 캐릭터의 정점을 보여준다. 아내의 친구들로부터 중2병 남편으로 놀림받는 준형은 모든 면에서 혜원에 비해 뒤처진다. 멜로드라마가 부여해온 여성 이미지의 전형적 특성인 나약하고 수동적이며 열등한 모습이 남성에게서 나타난다.[36] 준형이 혜원과 대등한 것은 권력과 출세에 대한 욕망뿐이다. 혜원에게 의지하는 것이 출세의 길이기에 아내의 외도를 알고도 감히 드러내놓지 못한다. 이는 타인의 시선과 평가를 중요하게 여기는 아폴론 원형의 특징과도 관련이 있다. 준형은 운오나 준표와 동일한 모성 콤플렉스를 가진 '영원한 소년'으로서 철부지 같은 유치함과 미숙함을 드러낸다.

준형은 '소년'과 '노인' 원형의 부정적 특성이 견고하게 고착된 성격이다. 노인 원형은 질서를 세운다는 긍정적인 면이 있지만 새로운 것이 나타나면 집어 삼켜버리는 부정적인 측면을 가지고 있다. 준형은 법, 제도, 체계, 습관을 숭상하며 견고한 가부장적 통치를 중요시 여기는 노인 원형이 미숙한 소년 원형을 감염시킨 상태이다. 또한 감정적으로 불안하고 변덕스러운 모습을 보이며 감상적이다. 이는 남성성과 여성

36 김명혜 · 김훈순, 앞의 논문, 209쪽.

성이 부정적으로 작용한 결과이다. 미숙한 아니마는 감정과 관계 기능에 문제를 일으키고, 모성 콤플렉스로 인해 발달하지 못한 남성성은 로고스 원리를 마비시켜 우물쭈물하는 모습으로 나타난다. 이런 유형은 스스로가 분열되어 있다는 것을 무의식적으로 감지하고 자신을 지키기 위해 다른 사람들을 지배하려는 권력의지를 가지게 된다. 준형은 사랑과 신뢰 없는 결혼 생활에 특별한 의미를 두지 않으면서 혜원을 자신의 영달의 도구로 삼다가 결국 권력도 놓치고 남들 앞에서 아내에게 이혼을 공표당하는 신세가 되고 만다. 준형은 상징적 가부장적 질서의 균열을 넘어 그 위기의 조짐이 더욱 심화되고 있음을 가시화한 남성 캐릭터이다.

현대로 올수록 멜로드라마의 남성 캐릭터에서는 전통적인 가부장적 남성 원형이 퇴조하거나 주변화하는 한편 유약화가 두드러진다. 이는 현대사회의 성공한 남성 원형인 아폴론을 포함해 헤르메스, 디오니소스 등 다양한 원형의 발현으로 표현된다. 유약한 남성 캐릭터들은 공통적으로 모성 콤플렉스를 가진 영원한 소년을 구현하고 있다. 가부장적 질서에서 벗어나지도 못하고 그 질서를 유지시켜갈 힘도 없는 약한 존재이다. 가부장적 질서의 균열과 위기의 조짐을 보여주는 남성 캐릭터들은 불륜을 통해 그 원형이 가지는 심리적 문제점들을 드러내며 다양한 변용 양상을 보여주고 있다.

4. 양성(兩性)적 남성 캐릭터의 출현

멜로드라마의 남성 캐릭터는 2005년 이전에 비해 여성화된 경향을 보이고 여성이 강해짐으로써 낭만적 사랑 서사의 도식[37]을 벗어나고 있다. 남성 캐릭터의 유약화는 외적인 조건이나 행동으로 볼 때 〈밀회〉의 연하남 이선재가 극단에 접근해 있다고 볼 수 있다. 선재는 혜원에 비해서 연령, 신분, 사회적 능력이 매우 낮은 남성이다. 더구나 전통적인 여성적 영역인 가사와 돌봄 노동에서 매우 여성적인 특성을 보이며 멜로드라마의 전형적 여성 캐릭터만큼이나 눈물이 많고 어린 나이에 걸맞게 순수하고 무구한 소년 같은 면이 있다. 그러나 스무 살 연상의 스승인 혜원을 매혹시킬 정도의 남성적 매력으로 적극적인 성적 행동을 하는 남성이기도 하다. 이러한 남성은 여성의 시선 아래에서 객체가 되기도 하는데 전통적으로 여성의 영역으로 여겨지는 분야에 관심이 많은 '뉴맨(Newman)'[38]의 이미지로 존재한다. 뉴맨은 남성적이지 않거나 여성적인 성적 정체성을 보여주면서도 외양은 이상적인 남성으로 그려지는 새로운 남성상이다.

이렇게 변화된 남성상은 실제의 남성 모습이라기보다는 우리 사회와 여성이 만들어내는 욕망의 표현에 가까우며 주로 여성을 소비층으로 삼는 광고 마케팅 전략, 여성들의 욕망, 서구화에 대한 열망이 만들어낸 이미지로 해석된다.[39] 동일한 맥락에서 멜로드라마에 등장하는 남

37 김명혜, 앞의 논문, 79쪽. 동서고금을 막론하고 반복적으로 나타나는 낭만적인 사랑의 이야기들은 남성성과 여성성을 명백하게 분리하면서 남성성의 우월적인 위치를 재확인하는 동시에 여성 억압의 주축으로 활용되었다. 이는 남녀 간의 권력관계를 이데올로기적으로 은폐하는 것이다. 이러한 이성애적 서사 구조는 강한 남성과 약한 여성이라는 도식적 구도로 되어 있는데 만약 그 반대인 약한 남성과 강한 여성의 구도가 되면 여성에게 부정적 낙인을 찍고 배척해왔다. 그러나 최근 멜로드라마의 남녀 관계는 이 구도를 벗어나고 있다.

38 1980년대부터 등장하기 시작해서 오늘날 현대 남성성 연구에서 통일적으로 지칭되는 용어이다.

39 김종덕, 「한국 TV광고에 나타난 남성성 연구」, 『광고학 연구』 제18권 제1호,

성 캐릭터의 변화를 통해 남성에 대한 시대적인 전형성과 함께 현대 여성의 이상적 남성상을 알아볼 수 있다. 선재 캐릭터 또한 뉴맨의 개념과 상응하는 요소가 적지 않다고 볼 수 있다.

멜로드라마의 남성 캐릭터로서 이선재 캐릭터가 가지는 참신성은 보다 깊은 의미가 있다. 선재는 외적인 조건은 보잘것없고 약사이시만 심리적으로는 매우 강건한 캐릭터이다. 신자본주의 사회를 살아가는 불안한 현대인의 표상인 혜원이 불륜의 사랑을 통해 개성화의 길을 갈 때 상대 남성의 진실성과 건강성은 매우 중요하다. 혜원은 여성성을 무시하고 살아온 강한 여성이다. 신분과 능력에서 하층계급 남성에 대해 성적 불평등을 상쇄하고도 남는다. 하지만 우월해 보인 지위는 불륜의 사랑이 시작되면서 허위임이 드러나고 혜원은 선재에게 배워야 할 처지가 된다. 선재는 여성성의 가치로 혜원을 구원해낸다. "〈밀회〉는 여성이 자신의 목소리를 내는 하나의 수단으로서 불륜이 사용됐으며 불륜 자체에 주목한 게 아니라 여성이 삶의 주체성을 찾아가는 과정의 도구로 불륜이 이용"[40] 된 것이다. 그래서 〈밀회〉는 남녀의 사랑을 다룬 멜로드라마이지만 여성의 자기 발견 드라마라고 평가된다.

디오니소스 원형의 선재는 음악을 '즐겨주는' 것이 가장 음악을 '사랑하는' 방법임을 아는 피아노 천재이다. 디오니소스가 인간 어머니 세멜레를 지하 세계에서 구해내었듯이 상징적 어머니인 혜원이 허위의식과 부패로 가득 찬 삶을 청산하도록 촉구하는 노현자(Mentor) 원형이다. 선재는 활력을 주고 새로운 생명을 가져다주는 소년 원형과 안정, 절제, 정돈의 노인 원형이 통합된 이상적인 인간상이다. 디오니소스가 두

2007, 215쪽.

40 유지혜, 「M+기획… 불륜드라마 ① 막장에서 자아 찾기로… 불륜드라마의 변화」, 『MBN뉴스』, 2015. 3. 11.

려움을 극복하고 어머니를 구해냈듯이 선재는 어둠의 세계에 살고 있는 혜원을 구원해낸다.

선재는 나이 차이에도 불구하고 남성이 가지는 육체적 욕망을 거리낌 없이 드러낸다. 디오니스적 열정에서 기인하는 선재의 욕망은 남성 우월적인 욕망의 표현이 아닌 혜원의 여성성을 일깨우는 중요한 기제로 작동한다. 선재와 혜원의 상징적인 모자 근친상간은 엘렌 식수가 오이디푸스 신화의 전복과 해체를 시도한 〈오이디푸스의 이름〉의 눈으로 볼 때 의미를 깊이 이해할 수 있다. 근친상간의 금기와 아버지의 법에 대한 위반은 사회적 억압에 대한 거부를 은유한다. 이를 통해서 사회의 지배 가치와 권위를 넘어서는 인간의 한없는 가능성을 표현하여 자유의 승리를 노래하고 있다. 〈오이디푸스의 이름〉에서는 오이디푸스보다 이오카스테가 주도적이다. 〈밀회〉에서는 선재의 사랑이 적극적이다. 선재는 디오니소스가 그랬듯이 자기 내면에서 일어나는 대로 움직인다. 자신의 전부라고 할 수 있는 피아노보다도, 사랑하는 혜원의 영혼 구원이 더욱 절실하다. 구원자 원형으로서 선재 캐릭터의 형상화는 상징적인 사물과 사건의 배치, 상징적인 대사의 표현을 통해 이루어지고 있다.

선재는 남성성과 여성성이 통합된 양성적인 캐릭터이다. 양성성(兩性性)은 남녀의 우수한 특성이 상호 보완된 개념이다.[41] 남녀 모두가 현대사회의 한 인간으로서 자신이 가진 최대의 잠재력을 발휘하며 풍족한 삶을 영위할 수 있게 하는 급진적 역할의 재구조화가 필요하다. 융 심리학적으로는 타고난 남성성과 내면의 아니마가, 여성이라면 타고난 여성성과 아니무스가 통합을 이루어낸 이상적인 인간형이다.

---

41 Moi, Toril, 『성과 텍스트의 정치학』, 임옥희 · 이명호 · 정경심 역, 한신문화사, 1997, 126~128쪽.

선재가 가진 양성성은 레너드가 제시한 '가슴 가진 남자'의 특성으로 드러난다. 그는 혜원 내면의 긍정적 아니무스를 보여주는 인물로 수용적이고 심판하지 않는 태도로 혜원의 창조적 노력을 지지한다. 여성의 상상 속에 존재하는 내면의 긍정적인 남성은 분노, 친밀감, 사랑을 두려워하지 않으면서 자상하고 따뜻하고 강하다. 혜원이 지친 자아를 치유하고 심오한 여성적 지혜를 회복할 수 있도록 연민과 강인함으로 돕는다. 남성의 창조적 재능은 남성 내면에 존재하는 성장과 창조를 위한 여성적 능력과 직접적으로 연관돼 있다. 선재의 천재성이란 바로 아니마의 생산 능력을 말한다. 선재는 어머니 품과 같은 자신의 '집'에서 혜원에게 헤스티아 원형이 줄 수 있는 자기 충족적 초연함과 안식을 제공하고 이로써 혜원이 진정한 삶을 살아가게 할 힘을 준다.

선재는 홀로 피아노 실력을 연마한 예술가이자 내성적이고 상처받은 아들이라는 측면에서 헤파이스토스 원형도 구현하고 있다. 헤파이스토스는 아프로디테에게 선택된 남편으로서 여성에 의해 영향을 많이 받는다. 선재는 예술가의 꿈을 키워주는 창조적 여신인 아프로디테 혜원에 의해 폐쇄적 '나천재'에서 세상의 인정을 받는 천재로 부상하게 된다. 헤파이스토스의 성공을 위해서는 합리적이고 지략이 뛰어난 여성이 필요하다. 혜원은 헤파이스토스에게 필요한 아프로디테와 아테나 두 여신의 원형을 모두 가지고 있다.

선재 캐릭터의 가장 독특한 점은 남성 메시아의 원형을 형상화하고 있다는 것이다. 메시아 원형은 융이 말하는 자기(Self)의 원형이다. 선재는 '진짜'가 무엇인지를 보여준다. 혜원은 선재를 통해 자신이 위태롭게 누린 삶의 본질을 직시하고 진실된 삶으로 구원받을 기회를 얻는다. 메시아 원형은 선재의 지배적 원형인 디오니소스의 특성과도 통한다. 메시아 캐릭터는 삶 전체가 하나의 목표를 위해 존재하며 그 하나의 목표는 다른 사람들의 삶에 영향을 주는 것이다. 남성 메시아는 자신의 성장보다는 다른 인물의 성장을 돕는다. 선재는 수많은 장애를 극복하고 혜원을 자유롭게 만드는 데 결정적인 역할을 한다. 또한 혜원과 자신을 옭아매온 제도, 지배적 가치, 윤리 도덕의 억압으로부터도 자유로워진다. 파르시팔이 병든 어부왕에게 연민을 담아 정곡을 찌르는 질문을 던짐으로써 성배를 얻었듯이 선재는 '남은 인생 어떻게 살 거냐?'는 아프지만 올바른 질문을 던져줌으로써 혜원을 다른 존재로 변형시킨다.

〈밀회〉는 가부장제가 용인하지 않는 불륜으로 시작한 사랑을 해피엔딩으로 완성시키는 낯선 결말을 채택함으로써 멜로드라마의 코드 파괴를 수행한다. 멜로드라마 남성 캐릭터 초유의 메시아 원형인 선재는 불륜의 사랑이 한 인간을 어떻게 구원해주는지 보여준다. 융의 말대로라면 의식 안의 자아와 무의식 안의 자기가 일치해 전인(全人)을 이루는 것이 인간의 삶의 목표이다. 본연의 자기다움을 잃지 않고 살아가기 위해서는 외부적 가치만을 추구해서는 안 된다. 내면을 탐색하고 진정한 자기다움에 대해 끊임없이 의식화하는 노력이 필요하다.

멜로드라마라는 외피를 쓰고 있지만 상류층의 허위의식과 위장된 세계를 공들여 묘사한 〈밀회〉의 탈관습적 결말은 또 하나의 더 큰 의미를 전달한다. 불륜의 사랑이 메시아 원형의 남성 캐릭터에 의해 현실의 악(惡)과 상식으로 받아들여온 가부장 제도를 어떻게 전복할 수 있는지 보여주며 그 전복의 가능성을 열어주었다는 것이다. 선재는 가부장적 남성성이 없으며 남성 간의 연대감도 느끼지 못한다. 상징적 아버지인 준형을 배신함으로써 가부장제와 남성 우월주의가 가지는 견고한 남성적 연대를 깨버린다. 메시아 원형은 사회제도라는 것이 결국 인간에 의해서 만들어지고 지켜지는 속성이 있음을 알고 있다. 보수적인 시선으로 볼 때 〈밀회〉는 대부분의 대중적 창작물이 닿지 못하는 '어둡고 위험한 반역의 세계'를 불륜의 사랑을 수단으로 하여 창조하고 있다고 말할 수 있다. 그 역할을 멜로드라마에 새롭게 출현한 메시아 원형의 양성적 남성 이선재가 수행하고 있다. 선재는 가부장제 이데올로기를 공고히 하는 멜로드라마의 장르 관습을 해체시키는 탈가부장적 서사 전략하에서 창조된 새로운 남성 캐릭터라고 평가할 수 있다.

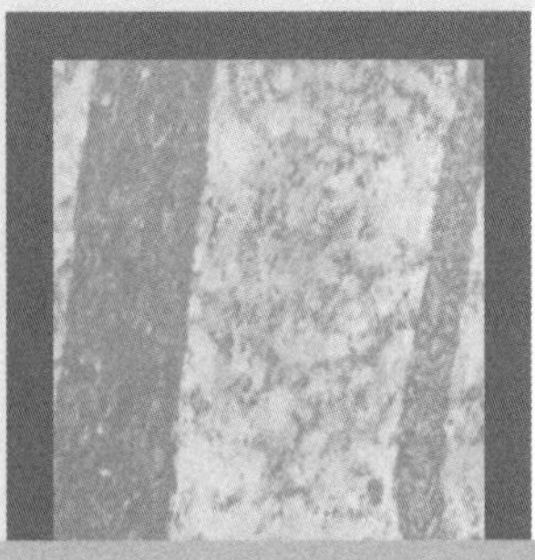

제6장

현대인의 새로운 신화, 드라마

현대인은 신화와 동떨어진 삶을 사는 것 같아도 결국 우리 시대 신화의 현현(顯現)이라 할 수 있는 텔레비전 드라마를 통해서 신화의 힘에 사로잡히는 경험을 하고 있다. 드라마의 캐릭터는 시청자에게 인간 실존에 대한 물음을 던진다. 그 물음은 신화의 시대나 지금이나 다르지 않다. 인간은 누구이며 어떻게 사는 것이 인간답게 잘 사는 것인가에 관한 물음이다. 물음을 던지는 자는 드라마 속의 캐릭터이다. 캐릭터의 성격과 행동은 드라마의 생명이다. 캐릭터가 살아 있지 않고 공감이 되지 않는다면 드라마는 생명력이 없다. 생명력 있는 캐릭터의 근원은 인간이라면 누구나 경험했음직한, 수많은 신화와 고전문학에서 묘사해온 뿌리 깊은 인간성의 원형이다. 높은 호응도를 성취해낸 드라마 캐릭터는 이전 드라마에서는 볼 수 없었던 개성을 가진 인물이다. 그 개성이 누구나 공감할 수 있는 보편성에 뿌리를 두고 있을 때 시청자의 마음을 움직인다.

드라마 제작 편수가 매년 기하급수로 증가하고 있다.[1] 치열한 경쟁 속에서 제작되고 방영되는 드라마 가운데 깊은 인상을 남긴 작품에는 시청자의 마음을 흔들고 삶을 돌아보게 하며 마음속 논쟁을 일으키는 캐릭터가 있다. 집단의 사고와 정서를 담고 있는 위안과 오락의 서사인 드라마는 캐릭터를 통해 '대중이 원해야만 하는' 메시지를 전달하지만 공감받는 메시지는 인간의 깊은 근원에서 오는 것이다. 상징의 판매 상인[2]으로서 드라마 작가는 이 시대 사회 구성원의 공통적 관심사를 읽으려고 노력하며 모두가 관심을 갖는 이야기를 중심으로 극적 전개를 펼쳐나간다. 이때 원형을 담고 있는 신화의 캐릭터들은 보편적인 인간 영혼의 깊은 배후를 보여주며 폭넓은 공감을 얻는다.

이 책을 통해 대중적으로 호응을 받은 성공한 멜로드라마 캐릭터에는 인간성의 원형적 요소가 깊숙하고 치밀하게 녹아들어 있음을 확인했다. 이것은 작가가 아테나나 아폴론처럼 이성에 근거해 계산적으로 캐릭터의 성격을 꿰어 맞출 수 있는 영역이 아니다. 한 캐릭터의 지배적 원형의 대극에는 그 심리 원형에 부합·조응되는 원형을 가진 상대 캐릭터가 놓여 있고 둘의 작용을 통해서 일어나는 대사와 행동은 원형적 사건의 흐름을 따라가고 있다. 각각의 에피소드에 들어가는 대사와 행동, 시청각적 이미지 등은 원형적 상징의 요소로 표출되며 드라마의 주제를 향해 집약되어가고 있다. 이 과정은 이성의 관점에서는 해석하

1 남지은, 「TV 켜면 드라마… 드라마… 또 드라마」, 『한겨레』, 2014. 12. 14.

2 뉴컴과 허시가 방송작가를 규정한 개념이다. 상징을 만들고 고치고 합치고 새롭게 해서 일반인들에게 널리 광고하여 소리 높여 파는 사람이라는 의미이다. Newcomb & Hirsch, P. M., "Television as a cultural forum," in H. Newcomb(ed.), *Television; The Critical View*(5th ed.), New York: Oxford University Press., 1994, 김훈순·박동숙, 「텔레비전 드라마 여성 작가 연구 : 여성 주의적 글쓰기의 가능성과 한계」, 『텔레비전 문화연구』, 한나래, 2000, 407쪽 재인용.

기 어려운 부분이다. 무의식의 창조적 과정으로밖에는 생각할 수 없는 영역이다. 캐릭터는 작가의 구성적 무의식의 창조물임이 분명하다.

셰익스피어가 위대한 것은 독창성보다 전통성에 있다는 말은 진실에 가깝다. 집단 무의식을 구성하는 원형은 작가의 무의식 속에서 작용해 원형적 이야기와 캐릭터로 형상화되고 있다. 원형이 무의식의 차원에서 창작에 도움이 된다면 의식적 차원에서 적극적으로 신화의 다양한 원형 지식과 내용을 흡수하고 활용할 필요가 있다.

신화는 삶의 경험담이며 인간이 자신의 내면으로 들어가는 길을 가르쳐준다. 영상의 시대인 21세기, 신화의 자리에 드라마가 놓여 있다. 드라마는 신화의 시대에 원시 인류가 그랬듯이 이 시대의 사회 문화적 가치와 요구들을 반영한다. 동시에 인간이라면 누구나 공감할 수 있는 보편적인 심리를 표현함으로써 우리의 삶을 돌아보게 만든다. 그러나 신화는 고정 불변한 것은 아니다. 삶의 조건이 변하면 그에 따라 계속 재해석되고 변해간다. 캠벨은 만약 신화가 우리가 사는 시대에도 계속해서 주요한 기능을 발휘하려면 끊임없이 변형되고 진화되어야 한다고 믿었다. 신화는 단순히 과거의 유산으로만 존재하는 것이 아니라 지금도 계속해서 필요에 의해 변형되고 새롭게 만들어지고 있다. 현대의 신화인 드라마가 그 역할을 하고 있다고 말할 수 있다.

참고문헌

1. 드라마 및 대본

〈애인〉, 최연지 극본, 이창순 연출, MBC, 총 16부작, 1996. 9. 2~10. 22.

〈내 남자의 여자〉, 김수현 극본, 정을영 연출, SBS, 총 24부작, 2007. 4. 2~6. 19.

〈내 남자의 여자〉, 총 24부작 대본.

〈밀회〉, 정성주 극본, 안판석 연출, jtbc, 총 16부작, 2014. 3. 17~5. 13.

〈밀회〉, 총 16부작 대본.

2. 단행본

국외 저자

Ackroyd, Eric, 『(심층심리학적) 꿈 상징 사전』, 김병준 역, 한국심리치료연구소, 1997.

Allen, Robert C. 편, 『텔레비전과 현대비평』, 김훈순 역, 나남, 1992.

Bachelard, Gaston, 『공간의 시학』, 곽광수 역, 동문선, 2003.

Bolen, Jean Shinoda, 『우리 속에 있는 남신들』, 유승희 역, 또 하나의 문화, 1994.

————————, 『우리 속에 있는 여신들』, 조주현 · 조명덕 역, 또 하나의 문화, 1992.

————————, 『우리 속에 있는 지혜의 여신들』, 이경미 역, 또 하나의 문

화, 2003.
Bierlein, J. F, 『(살아있는) 신화』, 배경화 역, 세종서적, 2000.
Birren, Faber, 『색채심리』, 김화중 역, 東國出版社, 1995.
Bulfinch, Thomas, 『(벌핀치의) 그리스 로마 신화』, 이윤기 역, 창해, 2000.
Campbell, Joseph, 『천의 얼굴을 가진 영웅』, 이윤기 역, 민음사, 1999.
―――――――, Moyers Bill D., 『신화의 힘』, 이윤기 역, 이끌리오, 2007.
Chatman, Seymour Benjamin, 『이야기와 담론 : 영화와 소설의 서사구조』, 한용환 역, 푸른사상사, 2003.
Christian, Norberg-Schulz, 『장소의 혼』, 민경호 외 역, 태림문화사, 2001.
Eco, Umberto, 『글쓰기의 유혹』, 새물결, 조형준 역, 2005.
Felten, Eric, 『위험한 충성 : 충성과 배신의 딜레마』, 윤영삼 역, 문학동네, 2013.
Fezler, William · Field, Eleanor, 『착한 여자 콤플렉스』, 백상창 역, 문학사상사, 1991.
Freud, Sigmund, 『토템과 금기』, 김현조 역, 경진사, 1993.
Frye, Northrop, 『비평의 해부』, 임철규 역, 한길사, 2000.
Gerold, Dommermuth-Gudrich, 『(클라시커 50) 신화』, 안영찬 역, 해냄출판사, 2001.
Grimm, Jacob, 『그림형제 민담집 : 어린이와 가정을 위한 이야기』, 김정연 역, 현암사. 2012.
Hall, Calvin S., 『융 심리학 입문』, 김형섭 역, 문예, 2004.
Hauser, Arnold, 『개정판 문학과 예술의 사회사 1』, 백낙청 역, 창작과비평사, 1999.
Horton, Andrew, 『캐릭터 중심의 시나리오쓰기』, 주영상 역, 한나래, 2000.
Johnson, Robert A., 『(신화로 읽는 남성성) He』, 고혜경 역, 동연, 2006.
―――――――, 『(신화로 읽는 여성성) She』, 고혜경 역, 동연, 2006.
―――――――, 『We : 로맨틱 러브에 대한 융 심리학적 이해』, 고혜경 역, 동연, 2008.
Jung, C.G., 『연금술에서 본 구원의 관념』, 한국융연구원 역, 솔, 2004.

———————, 『원형과 무의식』, 한국융연구원 역, 솔, 2002.
———————, 『정신요법의 기본문제』, 한국융연구원 역, 솔, 2001.
Mckee, Robert, 『시나리오 어떻게 쓸 것인가』, 고영범 · 이승민 역, 황금가지, 2002.
Miller, William C., 『드라마 구성론』, 전규찬 역, 나남출판, 1995.
Moi, Toril, 『성과 텍스트의 정치학』, 임옥희, 이명호, 정경심 역, 한신문화사, 1997.
Murdock, Maureen, 『여성 영웅의 탄생 : 융 심리학으로 읽는 강한 여자의 자기 발견 드라마』, 고연수 역, 교양인, 2014.
Neumann, Erich, 『아모르와 프쉬케』, 최연숙 역, 영남대학교 출판부, 2012.
———————, 『위대한 어머니 여신 : 인류의 무의식적 심층 속에서 여성의 원형을 찾는 위대한 탐구』, 박선화 역, 살림 , 2009.
Ovid, 『변신이야기』, 이윤기 역, 민음사, 1998.
Schatz, Thomas, 『할리우드 장르의 구조』, 한창호 · 허문영 역, 한나래, 1995.
Schmidt, Victoria, 『캐릭터의 탄생』, 남길영 역, 바다출판사, 2011.
Storch, Maja, 『강한 여자의 낭만적 딜레마』, 장혜경 역, 푸른숲, 2005.
Tuan Yi-fu, 『공간과 장소』, 구동회 · 심승희 역, 대윤, 2007.
Vogler, Christopher, 『신화, 영웅 그리고 시나리오 쓰기』, 함춘성 역, 무우수, 2005.
Voytilla, Stuart, 『영화와 신화』, 김경식 역, 을유문화사, 2005.
Walker, Steven F., 『융의 분석 심리학과 신화』, 장미경 외 역, 시그마프레스, 2012.
海原純子(우미하라 준코), 『12여신의 사랑과 열정』, 김응정 역, 세림M&B, 2004.

국내 저자

곽금주, 『마음에 박힌 못 하나 : 곽금주 교수와 함께 푸는 내 안의 콤플렉스 이야기』, 쌤앤파커스, 2014.
권택영, 『소설을 어떻게 볼 것인가』, 문예출판사, 1995.
김난주, 『융 심리학의 관점으로 본 한국 신화』, 집문당, 2007.
김성민, 『분석심리학과 기독교』, 학지사, 2001.
김성희, 『방송드라마 창작론』, 연극과인간, 2010.
김열규, 『한국 신화, 그 매혹의 스토리텔링』, 한울, 2012.
김용수, 『드라마 분석 방법론 : 연극, 영화, 그리고 TV 드라마의 해석을 위하여』, 집문당, 2015.
김우룡, 『방송학 강의』, 나남, 1987.
김원익, 『신화, 세상에 답하다』, 바다출판사, 2009.
김융희, 『(삶의 길목에서 만난,) 신화』, 서해문집, 2013.
김정희, 『스토리텔링 : 이론과 실제』, 인간사랑, 2010.
김진엽, 『미학』, 책세상, 2007.
김포천, 「거울과 창 그리고 꿈」, 『김수현 드라마에 대하여』, 솔, 1998.
김환표, 『드라마, 한국을 말하다』, 인물과사상사, 2012.
김훈순 · 박동숙, 『텔레비전 문화연구』, 한나래, 2000.
대한성서공회, 『굿데이 성경』, 생명의말씀사, 2007.
박숙자 외 편역, 『가족과 성의 사회학 : 고전사회학에서 포스트모던 가족론까지』, 사회비평사, 1995.
신주진, 『29인의 드라마작가를 말하다』, 도서출판 밀, 2009.
안혜련, 『페미니즘의 거울』, 인간사랑, 2001,
양성희, 『파워 콘텐츠 공식』, 커뮤니케이션북스, 2014.
오명환, 『텔레비전 드라마 사회학』, 나남출판, 1994.
유재원, 『그리스 신화의 세계 1 : 올림포스 신들』, 현대문학, 1998.
———, 『신화로 읽는 영화, 영화로 읽는 신화』, 까치글방, 2005.
윤석진 외, 『드라마 성공요인 분석』, 한국콘텐츠진흥원, 2010.
이경덕, 『(하룻밤에 읽는) 그리스 신화』, 중앙M&B , 2001.
이부영, 『그림자 : 우리 마음속의 어두운 반려자』, 한길사, 1999.

———, 『분석심리학 : C.G. 융의 인간심성론』, 일조각, 1998.
———, 『아니마와 아니무스 : 남성 속의 여성, 여성 속의 남성』, 한길사, 2001.
———, 『자기와 자기실현 : 하나의 경지, 하나가 되는 길』, 한길사, 2002.
이상우 · 이기한, 『문학비평의 이해』, 집문당, 1995.
이수연, 『한류드라마와 아시아 여성의 욕망』, 커뮤니케이션북스, 2008.
이유경, 『원형과 신화』, 이끌리오, 2004.
이윤기, 『그리스 로마 신화 2 : 사랑의 테마로 읽는 신화의 12가지 열쇠』, 웅진지식하우스, 2002.
이택광, 『이것이 문화 비평이다』, 자음과모음, 2011.
장영란, 『그리스 신화』, 살림, 2005.
———, 『신화 속의 여성, 여성 속의 신화』, 문예출판사, 2001.
정 숙, 『방송 콘텐츠 스토리텔링』, 커뮤니케이션북스, 2013.
정재서 · 전수용 · 송기정, 『신화적 상상력과 문화』, 이화여자대학교 출판부, 2008.
조혜정, 『한국의 남성과 여성』, 문학과지성사, 1999.
주창윤, 『텔레비전 드라마』, 문경 Book& Trans, 2005.
진성기, 『제주도무가 본풀이 사전』, 民俗苑 , 1991.
차옥숭 외, 『동아시아 여신 신화와 여성 정체성』, 이화여자대학교 출판부, 2010.
최상식, 『TV 드라마 작법』, 제삼기획, 1994.
최영묵, 주창윤, 『텔레비전 화면 깨기』, 한울아카데미, 2008.
한길사 편집부 편, 『가자, 고전의 숲으로』, 한길사, 2008.
현용준, 『제주도 무속자료사전』, 신구문화사, 1980.
황인성 · 원용진 편, 『애인 : TV 드라마, 문화 그리고 사회』, 한나래, 1997.

3. 학술 논문

고혜영, 「어린 왕자 연구—영원한 아이」, 『동화와 번역』 Vol.25, 2013.
김경혜, 「『한여름 밤의 꿈』에 나타난 여성인물들의 자매애에 대한 연구」, 『고전 · 르네상스 영문학』 24권1호, 2015.

김계희,「여성의 '부성 콤플렉스'와 그 치유에 대하여」,『心性硏究』 Vol.24 No.1, 2009.

김명혜,「텔레비전 드라마 속의 로맨스: 변화와 관성 사이의 페미니스트 정치」,『언론학연구』 제3집, 1999.

———, 김훈순,「여성이미지의 정치적 함의」,『韓國 言論學報』 No.38, 1996.

김미라,「멜로드라마 〈밀회〉의 코드 파괴와 그 함의—'불륜에 대한 재현 관습을 중심으로」,『한국극예술연구』 제 45집, 한국극예술연구회, 2014.

김봉률 · 이재성,「장르의 변천에 따른 고대 그리스 신화의 성의 정치학」,『영미어문학』 No.81, 2006.

김성민,「남성성의 결핍으로 인한 문제와 그 정신치료 : 47세 남성의 사례를 중심으로,『목회와 상담』, Vol.13, 2009.

———,「콤플렉스와 정신병리—C.G. 융의 이론을 중심으로」,『신학과 실천』 Vol.32, 2012.

———,「한국 그리스도인의 성격과 전일성의 회복」,『신학과 실천』 Vol.24 No.2, 2010.

김수연,「한국 신화와 그리스 신화의 문학적 변용 비교 : 영웅 신화의 여성조력자를 중심으로」,『인문학연구원 학술대회 : 비교학적 관점에서 본 동아시아 신화의 정체성』, 2005.

김윤성,「젠더의 렌즈로 신화 읽기」,『宗敎硏究』 Vol.45, 2006.

김종덕,「한국 TV광고에 나타난 남성성 연구」,『광고학 연구』 제18권 제1호, 2007.

김 한,「신인문학 시대를 위한 우리시대의 신화 읽기—디오뉘소스 살리기를 중심으로」,『철학 · 사상 · 문화』 Vol.6, 2008.

김헌선,「〈손 없는 색시〉 설화 유형의 비교설화학적 연구—세계설화의 비교를 중심으로」,『경기대학교 인문총론』 제11호, 2003

———,「저승을 여행하는 여신의 비교 연구 : 바리공주, 天忠姬, INANNA」,『비교민속학』 Vol.33, 2007.

김훈순 · 김명혜,「텔레비전 드라마의 가부장적 서사전략」,『언론과 사회』, 통권

제 12호, 1996 여름호.
———, 김은영, 「모성과 낭만적 사랑의 담론 경합—멜로영화 〈미워도 다시 한 번〉 시리즈를 중심으로」, 『미디어, 젠더 & 문화』 15호, 한국여성커뮤니케이션학회, 2010.
김희진, 「신화 해석을 통해 본 개성화 과정—융 분석심리학에 근거하여」, 『독서치료연구』 Vol.2 No.2, 2006.
박부진, 「한국현대가족에서의 가부장의 지위」, 『여성 · 가족생활연구논총』 제7집, 명지대학교, 2002.
박 신, 「부성 콤플렉스의 분석심리학적 이해—아들의 아버지와의 관계를 중심으로」, 『心性研究』 Vol.19 No.1, 2004.
박혜영, 「정신분석과 여성 : 누가 메두사를 두려워하는가?」, 『한국프랑스학회 학술발표회』, 2007.
선정규, 「중국 고전신화와 그리스 신화의 비교—몇 가지 특성을 통해서 본 공통점과 차이점」, 『中國學論叢』 Vol.40, 2013.
송기정, 「외디푸스 신화의 재창조 : 식수의 Le Nom d'Oedipe를 중심으로」, 『佛語佛文學研究』, Vol.52, 2002.
송태현, 「신화와 문화콘텐츠—제주신화 '자청비'를 중심으로」, 『인문과학연구』, Vol.22, 2009
양영수, 「제주 신화에 나타난 공존과 사랑의 원리—그리스 신화와의 비교를 중심으로」, 『濟州島研究』 Vol.14, 1997.
———, 「제주신화의 여성원리 : 그리스신화와의 비교」, 『비교한국학』 Vol.19 No.1, 2011.
———, 「한국 신화와 그리스 신화의 비교연구—제주도 신화를 중심으로」, 『濟州島研究』 Vol.8, 1991.
유정희, 「Jung 학파에서 보는 여성심리」, 『神經精神醫學』 Vol.31 No.1, 1992.
유진희, 「김수현 멜로드라마의 장르문법과 성 이데올로기 : 〈내 남자의 여자〉를 중심으로」, 『한국콘텐츠학회논문지』, Vol.9 No.11, 2009.
———, 「라깡을 통해 본 김수현 작가의 남성 주체 인식 라깡을 통해 본 김수현

작가의 남성 주체 인식」, 『한국콘텐츠학회논문지』 Vol.14 No.10, 2014.
———, 「라깡을 통해 본 김수현 작가의 주체와 욕망 : 〈사랑과 야망〉, 〈내 남자의 여자〉의 여주인공을 중심으로」, 『한국콘텐츠학회논문지』 Vol.12 No.9, 2012.
윤석진, 「디지털시대, 한국 텔레비전 드라마의 구성과 소통방식 고찰」, 『批評文學』 No.53, 2014.
이건우, 「보편적 신화소로서의 주권여신」, 『人文論叢』 Vol.49, 2003.
이귀옥 · 이원정, 「남성성의 다중화와 여성화 : 1996년부터 2002년까지의 남성잡지 광고 내용 분석」, 『광고학 연구』 제15권 5호, 한국광고학회, 2004. 12.
이부영, 「Jung의 모성상과 모성 콤플렉스론」, 『心性硏究』 Vol.2 No.2, 1987.
이수연, 「텔레비전 드라마의 즐거움 : 남성 시청자와 모래시계」, 『韓國 言論學報』 No.34, 1995.
이호은 · 권태효, 「영웅신화 구조의 드라마 수용 양상 : 〈주몽〉, 〈선덕여왕〉, 〈동이〉, 〈시크릿가든〉을 중심으로」, 『커뮤니케이션학연구』 Vol.21 No.3, 2013.
이화정, 「멜로드라마에 나타나는 여성 대립자 유형의 변화(1992년부터 2011년까지)」, 『한국콘텐츠학회논문지』 Vol.12 No.10, 2012.
———, 「멜로드라마에 나타난 남성상 유형의 변화(1992~2012)」, 『한국콘텐츠학회논문지』 Vol.13 No.7, 2013.
———, 「멜로장르 TV드라마에 나타나는 여성 주인공의 전형성(1992년부터 2012년까지)」, 『한국콘텐츠학회논문지』 Vol.13 No.12, 2013.
장영란, 「원형적 여성성과 위대한 어머니의 양가성의 상징과 이미지—노이만의 분석심리학을 중심으로」, 『기호학연구』 Vol.44, 2015.
정기현, 「한국 텔레비전 광고에 나타난 젠더 표상의 변화에 관한 연구」, 『미디어, 젠더&문화』 제8권, 2007.
정경훈, 「디지털 영화미학의 응용적 연구 : 캐릭터, 성격, 얼굴, 그리고 얼굴영상생성모델」, 『문학과 영상』, 2009.

정남희 · 김갑숙, 「신화와 종교적 관점에서의 집-나무-사람 상징에 관한 연구」, 『美術治療研究』 Vol.17 No.4, 2010.

정사강 · 김훈순, 「한국 멜로영화의 낭만적 사랑에 대한 서사적 실험과 장르 관습」, 『기호학연구』 제43집, 2015.

정장미, 「남신 여신 분석프로그램이 성 역할 이해와 자아존중감에 미치는 효과」, 『人間理解』 Vol.29, 2008.

주창윤, 「텔레비전 드라마의 미학적 성격」, 『한국극예술연구』 Vol.23, 2006.

차희정, 「메두사의 후예들 : 영미여성 문학텍스트의 여자 괴물 되기」, 『인문학연구』 Vol.4, 2011.

최연실, 「여신 원형에 의한 여성들의 심리유형 분석에 관한 고찰—J. S. Bolen의 우리 속에 있는 여신들을 중심으로」, 『한국심리유형학회지』 Vol.3 No.1, 1996.

최원오, 「모성(母性)의 문화에 대한 신화적 담론 : 모성의 기원과 원형」, 『한국고전여성문학연구』 Vol.14, 2007.

최혜실, 「한류 현상의 지속을 위한 작품 내적 연구 : 드라마의 스토리텔링 구조 분석」, 『인문콘텐츠』 Vol.6, 2005.

최혜영, 「고대 그리스 사회의 종교 : 여신과 여성 : 데메테르의 테즈모포리아를 중심으로」, 『여성과 역사』 Vol.8, 2008.

———, 「헤카테 여신의 오리엔트적 기원」, 『서양고대사연구』 Vol.16, 2005.

하윤금, 「멜로드라마의 이성애적 서사구조에 대한 해석 〈청춘의 덫〉을 중심으로」, 『한국언론학연구』 창간호, 1999.

허은희, 「영화 캐릭터(Character)의 이해와 분석의 실제」, 『현대영화연구』 Vol.19, 2014.

홍기령, 「모녀관계와 여성 욕망 정체감 : 크리스테바의 욕망이론 : 그리스신화 : 데메테르와 페르세포네 / 최윤의 『굿 바이』 : 아름다운 사람과 그녀」, 『시학과 언어학』 Vol.2, 2001.

———, 「신화적 사유 속의 모녀관계—여성주의 정신분석학을 방법론으로」, 『아시아여성연구』 Vol.45 No.1, 2006.

홍석경, 「텔레비전 드라마가 재현하는 가족관계 속의 여성」, 『한국방송학회 학술대회 논문집』, 1998.

홍지아, 「TV드라마에 나타난 모성재현의 서사전략과 상징적 경계의 구축」, 『한국방송학보』 제23권 6호, 한국방송학회, 2009.

황효식, 「사회 역사적 문맥에서 본 〈한여름 밤의 꿈〉에 나타난 사랑과 결혼」, 『Shakespeare Review』 38.1, 2002.

4. 학위 논문

고선희, 「한국 텔레비전 초기 가족 드라마 연구, 성균관대학교 박사학위 논문, 2009.

김공숙, 「텔레비전 드라마의 영웅서사구조분석—〈시크릿가든〉을 중심으로」, 고려대학교 석사학위 논문, 2013.

김병주, 「성경에 나타난 여성원형 연구 : 여성의 자기실현에 관한 종교심리학적 접근, 성균관대학교 박사학위 논문, 2009.

김은아, 「여신(女神)원형과 젠더(gender) 개념을 결합한 여성주의 집단상담 프로그램 개발과 효과, 서울불교대학원대학교 석사학위 논문, 2012.

김환표, 「TV 드라마에 영향을 미친 환경요인에 관한 연구 : 한국 TV드라마의 제작문화사(1956~2008), 전북대학교 석사학위 논문, 2009.

박나경, 「한국 텔레비전 드라마에 나타난 남성상 연구 : 현대 멜로드라마의 남성상 왜곡 현상 고찰」, 중앙대학교 석사학위 논문, 2006.

백경선, 「김수현과 노희경 가족드라마의 대중성 비교 연구 : 2000년대 작품을 대상으로」, 한양대학교 박사학위 논문, 2012.

홍지아, 「TV드라마를 통해 재현된 여성의 몸 담론」, 이화여자대학교 박사학위 논문, 2009.

5. 정기간행물, 강연, 인터넷 자료

김공숙, 「제1회 한국방송평론상 수상작품—가만히 보고 깊이 보고 사랑할 만한 〈밀회〉」, 『방송작가』, 한국방송작가협회, 2015년 3월호.

남지은, 「TV 켜면 드라마… 드라마… 또 드라마」, 『한겨레』, 2014. 12. 14.
양성희, 「김수현 드라마의 힘」, 『중앙일보』, 2007. 6. 21.
유지혜, 「M+기획… 불륜드라마 ① 막장에서 자아 찾기로… 불륜드라마의 변화」, 『MBN뉴스』, 2015. 3. 11.
윤석진, 「우리는 민족중흥의 역사적 사명을 띠고 이 땅에 태어났다」, 『세계일보』, 2007. 9. 9.
———, 「'뻔뻔한' 그녀(들)의 사랑, 그러나 불륜」, 『미디어투데이』, 2007. 4. 17.
전영선, 「'금지된 사랑의 팬터지' 대리만족?」, 『문화일보』, 2007. 6. 16.
조민준, 「〈밀회〉 안판석 PD 인터뷰 "최고의 리얼리티가 최고의 판타지를 만든다"」, 『맥스무비』, 2014. 5. 20.
———, 유선주, 「〈밀회〉 안판석 PD "단 한 개의 음표, 단 하나의 손동작도 틀리지 않았다."」, 『맥스무비』, 2014.05.20.
——————, 「〈밀회〉 안판석 PD "두드러지는 스타일이 없어야 진짜 걸작이다."」, 『맥스무비』, 2014. 5. 20.
최지은, 「〈밀회〉③ 정성주, 위험한 세계의 창조자」, 『ize』, 2014. 4. 8.
황지희, 「금기 깬 멜로드라마들」, 『피디저널』, 2006. 1. 18.
「골드미스 증가에 일하는 30대 여성 '사상 최고'」, 『경향신문』, 2014. 5. 27.
박혜정 · 조용진, 강연 〈세상물정의 밀회학〉, 고양민우회, 2014. 9. 16~10. 7.
김수현, 〈TV 드라마 작가 공개 특강〉, 한국방송작가협회 교육원, 사학연금회관, 2004. 9. 11.
김원익, 강연 〈신화, 캐릭터를 말하다〉, KT&G 상상마당 아카데미, 2014. 3. 10~ 4. 28.
정성주, 〈TV 드라마 작가 특강〉, 한국방송작가협회 교육원, 2015. 9. 19.
정희진, 강연 〈밀회—이성애의 정치경제학〉, 딴지일보 벙커1, 2014. 9. 29.

찾아보기

ㅅ

ㅇ

ㅈ

ㅊ

ㅋ

ㅌ

ㅍ

ㅎ

기타

멜로드라마 스토리텔링의 비밀

1판 1쇄 · 2017년 1월 25일
1판 2쇄 · 2017년 8월 5일

지은이 · 김공숙
펴낸이 · 한봉숙
펴낸곳 · 푸른사상사

주간 · 맹문재 | 편집 · 지순이, 홍은표 | 교정 · 김수란
등록 · 1999년 7월 8일 제2-2876호
주소 · 경기도 파주시 회동길 337-16 푸른사상사
대표전화 · 031) 955-9111(2) | 팩시밀리 · 031) 955-9114
이메일 · prun21c@hanmail.net / prunsasang@naver.com
홈페이지 · http://www.prun21c.com

ISBN 979-11-308-1070-6 93680
값 32,000원

이 도서의 국립중앙도서관 출판예정도서목록(CIP)은 서지정보유통지원시스템 홈페이지(http://seoji.nl.go.kr)와 국가자료공동목록시스템(http://www.nl.go.kr/kolisnet)에서 이용하실 수 있습니다.(CIP제어번호: CIP2016032541)

푸른사상 예술총서 13

멜로드라마 스토리텔링의 비밀